झाँसी की रानी लक्ष्मीबाई

वर्माजी की कृतियों के संबंध में

'श्री वृंदावनलाल वर्मा एक सफल और ख्याति-प्राप्त उपन्यासकार हैं। उनके पात्र बहुत सजीव हैं; उनके विचार, आचार और अंतर्वृत्तियों में आज हमारे ग्रामीण समाज के बदलते हुए रूप का आभास मिलता है।'

—लाल बहादुर शास्त्री

★★★★

'किसी संचित पुण्य से ही इतनी सुंदर कृतियाँ कोई लेखक रच पाता है। मैं वर्माजी की कृतियाँ पढ़ते-पढ़ते अनेक बार गद्गद हो गया। इतिहास की सच्ची झाँकी, उपन्यास की सजीव कल्पना और प्रेम—इन तीन विशेष गुणों के एकत्र समन्वय से उनकी कृतियाँ उच्चकोटि की हो गई हैं।'

—वासुदेवशरण अग्रवाल

★★★★

'I think you have succeeded, for the first time, in making this (historical novel) very vigorous form of literature. It will have its permanent place in Hindi. Your 'MRIGNAYANI', as far as I can see, is one of the best historical novels in the whole range of Indian literature and I am perfectly sure, your 'JHANSI KI RANI' is a worthy companion of the other work. These will have a permanent place in my library.'

—डॉ. सुनीतिकुमार चाटुर्ज्या

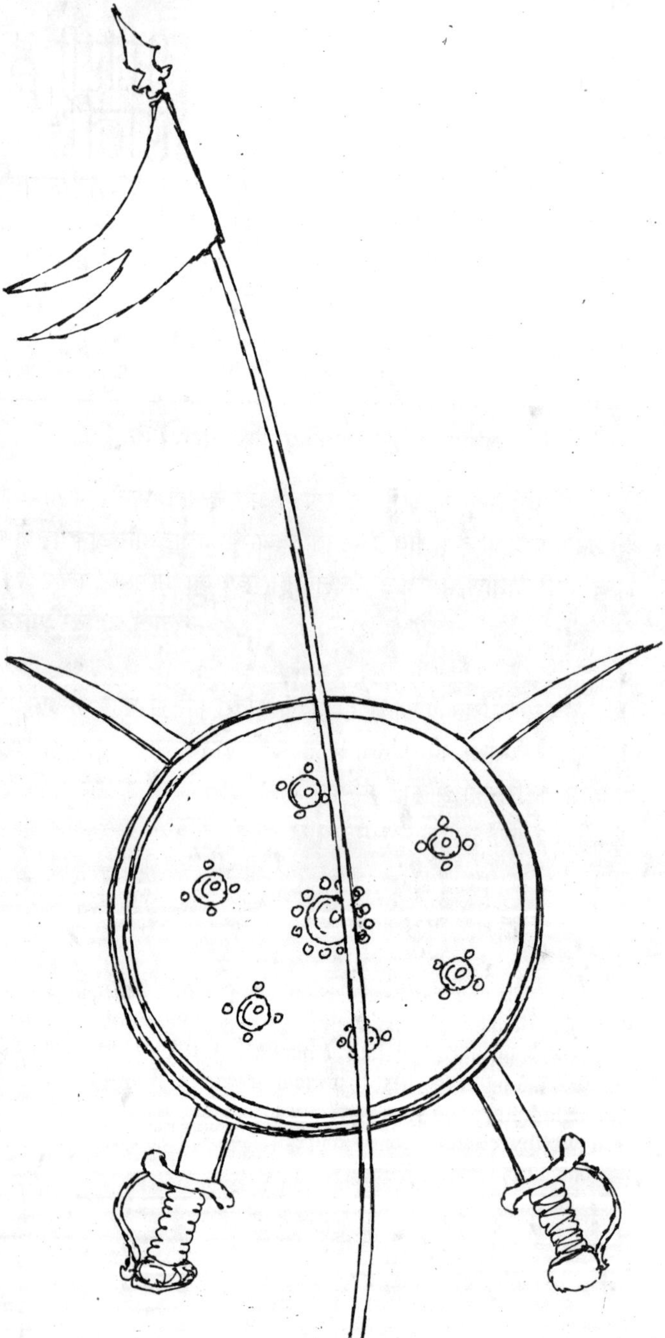

झाँसी की रानी

वृंदावनलाल वर्मा

प्रभात
प्रकाशन

प्रकाशक • **प्रभात प्रकाशन प्रा. लि.**
4/19 आसफ अली रोड,
नई दिल्ली–110002
संस्करण • 2026

मूल्य • सात सौ रुपए
मुद्रक • नरुला प्रिंटर्स, दिल्ली

JHANSI KI RANI
historical novels by Shri Vrindavan Lal Verma ₹ 700.00
Published by Prabhat Prakashan Pvt. Ltd., 4/19 Asaf Ali Road, New Delhi-2
e-mail: prabhatbooks@gmail.com ISBN 978-93-5521-114-9

परिचय

दीवान आनंदराय मेरे परदादा थे। वह रानी लक्ष्मीबाई की ओर से लड़ते- लड़ते सन् १८५८ में मऊ की लड़ाई में मारे गए थे। जब मेरी परदादी का देहांत हुआ, मैं आठ-दस वर्ष का था। परदादी से रानी के विषय में बहुत-सी कहानियाँ सुना करता था। उन्होंने रानी को देखा था।

उन कहानियों की धरोहर मेरी दादी के पास रही। वह समय-समय पर उनसे मुझको मिलती रही। जब दादी का देहांत हुआ, मुझको वकालत आरंभ किए छः वर्ष के लगभग हो चुके थे।

वह धरोहर अद्‌भुत होते हुए भी अस्पष्ट थी और उसकी रूपरेखा धुँधली तथा सत्य के आधार पर कम, भक्ति के ऊपर अधिक थी। इधर इतिहास के अध्ययन और तथ्यों के अनुशीलन ने उस धरोहर के मूल्य को कम कर दिया। सामने केवल पारसनीस की पुस्तक 'रानी लक्ष्मीबाई का जीवन-चरित्र' थी। वह इतिहास का कंकाल मात्र न थी; परंतु दादी-परदादी की बतलाई हुई परंपरा के विरुद्ध थी। पारसनीस के अन्वेषण काफी मूल्यवान होते हुए भी उनका विचार कि रानी झाँसी का प्रबंध अंग्रेजों की ओर से 'गदर' के जमाने में करती रहीं, परदादी और दादी की बतलाई हुई परंपराओं के सामने मन में खपता नहीं था। तो भी मैं सोचता था, शायद ये परंपराएँ जनता के इच्छा-संकल्पों (Wishful thinking) का फल हैं, इसलिए छुटपन से जिस मूर्ति की मन में निष्ठापूर्वक पूजा करता चला आ रहा था, उसके प्रति कुछ नास्तिकता उत्पन्न हो गई।

सुनता रहता था कि रानी स्वराज्य के लिए लड़ी थीं, पारसनीस के ग्रंथ में पढ़ा कि इनका शौर्य विवशता की परिस्थितियों में उत्पन्न हुआ था! मैं जब बोर्डिंग हाउस के

जीवन में था, एक स्वप्न देखा कि हॉकी-ग्राउंड पर युद्ध हो रहा है और मैं रानी की तरफ से, 'स्वराज्य' के लिए लड़ता हुआ घायल हो गया हूँ, तब जागने पर बड़ा अचंभा हुआ, क्योंकि खेल में उस दिन हॉकी का डंडा भी नहीं खाया था।

यह स्वप्न मुझको प्राय: दिक किया करता था।

सन् १९३२ तक यह उथल-पुथल अर्द्ध-सुषुप्त रूप में मन के किसी कोने में पड़ी रही।

एक दिन एक साहब ने कहा, 'जजी कचहरी की एक अलमारी में चालीस-पचास चिट्ठियाँ रखी हुई हैं जो १८५८ में किसी अंग्रेज फौजी अफसर ने लै० गवर्नर के पास झाँसी को अधिकृत कर लेने के बाद रोज-रोज भेजी थीं।'

मैंने उन चिट्ठियों की नकल करवाई। उनमें कोई खास बात तो नहीं मिली, परंतु एक विश्वास जगह करने लगा—रानी का शौर्य विवशता की परिस्थिति में उत्पन्न नहीं हुआ था।

कचहरी में नवाब बन्ने नाम के एक अर्जीनवीस काम करते थे। वह मुझको प्राय: रोज ही कचहरी में मिलते थे। वह राजा रघुनाथराव के लड़के नवाब अलीबहादुर की लड़की के लड़के निकले! मैंने सोचा, शायद इनके पास रानी संबंधी कोई सामग्री हो। पूछने पर उन्होंने बतलाया कि नवाब अलीबहादुर का रोजनामचा इत्यादि घर पर रखे हैं। मैं उत्सुकता के मारे परेशान हो गया। रोजनामचा देखने को मिला। उसको मैंने पढ़वाया। नवाब अलीबहादुर कैसे थे और उनका नौकर पीरअली किस तरह का आदमी था, यह तो उनके रोजनामचे से प्रकट होता ही था; परंतु रानी लक्ष्मीबाई की विलक्षणता और तत्कालीन समाज की प्रगति और रहन-सहन का भी उससे पता चला। रोजनामचा दीमक के हमले से जर्जर हो चुका था; और अब तो उसका शुरू का भाग नष्ट ही हो गया है; परंतु मैंने नोट ले लिए।

१८५८ में नवाब अलीबहादुर ने अपनी राजभक्ति के प्रमाण में कुछ बयान दिए थे। उन बयानों में पीरअली का भी जिकर किया था। वे बयान भी मुझको मिल गए।

इससे बढ़कर, मुझको एक व्यक्ति मिले—मु० तुराबअली दरोगा। ये ११५ वर्ष की आयु में ८-१० वर्ष हुए तब परलोकगामी हुए। 'गदर' के जमाने में तुराबअली साहब अंग्रेजों की ओर से पुलिस के थानेदार थे। इनसे मुझको रानी के विषय में बहुत बातें मालूम हुईं—दादी-परदादी की परंपराओं की पोषक! और अंग्रेजों के दरोगा से!!

उन्हीं दिनों झाँसी में एक बूढ़ा और मिला। नाम था अजीमुल्ला। यह रानी के विषय में तुराबअली की अपेक्षा कहीं अधिक बातें जानता था। इसने रानी को देखा था, परंतु वह उस समय छोटा था। तुराबअली ने तो रानी को सैकड़ों ही बार देखा था।

इसके उपरांत मैंने झाँसी के बूढ़े-बूढ़ियों को परेशान करना शुरू कर दिया। परंतु वे

जिस उत्साह और भक्ति के साथ रानी की बातें बतलाते थे, उससे मैं यह सोचता हूँ कि वे परेशान न हुए होंगे।

सवाल था रानी स्वराज्य के लिए लड़ीं या अंग्रेजों की ओर से झाँसी का शासन करते-करते उनको जनरल रोज से विवश होकर लड़ना पड़ा?

रानी ने बानपुर के राजा मर्दनसिंह को जो चिट्ठी युद्ध में सहायता करने के लिए लिखी थी उसमें 'स्वराज्य' का शब्द आया है। यह चिट्ठी इस प्रश्न का सदा के लिए स्पष्ट उत्तर देती है। खेद है कि मैं उस चिट्ठी का चित्र न दे सका—बानपुर के राजा के वंशज ने वह चिट्ठी या उसका फोटो मेरे हवाले नहीं किया।

राजा गंगाधरराव का हस्ताक्षर मुझको राजा साहब कटेरा ने अपनी एक सनद दिखलाकर सुलभ कर दिया। कृतज्ञ हूँ। सनद की नकल भी मेरे पास है। उस समय, ९५ वर्ष पहले, लगभग आज ही की तरह की हिंदी लिखी जाती थी, इस सनद से पता लगता है।

मराठी में विष्णुराव गोडसे का 'माझा प्रवास' एक छोटा-सा प्रबंध है। गोडसे रानी के साथ किले में था, जब रोज के मुकाबले में रानी लड़ीं। मैंने अपनी पुस्तक में 'माझा प्रवास' का भी उपयोग किया है।

मोतीबाई ऐतिहासिक है। मुझको उसका पता अकस्मात ही चला। ओरछे दरवाजे एक मसजिद है। जमीन का झगड़ा कचहरी में चला। मैं मसजिदवालों की तरफ से वकील था। जमीन का खेवट झाँसी में न था, ग्वालियर में था। वहाँ से नकल मँगवाई। उसमें जमीन की पूर्व स्वामिनी निकली मोतीबाई नाटकशालावाली! गंगाधरराव को नाटक खेलने और खिलवाने का बड़ा शौक था। स्त्रियों का अभिनय स्त्रियाँ ही करती थीं। इनमें मोतीबाई भी थी। मोतीबाई का पता लगाते-लगाते जूही, दुर्गा और मुगलखाँ भी निगाह में आए। इन सबके संबंध की घटनाओं का सार सच्चा है।

सन् १९३२ से मैं इन अनुसंधानों में लगा।

एक दिन रानी लक्ष्मीबाई के भतीजे मुझको झाँसी में घर पर ही मिले। वे रानी के ऊपर हिंदी में कुछ लिखना चाहते थे। रानी क्यों लड़ीं, इस समस्या पर हम दोनों एकमत थे।

फिर एक दिन सावरकर के एक सेक्रेटरी मुझको झाँसी में ही मिले। वे मराठी में 'सत्तावनी' लिख रहे थे। रानी के संबंध की जो सामग्री उनके ग्रंथ के लिए आवश्यक थी, मैंने दी। मैं सोचता था कि रानी के विषय में बहुत लोगों ने कुछ-न-कुछ लिखा है और लिख रहे हैं, मैं क्यों कुछ और प्रयत्न करूँ? कुछ दिन बाद मेरी यह धारणा बदल गई।

कलेक्टरी में कुछ सामग्री मिली। १८५८ में लोगों के बयान लिए गए थे। इनको मैंने

पढ़ा। पढ़कर मैं अपने विश्वास में और दृढ़ हुआ—रानी 'स्वराज्य' के लिए लड़ी थीं।

मेरा वह स्वप्न—जिसकी भूमिका हॉकी ग्राउंड पर थी—फिर ताजा हुआ। मैंने निश्चय किया कि उपन्यास लिखूँगा ऐसा जो इतिहास के रग-रेशे से सम्मत हो और उसके संदर्भ में हो। इतिहास के कंकाल में मांस और रक्त का संचार करने के लिए मुझको उपन्यास ही अच्छा साधन प्रतीत हुआ। उस साधन को मैं जो कुछ रूप दे पाया हूँ, वह पाठकों के सामने है।

यदि आनंदराय ने रानी के लिए गोली खाई और मेरी कलम ने थोड़ी-सी स्याही—तो इस अंतर को पाठक अवश्य ध्यान में रखने की कृपा करें।

—वृंदावनलाल वर्मा

प्रस्तावना

: १ :

ईस्ट इंडिया कंपनी के प्रतिनिधि ने शासक रामचंद्रराव के पास खरीता भेजा, 'नवाब गवर्नर जनरल साहब, लार्ड विलियम बेंटिक ने आपको आज से राजा की उपाधि दी है। कंपनी सरकार की मित्रता के प्रतीक रूप में यूनियन जैक झंडा आपको भेंट किया जाता है। इसके गौरव की रक्षा कीजिएगा।'

झाँसी के किलेवाले महल के मैदान में, धूमधाम और तड़क-भड़क के साथ जो दरबार सन् १८३२ में हुआ था, उसमें उपर्युक्त घोषणा सुनाई गई थी। रामचंद्रराव ने उपाधि और पताका सहर्ष ग्रहण की। झाँसी के शासक के साथ कंपनी की सबसे पहली संधि सन् १८०४ में हुई थी। उस समय पंत प्रधान (पेशवा) बाजीराव द्वितीय की मातहती में शिवराज भाऊ झाँसी के शासक थे और वह सूबेदार कहलाते थे। यह संधि परस्पर मैत्री और सहायता के आधार पर की गई थी। पेशवाई निर्बल हो चुकी थी। सूबेदार सशक्त थे। बुंदेलखंड को अधिकृत करने के लिए अंग्रेजों को झाँसी के सूबेदार की मित्रता अभीष्ट थी।

इस संधि का बुंदेलखंड के रजवाड़ों पर प्रभाव पड़ा।

सन् १८१७ के जून में पंत प्रधान बाजीराव से अंग्रेजों की अंतिम संधि हुई। इस संधि ने पेशवा के संपूर्ण अधिकार, ठोस और खोखले, जो उसको बुंदेलखंड में प्राप्त थे, ईस्ट इंडिया कंपनी को दे दिए।

बाजीराव को इस संधि द्वारा आठ लाख रुपए वार्षिक पेंशन, बिठूर खास की जागीर और पूना त्यागकर बिठूर का प्रवास मिला।

उसी साल नवंबर के महीने में शिवराज भाऊ के पौत्र रामचंद्र के साथ, जो उस समय नाबालिग था, दूसरी संधि हुई, जिसमें पेशवा का स्थानापन्न कंपनी सरकार को मनवाया गया। एक शर्त उस संधि में यह भी थी कि झाँसी का राज्य रामचंद्र के कुटुंब में 'दवाम' के लिए रहेगा, चाहे वारिस और संतान हों अथवा गोद लिए हुए हों।

सन् १८३२ में रामचंद्रराव और उसके वारिसों को राजा की उपाधि दी गई।

उस दरबार में शिवराज भाऊ के लड़के रघुनाथराव और गंगाधरराव भी थे। शिवराज भाऊ का जेठा लड़का कृष्णराव था। उसका देहांत हो चुका था। रामचंद्रराव कृष्णराव का पुत्र था। शिवराज भाऊ के जेठे लड़के की संतान होने के कारण झाँसी की गद्दी उसको मिली थी।

राजा की उपाधि मिलने के उपलक्ष्य में जो दरबार हुआ था, उसमें राज्य के छोटे-बड़े सभी जागीरदार पुरस्कृत किए गए। छोटे जागीरदारों में मऊ का एक युवक आनंदराय कायस्थ था। उसके घराने में ताम्रपत्रों की सनदों द्वारा जो माफी लगी थी, वह पुष्ट की गई। कुछ बढ़ा भी दी गई। गायक, वादक और नर्तकियों पर भी पुरस्कार बरसाए गए।

रामचंद्रराव की नाबालिगी के जमाने में शासन-सूत्र उसकी माँ सखूबाई के हाथ में था। जब वह वयस्क हो गया तब भी सखूबाई अधिकार-लोलुपता का त्याग न कर सकी।

रामचंद्रराव ने राजा की स्थायी उपाधि पाते ही शासन-सूत्र, पूरे तौर पर, अपने हाथ में ले लिया और दो दिन में ही खजाने को लगभग रीता कर दिया। सखूबाई को खजाने का खाली होना इतना नहीं अखरा जितना अपने हाथ से राज्य की बागडोर का चला जाना।

सखूबाई जरा ढली आयु की प्रचंड वेगमयी राजमाता थी। माथे और चेहरे की शिकनें राजदंड के निरंतर कठोर उपयोग और क्रोध के आवेशों के व्यवहार की कथा कहती थीं। उसकी कठोरता विख्यात थी।

सखूबाई से रामचंद्रराव का राजा होना नहीं सहा गया। उसने रामचंद्रराव को मरवा डालने का षड्यंत्र रचा।

झाँसी के लक्ष्मी फाटक के बाहर लक्ष्मी तालाब के दक्षिण-पश्चिमी सिरे पर महालक्ष्मी का मंदिर है। इस मंदिर के चौपड़े में सखूबाई ने अपने लड़के का वध करने के लिए भाले गड़वाए। रामचंद्रराव को तैरने का बहुत शौक था—विशेषकर रात में। सखूबाई को विश्वास था कि उस रात रामचंद्रराव चौपड़े में तैरने के लिए मुटार लगाएगा और समाप्त हो जाएगा।

परंतु लालू कोदेलकर नाम के एक मराठा युवक और मऊ के उपर्युक्त आनंदराय की

सहायता के कारण रामचंद्रराव बच गया। आनंदराय तो अपने घर मऊ निकल भागा, पर कोदेलकर को दो दिन बाद सखूबाई ने मरवा डाला। लालू कोदेलकर के तीन दरिद्र नातेदार थे। वे झाँसी से भागे। लालू के देहांत के कुछ समय उपरांत इन तीनों के एक-एक लड़की हुई। इन बालिकाओं के नाम थे–काशी, सुंदर और मुंदर। तीनों बालिकाएँ सुंदर थीं। परंतु इनका लालन-पालन बड़ी दरिद्रता में हुआ। सखूबाई का क्रोध कोदेलकर तक ही सीमित न था, उसके नातेदार भी आतंकग्रस्त थे और राजाश्रय से वंचित।

रामचंद्रराव अपनी माँ के साथ, इतना सब होने पर भी, कठोर बरताव नहीं करना चाहता था। परंतु उसके दोनों काका–रघुनाथराव और गंगाधरराव–तथा दीवान, सखूबाई को स्वतंत्र नहीं छोड़ना चाहते थे। वह कैद कर दी गई। लालू कोदेलकर के नातेदार झाँसी बुला लिए गए और मऊ के आनंदराय को संरक्षण मिल गया।

रामचंद्रराव सन् १८३५ में निस्संतान मरा। उसकी विधवा रानी ने कृष्णराव नामक एक बालक को गोद लिया। कंपनी सरकार ने इस गोद को नहीं माना। रघुनाथराव को उत्तराधिकारी करार देकर गद्दी दी। गंगाधरराव रघुनाथराव से छोटे थे।

जब शिवराज भाऊ के जेठे भाई रघुनाथ हरि (१७५९-१७९६) झाँसी के सूबेदार होकर आए तब जो लगान किसानों पर बाँधा गया, ज्यादा था, सबका सब कभी वसूल नहीं होता था। पूरा बीस लाख रुपया साल सखूबाई ने ही रामचंद्रराव की नाबालिगी के समय में वसूल करने का प्रयास किया। गाँवटी पंचायतें हाहाकार कर उठीं। परंतु उस सामंत युग में बिचारे किसान लुटेरों और बटमारों के संताप के मारे कुछ कर ही नहीं सकते थे।

रामचंद्रराव के राज्यकाल में लगान उत्तरोत्तर कम वसूल किया जाने लगा। खजाने में जो कुछ रुपया था, उसका एक अंश सखूबाई ने दाब लिया और अधिकांश रामचंद्रराव ने खर्च कर डाला। बाकी रघुनाथराव के शिथिल शासन में साफ हो गया।

रघुनाथराव रँगीली प्रकृति के रईस थे। उनकी वेश्याओं में लच्छो नाम की एक मुसलमान वेश्या थी। इसके दो लड़के और लड़कियाँ हुईं। बड़े लड़के का नाम नवाब अलीबहादुर था। जब रघुनाथराव सन् १८३२ में झाँसी के राजा हुए, अलीबहादुर की आयु २२ वर्ष की थी। लच्छो की कबर आँतियाताल के बंध के नीचे मेहँदी बाग में है।* एक समय था जब लच्छो नई बस्ती के महल में रहती थी। मेहँदी बाग के फूल उस पर

---

* झाँसी के सदर अस्पताल के अहाते में जिस गजरा वेश्या की कबर है उसको गंगाधरराव के पिता शिवराज भाऊ रखे थे, न कि रघुनाथराव या गंगाधरराव, जैसा कि अनेक इतिहास लेखकों का भ्रम है।

न्योछावर होते थे—अब उसकी टूटी कबर पर घास और जंगली पौधे खड़े हैं। रघुनाथराव और लच्छो के महल खंडहर हो गए हैं और उनमें झाँसी म्युनिसिपैलिटी की कूड़ागाड़ियाँ रखी जाती हैं, बैल बाँधे जाते हैं और उनके लिए घास-चारा भरा जाता है।

सखूबाई के शासनकाल में रघुनाथ और गंगाधरराव—दोनों भाइयों—की मनोवृत्तियाँ आमोद-प्रमोद की ओर झुकीं, बढ़ीं और उसी में तल्लीन हुईं। लड़ाइयाँ लड़नी नहीं थीं कि जिस कारण प्रजा को—खासकर किसानों को—संतुष्ट रखा जाए।

कुराज्य था, कुशासन था। परंतु गाँवटी पंचायतें बनी हुई थीं। पूरा लगान वसूल नहीं होता था। पंचायत की रक्षा प्रत्येक ग्रामीण को सहज ही प्राप्त थी। पंचायतों के अधिकार जब्त होकर अदालतों के हवाले नहीं हुए थे। जरा-जरा-सी सड़ी-गली बात के लिए राज्य के पदाधिकारियों के घरों पर हाजिरी नहीं देनी पड़ती थी। बड़े मामलों के लिए बँधे हुए हक-दस्तूरी-रिश्वतों के छेदों में होकर जनता अपने नित्य के जीवन में आराम और निभाव को खींचती-घसीटती चली जाती थी।

शासन-शक्ति का केंद्रीयकरण नहीं हुआ था। लोगों को अपने औसान और पराक्रम का सहारा पकड़ने के बहुधा अवसर मिलते रहते थे। समाज में संतुलन यथेष्ट नहीं था—असमानता, विषमता स्पष्ट थी। परंतु आर्थिक शृंखलाओं की कड़ियाँ मजबूती के साथ जुड़ी हुई थीं। धन एक जगह इकट्ठा हो-होकर बँट-बँट जाता था। एक-एक आश्रय पर शत-शत आश्रित टँगे हुए, लिप्त और संलग्न थे। आश्रय और आश्रित सब क्रियाशील। जहाँ आश्रय श्रमहीन, प्रपत्ररहित और दुश्शील हुआ कि गया और उसका स्थान दूसरे प्रबल सबल स्थानापन्न ने ग्रहण किया। खोखला गौरव अपनी कहानी बहुत अल्प समय तक ही कह सकता था।

उस समय के इस प्रकार के वह आश्रय—रघुनाथराव—अपनी निष्क्रियता में मुश्किल से दो वर्ष टिक पाए थे कि झाँसी के अड़ोस-पड़ोस तक में लूटमार, भभ्भड़ और दंगा-फसाद होने लगा। झाँसी राज्य पर अनेक साहूकारों का बहुत कर्जा चढ़ गया। इसलिए सन् १८३७ में झाँसी राज्य कोर्ट कर लिया गया।

रघुनाथराव ने राज्य के कोर्ट होने के पहले ही झाँसी का बचा-खुचा खजाना भाँड़-भगतियों में वितरित कर दिया और अपने पुत्र नवाब अलीबहादुर को करेरा पिछोर तथा डमरीन परगनों के ८५ गाँव जागीर में लगा दिए, जिसकी आय साढ़े छहत्तर हजार रुपए वार्षिक समझी जाती थी।

रघुनाथराव ने एक काम और किया—सखूबाई को कैद से मुक्त कर दिया।

सन् १८३८ में रघुनाथराव का देहांत हो गया।

: २ :

रघुनाथराव के उपरांत राज्य के लिए चार मुख्य दावेदार खड़े हुए—गंगाधरराव (भाई), कृष्णराव (रामचंद्रराव का कथित दत्तक पुत्र), अलीबहादुर और रघुनाथराव की विधवा रानी।

कृष्णराव की पीठ पर सखूबाई थी। बंदीगृह का जीवन सखूबाई का दमन नहीं कर पाया था, प्रत्युत् वह अधिक सतर्क, सतेज और सनकीली हो गई थी।

रघुनाथराव की अंत्येष्टि क्रियाएँ भी सांगोपांग न हो पाई थीं कि सखूबाई ने किले पर अधिकार कर लिया, खजाने पर अपने संत्री बैठा दिए, तोपों पर अपने तोपचियों को और सिलहखाने पर अपने सिलेदारों को नियुक्त कर दिया।

गंगाधरराव शहरवाले महल में थे। उनको ऐसा लगता था जैसे अपने ही घर में कैद हों।

सखूबाई को कैद करने का निर्णय जिन लोगों ने दिया था उनमें गंगाधरराव भी थे। सखूबाई की प्रतिहिंसा के भय से और साधनहीन होने के कारण गंगाधरराव झाँसी से भागे और अंग्रेजों के पास सीधे कानपुर पहुँचे। उस समय कानपुर अंग्रेजों की बढ़ी हुई शक्ति का काफी बड़ा अड्डा था।

अलीबहादुर ने करेरा के दुर्ग में शरण ली और वह वहाँ पर सैन्य संग्रह करने लगे। उस समय मध्य भारत के लिए गवर्नर जनरल का एजेंट साइमन फ्रेजर था—सन् १८५६ के विप्लव क़ाल में यह आगरा का लैफ्टिनेंट गवर्नर हो गया था।

इस गड़बड़ की खबर पाकर फ्रेजर झाँसी आया। कंपनी सरकार के प्रबल संगठन और बल के आतंक ने उसके कर्मचारियों को उद्धत बना दिया था। वह दो-एक चोबदारों को लेकर सखूबाई के पास किले में पहुँचा और उसने सखू को धमकाया।

सखू ने कोई परवाह नहीं की।

मधुमास का महीना था। होली हो चुकी थी। जनता अपने रंग में मस्त थी। सखूबाई के इशारे पर फ्रेजर की, किले से बाहर निकलते ही, बहुत दुर्गति हुई।

फ्रेजर सेना और तोपखाना लेकर लौटा। सखूबाई किला छोड़कर भाग गई। अलीबहादुर करेरा त्यागकर कंपनी की शरण में आ गए, और उनको ५०० रुपए मासिक पेंशन देना तय हो गया। झाँसी राज्य का मामला तय करने के लिए एक कमीशन बैठा। कमीशन ने उत्तराधिकारी का निश्चय गंगाधरराव के हक में किया।

गंगाधरराव कानपुर से झाँसी आ गए। धूमधाम के साथ उनका अभिषेक हुआ। परंतु झाँसी राज्य पर कुप्रबंध और ऋण का इतना बोझ बढ़ गया था कि फिर कोर्ट हो गया। यह बात सन् १८३९ की है।

गंगाधरराव साहित्य और ललित कलाओं के पूरे रसिक थे। सुखलाल काछी उनका चित्रकार था। पढ़ा-लिखा कम परंतु कलम और कूँची की सही विधि; कोमलता और हथौटी का आचार्य! गायक, वादक, खासकर ध्रुवपद, वीणा और पखावज के उस्ताद और रीतिकाल तथा भक्तिरस की ओटवाले कवि, गंगाधरराव की महफिल को आबाद करने लगे। उन्होंने दूर-दूर से नाना प्रकार के हस्तलिखित ग्रंथ इकट्ठे करवाए और विशाल पुस्तक भंडार से अपने पुस्तकालय को भर दिया। वेद, उपनिषद्, दर्शन, पुराण, तंत्र आयुर्वेद, ज्योतिष, व्याकरण, काव्य इत्यादि के इतने ग्रंथ उनके पुस्तकालय में थे कि लोग दूर-दूर से उनकी प्रतिलिपि के लिए आने लगे।

नाटकों का उन्हें विशेष शौक था। वे संस्कृत नाटकों का अनुवाद हिंदी और मराठी में करवाया करते थे और उनका अभिनय भी करवाते थे। शहर के महल के ठीक पीछे पश्चिमी दिशा में नाटकशाला थी। (अब यह खंडहर है। गिरजाघर के उत्तर में केवल सड़क बीच में है।)

गंगाधरराव स्वयं अभिनय करते थे। पुरुष के अभिनय से संतोष नहीं होता था, इसलिए स्त्री की भूमिका में भी आ जाते थे। स्त्रियों का अभिनय करने के लिए उन्होंने बहुत सुंदर नाचने-गानेवाली नियुक्त कर रखी थीं। इनमें मोतीबाई बहुत प्रसिद्ध थी। (झाँसी के खेवट में मोतीबाई नाटकशालावाली के नाम से विख्यात है।)

उसका सौंदर्य अप्सरा-सा था। फूलों जैसी कोमलांगी। स्वर-लहरी-सी मोहक और चंचल; परंतु वेश्यापुत्री होने पर भी वह कुमारी थी और नाटकशाला के बाहर परदे में रहती थी। वह कुशल अभिनेत्री थी, परंतु इसको भी गंगाधरराव अपने उदाहरण से यथावत् अभिनय सिखलाते थे।

गंगाधरराव की नाटकशाला में मोतीबाई छोटी उम्र में आ गई थी। जो लोग गंगाधरराव की कृपा से नाटकशाला में खेल देखने जाया करते थे, वे बाहर आकर उसके रूप की, नृत्य और संगीत की, उसके हाव-भाव की तथा अभिनय की प्रशंसा करते नहीं अघाते थे।

: ३ :

झाँसी की गद्दी पर राजा गंगाधरराव को बैठे और झाँसी राज्य के शासन को अंग्रेजों द्वारा चलाते सात-आठ साल हो गए। नगर का शासन गंगाधरराव के हाथ में था और बाकी राज्य का कंपनी के कर्मचारियों के हाथ में।

चैत लग गया। वसंत ने पत्थरों और कंकड़ों तक पर फुलबाड़ियाँ पसार दीं। टेसू के फूलों ने क्षितिज को सजा दिया और धरती पर रंग-बिरंगे चौक पूर दिए। समीर और प्रभंजन में भी महक समा गई। रात और दिन संगीत में पुलकित हो उठे।

उस रात नाटकशाला में 'रत्नावली' का अभिनय था—हिंदी अनुवाद द्वारा। मोतीबाई को रत्नावली का रूपक करना था। निर्देशन स्वयं राजा का। गायन-वादन और नृत्य बड़े उस्तादों के दिग्दर्शन में तैयार हुए थे।

दर्शक सब निमंत्रण पर आए थे। राजा गंगाधरराव सबसे आगे बैठे थे। उनकी आयु इस समय जीवन के लगभग बीचोंबीच थी। सुंदर, स्वस्थ और राजसी। पीछे, परंतु पास ही, उनके संगी खुदाबख्श, दीवान रघुनाथसिंह, रावदूल्हाजू, दीवान जवाहरसिंह इत्यादि दाएँ-बाएँ बैठे हुए थे। सब नौजवान। स्वास्थ्य और यौवन की उमंगों में भरे हुए। मोतीबाई के छलकते-मदमाते यौवन और सौंदर्य को देखने के लिए आतुर। परदा खुला। सूत्रधार का मंगल-गान हुआ। कुछ समय बाद रत्नावली की भूमिका में मोतीबाई इठलाती हुई रंगमंच पर आई। खुदाबख्श के मुँह से यकायक 'वाह!' निकल पड़ा। मोतीबाई ने खुदाबख्श को देखा। खुदाबख्श ने आँखें गड़ाईं। जब-जब मोतीबाई रंगमंच पर जिस-जिस दृश्य में आई, उसने दर्शकों पर से दृष्टि को समेटकर खुदाबख्श पर केंद्रित किया।

मोतीबाई ने नृत्य भी बहुत मोहक किया। नृत्य के समय चितवन की कोरों को मस्ती से भरने का प्रयत्न किया। और, पलकों को अनेक बार अर्द्ध-मुकुलित झपकियाँ दीं। खुदाबख्श के मुँह से फिर 'वाह!' निकली। राजा को अच्छा नहीं लगा। बोले, 'तुम मूर्ख हो। जिस रत्नावली का विवाह राजा के साथ होनेवाला है उसको क्या वेश्याओं जैसा नयन मटकौअल करना चाहिए?'

दर्शकों की सम्मति थी कि सारा नाटक सफल अभिनय और मनोहर गायन-वादन तथा नृत्य के साथ समाप्त हुआ है। दर्शक नाटकशाला के बाहर गए। राजा गंगाधरराव रंगमंच के शृंगार-कक्ष में पहुँचे। मोतीबाई ने नतमस्तक प्रणाम किया। उसको विश्वास था कि आज सब कार्य कला के सर्वांग सहित पूरा किया। प्रफुल्लता के मारे उसका चेहरा दमक रहा था। राजा के मुँह से प्रशंसा के दो शब्द सुनने की ललक थी।

राजा ने कहा, 'आज क्या शराब पीकर आई थी?'

मोतीबाई सन्नाटे में आ गई। चेहरा उतर गया। जैसे एकदम कुम्हला गई हो। धीमे, कोमल, मधुर स्वर में बोली, 'श्रीमंत सरकार, मैंने शराब तो कभी नहीं पी है। आज क्यों पीती?'

'फिर आँखों को आज इतना ढाल क्यों दिया?' राजा ने प्रश्न किया।

एक छोटी-सी आह को भीतर की ओर दबाकर मोतीबाई ने उत्तर दिया, 'मैं भूल गई।'

राजा कुछ शांत हुए। बोले, 'जिस भूमिका का अभिनय करना हो उसके चरित्र को

कभी न भूलो। अभिनय सफल तभी कहलावेगा जब पात्र अपने को तो बिलकुल भूल जावे, परंतु अपनी भूमिका की एक-एक रेखा को अच्छी तरह स्मरण रखे। उसमें तन्मय हो जावे। मैंने पहले भी बतलाया है। समझी?'

मोतीबाई के मन में एक प्रतिवाद उठा, परंतु उसने अपने को पूरी तौर से संयत करके विनय की, 'हाँ सरकार। आगे कभी भूल न होगी।'

राजा ने कहा, 'अब की बार कालिदास का अभिज्ञान शाकुंतलम् होगा। तुमको शकुंतला का अभिनय करना है।'

मोतीबाई की उदासी चली गई। बालकों जैसी सरल प्रफुल्लता के साथ उसने कहा, 'महाराज, मैं भरसक प्रयत्न करूँगी। सरकार के दिग्दर्शन का अपमान न होगा।'

राजा प्रसन्न होकर चले गए। पात्रों और पात्राओं ने जयजयकार किया, 'श्रीमंत सरकार महाराज गंगाधरराव बहादुर की जय।'

नियुक्त तिथि और समय पर शकुंतला नाटक का अभिनय हुआ। लगभग वे ही सब दर्शक उपस्थित हुए।

आभूषणविहीन परंतु पुष्पों से लदी हुई मोतीबाई तपोवन की सहेलियों के साथ बेलों और लताओं को सींचते ही दर्शकों के मन को मद-सा वितरित करने लगी। परंतु खुदाबख्श उस रात की रत्नावली की प्रमत्त आँखों की झलक देखने के लिए व्याकुल था।

होते-होते नाटक के अंतिम दृश्यों की बारी आई।

सुरासुर संग्राम में इंद्र की सहायता करने के उपरांत दुष्यंत लौटा। आश्रम में सिंह के बच्चों के साथ खेलता हुआ लड़का मिला। स्नेह उमड़ा। बालक के हाथ से गंडा खिसक गया। दुष्यंत ने उठा लिया। गंडा साँप के आकार में परिवर्तित नहीं हुआ। इस व्यापार को देखनेवाली शकुंतला की एक सहेली को विस्मय हुआ। दुष्यंत को उस बालक की माता का नाम मालूम हो गया। मलिन वेशधारिणी शकुंतला भी बाल बिखेरे आश्रम से बाहर निकल आई। दुष्यंत ने पहचान लिया। उसको परिताप हुआ। शकुंतला ने अपनी विपत्ति का कारण अपने दुर्भाग्य को बतलाया, परंतु उससे दुष्यंत को संतोष नहीं हुआ। क्षमा-प्राप्ति और प्रायश्चित करने के लिए दुष्यंत शकुंतला के पैरों पर गिर पड़ा।

दुष्यंत के पैरों पर गिरते ही मोतीबाई की दृष्टि एक क्षण के लिए खुदाबख्श पर गई। उसकी आँखें तरल थीं। और अनेक दर्शक भी अपने आँसुओं से, मानो स्त्रियों के साथ किए गए दुर्व्यवहारों का प्रायश्चित कर रहे थे। मोतीबाई की आँखों में बड़े-बड़े आँसू आ गए। गंगाधरराव ने खुदाबख्श की ओर गरदन मोड़ी। कहा 'क्यों रे, कैसा रहा?'

मोतीबाई की आँखों के आँसूओं की ओर जरा-सी निगाह फिर डालकर खुदाबख्श ने रुद्ध स्वर में कहा, 'महाराज, बहुत अच्छा।'

'पर 'वाह' 'वाह' नहीं निकली?' राजा ने पूछा।

खुदाबख्श जरा झेंपा। झेंप को दबाने के लिए मुसकराकर बोला, 'हुजूर, उसके लिए कोई जगह नहीं पाई।'

राजा इस बात को पीकर रह गए। खेल की समाप्ति पर दर्शक नाटकशाला के बाहर और गंगाधरराव शृंगार-कक्ष में। मोतीबाई अब भी मलिन वेश में थी। अभिनय के विषय में सम्मति सुनने के लिए प्रणाम करती हुई राजा के सम्मुख आई। उन्होंने उसकी पीठ पर थपकी देकर शाबाशी दी। कहा, 'तुम्हारा आज का अभिनय बहुत अच्छा और स्वाभाविक रहा। कालिदास महान् हैं। उन्होंने उस समय शकुंतला के हृदय को जो आँसू दिए थे, तेरे बड़े नेत्रों में ब्याज के साथ लौटा दिए।' मोतीबाई प्रसन्नता के मारे फूल गई। बिना पुष्पों के, पुष्पों से लदी जान पड़ी।

राजा ने उसको एक बड़ा बाग जागीर में दे दिया।*

दूसरे दिन राजा गंगाधरराव ने खुदाबख्श को राजदरबार से अलग कर दिया और घोषणा करवाई कि यदि खुदाबख्श फिर कभी झाँसी शहर में दिखाई पड़ा तो उसके नंगे शरीर पर कोड़े लगाए जाएँगे।

लोगों को इस आज्ञा पर आश्चर्य था, परंतु लोग राजा के सुलभकोपी स्वभाव को जानते थे, इसीलिए किसी खास कारण को जानने की लालसा जनता के मन में नहीं हुई।

दीवान रघुनार्थसिह और राव दूल्हाजू के मन में असली कारण के विषय में जो शंका थी, उन्होंने किसी पर प्रकट नहीं की। उन्होंने सोचा कि इस नाटकशाला से दूर ही रहना चाहिए, परंतु राजा के निमंत्रण की अवज्ञा भी कैसे कर सकते थे?

मोतीबाई सावधानी और लगन के साथ नाटकशाला में काम करती रही। परंतु दर्शकों में खुदाबख्श को उसने फिर कभी नहीं देखा। और न कभी गंगाधरराव ने मोतीबाई को किसी विशेष दर्शक पर आँखों को केंद्रित करते पाया। इच्छा रखते हुए भी मोतीबाई रंगमंच पर फिर कभी बड़े-बड़े आँसू नहीं निकाल सकी।

इन दिनों नाटकशाला में जूही नाम की एक अल्पवयस्का नर्तकी और आई। परंतु उसको अपने घर पर नाचने-गाने की और अधिक तालीम पाने की अनुमति मिल गई थी। जूही उन्नाव दरवाजे के भीतर मेवातीपुरा के सिरे पर रहती थी। इसका भवन माधवराव भिडे के बाग से लगा हुआ था। उसने अभी अल्हड़पन से बाहर कदम नहीं रखा था। रंगमंच पर इसका नृत्य और गायन अधिक होता था, अभिनय कम।

---

* यह बाग ओरछा दरवाजे के भीतर, दरवाजे से लगा हुआ था। आजकल इसके एक सिरे पर सड़क के किनारे मसजिद है। बाकी में साग-भाजी की खेती होती है।

उदय

: १ :

वर्षा का अंत हो गया। क्वार उतर रहा था। कभी-कभी झीनी-झीनी बदली हो जाती थी। परंतु उस संध्या के समय आकाश बिलकुल स्वच्छ था। सूर्यास्त होने में थोड़ा विलंब था। बिठूर के बाहर गंगा के किनारे तीन अश्वारोही तेजी के साथ चले जा रहे थे। तीनों बाल्यावस्था में। एक बालिका, दो बालक। एक बालक की आयु १६ वर्ष, दूसरे की १४ से कुछ ऊपर। बालिका की १३ साल से कम।

बड़ा बालक कुछ आगे निकला था कि बालिका ने अपने घोड़े को एड़ लगाई। बोली, 'देखूँ कैसे आगे निकलते हो।' और वह आगे हो गई। बालक ने बढ़ने का प्रयास किया तो उसका घोड़ा ठोकर खा गया और बालक धड़ाम से नीचे जा गिरा। सूखी लकड़ी के टुकड़े से उसका सिर टकरा गया। खून बहने लगा। घोड़ा लौटकर घर की ओर भाग गया। बालक चिल्लाया, 'मनू, मैं मरा।'

बालिका ने तुरंत अपने घोड़े को रोक लिया। मोड़ा, और उस बालक के पास पहुँची। एक क्षण में तड़ाक से कूदी और एक हाथ से घोड़े की लगाम पकड़े हुए झुककर घायल बालक को ध्यानपूर्वक देखने लगी। माथे पर गहरी चोट आई थी और खून बह रहा था। बालिका मिठास के साथ बोली, 'घबराओ मत, चोट बहुत गहरी नहीं है। लोहू बहने का कोई डर नहीं।'

मझला बालक भी पास आ गया। उतर पड़ा और विह्वल होकर अपने साथी की चोट को देखने लगा। 'नाना, तुमको तो बहुत चोट लग गई।' उस बालक ने कहा।

'नहीं, बहुत नहीं है,' बालिका मुसकराकर बोली, 'अभी लिए चलती हूँ। कोठी पर

मरहम-पट्टी हो जाएगी और बहुत शीघ्र चंगे हो जाएँगे।'

'कैसे ले चलोगी, मनू?' बड़े लड़के ने कातर स्वर में कराहते हुए पूछा।

मनू ने उत्तर दिया, 'तुम उठो। मेरे घोड़े पर बैठो। मैं उसकी लगाम पकड़े तुम्हें अभी घर लिए चलती हूँ।'

'मेरा घोड़ा कहाँ है?' घायल ने उसी स्वर में प्रश्न किया।

मनू ने कहा, 'भाग गया। चिंता मत करो। बहुत घोड़े हैं। मेरे घोड़े पर बैठो। जल्दी। नाना, जल्दी।'

नाना बोला, 'मनू, मैं सध नहीं सकूँगा।'

मनू ने कहा, 'मैं साध लूँगी। उठो।'

नाना उठा। मनू एक हाथ से घोड़े की लगाम थामे रही, दूसरे से उसने खून में तर नाना को बैठाया और बड़ी फुरती के साथ उचटकर स्वयं पीछे जा बैठी। एक हाथ से घोड़े की लगाम सँभाली, दूसरे से नाना को थामा और गाँव की ओर चल दी। पीछे-पीछे मझला बालक भी चिंतित, व्याकुल चला। जब ये गाँव के पास आ गए तब कई सिपाही घोड़ों पर सवार इन बालकों के पास आ पहुँचे।

'चोट लगी तो नहीं?'

'ओफ बहुत खून निकल आया है।'

'आओ, मैं लिए चलता हूँ।'

'घर पर घोड़े के पहुँचते ही हम समझ गए थे कि कोई दुर्घटना हो गई है।' इत्यादि उद्गार इन आगंतुकों के मुँह से निकले। इन लोगों के अनुरोध करने पर भी मनू नाना को अपने ही घोड़े पर सँभाले हुए ले आई। कोठी के फाटक पर पहुँचते ही एक उतरती अवस्था का और दूसरा अधेड़ वय का पुरुष मिले। दोनों त्रिपुंड लगाए थे। उतरती अवस्थावाला रेशमी वस्त्र पहने था और गले में मोतियों का कंठा। अधेड़ सूती वस्त्र पहने था। उतरती अवस्थावाले को कुछ कम दिखता था। उसने अपने अधेड़ साथी से पूछा, 'क्या ये सब आ गए, मोरोपंत?'

'हाँ, महाराज।' मोरोपंत ने उत्तर दिया। जब वे बालक और निकट आ गए तब मोरोपंत नामक व्यक्ति ने कहा, 'अरे! यह क्या? मनू और नाना साहब दोनों लोहूलुहान हैं!'

जिनको मोरोपंत ने 'महाराज' कहकर संबोधन किया था, वह पेशवा बाजीराव द्वितीय थे। उन्होंने भी दोनों बच्चों को रक्त में सना देखा तो घबरा गए।

सिपाहियों ने झपटकर नाना को मनू के घोड़े पर से उतारा। मनू भी कूद पड़ी।

मोरोपंत ने उसको चिपटा लिया। उतावले होकर पूछा, 'मनू, चोट कहाँ लगी है, बेटी?'

'मुझको तो बिलकुल नहीं लगी, काका,' मनू ने जरा मुसकराकर कहा, 'नाना को अवश्य चोट आई है, परंतु बहुत नहीं है।'

'कैसे लगी मनू?' बाजीराव ने प्रश्न किया।

कोठी में प्रवेश करते-करते मनू ने उत्तर दिया, 'ऊँह, साधारण-सी बात थी। घोड़े ने ठोकर खाई। वह सँभल नहीं सके। जा गिरे। घोड़ा भाग गया। घोड़ा ऐसा भागा, ऐसा भागा कि मुझको तो हँसी आने को हुई।'

मोरोपंत ने मनू के इस अल्हड़पने पर ध्यान नहीं दिया। नाना को मनू अपने घोड़े पर ले आई, वे इस बात पर मन ही मन प्रसन्न थे।

बाजीराव को सुनाते हुए मोरोपंत ने पूछा, 'तू नाना साहब को कैसे उठा लाई?'

मनू ने उत्तर दिया, 'कैसे भी नहीं। वह बैठ गए। मैं पीछे से सवार हो गई। एक हाथ में लगाम पकड़ ली, दूसरे में नाना को थाम लिया। बस।'

नाना को मुलायम बिछौने पर लिटा दिया गया। तुरंत घाव को धोकर मरहम-पट्टी कर दी गई। घाव गंभीर न होने पर भी लंबा और जरा गहरा था। बाजीराव चिंतित थे।

मोरोपंत को विश्वास था की चोट भयप्रद नहीं है तो भी वह सहानुभूति के कारण बाजीराव के साथ चिंताकुल हो रहे थे।

जब मनूबाई और मोरोपंत उसी कोठी के एक भाग में, जहाँ उनका निवास था, अकेले हुए, मनू ने कहा, 'इतनी जरा-सी चोट पर ऐसी घबराहट और रोना-पीटना!'

'बेटी, चोट जरा-सी नहीं है। कितना रक्त बह गया है!'

'आप लोग हमको जो पुराना इतिहास सुनाते हैं, उसमें युद्ध क्या रेशम की डोरों और कपास की पौनियों से हुआ करते थे?'

'नहीं, मनू! पर यह तो बालक है।'

'बालक है! मुझसे बड़ा है। मलखंब और कुश्ती करता है। बाला गुरु उसको शाबाशी देते हैं। अभिमन्यु क्या इससे बड़ा था?'

'मनू, अब वह समय नहीं रहा।'

'क्यों नहीं रहा, काका? वही आकाश है, वही पृथ्वी। वही सूर्य, चंद्रमा और नक्षत्र। सब वही हैं।'

'तू बहुत हठ करती है।'

'जब मैं सवाल करती हूँ तो आप इस प्रकार मेरा मुँह बंद करने लगते हैं। मैं ऐसे तो नहीं मानती। मुझको समझाइए, अब क्या हो गया है!'

'अब इस देश का भाग्य लौट गया है। अंग्रेजों के भाग्य का सूर्योदय हुआ है। उन लोगों के प्रताप के सामने यहाँ के सब जन निस्तेज हो गए हैं।'

'एक का भाग्य दूसरे ने नहीं पढ़ा है। यह सब मनगढंत है। डरपोकों का ढकोसला।'

'तू जब और बड़ी होगी तब संसार का अनुभव तुझको भी यह सब स्पष्ट कर देगा।'

'मैं डरपोक कभी नहीं हो सकती। आप कहा करते हैं—मनू, तू ताराबाई बनना, जीजाबाई और सीता होना। यह सब भुलावा क्यों? अथवा क्या ये सब डरपोक थीं?'

'बेटी, ये सब सती और वीर थीं; परंतु समय बदलता रहता है। बदल गया है।'

'यह तो हेर-फेरकर वही सब मनमाना तर्क है।'

'फिर कभी बतलाऊँगा।'

'मैं ऐसी गलत-गलत बात कभी नहीं सुनने की।'

'तो सोएगी भी या रात-भर सवाल ही करती रहेगी!' अंत में खीजकर परंतु मिठास के साथ मोरोपंत ने कहा। मनू खिलखिलाकर हँस पड़ी। बोली, 'काका, आपने तो टाल दिया। मैं इस प्रसंग पर फिर बात करूँगी। अभी अवश्य करबट लेते ही सोई, यह सोई।' फिर एक क्षण उपरांत मनू ने अनुरोध किया, 'काका, देख आइए, नाना सो गया या नहीं। आपको नींद आ रही हो तो मैं दौड़कर देख आऊँ।' मोरोपंत ने मनू को नहीं जाने दिया। स्वयं गए। देख आए। बोले, 'नाना साहब सो गए हैं।'

मनू सो गई। मोरोपंत जागते रहो। उन्होंने सोचा, मनू की बुद्धि उसकी अवस्था से बहुत आगे निकल चुकी है। अभी तक कोई योग्य वर हाथ नहीं लगा। दक्षिण जाकर देखना पड़ेगा। इसी विचार के लौट-फेर में मोरोपंत का बहुत समय निकल गया। कठिनाई से अंतिम पहर में नींद आई।

: २ :

मनूबाई सवेरे नाना को देखने पहुँच गई। वह जाग उठा था, पर लेटा हुआ था। मनू ने उसके सिर पर हाथ फेरा। स्निग्ध स्वर में पूछा, 'नींद कैसी आई?'

'सोया तो हूँ, पर नींद आई-गई बनी रही। कुछ दर्द है।' नाना ने उत्तर दिया।

मनू—'वह दोपहर तक ठीक हो जाएगा। तीसरे पहर घूमने चलोगे न? संध्या से पहले ही लौट आएँगे।'

नाना—'सवारी की धमक से पीड़ा बढ़ने का डर है।'

मनू—'आरंभ में कदाचित् थोड़ी-सी पीड़ा हो; परंतु शीघ्र उसको दाब लोगे और जब लौटोगे, याद न रहेगा कि कभी चोट लगी थी।'

नाना—'यदि पीड़ा बढ़ गई तो?'

मनू—'तो सह लेना, फिर कभी गिरोगे तो चोट कम आँसेगी।'

नाना—'और यदि आज ही फिर फिसल पड़ा तो?'

मनू—'तो मैं तुमको फिर उठा लाऊँगी। चिंता मत करो।'

नाना—'और जो तुम खुद गिर पड़ीं तो?'

मनू—'तब मैं फिर सवार हो जाऊँगी। किसी की सहायता नहीं लेनी पड़ेगी और घर आ जाऊँगी।'

नान—'मेरे बस का नहीं।'

मनू—'लड्डू खाओगे?'

नाना—'मुझे चुपचाप पड़ा रहने दो!'

मनू—'कब तक?'

नाना—'तीन-चार दिन लग जाएँगे।'

मनू—'किसने कहा?'

नाना—'काका कहते थे। वैद्य ने भी कहा था।'

मनू—'वैद्य तो लोभवश कहता होगा, पर दादा क्यों कहते थे?'

नाना—'उनसे ही पूछ लेना। मेरा सिर मत खाओ।'

मनू हँस पड़ी। फिर दाईं ओर का ओठ थोड़ा-सा—बिलकुल जरा-सा—दबाकर बोली, 'तुम कहते थे—बाजी प्रभु देशपांडे की कीर्ति से बढ़कर कीर्ति कमाऊँगा, तानाजी मालसुरे को पछाड़ूँगा, स्वर्गवासी छत्रपति शिवाजी को अपने कृत्यों से फड़का दूँगा, श्रीमंत पंत प्रधान प्रथम बाजीराव की बराबरी करूँगा, ...'

इतने में वहाँ बाजीराव आ गए। मनू इतनी तीक्ष्णता के साथ बोल रही थी कि बाजीराव ने उसका अंतिम वाक्य सुन लिया।

बोले, 'तेरी चपलता न जाने कब कम होगी? यह सब क्या बके जा रही है?'

मनू रंचमात्र भी नहीं दबी। बोली, 'इसको, दादा, आप बकना कहते हैं? आप ही हम लोगों को यह सब छुटपन से सुनाते आए हैं। मैं उसी को दुहरा रही हूँ। अब इसे आप बकवास समझने लगे हैं।! यह क्यों दादा?'

बाजीराव ने कहा, 'बेटी, क्या आज उन बातों के स्मरण से जीवन को चलाने का समय रहा है? महाभारत की कथाएँ सुनो और अपने पुरखों की बातें सुनो। अच्छी-भली बनो। मन बहलाओ और जीवन को पवित्र सुख से सुखी बनाओ। नाना को चिढ़ाओ मत।'

मनू ने मुसकराकर होंठ जरा-सा दबाया, थोड़ी-सी त्योरी संकुचित की और बाजीराव के बिलकुल पास आकर बोली, 'क्या हम लोगों को अब सोकर, खाकर ही जीवन बिताना सिखलाइएगा, दादा?'

बाजीराव को हँसी आई। कुछ कहना ही चाहते थे कि मोरोपंत कहते हुए आ गए, 'नाना साहब को हाथी पर बैठकर थोड़ा-सा घूम आने दीजिए। बाहर तैयार खड़ा है।'

बाजीराव ने प्रश्न किया, 'हाथी की सवारी में चोट को धमक तो नहीं लगेगी?'

मोरोपंत ने उत्तर दिया, 'नहीं, पलकिया में बहुत मुलायम गद्दी-तकिए लगा दिए

गए हैं और हाथी बहुत धीमे चलाया जाएगा।'

मनू हाथी को देखने बाहर दौड़ गई। नाना निस्तार इत्यादि के लिए उठ गया। मनू ने हाथी पहले भी देखे थे, फिर भी वह इस हाथी को बार-बार चारों ओर से घूम-घूमकर देख रही थी और उसके डीलडौल पर कभी मुसकरा रही थी, कभी हँस रही थी।

थोड़ी देर बाद बाजीराव नाना को लिए बाहर आए। साथ में छोटा लड़का भी था, मोरोपंत पीछे-पीछे। हाथी पर पहले नाना को बैठा दिया गया, फिर छोटे को। महावत ने हाथी को अंकुश छुलाई, हाथी उठा।

मनू ने मोरोपंत से कहा, 'काका, मैं भी हाथी पर बैठूँगी।' बाजीराव के घुटनों से लिपटकर बोली, 'दादा, मैं भी बैठूँगी।'

नाना हौदे में महावत के पास बैठा था। उसने महावत को अविलंब चलने का आदेश किया। मनू की ओर देखा भी नहीं। बाजीराव ने नाना से कहा, 'लिए जाओ मनू को!'

नाना ने मुँह फेर लिया! तब बाजीराव ने दूसरे बालक से कहा, 'रावसाहब, मनू को ले लेते तो अच्छा होता!'

महावत कुछ ठमका तो नाना ने उसकी पसलियों में उँगली चुभोकर बढ़ने की आज्ञा दी। वह नाना साहब और रावसाहब—दोनों को लेकर चल दिया। मनू की आँखों में क्षोभ उतर आया। मोरोपंत का हाथ पकड़कर बोली, 'हाथी लौटाओ काका। मैं हाथी पर अवश्य बैठूँगी।'

बाजीराव कोठी में चले गए।

मोरोपंत को भी क्षोभ हुआ, परंतु उन्होंने उसको नियंत्रित करके कहा, 'वह चला गया बेटी।'

मनू मोरोपंत का हाथ पकड़कर खींचने लगी, 'महावत को पुकारिए, वह रुक जाएगा। मैं बिना बैठे नहीं मानूँगी।'

मोरोपंत का क्षोभ भड़का। उन्होंने उसका फिर दमन किया। मनू ने फिर हाथी पर बैठने का हठ किया। मोरोपंत ने क्रुद्ध स्वर में मनू को डाँटा, 'तेरे भाग्य में हाथी नहीं लिखा है। क्यों व्यर्थ हठ करती है?'

मनू तिनककर सीधी खड़ी हो गई। तमककर कुछ कहना चाहती थी। एक क्षण होंठ नहीं खुल सके।

मोरोपंत ने शांत करने के प्रयोजन से, भरसक धीमे स्वर में परंतु क्रोध के सिलसिले में कहा, 'सैकड़ों बार कहा कि समय को देखकर चलना चाहिए। हम लोग न तो छत्रधारी हैं और न सामंत सरदार। साधारण गृहस्थों की तरह संसार में रहन-सहन रखना है। पढ़ी-लिखी होने पर भी न जाने सुनती-समझती क्यों नहीं है। कह दिया कि भाग्य में हाथी नहीं लिखा है। हठ मत किया कर।'

मनू के होंठ सिकुड़े। चुनौती-सी देती हुई बोली, 'मेरे भाग्य में एक नहीं, दस हाथी लिखे हैं।'

मोरोपंत का क्रोध-क्षोभ भीतर सरक गया। हँस पड़े। मनूबाई को पेट से चिपका लिया। कहा, 'अब चल, कोई शास्त्र-पुराण पढ़। तब तक वे दोनों लौट आते हैं।'

मनू मचली। बोली, 'मैं अपने घोड़े पर बैठकर सैर को जाऊँगी और उस हाथी को तंग करूँगी।'

मोरोपंत सीधे शब्दों में वर्जित करना चाहते थे, परंतु इस उपकरण में सफलता के चिह्न न पाकर उन्होंने तुरंत बहाना बनाया, 'घोड़े से यदि हाथी चिढ़ गया तो तू भले ही बचकर निकल आए, पर नाना साहब, रावसाहब तथा महावत मारे जाएँगे।'

वह मान गई।

'तब तक कुछ और करूँगी,' मनूबाई ने कहा, 'पुस्तकें तो नहीं पढ़ूँगी। बंदूक से निशानेबाजी करूँगी।'

: ३ :

थोड़ी देर में घंटा बजाता हुआ हाथी लौट आया। मनू दौड़कर बाहर आई। एक क्षण ठहरी और आह खींचकर भीतर चली गई। नाना और राव, दोनों बालक, अपनी जगह चले गए। बाजीराव ने नाना को पुचकारकर पूछा, 'दर्द बढ़ा तो नहीं?'

'नहीं बढ़ा,' नाना ने उत्तर दिया, 'अच्छा लग रहा है। मनू कहाँ गई?'

बाजीराव ने कहा, 'भीतर होगी।'

रावसाहब—'उसे बुरा लगा होगा। नाना ने साथ नहीं लिया, मैंने तो कहा था।'

नाना—'वह मुझको सवेरे से चिढ़ा रही थी।'

बाजीराव—'क्या? कैसे?'

नाना—'उसका स्वभाव है।'

कुछ क्षण उपरांत मनू वहाँ आ गई।

नाना ने हँसते हुए कहा, 'छबीली, तुम क्या कोई ग्रंथ पढ़ रही थीं?'

मनू जल उठी। बोली, 'मुझसे छबीली मत कहा करो।'

नाना ने और भी हँसकर कहा, 'क्यों नहीं कहा करूँ? यह तो तुम्हारा छुटपन का नाम है।'

मनू की आँखें लाल हो गईं। बोली, 'मुझको इस नाम से घृणा है।'

नाना गंभीर हो गया। बोला, 'मुझको तो यही नाम सुहावना लगता है। छबीली, छबीली।'

'इस नाम को कभी नहीं सुनूँगी।' कहकर मनू वहाँ से जाने को हुई। बाजीराव ने

उसको पकड़ लिया। मनू ने भागना चाहा। न भाग सकी। तब नाना ने भी पकड़ लिया।

'क्या मनू बुरा मान गई?' नाना ने स्नेह के साथ पूछा।

मनू होंठ सिकोड़कर, रुखाई के साथ बोली, 'अवश्य। आगे इस नाम से मेरा संबोधन कभी मत करना।'

इसी समय पहरेवाले ने बाजीराव को सूचना दी, 'झाँसी से एक सज्जन आए हैं। नाम तात्या दीक्षित बतलाते हैं।'

नाना बोला, 'मनू, एक से दो तात्या हुए।'

मनू का क्षोभ घुला। बाजीराव ने प्रहरी से झाँसी के आगंतुकों को बैठाने के लिए कह दिया।

मनू ने कहा, 'झाँसीवाला कुश्ती लड़ता होगा?'

रावसाहब–'झाँसी में कोई बाला गुरु होंगे तो कुश्ती का भी चलन होगा! वह तो राज्य ठहरा।'

नाना–'बड़ा राज्य है?'

बाजीराव–'बड़ा तो नहीं है, पर खासा है। हमारे पुरखों का प्रदान किया हुआ है, जानते होगे।'

रावसाहब–'अपने को फिर नहीं मिल सकता?'

मनू–'दान किया हुआ फिर कैसे वापस होगा।'

बाजीराव–'हाँ, वापस नहीं हो सकता। झाँसी के राजा हमारे सूबेदार थे। इस समय अपना बस होता तो झाँसी में हम लोगों का काफी मान होता। परंतु झाँसी तो बहुत दिनों से अंग्रेजों की मातहती में है।'

मनू–'ग्वालियर, इंदौर, बरोदा, नागपुर, सतारा इत्यादि के होते हुए भी थोड़े से अंग्रेजों ने आप सबको दबा लिया!'

बाजीराव–'यह मानना पड़ेगा कि वे लोग हमसे ज्यादा चालाक हैं। हथियार उनके पास अधिक अच्छे हैं। शूरवीर भी हैं और भाग्य उनके साथ है। और आपसी फूट हमारे साथ।'

मनू–'दादा, क्या भाग्य में शूरवीर होना लिखा रहता है? यदि ऐसा है तो अनेक सिंह सियार होते होंगे और अनेक सियार सिंह।'

बाजीराव–'जब सियार पागल हो जाता है तब सिंह भी उससे डरने लगता है।'

मनू–'वह भाग्य से पागल होता है अथवा और किसी कारण से?'

बाजीराव हँसने लगे।

इसी समय मोरोपंत ने आकर कहा, 'दादा साहब, तात्या दीक्षित झाँसी से आए हैं।'

बाजीराव बोले, 'मैंने उनको बिठला लिया है। यहीं ठहरने, भोजन इत्यादि का प्रबंध

कर दिया जावे।'

मोरोपंत ने कहा, 'तात्या मुझको एक बार काशी में मिले थे। यात्रा के लिए गए हुए थे। विद्या-विदग्ध हैं, सज्जन हैं। राजा के यहाँ उनका मान है।'

मनू ने हँसकर पूछा, 'कुश्ती लड़ते हैं? तलवार-बंदूक चलाते हैं? घोड़े पर चढ़ते हैं?'

'दुर पगली,' मोरोपंत ने कहा, 'जो यह सब न जानता हो वह क्या कुछ है ही नहीं? दीक्षितजी पक्के ब्राह्मण हैं। शास्त्री, आचार्य।'

नाना ने मनू की ओर देखते हुए कहा, 'और यदि ब्राह्मण हथियार बाँध उठे तो वह पक्के से कच्चा हो जाएगा? मनू! तुम बतलाओ!'

मनू हँसी। बाजीराव भी हँसे। मोरोपंत ने मुसकराकर कहा, 'इस लड़की जैसी वाचाल तो शायद ही कोई हुई हो।'

मनू ने होंठों की समेट में मुसकराहट को दबाकर गरदन मोड़ी, फिर विशाल नेत्र संकुचित करके बोली, 'आप ही कहा करते हैं, ताराबाई ऐसी थीं; जीजाबाई ऐसी थीं, अहिल्याबाई ऐसी, मीरा ऐसी। मैं पूछती हूँ, क्या ये सब मुँह पर मुहर लगाए रहती थीं?'

: ४ :

भोजनोपरांत तात्या दीक्षित से बाजीराव और मोरोपंत मिले। तात्या दीक्षित झाँसी से बिठूर आए हुए थे। वह ज्योतिष और तंत्र के शास्त्री थे। काशी, नागपुर, पूना इत्यादि घूमे हुए थे। महाराष्ट्र समाज से काफी परिचित थे। बिठूर (ब्रह्मावर्त) में बाजीराव के साथ दक्षिणी ब्राह्मणों का एक बड़ा परिवार आ बसा था। उस काल में मलखंब और मल्लयुद्ध के आचार्य बाला गुरु का अखाड़ा दक्षिणियों और हिंदुस्थानियों से भरा रहता था और गुरु बल, यौवन और स्वाभिमान को वितरित-सा करते रहते थे। वह स्वयं इतने दृढ़ बलिष्ठ और स्वाभिमानी थे कि उनको लेटने तक में चित होने से घृणा थी! औंधे लेटा करते थे।

मोरोपंत ने अवसर निकालकर तात्या दीक्षित से प्रार्थना की, 'दीक्षितजी, मुझे अपनी कन्या मनूबाई के विवाह की बड़ी चिंता लग रही है। मैंने बहुत खोज की है परंतु कोई योग्य वर नहीं मिला। अब भी खोज कर रहा हूँ। आपका संसार में बहुत परिचय है। आप इस कन्या के लिए योग्य वर ढूँढ़ दीजिए। बड़ा अनुग्रह होगा।'

बाजीराव ने भी कहा, 'कन्या बहुत सुंदर है। बड़ी कुशाग्र बुद्धि और होनहार। उसके लिए अच्छा वर ढूँढ़ना ही चाहिए।'

मोरोपंत बोले, 'सब हथियार चलाना बहुत अच्छी तरह जानती है, घोड़े की सवारी में पुरुषों के कान पकड़ती है। जब चार वर्ष की थी, इसकी माँ का देहांत हो गया था।

इसलिए मैंने स्वयं उसकी दिन-रात देख-भाल की है, लालन-पालन किया है। मराठी, संस्कृत और हिंदी पढ़ाई है। शास्त्रों में उसकी रुचि है।'

बाजीराव ने कहा, 'बालिका है, इसलिए इस आयु में जितना पढ़ सकती थी, उतना ही पढ़ा है; परंतु तेज बहुत है। पूजा-पाठ मन लगाकर करती है।'

पूजा-पाठ संबंधी रुचि पर बाजीराव ने ज्यादा जोर दिया। अश्वारोहण इत्यादि पर बहुत कम।

तात्या दीक्षित ने जन्मपत्री माँगी। मोरोपंत ने ला दी। दीक्षित ने उसकी परीक्षा करके कहा, 'ऐसी जन्मपत्री मैंने कदाचित् ही पहले कभी देखी हो। इसको कहीं की रानी होना चाहिए।'

मोरोपंत फूल गए। बाजीराव को भी संतोष हुआ। बोले, 'जब आप जाएँ, साथ में जन्मपत्री लेते जाएँ। योग्य वर से मेल खाने पर हमको सूचित करें।'

दीक्षित ने स्वीकार किया।

उसी समय रावसाहब के साथ वहाँ मनू आ गई।

बाजीराव ने दीक्षित से कहा, 'यही वह कन्या है।'

दीक्षित ने मनूबाई के विशाल नेत्र, भौंरे को लजानेवाले चमकीले बाल, स्वर्ण-सा रंग, संपूर्ण चेहरे का अतीव सुंदर बनाव देखकर प्रसन्नता प्रकट की।

दीक्षित ने ममता प्रदर्शित करते हुए कहा, 'आ बेटी, आ! तूने शास्त्र पढ़े हैं, उच्च कुल की ब्राह्मण कन्या के लिए उपयुक्त ही है।'

मनू और रावसाहब बाजीराव के पास मसनद पर बैठ गए।

मनू बिना किसी संकोच के बोली, 'मैंने शास्त्र आँखों से देख-भर लिए हैं। मुझको तुलसीदास की रामायण बड़ी प्रिय लगती है परंतु तलवार चलाना, मलखंब भाँजना, घोड़े की सवारी, ये उससे भी बढ़कर भाते हैं।'

बाजीराव ने हँसकर टोका, 'और बात बनाना, चबड़-चबड़ करना इन सबसे बढ़कर अच्छा लगता है।'

मोरोपंत के मन में क्षणिक रोष आया। वह चाहते थे कि लड़की तात्या दीक्षित के सामने ऐसी बातें करे कि शील-संकोच का अवतार जान पड़े।

'परंतु,' दीक्षित ने हँसकर कहा, 'बालिका है। अभी संसार का उसने देखा की क्या है?'

'बिलकुल अबोध है,' मोरोपंत बोले, 'सयानी होने पर अपने घर-द्वार का खूब प्रबंध करेगी।'

तात्या दीक्षित ने उत्साहित होकर भविष्यवाणी-सी की, 'यह किसी राज्य की रानी होगी।'

रावसाहब अभी तक मनू के पीछे चुप बैठा था। बोला, 'राज्य तो सब अंग्रेजों ने ले लिए हैं। नए राज्य कहाँ से बनेंगे?'

'राज्यों की और राज्य बनानेवालों की न कमी रही है और न रहेगी।' तात्या दीक्षित ने हँसकर कहा।

मनूबाई मुसकराकर बोली, 'पर कुछ लोग तो कहते हैं कि अंग्रेजों ने ऐसा जोर बाँध लिया है कि कोई सिर ही नहीं उठा सकता।'

बाजीराव विषयांतर करना चाहते थे। बोले, 'झाँसी में बाग-बगीचे कितने हैं?'

तात्या दीक्षित–'बहुत हैं। राजा के बगीचे हैं। सरदारों और सेठ-साहूकारों के हैं। नगर के भीतर ही अनेक हैं।'

मनू–'सेना बड़ी है?'

दीक्षित–'खासी है।'

मनू–'घोड़े अच्छे हैं?'

रावसाहब–'हाथी?'

दीक्षित–'बहुत से हैं।'

मनू–'कितने?'

इतने में वहाँ सुगठित शरीर का एक युवक आया।

बाजीराव ने पूछा, 'क्या है तात्या!'

अपने नाम के एक और मनुष्य को संबोधित होते देखकर दीक्षित चौंका।

मनू ने बेधड़क कहा, 'यह हमारे गुरु के अखाड़े के प्रधान हैं। आपके नामधारी।'

तात्या दीक्षित ने मन में चाहा कि लड़की और अधिक बात न करे।

युवक तात्या ने पेशवा से विनय की, 'महाराज, गुरुजी ने कहलवाया है कि झाँसी से जो आचार्य आए हैं वे हमारे अखाड़े को देखने की कृपा करें।'

दीक्षित ने हामी भरी। तीसरे पहर सब लोग बाला गुरु के अखाड़े पर गए! मलखंब और मल्लयुद्ध का प्रदर्शन हुआ।

: ५ :

महाराष्ट्र में सतारा के निकट वाई नाम का एक गाँव है। पेशवा के राज्यकाल में वहाँ के कृष्णराव तांबे को ऊँचा पद प्राप्त था। कृष्णराव तांबे का पुत्र बलवंतराव पराक्रमी था।

उसको पेशवा की सेना में उच्च पद मिला। बलवंतराव के दो लड़के हुए–एक मोरोपंत और दूसरा सदाशिव। ये दोनों पूना में दरबार के कृपापात्रों में थे।

उस समय पेशवा बाजीराव द्वितीय पूना में रहते थे। सन् १८१८ में अंग्रेजों ने

पेशवाई खत्म करके बाजीराव को आठ लाख रुपया वार्षिक पेंशन और बिठूर की जागीर दी। बाजीराव ब्रह्मावर्त (बिठूर) चले आए। बाजीराव के निज भाई चिमाजी अप्पा साहब थे। वे बनारस चले आए। मोरोपंत तांबे पर चिमाजी की बड़ी कृपा थी। मोरोपंत चिमाजी के साथ पूना से काशी चले आए और उनका कामकाज करते रहे। इसके उपलक्ष्य में मोरोपंत को पचास रुपया मासिक वेतन मिलता था। यही मोरोपंत मनूबाई के पिता थे।

मोरोपंत की पत्नी का नाम भागीरथीबाई था। सुशील, चतुर, रूपवती।

मनूबाई कार्तिक वदी १४ संवत् १८९१ (११ नवंबर, सन् १८३६) के दिन काशी में इन्हीं से उत्पन्न हुई थी।

चिमाजी का शरीरांत हो गया। मोरोपंत को अपने कुटुंब के पालन के लिए कोई सहारा काशी में नहीं दिखाई पड़ रहा था। बाजीराव ने काशी से बिठूर बुला लिया। मोरोपंत पर बाजीराव की भी बहुत कृपा रही।

मनूबाई चार वर्ष की ही थी जब उसकी माता भागीरथीबाई का देहांत हो गया। मनू के पालन-पोषण और लाड़-दुलार का संपूर्ण भार मोरोपंत पर आ पड़ा। मोरोपंत ने मनू को बहुत प्यार के साथ पाला। लड़के से बढ़कर।

मनू इतनी सुंदर थी कि छुटपन में बाजीराव इत्यादि उसको स्नेहवश 'छबीली' के नाम से पुकारते थे।

बाजीराव के अपनी कोई संतान न थी, इसलिए उन्होंने नाना धोंडूपंत नाम के एक बालक को गोद लिया। नाना तीन भाई थे—नाना, बाला और रावसाहब। बाला उस समय बिठूर में न था। छोटा सहोदर रावसाहब था।

मनू और ये दोनों लड़के साथ खेलते, खाते और पढ़ते थे। मलखंब, कुश्ती, तलवार, बंदूक का चलाना, अश्वारोहण, पढ़ना-लिखना इत्यादि सब इन तीनों ने छुटपन से साथ-साथ सीखा था। मनू चपल, हठीली और बहुत पैनी बुद्धि की थी। कम आयु की होने पर भी वह इन हुनरों में उन दोनों बालकों से बहुत आगे निकल गई। स्त्रियों की संगति कम प्राप्त होने के कारण वह लाज-संकोच की अतीव दबन और झिझक से दूर हटती गई थी।

नाना आठ लाख वार्षिक पेंशन अपने और अपने भाइयों की परंपरा के जीवन-सुख के लिए काफी से अधिक समझता होगा। बाजीराव को पेंशन 'उसको और उसके कुटुंब के लिए, दी गई थी। बिना किसी प्रयत्न-प्रयास के आठ लाख वार्षिक मिलते जाएँ तो फिर किस महत्त्वाकांक्षा की जोखिम के लिए और अधिक हाथ-पैर हिलाए जाएँ?

मनूबाई ऐसा नहीं सोचती थी। छत्रपति शिवाजी इत्यादि के आधुनिक और अर्जुन-भीम इत्यादि के पुरातन आख्यानों ने मनू की कल्पना को एक अस्पष्ट और

अदम्य गुदगुदी दे रखी थी।

: ६ :

तात्या दीक्षित आदर और भेंट सहित बिठूर से झाँसी लौट आए। उन्हें मालूम था कि मनूबाई के लिए जितना अच्छा वर ढूँढ़कर दूँगा, उतना ही अधिक बाजीराव संतुष्ट होंगे। और उस संतोष का फल उनकी जेब के लिए उतना ही महत्त्वपूर्ण होगा।

दीक्षित ने मन में कई वर टटोले। जिसको स्थिर करते उसी के लिए प्रश्न उठता, 'क्या पेशवा इसको पसंद कर लेंगे?' जी उचट जाता। सरदार श्रेणी के ब्राह्मणों में कुछ टीपनाएँ लाकर मिलाईं, पर मेल न खाया।

सोचा, 'श्रीमंत सरकार गंगाधरराव की जन्म-पत्री मिलाकर देखूँ, शायद टक्कर खा जाए।' टीपना प्राप्त हो गई। मिल गई। परंतु एक असमंजस हुआ, गंगाधरराव की पहली पत्नी का देहांत काफी दिन पहले हो चुका था। वह विधुर थे। विवाह करना चाहते थे। परंतु अपने कठोर स्वभाव के कारण बदनाम थे। भीड़-भगतियों, खसियों इत्यादि के हँसी-मजाक, आमोद-प्रमोद में उनका काफी समय जाता था। नाटकशाला में तो रात का अधिकांश प्रायः बीतता ही था। इसलिए जितना वह करते थे, उससे कहीं अधिक बदनामी फैल गई थी।

नाटकशाला में बहुत रुचि के कारण खास तौर पर वेश्याओं, गायिकाओं और नर्तकियों के नाटकशाला में नौकर रखते हुए भी स्त्रियों की भूमिका में अभिनय करने की वजह से उनकी झूठी बदनामी बहुत कर दी गई थी। इस पर उनका कठोर बरताव। दीक्षित सोचते थे कि विवाह संबंध स्थापित करने में सफल हो जाऊँ तो सदा याद किया जाऊँगा। मोरोपंत तो हमेशा कृतज्ञ रहेंगे ही, बाजीराव भी मानते रहेंगे, झाँसी राज्य में कितना सम्मान होगा! मनूबाई सुंदर है, रानी बनने योग्य सब गुण उसमें हैं। चपल, चंचल और उद्धत है। मुँहजोर है। किसी और घर में जाएगी तो न खुद सुखी हो सकेगी और न अपने पति को सुखी बना सकेगी। गंगाधरराव की रानी बनने पर चपलता न रह सकेगी। जीवन में संयम आ जाएगा। वह १३-१४ साल की है और गंगाधरराव चालीस से कुछ ऊपर। परंतु उनका स्वास्थ्य अच्छा है। स्वभाव कठोर सही है, लेकिन ऐसी उग्र स्त्री के लिए तो ऐसा ही पति चाहिए। घोड़े की सवारी, तीर-तमंचा, मलखंब और क्या-क्या—यह झाँसी के राज्य में ही मिल सकेगा, और कहीं असंभव है। यह सब सोचकर दीक्षित ने झाँसी के राजा के साथ मनूबाई का विवाह संबंध कराने में किसी प्रकार की भी कसर न लगाने का निश्चय किया। गंगाधरराव के पास गए। एकांत पाकर बोले, 'महाराज से एक निवेदन करने आया हूँ।'

राजा ने कहा, 'कहिए दीक्षितजी।'

दीक्षित—'महाराज, रनवास को सूना हुए काफी समय हो गया है। अब।'

राजा—'मैं क्या करूँ? जन्म-पत्री में मेरे इतने तेजस्वी ग्रह हैं कि किसी से मेल ही नहीं खाती। एकाध जगह मिली तो लड़की का भुखमरा पिता चाहता था कि मैं सब काम-धाम छोड़कर बाप-बेटी की पूजा-अर्चा में ही बाकी जीवन बिताऊँ। इससे तो मेरी नाटकशाला ही अच्छी। अप्सराओं के सुंदर अभिनय, सुखलाल के बनाए नए-नए परदे। सुरीला गायन-वादन और सुहावना नृत्य। आपने तो अनेक बार रंगशाला में अभिनय देखे हैं!'

दीक्षित—'श्रीमंत सरकार, वंश-परंपरा बनाए रखने के लिए शास्त्रों का विधान अनिवार्य है। प्रजा अपने राजा की बगल में अपना राजकुमार देखने की लालसा रखती है। सरकार का आमोद-प्रमोद भी चलता रह सकता है।'

'हाँ, ठीक है।' कहकर गंगाधरराव सोचने लगे। कुछ क्षण बाद बोले, 'दीक्षितजी, आप तो काव्य-रसिक हैं। श्रीहर्षदेव रचित रत्नावली नाटिका कितनी कोमल, मधुर, मंजु कल्पना है और मोतीबाई अब भी कितना सुंदर, कितना मनोहर अभिनय करती है।'

दीक्षित ने सोचा, अब खतरे में पड़े। मोतीबाई के प्रति राजा का ऐसा उत्साह देखकर दीक्षित कुंठित हुए। धीरज पकड़कर दीक्षित कह गए, 'परंतु सरकार, महल सूना है। उसमें तो दीवाली कोई सजातीय कन्या ही जगमगा सकती है।'

गंगाधरराव की आँखें बड़ी थीं और डोरे लाल। दीक्षित ने डरते-डरते देखा। डोरे कुछ और रक्तिम हो गए।

राजा ने कहा, 'मैं क्या करूँ? सजातीय कन्या को जबरदस्ती पकड़ लूँ?'

दीक्षित ने तुरंत उत्तर दिया, 'नहीं महाराज, मैंने जन्म-पत्रियों की परीक्षा कर ली है, बिलकुल मिल गई हैं। कन्या भी देख आया हूँ। बहुत सुंदर और कुशाग्र बुद्धि है। उसमें रानी होने योग्य समस्त गुण हैं।'

'कहाँ पर?' राजा ने जरा मुसकराकर पूछा।

दीक्षित का साहस बढ़ा। उत्तर दिया, 'महाराज, वह इस समय बिठूर में है। श्रीमंत पंत प्रधान पेशवा का काम-काज देखने पर कन्या का पिता मोरोपंत तांबे नियुक्त है। पढ़ी-लिखी है और समयोचित सभी गुण उसमें हैं।'

राजा ने प्रश्न किया, 'तांबे कुलीन होते हैं, यह मैं जानता हूँ; लेकिन मोरोपंत भट्ट भिक्षुक तो नहीं हैं?'

दीक्षित ने जवाब दिया, 'श्रीमंत पेशवा की यज्ञशाला पर एक रामभट्ट गोडसे है। वह मोरोपंत का मित्र है। उसने मोरोपंत की पुत्री को विद्याभ्यास-भर कराया है, इसके सिवाय मोरोपंत का रामभट्ट या किसी भट्ट से कोई संबंध नहीं है।'

गंगाधरराव ने जरा तीखेपन से कहा, 'मैं पूछता हूँ, मोरोपंत भिक्षुक है या नहीं!'

दीक्षित ने दृढ़ता के साथ उत्तर दिया, 'कदापि नहीं सरकार।'

गंगाधरराव ने दूसरा प्रश्न किया, 'पेशवा और मोरोपंत में कैसा संबंध है?'

दीक्षित–'बहुत घनिष्ठ। मित्रों जैसा। कोई नहीं कह सकता कि पेशवा मालिक है और मोरोपंत नौकर। कन्या को पेशवा ने बिलकुल अपनी पुत्री की तरह मान रखा है। मैं स्वयं देख आया हूँ।'

राजा–'वे लोग संबंध को स्वीकार कर रहे हैं?'

दीक्षित–'कर लेंगे। मुझको विश्वास है।'

राजा–'तब सगाई-मँगनी इत्यादि के लिए आपको ही बिठूर जाना पड़ेगा।'

हर्ष के मारे दीक्षित का दिमाग चक्कर खा गया। बोले, 'अवश्य जाऊँगा, सरकार।' फिर गला भर आया। आँख में एक आँसू।

'यह क्या, दीक्षितजी?' राजा ने मिठास के साथ कहा।

दीक्षित गला संयत करके बोले, 'झाँसी की जनता को यह समाचार बहुत हर्ष देगा, श्रीमंत!'

: ७ :

राजा के अन्य कर्मचारियों के साथ तात्या दीक्षित बिठूर गए। मोरोपंत और बाजीराव को संवाद सुनाया। उन्होंने स्वीकार कर लिया। गंगाधरराव की आयु का कोई लिहाज नहीं किया गया।

मनूबाई का शृंगार कराया गया। रंगीन रेशमी साड़ी, स्वर्ण के आभूषण, माणिक-मोती के हार। बाजीराव ने अपने वे सब आभरण मनूबाई से फिर वापस नहीं लिए।

मनूबाई के बड़े-बड़े गोल नेत्र मणि-मुक्ताओं को भी आभा दे रहे थे। दुर्गा-सी जान पड़ती थी।

सगाई-वाग्दान की रीति होने के बाद मनूबाई, नाना साहब और रावसाहब एक ही कमरे में इकट्ठे हुए। वे दोनों लड़के भी रेशमी वस्त्रों और आभूषणों से लदे थे। सगाई का उत्सव बाजीराव ने धूमधाम से करवाया। बालकों में बातचीत होने लगी।

नाना–'अब तो मनू झाँसी से हाथियों पर बैठकर ब्रह्मावर्त आया करेगी।'

मनू–'एक हाथी पर या दस पर?'

नाना–'एक पर बैठेगी, बाकी पर मंत्री, सेनापति इत्यादि बैठे आवेंगे।'

मनू–'मुझको तो घोड़े की सवारी पसंद है।'

नाना–'झाँसी में बैठ पावेगी?'

मनू–'कौन रोक लेगा?'

नाना–'सुनता हूँ राजा बड़ा क्रोधी है।'

मनू–'तो क्या मुझको सूली मिलेगी?'

रावसाहब–'अरे नहीं। पर नबकर, झुककर चलना पड़ेगा।'

मनू ने नबकर, झुककर कमरे का एक चक्कर काटा। हँसकर बोली, 'ऐसे? ऐसे चलना पड़ेगा?'

वे दोनों लड़के भी हँस दिए। मनू की कांति से वह घर झिलमिला उठा। और जब वे बालक हँसे, उनके दाँतों की दीप्ति से वह घर दमक उठा।

रावसाहब–'मनू, तुम्हारे चले जाने पर हम लोगों को सब तरफ सूना-सूना लगेगा।'

मनू–'तो साथ चले चलना।'

नाना–'काका एकाध महीने के लिए जाने दे सकते हैं, अधिक समय के लिए नहीं।'

मनू–'अधिक समय तो यहीं रहना चाहिए। बाला गुरु से तुमको अभी बहुत सीखना है, आया ही क्या है? मलखंब, कुश्ती इत्यादि से शरीर को खूब कमाओ। अच्छी तरह से हथियार चलाना सीखो।'

नाना–'और दिल्ली पर धावा बोल दो।'

मनू–'दिल्ली में क्या रखा है! दादा, काका और अखाड़े के सब समझदार लोग चर्चा करते हैं कि दिल्ली के कटघरे में अब एक कठपुतली-भर रह गई है।'

नाना–'अब तो सब तरफ अंग्रेजों का चरचराटा है।'

मनू हँस पड़ी।

रावसाहब ने कहा, 'तो क्या अंग्रेज हमको वैसे ही निगल जाएँगे?'

मनू हँसते-हँसते बोली, 'नाना साहब को कदाचित् विश्वास नहीं होता कि अंग्रेज भी हराए जा सकते हैं।'

नाना जरा कुढ़ गया। कहने लगा, 'छबीली को सिवाय घमंड मारने के और कुछ आता ही नहीं।'

उन उज्ज्वल विशाल नेत्रों को और भी विस्तार मिला। मनू बोली, 'फिर छबीली कहा?'

नाना हँस पड़ा। 'आज तो तुमने अपने ही मुँह से छबीली कह दिया! ओह मात खाई!' नाना ने कहा।'

मनू भी हँसी। बोली, 'आगे कभी मत कहना।'

नाना ने गंभीर मुख-मुद्रा करके कहा, 'अब तो झाँसी की रानी कहा करूँगा।'

मनू मुसकराई।

उस मुसकान में झाँसी का कितना महान् और कैसा अमर इतिहास छिपा पड़ा था!

उसी समय वहाँ बाजीराव और मोरोपंत आ गए। बाजीराव प्रसन्न थे और मोरोपंत आनंद-विभोर। उन बच्चों को सुखी देखकर वे लोग उस कमरे के वातावरण में समा गए। बाजीराव के मुँह से निकल पड़ा, 'मनू, तू ऐसी भाग्यवती हो कि भाग्य को बाँटती रहे।'

मोरोपंत ने मनू को चिढ़ाने के तात्पर्य से कहा, 'श्रीमंत ने इसका छुटपन में क्या नाम रखा था? मैं तो भूल ही गया।'

मनू ने गरदन मोड़कर ओठ सिकोड़े, आँखों में क्रोध लाने की चेष्टा की, 'ऊँ' निकली और मुसकरा दी।

बाजीराव बोले, 'क्या नाम था मनू? तू ही बतला दे बेटी।'

बाजीराव के पेट पर अपना सिर रखकर मनू ने कहा, 'नहीं दादा। छबीली नाम अच्छा नहीं लगता।'

खिलखिलाकर सब हँस पड़े।

उसी समय तात्या ने आकर कहा, 'सरकार! लोग इकट्ठे हो गए हैं। बातचीत होनी है।'

वे तीनों चले गए। बैठक में ब्रह्मावर्त निवासी महाराष्ट्र के प्रमुख ब्राह्मण विवाह की शर्तों की चर्चा कर रहे थे।

मोरोपंत के पास सोना-चाँदी नहीं था, पर जो कुछ था, वह उसे विवाह में लगा देने को तैयार थे। बिठूर के इन प्रतिष्ठित ब्राह्मणों की मध्यस्थता में तय हुआ कि विवाह का व्यय झाँसी के राजा वहन करेंगे और विवाह झाँसी में होकर होगा। यह भी तय हुआ कि मोरोपंत झाँसी में ही स्थायी तौर पर रहा करेंगे और उनकी गणना झाँसी के सरदारों में होगी।

झाँसी के मेहमान मोरोपंत को कन्या सहित अपने साथ लिवा ले जाना चाहते थे, लेकिन यह ठीक न समझकर मोरोपंत उन लोगों के साथ नहीं गए। अपने सुभीते के लिए उन्होंने कुछ समय उपरांत झाँसी आने का संकल्प प्रकट किया। विवाह का मुहूर्त निश्चित करके मेहमान झाँसी चले गए। बाजीराव के बाला गुरु के अखाड़ेवाले तात्या को झाँसी में मोरोपंत के लिए निवास-स्थान इत्यादि की उचित व्यवस्था के लिए उन लोगों के साथ भेजा। यह ब्राह्मण था। आगे चलकर इतिहास में यही युवा तात्या टोपे के नाम से प्रसिद्ध हुआ।

: ८ :

झाँसी में उस समय मंत्र शास्त्री, तंत्र शास्त्री, वैद्य, रणविद् इत्यादि अनेक प्रकार के विशेषज्ञ थे। शाक्त, शैव, वाममार्गी, वैष्णव सभी काफी तादाद में। अधिकांश वैष्णव

और शैव। और ऐसे लोगों की तो बहुतायत ही थी जो 'गृहे शाक्ताः बहिर्शैवाः सभामध्ये च वैष्णवाः' थे। इन सबके संघर्ष में अनेक जातियाँ और उपजातियाँ, जिनको शूद्र समझा जाता था, उन्नति की ओर अग्रसर हो रही थीं। व्यक्तिगत चरित्र का सुधार, घरेलू जीवन को अधिक शांत और सुखी बनाना तथा जातियों की श्रेणी में ऊँचा स्थान पाना—यह उस प्रगति की सहज आकांक्षा थी। ब्राह्मण, क्षत्रिय और वैश्य जनेऊ पहनते हैं—यह उनकी ऊँचाई की निशानी है, जो न पहनता हो वह नीचा। इसलिए उन जातियों के कुछ लोगों ने, जिनके हाथ का छुआ पानी और पूड़ी, मिष्ठान् आम तौर पर ऊँची जाति के हिंदू ग्रहण कर सकते थे, जनेऊ पहनने आरंभ कर दिए। उनके इस काम में कुछ बुंदेलखंडी और महाराष्ट्रियन ब्राह्मणों का समर्थन था। झाँसी नगर में ब्राह्मण काफी संख्या में थे। अकेले महाराष्ट्रियन ब्राह्मणों के ही तीन सौ घर थे। इन सबका बहुत बड़ा भाग प्रगति के विरुद्ध था।

आंदोलन उठा। शूद्र जनेऊ के अधिकारी नहीं हैं, अधिकांश पंडित इस मत के थे। आंदोलन के पक्ष में एक विद्वान् तांत्रिक नारायण शास्त्री नाम का था। वह शृंगार शास्त्र का भी पारंगत समझा जाता था। उसने शिवाजी के प्रसिद्ध अमात्य बालाजी आवजी के पक्ष में दी हुई महापंडित विश्वेश्वर भट्ट (पूरा नाम—ब्राह्मदेव विश्वेश्वर भट्ट कलियुग के व्यास। महाराष्ट्र के गंग के नाम से विख्यात) की व्यवस्था को जगह-जगह उद्धृत किया।

यह वाद-विवाद कुछ दिनों अपनी साधारण गति से चलता रहा।

गंगाधरराव के पास भी खबर पहुँची। वह तटस्थ-से थे और कट्टरपंथियों के नायकों का उन्होंने मजाक भी उड़ाया। पर इससे कट्टरपंथ की धार को जरा और तेजी मिली। घर-घर वाद-विवाद होने लगा—अमुक वर्ग शूद्र है, अमुक सवर्ण। इस बात पर खूब ले-दे मची। घरों के बाहर के चबूतरों पर, बैठकों में, तँबोलियों की दूकानों पर, मंदिरों में, पाठशालाओं में, दावतों-जेवनारों में चर्चा का यही प्रधान विषय। उस समय झाँसी में दो अच्छे कवि थे। एक, हीरालाल व्यास, दूसरे, 'पजनेश'। हीरालाल ने अपना उपनाम 'हृदयेश' रखा था। हृदयेश वैसे उदार विचारों के थे; उस समय के समय के लिहाज से राष्ट्रवादी।

पजनेश शृंगार रस के कवि थे। अन्य जाति की एक सुंदरी रखे हुए थे और नारायण शास्त्री के मित्र थे। दोनों रसिक, इसलिए कट्टरपंथियों के प्रतिकूल थे। पजनेश ने इस विषय पर कुछ छंद भी बनाए, परंतु समय की हवा खिलाफ होने के कारण पजनेश के तर्क-वितर्कवाले थोड़े से छंद बिलकुल पिछड़ गए और हृदयेश का कट्टरपंथी पक्षपात छंदों की बाढ़ में बहने लगा।

दुर्गा लावनीवाली एक वेश्या थी। अच्छी गायिका और विलक्षण नर्तकी। उसने

बहुमत का साथ दिया। हृदयेश के छंद गाती और कभी अपनी बनाई हुई लावनियों में उस पक्षपात को चमकाती। नारायण शास्त्री दाँत पीसते और सिरतोड़ परिश्रम अपने पक्ष की पुष्टि के लिए करते। पजनेश ने उस पक्ष के समर्थन में कविता करना बंद कर दिया। हृदयेश को गली-कूचे, हाट-बाजार और मंदिरों में इतना महत्त्व मिलते उन्हें अच्छा नहीं लगा। खासतौर पर दुर्गा सरीखी प्रसिद्ध नर्तकी और सुंदरी द्वारा हृदयेश के बनाए हुए छंदों का गायन। वह नारायण शास्त्री के घर अब और अधिक आने-जाने लगे और अधिक समय तक बैठने लगे। नारायण शास्त्री का शास्त्रोक्त समर्थन सीख-सीखकर वाद-विवाद में पूरी मुँहजोरी के साथ उद्धृत करने लगे। एक दिन उनके एक क्षुब्ध विरोधी ने सब दलीलों का एक जवाब देते हुए तड़ाक से कहा, 'नारायण शास्त्री, जिसकी तुम बार-बार दुहाई देते हो, ब्राह्मण ही नहीं है।'

पजनेश ने अधिकतम क्षुब्ध स्वर में पूछा, 'क्यों नहीं है?'

उत्तर मिला, 'वह एक भंगिन को रखे हुए है।'

यह अपवाद खुसफुस के रूप में फैला, परंतु धीरे-धीरे। कुछ कट्टरपंथियों ने इसको अपना लिया और कुछ ने असंभव कहकर अस्वीकृत कर दिया। पजनेश ने सोचा, 'मैं स्वयं निर्धार करूँगा।'

नारायण शास्त्री ने भी बदनामी सुन ली।

: ९ :

एक दिन जरा सवेरे ही पजनेश नारायण शास्त्री के घर पहुँचे। शास्त्री अपनी पौर में बैठे थे, जैसे किसी की बाट देख रहे हों। पजनेश को कई बार आओ-आओ कहकर बैठाया; परंतु पजनेश ने यदि शास्त्री की आँख की कोर को बारीकी से परखा होता तो उनको मालूम हो जाता कि उनके आने पर शास्त्री का मन प्रसन्न नहीं हुआ था। पजनेश पौर के चबूतरे पर दरवाजे की ओर पीठ करके बैठ गए। शास्त्री दरवाजे की ओर मुँह किए बैठ गए। शास्त्री ने पान खाने के लिए पानदान बढ़ाया। पजनेश के जी में एक क्षणिक झिझक उठी, उसको दबा लिया और पान लगाकर खा लिया।

शास्त्री ने पूछा, 'कोई नया समाचार?'

'अब तो आपके चरित्र पर ही लांछन लगाया जाने लगा है।' पजनेश उत्तर देकर पछताए। उस प्रसंग का प्रवेश और किसी तरह करना चाहते थे।

शास्त्री ने आँख चढ़ाकर कहा, 'मैंने भी सुन लिया है।'

पजनेश ने दम ली। शास्त्री कहते गए, 'मूर्खों के पास जब युक्ति नहीं रहती तब वे गालियों पर आ जाते हैं। मैं क्या गाली-गलौज के दबाव में शास्त्र-चर्चा को छोड़ दूँगा? बदमाशों को मुँहतोड़ जवाब दूँगा। उस पक्ष के जितने शास्त्री हैं, चाहे महाराष्ट्र के हों,

चाहे एतद्देशीय, सब इन बनियों, महाजनों और सरदारों के किसी-न-किसी प्रकार आश्रित हैं। और ये आश्रयदाता हैं—पुरानी लीकों के पुजारी। 'मक्षिका स्थाने मक्षिका' वाले। ये लोग शास्त्र का पारायण नहीं करते अथवा करते हैं तो सच बात न कहकर यजमानों को संतुष्ट करने के लिए केवल उनकी मुँहदेखी कहते हैं। तंत्रशास्त्रवालों का मूल ज्ञान-विज्ञान और सत्य में है, वे अवश्य पुराणियों और कथा-वाचकों के साथ असत्य की सोंझ नहीं करते।'

पजनेश—'परंतु अपवाद का दमन जरूरी है।'

शास्त्री—'व्यर्थ! बकने दो। मैं परवाह नहीं करता। अपना काम देखो।'

पजनेश—'मेरी समझ में श्रीमंत सरकार से फरियाद करनी चाहिए। वे जब कठोर दंड देंगे तब यह बदनामी खत्म होगी।'

शास्त्री—'मैं ऐसी सड़ियल बात को राजा के सामने नहीं ले जाना चाहता। राजा तो यों भी उन कथा-वाचकों की दिल्लगी उड़ाया करते हैं।'

पजनेश—'तब मैं क्या कहूँगा?'

शास्त्री को प्रस्ताव पसंद नहीं आया। बोले, 'यह और भी बुरा होगा। राजा कहेंगे कि कुछ रहस्य अवश्य है, तभी तो स्वयं फरियाद न करके मित्र से करवाई।' फिर विषयांतर के लिए कहा, 'आज घर से इतनी जल्दी कैसे निकल पड़े?'

पजनेश ने उत्तर दिया, 'कान नहीं दिया गया तो इसी चर्चा के लिए आपके.....'

पजनेश का वाक्य पूरा नहीं हो पाया था कि उतरती अवस्था की एक स्त्री डलिया-झाड़ू लेकर दरवाजे पर आई। वह बाहर ही रह गई, उसके पीछे उससे सटी हुई एक युवती थी। वह कुछ अच्छे वस्त्र पहने थी, थोड़े से आभूषण भी। साफ-सुथरी। युवती उतरती अवस्थावाली स्त्री को एक ओर करके मुसकराती हुई पौर में आ गई। प्रवेश करते समय उसने पजनेश को नहीं देखा था। परंतु भीतर घुसते ही पजनेश की झाँईं पड़ गई। ठिठकी, लौटने के लिए मुड़ी और फिर खड़ी रह गई। दूसरी स्त्री से बोली, 'कोंसा, पौर में तो कोई कूड़ा नहीं।'

कोंसा ने कहा, 'मैं आती हूँ। ठहरना।'

पजनेश ने देखा—ऊँची जाति की सुंदर स्त्रियों जैसी सुंदर है। नायिका-भेद की उपमाएँ स्मरण हो आईं, कमलगात, मृगनयन, कपोत ग्रीवा, कमलनालकटि। परंतु नायिका-भेद का साहित्य और आगे साथ न दे सका। कवि का मन आकर्षण और ग्लानि की खींचतान में पड़ गया।

शास्त्री ने अपनी घबराहट को किसी तरह नियंत्रित करके उस युवती से कहा, 'थोड़ी देर में आना, तब तुम्हारा काम कर दूँगा। समझी छोटी?'

युवती के खरे रंग पर लाली दौड़ गई। वह 'हाँ' कहकर गजगति से नहीं, बिल्ली की

तरह वहाँ से भाग गई।

शास्त्री और कवि दोनों किसी एक बड़े बोझ से मानो दब गए। पजनेश के मुँह से वाक्य फूट पड़ा, 'यह कौन है?'

शास्त्री–'छोटी।'

पजनेश–'यह तो उसका नाम है। वह है कौन?'

शास्त्री–'स्त्री।'

पजनेश–'यह तो मैं भी देखता हूँ। कौन स्त्री?'

शास्त्री–'एक काम से आई थी।'

पजनेश–'खैर, मुझको कुछ मतलब नहीं, परंतु यदि…'

शास्त्री ने बात काटकर पूछा, 'परंतु यदि क्या? आप क्या इसके संबंध में मेरे ऊपर संदेह करते हैं?'

पजनेश ने एक क्षण सोचकर उत्तर दिया 'बस्ती के लोग क्या इसी स्त्री की चर्चा करते हुए आप पर लांछन लगा रहे हैं? यदि ऐसा है तो आपको सावधान हो जाना चाहिए। उस स्त्री की जातिवाले उसका सर्वनाश कर डालेंगे और राजा आपका।'

शास्त्री ने कहा, 'झूठा आरोप है। मैं किसी से नहीं डरता।'

'आप जानें।' पजनेश बोले, 'मेरा कर्तव्य था, सो कह दिया।'

पजनेश उठे। शास्त्री ने एक पान और खाने का अनुरोध किया परंतु पजनेश बिना पान खाए चले गए। बाहर निकलकर उनकी आँखों ने इधर-उधर उस युवती को ढूँढ़ा, परंतु वह न दिखाई पड़ी। उन्हें आश्चर्य था, 'इस जाति में भी पद्मिनी होना संभव है!'

: १० :

पजनेश जिस पक्ष का अभी तक जोरदार समर्थन करते चले आए थे उसको उन्होंने छोड़ दिया। नारायण शास्त्री लगभग खामोश हो गए। नए उपनीतों ने लड़ाई स्वयं अपने हाथ में ले ली और एकाध जगह वह लड़ाई जीभ से खिसककर हाथ और डंडे पर आ बैठी। झंझट का रूप जरा भयानक हो गया। मामला गंगाधरराव के पास पहुँचा। जाति और धर्म का झगड़ा था, इसलिए उन्होंने दखल देने की ठानी। नए जनेऊवाले लोग बुलाए गए। प्रमुख ब्राह्मण भी।

उस दिन कुछ वाद-विवाद हुआ, राजा किसी निष्कर्ष पर नहीं पहुँचे। छोटी जाति के कहे जानेवाले जनेऊधारियों ने नारायण शास्त्री को पेश करने की मुहलत माँगी। एक दिन का समय मिला। उन लोगों ने नारायण शास्त्री को सहज ही राजी कर लिया। उसी दिन बिठूर से तात्या दीक्षित और युवक तात्या झाँसी आए। दीक्षित ने बिठूर का सब समाचार राजा को सुनाया। राजा ने सब शर्तें मंजूर कर लीं। मँगनी की रस्म बिठूर में हो

आई थी, परंतु सीमंती इत्यादि विवाह की अन्य रीतियाँ झाँसी में किसी मकान में होकर होंगी, इसका प्रबंध राजा ने अपने कर्मचारियों के सुपुर्द कर दिया। इसके लिए युवक तात्या को झाँसी में दो-एक दिन के लिए ठहरना पड़ा।

दूसरे दिन जनेऊ संबंधी झगड़े की पेशी होने को थी। युवक तात्या भी इस विलक्षण मुकद्दमे को सुनना चाहता था। दरबार में गया। उसको फौजी अफसर की पोशाव पसंद थी। खास तौर पर लोहे की फ्रांसीसी टोपी।

गंगाधरराव ने उसको आदर के साथ बैठाया। बाजीराव पेशवा का कर्मचारी औ भविष्य की ससुराल से आया हुआ मेहमान। राजा अपने पदाभिमान के आतंक में अ गए और शास्त्रियों के थोड़े से ही विवाद को सुनने के बाद वे न्याय-निष्ठुरता पर जम गए।

राजा ने अपराधियों से पूछा, 'क्या ब्राह्मण बनना चाहते हो?'

अपराधियों में एक अधिक साहसवाला था। उसने उत्तर दिया, 'नहीं तो सरकार!

'फिर यह अनुचित काम क्यों किया?'

'अनुचित तो नहीं सरकार!'

'क्यों रे अनुचित नहीं है?'

'सरकार! ब्राह्मणों के अलावा और अनेक जातियाँ भी तो जनेऊ पहनती हैं।'

'अबे बदमाश! उन जातियों की बराबरी करता है?'

वह चुप रहा।

गंगाधरराव का क्रोध चढ़ लेने पर उतरता मुश्किल से था। बोले, 'जनेऊ तोड़कर फेंक दे और फिर कभी आगे न पहनना।' उसने हाथ जोड़े और सिर नीचा कर लिया।

राजा ने कड़ककर कहा, 'क्या कहता है? अपने हाथ से तोड़ता है या तुड़वाऊँ?'

उसने उत्तर दिया, 'अपने हाथों तो हम लोग अपने जनेऊ नहीं तोड़ेंगे चाहे प्राण भले ही निकल जावें। आप राजा हैं, चाहे जो करें।' गंगाधरराव की आँखों के लाल डोरे रक्त हो गए। चोबदार को हुक्म दिया, 'एक पतला तार लाओ। ताँबा, लोहा किसी का भी। जल्दी लाओ।'

वह दौड़कर ले आया। आग मँगवाई गई। तार को जनेऊ का आकार बनाकर गरम किया गया। आज्ञा दी, 'यह गरम जनेऊ इसको पहनाओ।'

अपराधी ने गर्व से सिर ऊँचा किया। आकाश की ओर एक क्षण के लिए हाथ बाँधकर देखा और फिर नतमस्तक हो गया। वह गरम जनेऊ उसके कंधे को छुलाया ही था कि युवक तात्या ने विनय की, 'महाराज, धर्म की रक्षा करिए। यह ठीक नहीं है।'

गंगाधरराव ने वह गरम जनेऊ तुरंत अलग कर दिया। युवक से बोले, 'श्रीमंत पेशवा भी तो यह दंड देते।'

'नहीं सरकार,' युवक ने निर्भयता के साथ सम्मति दी, 'धर्म अपने-अपने विश्वास की बात है। इसमें राज्य को तटस्थ रहना चाहिए।'

'लोकाचार भी?' गंगाधरराव ने जरा-सा मुसकराकर प्रश्न किया।

'हाँ महाराज,' युवक ने विनीत और मधुर स्वर में उत्तर दिया, 'लोकाचार समय-समय पर बदलते रहते हैं।'

गंगाधरराव के क्रोध ने कुछ ठंडक पाई। उनकी दृष्टि उस युवक के टोपे पर जा टिकी। कुछ क्षण ठहरी। कुतूहलवश पूछा, 'यह टोप क्यों लगाते हो?'

युवक ने उत्तर दिया, 'मैं सिपाही हूँ।'

राजा को इस उत्तर पर हँसी आई। बोले, 'हमारे यहाँ तात्या दीक्षित एक शास्त्रज्ञ ब्राह्मण हैं, सो जानते ही हो। तुम सिपाही ब्राह्मण हो परंतु नाम से बुलाने में कभी-कभी गड़बड़ हो सकती है। इसलिए तुमको तात्या टोपीवाले या सीधे टोपे कहें तो कैसा?'

हँसकर युवक ने जवाब दिया, 'श्रीमंत सरकार, मुझको इसी छोटे से नाम से लोग पुकारते हैं।'

'मुझे भी पसंद है।' राजा ने कहा। फिर जनेऊवाले अपराधियों को बनावटी रूखे स्वर में डाँटते हुए बोले, 'इस युवक ने तुमको बचा लिया—भाग जाओ।'

वे लोग चले गए। राजा ने तात्या टोपे को नाटकशाला के लिए आमंत्रित करते हुए कहा, 'टोपे, आज रात को हमारी नाटकशाला में रत्नावली नाटक खेला जाएगा। आना। बहुत अच्छा अभिनय, गायन-वादन और नृत्य है। पहले कभी देखा?'

'नहीं सरकार,' टोपे ने उत्तर दिया।

'पढ़ा है?' दूसरा प्रश्न किया गया।

'नहीं सरकार,' टोपे ने उत्तर दिया।

'समय से जरा पहले आ जाना,' राजा ने प्रस्ताव किया, 'मैं तुमको कथानक वहीं बतलाऊँगा।'

संध्या के कुछ घड़ी पीछे तात्या टोपे नाटकशाला पहुँच गया। राजा ने रत्नावली का कथानक उत्साहपूर्वक सुनाया और रंगमंच पर आनेवाले अभिनेताओं के नाम और गुण बतलाए। कहा, 'रानी वासवदत्ता का अभिनय मोतीबाई करेगी। बड़ी कलावती है और सागरिका अर्थात् रत्नावली का अभिनय जूही करेगी। नृत्य बहुत अच्छा करती है। गाती भी है। नाटकशाला में हाल ही में आई है।'

नाटक समय पर शुरू हो गया।

राजा के निकट बैठे हुए नवागंतुक तात्या टोपे को सभी पात्र बहुधा देखते थे। सुंदर, बलिष्ठ और किसी उमंग में तना हुआ। और सिर पर विलक्षण टोपी!

रानी वासवदत्ता का अभिनय मोतीनाई ने बहुत अच्छा किया। सागरिका (रत्नावली) का अभिनय जूही ने खूब निभाया। नाची भी बहुत अच्छा। टोपे को वह बहुत भला लगा। परंतु उसके मुँह से 'वाह' या 'आह' कुछ भी नहीं निकला।

नाटक की समाप्ति पर गंगाधरराव रंगशाला के शृंगार-कक्ष में नहीं गए। टोपे से पूछा, 'कैसा रहा?'

टोपे ने जवाब दिया, 'सरकार ने जैसा कहा था, ठीक वैसा ही सब हुआ है।'

'नृत्य कैसा था जूही का?' राजा ने सवाल किया।

टोपे ने सावधानी के साथ जवाब दिया, 'मैंने इससे पहले नृत्य देखे ही नहीं हैं। मुझे तो बड़ा विलक्षण जान पड़ा।'

राजा प्रसन्न हुए। उन्होंने प्रस्ताव किया, 'थोड़े दिन ठहर न जाओ झाँसी में? कुछ और अच्छे-अच्छे अभिनय देखने को मिलेंगे।'

टोपे ने कृतज्ञतापूर्वक स्वीकार किया।

: ११ :

जनेऊ विरोधी पक्षवाले किले से परम प्रसन्न लौटे। अपने पक्ष की विजय का समाचार बहुत गंभीरता के साथ सुनाना शुरू करते थे और फिर पर-पक्ष की मिट्टी पलीद होने की बात खिलखिलाकर हँसते हुए समाप्त करते थे। शहर-भर में धूमें मच गईं, 'ताँबे और लोहे के जनेऊ आग में लाल कर-करके राजा ने पहनाए। नहीं तो, इन्होंने आज जनेऊ पहने थे, कल वेदों की ऋचाएँ आल्हा की तरह गली-गली बकते फिरते!'

कोई कहते थे, 'अजी बड़ी कुशल समझो, बिठूरवाले मिहमान दरबार में न होते तो राजा सिर काटकर फेंक देने का हुक्म दे चुके थे।'

नारायण शास्त्री यह सब वाङ्मय चुपचाप सुनते हुए घर आए। उदास थे। किवाड़ लुटकाकर पौर के चबूतरे की चटाई पर लेट गए। देर तक लेटे रहे। संध्या हो गई। अँधेरा छा गया। वह उठे। दीया-बत्ती की। कुछ खा-पीकर फिर पौर में आ बैठे। किसी ने धीरे से साँकल खटकाई। नारायण शास्त्री ने किवाड़ खोले। छोटी थी।

भीतर आ गई। शास्त्री ने किवाड़ बंद करके साँकल चढ़ा ली। छोटी चबूतरे पर बैठ गई। शास्त्री की उदासी जा चुकी थी। छोटी के नेत्रों में कटाक्ष सरल था परंतु सरल चितवन में ही मद बहुत।

छोटी ने अपने एक घुटने पर ठोड़ी टेककर नजर उठाई। बरौनियाँ भौंहों के ऊपर जाने को हुईं। बोली, 'मैं तो बड़ी हैरान हूँ। लोग बहुत तंग करते हैं, छेड़ते हैं। आपका नाम लेकर आवाजें कसते हैं।'

शास्त्री ने भौंहें सिकोड़कर कहा, 'ऊँह, बकने दो छोटी! जरा भी परवाह मत करो।'

'मुझको आप ही की फिकर रहती है।' छोटी बोली, 'अपने लिए कोई खटका नहीं। मेरी जातवाले लोग मुझको जात से बाहर करना चाहते हैं। सुग-सुग चल रही है।'

'फिर क्या करोगी?'

'क्या करूँगी—आप ही बतलाइए।'

'देखा जाएगा।'

'कब?'

'जब बात सामने आवेगी तब।'

'और ये लोग जो मुझसे छेड़छाड़ करते हैं, उनका क्या करूँ?'

'उनसे आँख बरकाओ। कान मूँदकर अपना रास्ता लिया करो।'

'ऐसी छेड़छाड़ को तो मैं अनसुनी कर सकती हूँ, करती ही रहती हूँ; परंतु वे प्रेम की बातें करते हैं।'

'अच्छा!'

'हाँ। कोई अप्सरा कहता है। कोई कविता न्योछावर करने की बात कहता है! कोई सौगंध खाता है कि तेरे लिए सब कुछ छोड़ने को तैयार हूँ मैं।'

'तुम क्या जवाब देती हो।'

'किसी को कुछ, किसी को कुछ। कुछ से मैंने पूछा—जनेऊ भी उतार देने को तैयार हो?'

'उन लोगों ने इस सवाल के पल्टे में क्या कहा?'

'उन्होंने कहा, उतार देंगे।'

छोटी मुसकराई। शास्त्री को गुस्सा आया। थोड़ी देर सोचते रहे। कभी सिर खुजाते और कभी छोटी को देखते थे। बोले, 'छोटी, यदि बात ऊपर ही आ जावे तो मैं मारे जाने तक के लिए तैयार हूँ, तुम पक्की हो?'

उसने दृढ़ता के साथ उत्तर दिया, 'क्या आपने कभी कोई कचाहट पाई?'

शास्त्री ने नीची गरदन करके कहा, 'वैसे ही पूछा था। एक काम करना होगा।'

'क्या?' निश्चितता के साथ छोटी ने प्रश्न किया।

शास्त्री ने प्रश्न के रूप में उत्तर दिया, 'क्या इन लोगों के जनेऊ उतरवा सकोगी?'

छोटी सहज वृत्ति से बोली, 'जनेऊ उतरवाने के बदले में कुछ देना न पड़ेगा? क्या बड़े-बड़े लोग यों ही जनेऊ उतारकर दे देंगे?'

'कौन-कौन लोग हैं? जाति और नाम तो बतलाओ।' शास्त्री ने कहा।

छोटी ने ब्योरेवार बतलाया। लंबी सूची थी। बतलाने में समय लगा। शास्त्री को फिर क्रोध आया। थोड़ी देर जलते-भुनते रहे।

उसी समय ऐसा जान पड़ा जैसे किसी ने बाहर से साँकल चढ़ा दी हो। छोटी चौंकी। उसने शास्त्री को इशारा किया। शास्त्री धीरे-से किवाड़ों के पास गए। आहट ली। बाहर कुछ खुसफुसाहट और पैरों का शब्द सुनाई पड़ा। छोटी को संकेत किया। वह आँगन में चली गई। शास्त्री ने भीतंर की साँकल खोलकर किवाड़ खोलना चाहा। न खुला। बाहर से साँकल चढ़ी हुई थी। उन्होंने भीतर की साँकल फिर चढ़ा ली। आँगन में छोटी के पास गए।

कहा, 'ये लोग पाजीपन पर तुले हुए हैं।'

छोटी जरा आतुरता के साथ बोली, 'मैंने अभी-अभी पूछा था कि ऐसा समय आने पर क्या करूँ। समय आ गया। अब बतलाइए।'

शास्त्री ऊपर से दृढ़ और भीतर से घबराए हुए थे। चुप रहे।

छोटी शांति के साथ बोली, 'आप मेरी चिंता छोड़ें। किसी तरह अपने को बचावें। मुझको चाहे मारकर घर के कुएँ में डाल दें। कह दें कि छोटी यहाँ कभी आई ही नहीं।'

शास्त्री ने दृढ़तापूर्वक कहा, 'क्या कहती है छोटी? मेरे भीतर अभी कुछ बाकी है, जो मुझको मरने के समय भी धीरज दे सकता है। अब सब उघड़ गया। राजा के सामने जाना पड़ेगा। मैं चाहता हूँ कि तुम्हारा बाल बाँका न हो। कह देना कि शास्त्री ने जबरदस्ती की। मैं वैसे भी मारा जाऊँगा। तुम इस तरह बच जाओगी।'

'कभी नहीं,' छोटी गर्व के साथ बोली, 'अगर हमारी जाति में कोई गुण है तो एक—हम लोग बेईमानी नहीं कर सकते।'

शास्त्री सोच-विचार में पड़ गए। कुछ देर बाद उन्होंने एक अनुरोध किया, 'कुछ न कुछ झूठ बनाना पड़ेगा।'

छोटी बोली, 'सिवाय उस झूठ के और जो कहिए, कह दूँगी।'

शास्त्री ने कहा, 'तुम कुछ ब्राह्मणों, बनियों इत्यादि के नाम लेकर कह सकती हो कि इन-इन लोगों ने अपने जनेऊ उतारकर तुम्हारे हवाले किए हैं।'

छोटी ने उत्तर दिया, 'जिन-जिन लोगों ने मेरा धर्म माँगा, उन्हीं-उन्हीं लोगों के नाम लूँगी, औरों के नहीं। पर जनेऊ कहाँ हैं?'

शास्त्री ने समाधान किया, 'जनेऊ मैं देता हूँ। नए हैं, उनको मैला कर लेना। कुछ उतारे हुए भी हैं, उनको नयों में मिला लेना।'

छोटी बोली, 'जल्दी करो। अभी तो मैं निकल जाऊँगी।'

शास्त्री ने पूछा, 'कैसे?'

छोटी ने कहा, 'आप अपना काम देखिए। मैं निकल जाऊँगी।'

शास्त्री ने बहुत-से नए-पुराने जनेऊ छोटी को दे दिए।

छोटी ने प्रस्ताव किया, 'आप पौर का दिया भीतर रख दीजिए। किवाड़ खुलवाने का

उपाय कीजिए, तब तक मैं खपरैल पर से कूदकर घर जाती हूँ। देर लगेगी तो ये लोग मेरी जातिवालों को दरवाजे पर इकट्ठा कर देंगे और फिर मैं बहुत मारी-पीटी जाऊँगी। अभी तो मुझको कोई न छुएगा।'

शास्त्री ने मान लिया। उन्होंने किवाड़ खोलने की कोशिश की परंतु न खुले। हल्ला करना ठीक न समझा। छोटी खपरैल से कूदकर निकल गई। परंतु उसके मार्ग में रुकावट डाली गई। फिर भी वह अपने घर पहुँच गई, यद्यपि घिरी हुई थी।

: १२ :

जनेऊ का प्रश्न समाप्त नहीं हुआ था कि यह विकट रोरा खड़ा हो गया। जिन थोड़े से लोगों का जीवन विविध समस्याओं के काँटों पर होकर सफलतापूर्वक गुजर रहा था, वे तो नारायण शास्त्री के कृत्य की निंदा करते ही थे, परंतु जिनका भीतरी जीवन बाहरी छल से भिन्न था—जो जीवन के काँटों पर, गुलाब की सेजों पर, अंगूरी की या महुए की—मोझक सिंचाई से मीठा बना-बनाकर हर घड़ी को मौजों में बाँट-बाँटकर चल रहे थे—उन्होंने नारायण शास्त्री की सबसे ज्यादा बुराई की। पाखंडी है, पाजी है, धर्मद्रोही, राक्षस है, इत्यादि और उसको कम-से-कम प्राणदंड मिलना चाहिए। और छोटी को? उसके टुकड़े-टुकड़े करके सियारों को खिला देना चाहिए, क्योंकि उसी ने तो एक विद्वान् ब्राह्मण को पतित किया! इतनी बड़ी बात विलंब से राजा के पास पहुँचे, यह असंभव था। राजा ने जब सुना, कभी हँसी आती थी और कभी उनको क्षोभ-संताप होता था।

छोटी और नारायण शास्त्री बुलाए गए। मालूम होता था जैसे शास्त्री कुछ घंटों में ही बूढ़े हो गए हों। छोटी चिंतित थी परंतु उसके पैर जम-जमकर किले की ओर गए थे। जब वह गंगाधरराव के सामने पहुँची, तब उसको पसीना जरूर आ गया था।

इस मामले का निर्धार सुनने के लिए भी तात्या टोपे गया।

नारायण शास्त्री को उस वीभत्स में डूबा देखकर राजा को बड़े जोर की हँसी आने को हुई। उन्होंने कठोरता के साथ अपना दुस्सह संयम किया। पूछताछ शुरू की।

राजा—'यह क्या हुआ शास्त्री?'

शास्त्री—'जो होना था हो गया सरकार।'

राजा—'कैसे हुआ?'

शास्त्री—'क्या कहूँ श्रीमंत।'

राजा—'बतलाना तो पड़ेगा। न बतलाने से ज्यादा नुकसान होगा।'

शास्त्री—'क्या बतलाऊँ महाराज?'

राजा—'यह कैसे हुआ?'

शास्त्री—'तप और संयम के अतिरेक से। जब शरीर ने ताड़ना न सह पाई तब जो-

जो कुछ उसके सामने आया, ग्रहण कर लिया।'

राजा—'तुमको तो लोग बहुत दिन से श्रृंगार शास्त्री कहते हैं।'

शास्त्री—'वह तो उपकरण मात्र था।'

राजा—'सुनता हूँ, कोकशास्त्र का भी अध्ययन किया है।'

शास्त्री—'हाँ सरकार।'

राजा—'क्यों?'

शास्त्री—'उस शास्त्र में अपने संबंध के प्रसंग ढूँढ़ने के लिए और यह जानने के लिए कि इसमें ऐसा क्या है, जिसने महर्षि वात्स्यायन से कामसूत्र की रचना करवाई।'

राजा—'क्या पाया?'

शास्त्री—'प्रकृति के साथ जीवन की टक्कर।'

राजा—'आगे क्या पाओगे?'

शास्त्री—'यह मेरे हाथ में नहीं है, सरकार।'

राजा—'तब किसके हाथ में है?'

शास्त्री—'सरकार के।'

राजा ने थोड़ी देर सोचा। उपस्थित लोगों पर दृष्टि घुमाई। छोटी की विनम्र आँखों को देखा। बड़े पलक और बड़ी बरौनियाँ। फिर अपने ब्राह्मणत्व का ध्यान किया। बोले, 'इस लड़की को तुरंत झाँसी का राज्य छोड़ना पड़ेगा। इसके लिए देश-निकाले का दंड काफी है। तुमको...'

छोटी ने तुरंत दृढ़ स्वर में टोका, 'श्रीमंत सरकार, शास्त्री महाराज का कोई कसूर नहीं है। मैं इनके पीछे पड़ गई, इसलिए इनका पतन हुआ। मेरे दंड को बढ़ाकर इनके दंड की कमी को पूरा कर लीजिए। मैं सिर कटवाने के लिए तैयार हूँ।'

राजा को रत्नावली नाटक का एक दृश्य प्रासंगिक न होने पर भी याद आ गया, रत्नावली को भगवान् ने आत्मवध से बचाया था।

राजा बोले, 'ठहर जा लड़की। शास्त्री! तुमको विधिवत् प्रायश्चित करना पड़ेगा। पंचगव्य इत्यादि।'

शास्त्री—'और इसको देश-निकाला होगा?'

राजा—'हाँ।'

नतमस्तक अपराधी का सिर ऊँचा हुआ। जैसे कीचड़ में से कमल फूट पड़ा हो। बोला, 'सरकार, मैं प्रायश्चित नहीं करूँगा। मैंने कोई पाप नहीं किया है। यदि मुझको प्रायश्चित की आज्ञा दी जाती है तो पहले लगभग आधे शहर को पंचगव्य लेना पड़ेगा।'

'क्यों?' राजा ने विस्मय के साथ पूछा।

शास्त्री ने छोटी से आग्रह किया, 'बतला दे सरकार को।'

छोटी ने अपने वस्त्रों में से मिट्टी की दो डबुलियाँ निकालीं और उनमें से जनेऊ।

राजा ने उत्सुक होकर प्रश्न किया, 'यह क्या है छोकरी?'

नीची गरदन किए, बिना आँख मिलाए छोटी ने उत्तर दिया, 'बड़ी जातों के जिन-जिन लोगों ने मुझको फाँसने की कोशिश की, उन सबके मैंने जनेऊ उतरवाए और इन डबुलियों में इकट्ठे किए।'

सुननेवाले सन्नाटे में आ गए। राजा जरा असमंजस में पड़े। फिर यकायक हँसकर शास्त्री से बोले, 'तुमने इस स्त्री को केवल अपना तन ही दिया या मन भी?'

शास्त्री ने कोई उत्तर नहीं दिया। छोटी कुछ कहना चाहती थी परंतु राजा ने उसको हाथ के संकेत से वर्जित करके शास्त्री से फिर प्रश्न किया, 'तुम इस स्त्री को भ्रष्ट समझते हो या नहीं?'

शास्त्री के मुँह से यकायक निकला, 'नहीं सरकार।'

गंगाधरराव कुछ क्षण विचार-विमग्न रहे। फिर गंभीर स्वर में बोले, 'इस स्त्री के साथ और किसी का भी संसर्ग नहीं है, मैं इस नतीजे पर पहुँचा हूँ। इन यज्ञोपवीतों की कहानी तुम्हारी ही गढ़ंत जान पड़ती है। मैं सूत के इन डोरों को छूना नहीं चाहता। यदि परीक्षा करूँ तो पुरानों में ब्रह्मगाँठ लगी होगी और नए बिना किसी गाँठ के होंगे। ये सब तुम्हीं ने इसको दिए होंगे।'

शास्त्री पसीने में तर हो गए।

राजा कहते गए, 'तुम समझते होगे कि तुम्हारे सिवाय सब मूर्ख हैं। तुमको अवश्य कठोर दंड देता, परंतु तुमको दंड देने से इस अभागिन का दंडभार बढ़ जाएगा।'

छोटी रोने लगी। 'मैं भुगतने को तैयार हूँ।'

राजा ने रूखे स्वर में शास्त्री से कहा, 'तुम प्रायश्चित पंचगव्य के लिए तैयार नहीं हो, इसलिए तुमको भी झाँसी तुरंत छोड़नी पड़ेगी।'

शास्त्री प्रसन्न हुए। बोले 'बड़ा अनुग्रह हुआ। मैं इसी के साथ झाँसी छोड़ देने को तैयार हूँ।'

वे दोनों चले गए।

राजा ने तात्या टोपे की ओर देखा। वह बिलकुल संतुष्ट जान पड़ता था।

राजा ने सोचा, बहुत सस्ता छूटा यह। वह लड़की छोटी जाति की होने पर भी इस ब्राह्मण से बड़ी है। देश-निकाला दे दिया, काफी है। बिठूर के लोग भी इसी निर्धार से संतुष्ट होंगे। अधिक कड़ा दंड देने से झाँसी के बाहर बदनामी ज्यादा होती। फिर अंग्रेज—अंग्रेज—।

फिर और आगे उन्होंने नहीं सोच पाया।

छोटी और शास्त्री दूसरे दिन झाँसी छोड़कर चले गए।

: १३ :

मोरोपंत, मनूबाई इत्यादि के ठहरने के लिए कोठी कुआँ के पास एक अच्छा भवन शीघ्र ही तय हो गया था। तात्या टोपे कुछ दिन झाँसी ठहरा रहा। निवास-स्थान की सूचना बिठूर शीघ्र भेज दी।

टोपे को बिठूर की अपेक्षा झाँसी ज्यादा पसंद आई। उसकी कल्पना गंगाधरराव की नाटकशाला में बार-बार उलझ जाती थी। इसके सिवाय झाँसी का रहन-सहन, यहाँ के स्त्री-पुरुष और यहाँ का प्राकृतिक वातावरण उसको ब्रह्मावर्त के गंगातट से अधिक मनोहर लगे। जब बिठूर लौटा, अवसर पाकर उन बालकों ने झाँसी के विषय में सवालों की झड़ी लगा दी।

नाना—'क्या झाँसी बिठूर से बड़ा नगर है?'

तात्या—'कुछ बड़ा ही होगा। किला बड़ा है। नगर के चारों ओर परकोटा है। बस्ती पहाड़ी की ऊँचाई-निचाई पर बसी है। इसलिए बरसात में कीचड़ नहीं मचती होगी। घर-घर कुएँ हैं। नगर के भीतर इधर-उधर फल-फूल के बगीचे। भीतर-बाहर तालाब, अच्छे-अच्छे मंदिर। किला पहाड़ी पर है। उसमें राजमहल है। महादेव और गणपति के मंदिर। एक बड़ा महल नीचे है। महल के पीछे नाटकशाला।'

मनू—'नाटकशाला! उसमें क्या होता है?'

तात्या—'अच्छे-अच्छे नाटक खेले जाते हैं। गायन-वादन होता है।'

मनू—'मैं भी देखूँगी।'

तात्या—'श्रीमंत राजा साहब तो नित्य ही नाटकशाला में जाते हैं। मुझको भी बुलवा लेते थे।'

मनू—'हाथी कितने हैं?'

तात्या—'दस या शायद ज्यादा हों।'

मनू—'घोड़े?'

तात्या—'सरकार को घोड़े की सवारी पसंद नहीं है। तामझाम में चलते हैं।'

नाना—'सेना कितनी है?'

तात्या—'कई हजार है।'

मनू—'ठीक नहीं गिनी है?'

तात्या—'बिलकुल ठीक तो नहीं परंतु आठ और दस के बीच में होगी।'

मनू—'लोग कैसे हैं?'

तात्या—'उनके शरीर दृढ़ और स्वस्थ हैं। व्योपार अच्छा है। शहर में चहल-पहल

मची रहती है। धनधान्य खूब है। गरीबी बहुत कम देखने में आई है। स्त्री-पुरुष सुखी दिखलाई पड़ते हैं। संध्या समय लोग फूलों की माला डाले बगीचे और बाजारों में घूमते हैं। स्त्रियाँ घी के दीए थालों में सजाकर पूजन के लिए लक्ष्मीजी के मंदिर में जाती हैं।'

रावसाहब–'कुश्ती, मलखंब के अखाड़े हैं?'

मनू–'मैं भी यह पूछना चाहती थी।'

तात्या–'हैं तो, परंतु लोगों में गाने-बजाने का अधिक शौक दिखलाई पड़ता है।'

रावसाहब–'क्या रास्तों में गाते-बजाते फिरते हैं?'

तात्या–'नहीं तो।'

मनू–'फिर क्या नाटकशाला में गाते-बजाते हैं?'

तात्या–'नहीं, घरों पर, सभाओं में, उत्सवों पर। जान पड़ता है मानो गाने का मिस ढूँढ़ रहे हों। स्त्रियाँ तो गाने का कोई-न-कोई बहाना लिए रहती हैं। पीसने के समय तो सब स्त्रियाँ गाती हैं परंतु झाँसी में पानी भरने जावें तो गाएँ, पानी भरते समय गाएँ। शायद मरती भी गाते-गाते होंगी।'

मनू–'झाँसी में तोपें कितनी हैं?'

तात्या–'बड़ी तोपें चार हैं–बहुत बड़ी हैं। छोटी तो बहुत हैं।'

मनू–'किले के भीतर तालाब है?'

तात्या–'नहीं। एक पोखरा है। एक बड़ा कुआँ भी है, उसमें बहुत पानी रहता है। न जाने पहाड़ पर किसने खुदवाया होगा।'

नाना–'आदमियों ने खुदवाया होगा, देव-दानव तो खोदने आए न होंगे।'

तात्या को बाजीराव ने बुलवाया और पूछा, 'बच्चों में क्या बात कर रहे थे?'

तात्या ने उत्तर दिया, 'झाँसी का हाल सुना रहा था।'

बाजीराव–'नारायण शास्त्रीवाली बात तो नहीं सुनाई?'

तात्या–'नहीं सरकार। और न नाटकशाला की गाने-नाचनेवालियों की।'

बाजीराव–'तुम मोरोपंत के साथ कुछ दिन के लिए फिर झाँसी जाओगे?'

तात्या–'हाँ श्रीमंत।'

बाजीराव–'मुहूर्त पास का निकला है। जल्दी जाना होगा।'

: १४ :

यथासमय मोरोपंत मनूबाई को लेकर झाँसी आ गए। तात्या टोपे भी साथ आया। विवाह का मुहूर्त शोधा जा चुका था। धूमधाम के साथ तैयारियाँ होने लगीं। नगरवाले गणेश मंदिर में सीमंती, वर-पूजा इत्यादि रीतियाँ पूरी की गईं। राजा

गंगाधरराव घोड़े पर बैठकर गणेश मंदिर गए। उस दिन मनूबाई ने पहले-पहल गंगाधरराव को देखा। गंगाधरराव का मुख-सौंदर्य अब भी वैसा ही था। आँखों का तेज लाल डोरों के कारण आकर्षक कम, भयानक ज्यादा मालूम होता था। पेट कुछ बढ़ हुआ परंतु भद्दा नहीं लगता था। रंग साँवलापन लिए हुए। सारी देह एक बलवान पुरुष की।

मनू का ध्यान शरीर के इन अंगों पर एकाध क्षण ठहरकर उनके सवारी के ढंग पर जा अटका। वह मुसकराई। अपनी सम्मति प्रकट करने के लिए आस-पास लड़कियों मे किसी उपयुक्त पात्र को मन-ही-मन ढूँढ़ने लगी। उस समय मनू ने सोचा, यदि इस घड़ी नाना या राव यहाँ होते तो उनको सब बातें सुनाती-समझाती।

राजा गंगाधरराव धीरे-धीरे, रुकते-रुकते गणेश मंदिर को जा रहे थे। नगर के निवासी प्रणाम करते जाते थे और वे मुसकरा-मुसकराकर प्रणाम का जवाब देते जाते थे।

यकायक मनू के सामने एक मराठा-कन्या आई। आयु १५ से कुछ ऊपर। शरीर छरहरा, रंग हलका-साँवला, चेहरा जरा लंबा, आँखें बड़ी, नाक सीधी, ललाट प्रशस्त और उजला। जैसे ही वह मनू के पास आई, उसने आँखें नीची करके आदरपूर्ण प्रणाम किया। मनू को ऐसा लगा मानो पहले से परिचित हो। उससे बात करने की तुरंत इच्छा उमड़ी।

बोली, 'तुम कौन हो?'

उसने उत्तर दिया, 'आपकी दासी, सुंदर मेरा नाम है।'

मनू—'मेरी दासी! कैसी?'

सुंदर—'आप हमारी महारानी हैं। मैं सेवा में रहूँगी। आपकी दासी होकर अपना भाग्य बढ़ाऊँगी।'

मनू—'मेरी दासी कोई न हो सकेगी। मेरी सहेली होकर रहोगी।' मनू ने उसका हाथ पकड़कर अपनी ओर खींचा। वह झिझकी। मनू ने उसका हाथ ढीला करके पूछा, 'तुम क्या सचमुच सदा मेरे पास रहोगी?'

'सदा, सरकार।' सुंदर ने उत्तर दिया, 'हम सोलह दासियाँ आपकी सेवा में रहा करेंगी।'

मनू को हँसी आई परंतु उसने रोक ली। गंगाधरराव की सवारी अब भी सामने थी। मनू ने धीरे से सुंदर से कहा, 'तुम घोड़े पर चढ़ना जानती हो?'

सुंदर बोली, 'थोड़ा-सा। दौड़ना खूब जानती हूँ। कोस-भर दौड़ जाऊँगी और हाँफ न आएगी।'

'धीरे-धीरे जानेवाले घोड़े को भी यह जाँघ से कसे जा रहे हैं!' गंगाधरराव की ओर

संकेत करके मनू ने कहा।

सुंदर ने चकित होकर पूछा, 'आपने कैसे जाना सरकार?'

मनू हँसी। दाँतों की सफेदी चेहरे के निखरे गोरे रंग से होड़ लगाने लगी।

मनू ने कहा, 'तुम हथियार चलाना जानती हो, सुंदर?'

'नहीं सीखा, सरकार।' सुंदर ने जवाब दिया।

इतने में गंगाधरराव की सवारी आगे बढ़ गई। दो लड़कियाँ और मनू के निकट आईं। सुंदर की ही उम्र की एक, दूसरी लगभग चौदह वर्ष की। उन्होंने भी सिर झुकाया, प्रणाम किया।

सुंदर ने परिचय दिया, 'इसका नाम मुंदर है और इसका काशी। मेरी तरह ये भी आपकी दासियाँ हैं।'

मनू ने बिना किसी प्रयत्न के कहा, 'मेरी सहेलियाँ बनकर रहोगी। दासी मेरी कोई भी न होगी।'

वे दोनों हर्ष के मारे फूल गईं। काशी जरा छोटे कद की और सुगठित शरीरवाली। मुंदर छरहरे शरीर की और जरा लंबी। मुंदर और काशी दोनों गौर वर्ण की। मुंदर का चेहरा बिलकुल गोल, आँखें सुंदर से कुछ ही छोटी परंतु चंचल और तेज। काशी की कुछ बड़ी और स्थिर।

मनू ने तीनों से अलग-अलग प्रश्न किए।

'तुम लोग कौन हो?'

तीनों ने उत्तर दिया, 'कुणबी।'

'झाँसी में कब आईं?'

'पुरखे आए थे।'

'झाँसी के आस-पास घूमी हो?'

'बहुत कम।'

'घोड़े पर चढ़ना जानती हो?'

'थोड़ा-थोड़ा।'

'हथियार चलाना?'

सुंदर तो पहले ही बतला चुकी थी। मुंदर ने तलवार चलाना सीखा था और काशी ने बंदूक। मनू को जानकर अच्छा लगा।

बोली, 'मैं तुम लोगों को घोड़े पर चढ़ना सिखाऊँगी। हथियार चलाना भी। मलखंब जानती हो?'

वे तीनों सिर नीचा करके मुसकराईं। सिर हिला दिए—नहीं जानतीं।

'गाना-बजाना जानती हो?' मनू ने बहुत सूक्ष्म चुटकी लेते हुए कहा।

सुंदर बोली, 'वह तो हम तीनों जानती हैं। हम लोग, जब सरकार की मर्जी होगी, सुनावेंगी।'

मनू ने कहा, 'जब इच्छा होगी, सुनूँगी; परंतु मुझको उसका शौक कुछ कम है। वह अच्छा है किंतु घुड़सवारी, हथियार चलाना, मलखंब, कुश्ती, प्राचीन गाथाओं का श्रवण—ये सब—मुझको बहुत अधिक भाते हैं।'

'कुश्ती!' सुंदर ने अपने बड़े नेत्रों को जरा घुमाकर आश्चर्य प्रकट किया।

मनू के होंठों पर सहज मुसकराहट आई। बोली, 'हाँ, कुश्ती भी। यह बहुत आवश्यक है। पर किसी समय बतलाऊँगी। अभी अवसर नहीं है।'

इतने में कुछ और स्त्रियाँ पास आने को हुईं परंतु कुछ दूर ठिठक गईं। मनू ने उनको उस समय अपने पास बुला लेने की जरूरत नहीं समझी।

मनू कहती गई, 'पुरुषों को पुरुषार्थ सिखलाने के लिए स्त्रियों को मलखंब, कुश्ती, इत्यादि सीखना ही चाहिए। खूब तेज दौड़ना भी। नाचने-गाने से भी स्त्रियों का स्वास्थ्य सुधरता है, परंतु अपने को मोहक बना लेना ही तो स्त्री का समस्त कर्तव्य नहीं है।'

चौदह वर्ष की मनू अपने से अधिक वयवाली लड़कियों से जो कह गई, वह पास ठिठकी हुई उन स्त्रियों ने भी सुन लिया।

मुंदर, सुंदर और काशी यह सब सुनकर जरा झेंपीं। उनकी मुसकराहट चली गई। परंतु मनू अब भी मुसकरा रही थी। वह मुसकराहट उन लड़कियों को, उन स्त्रियों को जीवन के कोष में से कुछ दे-सा रही थी। उन लड़कियों का सहमा हुआ जी शीघ्र ही लहलहा गया। अन्य लड़कियों तथा स्त्रियों को भी मनू ने अपने निकट बुला लिया। ये स्त्रियाँ उन तीन लड़कियों की अपेक्षा अधिक सहमी हुई थीं।

मनू ने उनको अपना मन खोलने के लिए उत्साहित किया। स्त्रियों की ओर से प्रस्ताव, गायन इत्यादि द्वारा अपने हर्ष को प्रदर्शित करने का हुआ। उसने बिना किसी विशेष उत्साह के स्वीकार किया।

जो और लड़कियाँ उन स्त्रियों के साथ थीं, उनके विषय में मनू ने प्रश्न किए। वे सब दासियों के रूप में मनू ने पास रहने के लिए नियुक्त कर दी गई थीं, क्योंकि विवाह का मुहूर्त आ रहा था। उसके बाद भी उनको मनू के पास ही रहना था।

ये लड़कियाँ अब्राह्मण जातियों में से रूप, रस इत्यादि के पैमाने से तौलकर चुनी जाती थीं और उनको आजन्म अपनी रानी के साथ कुमारी होकर रहना पड़ता था। यदि वे विवाह कर लेतीं तो उनको महल की नौकरी छोड़नी पड़ती थी। दहेज में दासियों और दासों का देना महाराष्ट्र में नहीं था, शायद राजपूताने के कुछ रजवाड़ों से वहाँ पहुँचा हो! शायद इसका प्रारंभ भिक्षुणी और देवदासी प्रथा से निसृत हुआ हो। इन दासियों के

जीवन कितने कुतूहलों और कितने कोलाहलों से भरे रहते होंगे और इनके जीवन कितने दुखांत होते होंगे, उसकी कल्पना की जा सकती है। इनको जन्म देनेवाले लगभग इसी प्रकार के माता-पिता, केवल धनलोभ से इनको महलों के सुपुर्द कर देते थे। फिर, या तो वे अपने सौंदर्य के जमाने में राजा के विलास की सामग्री बनी रहती थीं या जीवन के स्वाभाविक मार्ग पर जाकर महल से अलग हो जाती थीं।

मनू ने दासियों के इस चित्र की कुछ कल्पना की।

उसने अपनी उसी सहज मुसकराहट से कहा, 'मैं तुमको दासियाँ बनाकर नहीं रखूँगी। तुम मेरी सखी-सहेली बनोगी। केवल एक शर्त है।'

मनू ने अपने विशाल नेत्रों की दृष्टि को उन पर बिखेरा। बोली, 'जानती हो क्या?'

उन सबने नाहीं के सिर हिलाए।

मनू ने कहा, 'मेरे साथ जो रहना चाहे—उसको घोड़े की सवारी अच्छी तरह आनी चाहिए। तलवार, बंदूक, बरछी, छुरी-कटार, तीर-तमंचा इत्यादि का चलाना—अच्छी तरह चलाना—सीखना पड़ेगा। दोनों हाथों से हथियार एक से चलाना सीख जावें तो और भी अच्छा।'

पुरुषों जैसे काम सीखने की बात सुनते ही स्त्रियों के चेहरों पर लाज की हलकी लाली दौड़ गई। परंतु मन के हर्ष और उत्साह ने लाज को दबा लिया।

काशी ने स्थिर दृष्टि और स्थिर स्वर में कहा, 'हम लोगों को जो कुछ सिखलाया गया है, उतना ही हम जानती हैं। अब जो कुछ सरकार की आज्ञा होगी, उसको हम लोग जी लगाकर और दृढ़ता के साथ सीखेंगे। परंतु कुश्ती और मलखंब कौन सिखलावेगा?'

मनू ने तुरंत बताया, 'जितना मैं जानती हूँ, मैं सिखलाऊँगी। बाकी बिठूर के प्रसिद्ध आचार्य बाला गुरु। उनको यहाँ बुला दूँगी।'

बाला गुरु का नाम सुनते ही लड़कियाँ शरमा गईं और उनसे बड़ी उम्र की स्त्रियाँ हँस पड़ीं। उस हँसी पर मनू के मन में क्षोभ उठा परंतु मनू ने उसको नियंत्रित कर लिया।

फिर उसी मुसकराहट के साथ बोली, 'बाला गुरु देवता हैं, और न भी हों तो तुमको क्या डर? स्त्रियाँ दृढ़ता का कवच पहनें तो फिर संसार में ऐसा पुरुष कोई हो ही नहीं सकता जो उनको लूट ले। बाला गुरु के साथ लड़कर कुश्ती सीखने की जरूरत नहीं पड़ेगी। वह बतलाया-भर करेंगे। अखाड़े में उतरकर मैं सिखलाऊँगी।'

गणेश मंदिर पास ही था। वाद्य बज रहे थे। उनमें होकर कभी-कभी मीठी शहनाई की चहक भी सुनाई पड़ जाती थी। स्त्रियाँ मनू से शृंगार रस की बात करने आई थीं, अपने आदर के झरोखे में होकर। मनू के मन की धारा, गंगाधरराव की सवारी, बाजों-गाजों और झाँसी निवासियों के हर्षोन्माद से संघर्ष पाकर दूसरी ओर चली गई थी।

सब स्त्रियाँ-लड़कियाँ भी अपने अच्छे-से-अच्छे वस्त्र और आभरण पहने हुए थीं। केश खूब सँवारे गए थे और उनमें रंग-बिरंगे और सुगंधित फूल गूँथे गए थे। मनू के केशों में भी फूल थे। मनू ने हँसकर कहा, 'तुम लोग यदि कुश्ती सीखने के लिए इसी समय अखाड़े में उतरो तो क्या हो?'

सुंदर मुसकराकर बोली, 'तो इन फूलों से सारा अखाड़ा भर जावेगा।'

मनू ने हँसकर कहा, 'और तुम्हारे बालों में अखाड़े की मिट्टी भर जावेगी।'

वे सब खिलखिला पड़ीं।

मनू बोली, 'परंतु वह मिट्टी तुम्हारे केशों पर इन फूलों से कहीं अधिक सुहावनी लगेगी।'

मुंदर बोली, 'सरकार, बालों की शोभा मिट्टी से!'

मनू ने मुंदर का कंधा हिलाकर कहा, 'ये फूल कहाँ से आए? कहाँ जाएँगे? ये क्या मिट्टी से बढ़कर हैं?'

मनू की बात में, अपनी दादियों से सुनी हुई संसार की अस्थिरता की झाँईं सुनकर वे सब सहम गईं।

मनू समझ गई। बोली, 'नहीं, फूलों से नाता बनाए रखो परंतु मिट्टी से संबंध तोड़कर नहीं।'

स्त्रियों के मन पर एक दार्शनिक झकोर ठोकर दे गई। उन्होंने ऊँचे स्वर में 'हाँ-हाँ' कही; परंतु आँखों से ऐसा जान पड़ता था, मानो उनका आनंद कहीं भाग गया। उन्हें अपनी असंगत अवस्था में क्लेश होने लगा, मानो मनू ने उनके फूलों की भर्त्सना की हो और उनके आदर का अपमान।

मनू ने उन सब स्त्रियों से कहा, 'तुम गणेश मंदिर में जाकर देखो क्या होता है। मैं तब तक इन तीनों से बात करती हूँ। परंतु एक बात सुनती जाओ। मुझको तुम्हारे फूल बहुत अच्छे लगे, इनको फेंक मत देना।'

इस बात पर प्रसन्न होकर वे सब चली गईं। केवल सुंदर, मुंदर और काशी रह गईं।

मनू बोली, 'मैं सुनती हूँ झाँसी के लोग फूलों को बहुत प्यार करते हैं। अच्छा है। मुझको भी पसंद हैं, परंतु क्या दुबले-पतले घोड़े पर सोने-चाँदी का जीन अच्छा लगता है?'

सुंदर ने उमंग के साथ तुरंत कहा, 'सरकार, मैं आपकी बात अब समझी।'

: १५ :

सीमंती इत्यादि की प्रथाएँ पूरी होने के उपरांत गणेश मंदिर में गायन-वादन और नृत्य हुए और एक दिन विवाह का भी मुहूर्त आया।

विवाह के उत्सव पर आसपास के राजा भी आए। उनमें दतिया के राजा विजय बहादुरसिंह खासतौर से उत्साह प्रदर्शन कर रहे थे।

कोठी कुआँवाले भवन में भाँवर पड़ने को थीं। बाहर गायन-वादन और नृत्य हो रहा था। सामनेवाले मकान में मोतीबाई, जूहीबाई, इत्यादि अभिनेत्रियाँ झरपों के पीछे वस्त्राभूषणों और पुष्पों से लदी बैठी थीं। बाहर दुर्गाबाई का नृत्य और उस काल के प्रसिद्ध धुरपदिए मुगलखाँ का गायन अभ्यंतर के साथ हो रहा था। मुगलखाँ के ध्रुवपद अलाप इत्यादि पर अनेक लोग 'वाह-वाह' कर रहे थे; परंतु जनता दुर्गाबाई के नृत्य के लिए बार-बार अकुला उठती थी। इसलिए मुगलखाँ ने अपना तँबूरा रख दिया और दुर्गाबाई को खड़े होने का इशारा किया। राजा विजय बहादुरसिंह महफिल में मसनद पर बैठे थे। उन्हें ऊँचे दर्जे के गायन और नृत्य दोनों का व्यसन था। दुर्गाबाई नृत्य करने को खड़ी होने को ही थी कि भीतर से इत्रपान का सामान आया। सोने के वर्कों से लिपटे पान और बढ़िया इत्र। पान लानेवाले एक सरदार थे। उन्होंने कहा कि भाँवर शुरू हो गईं। उसी समय भीतर एक घटना हुई।

पुरोहित ने मनूबाई की गाँठ गंगाधरराव से जोड़नें के लिए वर की चादर और वधू की साड़ी के छोर हाथ में पकड़े। वृद्धावस्था के कारण हाथ काँप रहा था। गाँठ लगने में जरा-सा विलंब हुआ। गाँठ अच्छी तरह नहीं लग पा रही थी। बार-बार हाथ काँप जाता था।

मनू ने सोचा, मैं ही क्यों न इसको बाँध दूँ?

परंतु उसने विचार को नियंत्रित कर लिया। गाँठ तो पुरोहित ने बाँध ली लेकिन वह काँपते हुए हाथों से गाँठ का फंदा कसने में कुछ क्षणों का विलंब कर रहे थे। मनू से न रहा गया। बिना मुसकराहट के और दृढ़ स्वर में बोली, 'ऐसी बाँधिए कि कभी छूटे नहीं।'

गंगाधरराव सिकुड़ गए। मोरोपंत मन-ही-मन क्षुब्ध हुए। होंठ सिकोड़ लिए। परंतु पुरोहित खिलखिलाकर हँस पड़ा। उसके पास खड़े सब स्त्री-पुरुष हँस पड़े। कहकहे लग गए। मनू पुलकित हो गई। आँखें नीची करके उसने थोड़ा-सा मुसकरा-भर दिया। इस कहकहे की आवाज बाहर पहुँची और मनू की कही हुई बात भी। वहाँ भी कहकहे लगे। चारों ओर उस वाक्य की चर्चा हो उठी।

सामनेवाले मकान में भी समाचार पहुँचा। जूही ने, जो अब यौवनावस्था में लहराने को थी, कहा, 'मैं तो नाचना चाहती हूँ। ऐसे अवसर पर चुपचाप बैठे थक गई हूँ। इतनी खुशी के समय भी न नाचें तो कब नाचेंगे?'

मोतीबाई में बाहरी गंभीरता आ गई थी परंतु मन आह्लाद में फुदक रहा था। बोली, 'नाचो, कोई हर्ज नहीं। मैं भी नाचना चाहती हूँ परंतु घुँघरू बाँधकर नहीं। बाहर

बड़े-बड़े राजे-महाराजे बैठे हैं। शोर-गुल सुनेंगे तो क्या कहेंगे?'

जूही बोली, 'तबला-घुंघरू हमको कुछ नहीं चाहिए, शोर-गुल न होगा। इस पर भी महाराज अगर कुछ कहेंगे तो मैं भुगत लूँगी। आखिर नाटक होगा ही। हम लोग रंगशाला में नाचें और गावेंगे ही। राजे-महाराजे नाटकशाला में पास से सब कुछ देखेंगे ही। मैं नहीं मानूँगी।'

उन दोनों ने मनमाना नृत्य किया और नर्तकियों ने ताल दिया, परंतु मीठी थपकी से।

बाहर मुगलखाँ खड़ा हो गया। बोला, 'वाह! जैसा राज्य है, वैसी ही महारानी हमको मिली। दिल चाहता है कि मैं नाचूँ, परंतु कभी सीखा नहीं, इसलिए मजबूर हूँ।' और उसकी आँखों में आँसू आ गए। बैठ गया।

दुर्गाबाई खड़ी हो गई। बोली, 'उस्ताद, यह काम मेरा है। मैं दिल और पैर दोनों से नाचूँगी। आप अकेले दिल से, खेलिए या नाचिए।' और उसने सिर नीचा कर लिया।

विजय बहादुर प्रसन्न हुए। स्वभाव से ही जरा सनकी थे। इस समय सनक कुछ तीव्रतर हो गई। बोले, 'दुर्गा, खूब अच्छी तरह नाचो, इनाम मिलेगा।'

'बहुत अच्छा सरकार।' कहकर दुर्गा पूरे उत्साह के साथ गाने और नाचने लगी। मुगलखाँ को इसका गाना खटक रहा था। परंतु उसके मन की इस चोट को दुर्गा का नृत्य सँभाल ले गया।

थोड़ी देर में भाँवर की रस्म पूरी हो गई। अन्य रस्मों के पूरा होने पर गंगाधरराव वर की सजधज में पाँवड़ों पर, फूलों और चावलों की बरसा में, बाहर आए। सबने ताजीम दी। गाना-बजाना थोड़ी देर के लिए बंद हो गया। गंगाधरराव एक ऊँची मसनद पर जा बैठे और इधर-उधर बारीकी के साथ देखने लगे कि मनू के उस वाक्य का असर भद्देपन की किस हद तक हुआ है। उनकी आँख कहीं जम नहीं रही थी। आँखों के लाल डोरों में, रौब की जगह संकोच ने पकड़ ली थी।

वहाँ के उपस्थित लोगों के जी में वही वाक्य बार-बार और जोर-जोर के साथ चक्कर काट रहा था। आँखें सबकी गंगाधरराव के दूल्हा वेश पर जा रही थीं और मन के मना करने पर आँखें उसी वाक्य को दुहरा रही थीं।

उस मकान की झरप के भीतर का नृत्य बंद हो गया था। उन अभिनेत्रियों की आँखों पर भी वही वाक्य सवार था।

जूही ने धीरे से मोतीबाई से कहा, 'असली राजा तो झाँसी को अब मिला, बाईजी।'

मोतीबाई ने आँखें तरेरकर जूही का हाथ दबाया,'राजा सुनेंगे तो गरदन काटकर फिकवा देंगे। खबरदार!'

'मैंने तो आपसे कहा,' जूही बोली,'आपके हाथ जोड़ती हूँ, किसी को मेरी बात मालूम न होने पावे।'

फिर ये सब झरपों के पास खड़ी होकर, जो कुछ दूसरी ओर हो रहा था, देखने-सुनने लगीं।

गंगाधरराव विजय बहादुर से बोले, 'आपने मुगलखाँ का ध्रुवपद सुना?'

विजय बहादुर ने कहा, 'पहले भी सुना है। इनकी होरी भी सुनी है। परंतु दुर्गा का नाच मुझको बहुत भाया।'

मुगलखाँ की आँख बदल पड़ी परंतु उसने सिर नीचा कर लिया। गंगाधरराव ने देख लिया। वे बोले, 'मुगलखाँ ताव खाने पर बहुत अच्छा गाता है। अब सुनिएगा। इसके ध्रुवपद का मुकाबला कहीं है ही नहीं। नृत्य अपनी जगह अच्छा है परंतु मुगलखाँ का ध्रुवपद राजा है और दुर्गा का नाच उसका चाकर।'

मुगलखाँ हर्ष के मारे फूल गया। आँखों में आँसू छलक आए। उनको जल्दी पोंछकर हाथ जोड़कर खड़ा हो गया। बोला, 'श्रीमंत सरकार का हुक्म हो तो लखनऊवाली बात सुना दूँ।'

मनू के उस वाक्य से गंगाधरराव को छुटकारा नहीं मिल रहा था। उनको विश्वास था कि उपस्थित लोग भी उसमें उसी प्रकार उलझे होंगे। प्रतिघात से उमंग की एक लहर उठी और उन्होंने मुगलखाँ से कहा, 'महाराज साहब को जरूर सुनाओ और फिर गाओ। बैठकर सुनाओ।'

मुगलखाँ की बात सुनने के लिए वहाँ सन्नाटा छा गया।

मुगलखाँ ने कहा, 'सरकार, मैं गाने के लिए लखनऊ गया। वहाँ के गवैयों ने सलाह कर ली कि मैं नवाब साहब के सामने पहुँच ही न पाऊँ। इसलिए उन्होंने कहा, पहले हमको सुनाओ। समझेंगे कि उस्ताद हो, तो नवाब साहब के सामने पेश कर देंगे। वरना अपने वनखंड को वापस जाना। मैं अपने देश के कपड़े पहने था। पहले तो उनका मजाक उड़ाया गया, बुंदेलखंडी है। क्या ऊल-जलूल साफा बाँधे है! जूते आपके माशेअल्लाह। दाढ़ी बुंदेलखंड के रीछों जैसी! बातचीत जंगलियों-सी! बरताव ठीक भेड़ियों का! इत्यादि सुनते-सुनते कलेजा पक गया। फिर मैंने गाया। जो कुछ गाने के बाद हुआ, उसको मैं कह नहीं सकता।'

गंगाधरराव उत्साह के साथ बोले, 'मैं बतलाता हूँ महाराज साहब। जब उस्ताद ने आठों अंग सहित ध्रुवपद सुनाया तब सच्चे स्वरों की वर्षा हो उठी, निंदा करनेवाले उसमें बह गए। उस्ताद के उन लोगों ने पैर छुए और इनको नवाब साहब के सामने पेश किया। नवाब साहब स्वयं संगीत के बड़े जानकार हैं। उस्ताद को काफी इनाम दिया। बुंदेलखंड को उन्होंने जी खोलकर सराहा।'

फिर मुगलखाँ ने तल्लीन होकर गाया। लगभग सारी जनता मुग्ध हो गई। राजा विजय बहादुर इस अवसर पर पुरस्कार बाँटने के लिए अपने साथ काफी रुपया लाए

थे। सनक तो सवार थी ही, बख्शी से बोले, 'मुगलखाँ के साफे में जितने रुपए आवें, दे दो, तबलेवाले के तबलों में चाहे फोड़कर चाहे वैसे ही भर दो। सारंगीवालों की सारंगी में रुपया ठूँस दो। दुर्गा जितना बोझ बाँध ले उतना बाँध लेने दो।'

इस आज्ञा के सुनते ही अनेक वाद्यवाले खड़े हो गए। इनमें से एक शहनाईवाला भी था। उसकी शहनाई में बहुत थोड़े रुपए जा सकते थे। इसलिए गुस्से में आकर उसने शहनाई तोड़ डाली। बोला, 'सरकार, ऐसा बाजा किस काम का जो रुपए का मेल न खा सके।'

राजा विजय बहादुर ने उसकी शहनाई को सोने से भरने का आदेश किया।

उस युग की प्रथा के अनुसार उस दिन सबको कुछ-न-कुछ दिया गया। रात को नाटक हुआ। बहुत अच्छा। विजय बहादुर ने नाटकशाला से संबंध रखनेवाले सब लोगों को काफी इनाम दिया।

विवाह की समाप्ति पर दरबार हुआ। नजर-न्योछावरें हुईं। पुरस्कार बाँटे गए। बड़े-बड़े सरदारों की नजर-न्योछावरों के उपरांत छोटे जागीरदारों की बारी आई। मऊ का एक जागीरदार अपने को आनंदराय कहते हुए आगे बढ़ा। राजा थकावट के मारे खीझ उठे थे। आनंदराय ने अपने कुटुंब और अपनी सेवा का बखान करते हुए रामचंद्रराववाली घटना का वर्णन भी शुरू कर दिया।

राजा खिसिया उठे। बोले, 'मैं भी स्मरण किंए हूँ। तुम्हारी दास्तान पर यहाँ कोई काव्य या रायसा नहीं लिखा जानेवाला है। नजर करने के बाद अपनी जगह जा बैठो। तुमको जो मिलना होगा, मिल जावेगा।'

आनंदराय नजर-न्योछावर करके एक कोने में सिमट गया। अवस्था अधेड़ हो गई थी परंतु शरीर अब भी बलिष्ठ था। अपने को अपमानित हुआ समझकर बार-बार उसाँस ले रहा था और छाती फुला रहा था। वह एक निश्चय पर पहुँचा। जैसे ही राजा के सामने जरा भीड़-भाड़ देखी, वहाँ से खिसक गया।

राजा के कर्मचारी नजर-न्योछावरों का ब्योरा भेंट करनेवालों के नाम-पते सहित लिखते जा रहे थे। भेंट करनेवालों को पलटे में पुरस्कार भी बाँटने थे, इसलिए; और, हिसाब रखने के लिए भी।

जब पुरस्कार बाँटते-बाँटते आनंदराय की बारी आई तब वह गैरहाजिर था। दरबार के निकट ही रनवास के लिए झरपें लगी थीं। रानी भी वहाँ बैठी थीं।

'कहाँ चला गया आनंदराय?' राजा ने पूछा।

थोड़ी-सी तलाश करने के बाद वह नहीं मिला। फिर और लोगों की हाजिरी होती रही।

इस रस्म की समाप्ति पर वहाँ के सब लोगों ने जयजयकार किया।

'महाराजा गंगाधरराव की जय।'

'महारानी लक्ष्मीबाई की जय।'

विवाह के उपरांत ससुराल में आने पर मनू का नाम उसी दिन महाराष्ट्र और बुंदेलखंड की प्रथा के अनुसार लक्ष्मीबाई रखा गया था।

दरबार की समाप्ति के कुछ समय उपरांत रानी लक्ष्मीबाई (अब मनू नहीं कहा जावेगा) किले के महल के अपने कक्ष में सुंदर, मुंदर और काशी के साथ थीं। उनको अपनी सब सहचरियों में ये तीन सबसे अधिक प्यारी लग उठी थीं।

रानी ने कहा, 'आज एक बात अच्छी नहीं हुई। आनंदराय नाम के उस जागीरदार की अवहेलना की गई।'

मुंदर बोली, 'सरकार को कैसे नाम याद रह गया? और इतने हल्ले-गुल्ले और भीड़-भाड़ की ध्वनियों में यह घटना कैसे स्मरण रही?'

रानी ने कहा, 'मैंने देख लिया है कि बुंदेलखंड पानीदार देश है। इस पानी को बनाए रखने की हमको जरूरत है। उस आदमी का पानी उतारा गया—यह बुरा हुआ।'

काशी बोली, 'छोटे-छोटे से आदमियों का महाराज कहाँ तक लिहाज करें? थक भी तो बहुत गए आज। सुना है, नाटकशाला भी नहीं जाएँगे।'

रानी ने कहा, 'जिन्हें तुम छोटा आदमी कहती हो, आधार तो हमारे वे ही हैं।'

: १६ :

विवाह होने के पहले गंगाधरराव को शासन का अधिकार न था। उन दिनों झाँसी का नायब पॉलिटिकल एजेंट कप्तान डनलप था। वह राजा के पास आया-जाया करता था। लोग कहते थे कि दोनों में मैत्री है।

गंगाधरराव अधिकार प्राप्त करने का प्रयत्न पहले से कर रहे थे। विवाह के उपरांत उनको अधिकार मिल गया। परंतु अधिकार मिलने के पहले कंपनी सरकार के साथ फिर एक अहदनामा हुआ। पुरानी बातें पुष्ट की गईं।

केवल एक बात नई हुई—झाँसी में अंग्रेजी फौज रखी जाएगी अंग्रेजी हुकूमत में, पर खर्चा झाँसी का राज्य देगा। गंगाधरराव को मानना पड़ा। मन को खटका। उन्होंने नकद खर्चा न देकर कंपनी सरकार का आग्रह निभाने के लिए झाँसी के राज्य से २ लाख २७ हजार चार सौ अट्ठावन रुपए वार्षिक आय का एक इलाका इन राज्य-लोलुपों को दे दिया। जब यह सब हो गया तब गंगाधरराव को शासन का अधिकार मिल पाया। इसके बाद दरबार हुआ। खुशियाँ मनाई गईं। खेल-कूद, नाटक इत्यादि हुए, परंतु अनेक झाँसी निवासियों को उनमें खोखलापन ही दिखलाई पड़ा। उनको अपने प्रदेश का खंडित होना कसका।

स्वयं राजा को नाटकशाला में यथेष्ट मनोरंजन नहीं मिल सका। वे शीघ्र वहाँ से चले आए और रंगमहल में रानी के पास पहुँचे।

रानी किलेवाले महल ही में प्रायः रहती थीं। बाहर बहुत कम निकल पाती थीं। जब निकलतीं तब परदे की कैद में। इसलिए सवारी, व्यायाम इत्यादि किलेवाले महल के इर्द-गिर्द आड़-ओट से कर पाती थीं, तो भी वे काफी समय इन बातों में लगाती थीं और अपनी समग्र सहेलियों तथा किले के भीतर रहनेवाली स्त्रियों को सवारी, शस्त्र-प्रयोग, मलखंब, कुश्ती का अभ्यास कराती थीं। बचे हुए समय में धार्मिक ग्रंथों का थोड़ा-सा परंतु नियमपूर्वक अध्ययन करतीं। भगवद्‌गीता पर उनकी परम श्रद्धा थी। बाल्यावस्था को पार कर यौवन में पदार्पण करने को थीं परंतु नए-नए वस्त्र, कीमती आभूषणों का शौक न करके उनकी धुन ऊपर लिखी बातों की ओर अधिक रहती थी।

झाँसी आने के बाद चपल, सुखी मनू में एक परिवर्तन धीरे-धीरे घर करता जा रहा था—वे अब उतना नहीं बोलती थीं। रानी लक्ष्मीबाई में गंभीरता जगह करती जा रही थी और क्रुद्ध हो जाने की वृत्ति तो और भी अधिक शीघ्रता के साथ घुलती चली जा रही थी। व्यंग्य करने की इच्छा जरूर कुछ बढ़ती पर थी परंतु वह सहज, सरल, भव्य दिव्य मुसकान सदा साथ रही। और चित्त की दृढ़ता तो पूर्वजन्मों से संचित होकर मानो छठी के दिन ही ब्रह्मा ने पूरी समूची उनके हिस्से में रख दी थी।

रंगमहल में आने पर रानी ने गंगाधरराव का सत्कार जैसा कि हिंदू नारी—और पत्नी—कर सकती है, किया।

राजा अपने भावों को छिपा पाने में असमर्थ थे। उनको इसका अभ्यास न था। चेहरे पर रुखाई थी और आँखों में उदासी।

रानी ने कहा, 'आज आप नाटकशाला से जल्दी लौट आए। खेल अच्छा नहीं हुआ क्या?'

राजा बोले, 'खेल तो सदा अच्छा होता है। मन नहीं लगा। एक नए खेल की तैयारी के लिए कह आया हूँ।'

रानी—'कौन-सा?'

राजा—'मृच्छकटिक?'

रानी—'यह क्या है?'

राजा—'शूद्रक कवि ने संस्कृत में लिखा है। मैंने हिंदी में उलथा करवाया है। चारूदत्त ब्राह्मण और वसंतसेना के प्रेम की अद्‌भुत कहानी है। आप देखने चलोगी?'

रानी—'नहीं।'

राजा—'घोड़े की सवारी, कुश्ती, मलखंब के सिवाय आपको और भी कुछ पसंद है या नहीं?'

रानी–'अवश्य। सहेलियों को अपना-सा बनाना। उनको अवसर-कुअवसर पड़े पुरुषों की सहायता करने में पीछे पैर न देने की सीख देना, घर की सफाई, स्वच्छता इत्यादि बनाए रखना, काफी काम है।'

राजा–'इन सबको मोटा-तगड़ा बनाकर आप क्या करने जा रही हैं?'

रानी–'अभी तो मुझको भी नहीं मालूम। पर देह और मन को सबल बना लेना क्या कोई कम महत्त्व का काम है?'

राजा–'व्यर्थ है। घर का ही इतना काफी काम स्त्रियों के लिए संसार में है कि उनको घुड़सवारी इत्यादि की ओर खींच ले जाना फूहड़ बनाना है।'

रानी–'और नाचना-गाना?'

राजा–'अकेले में सभी स्त्रियाँ नाचती-गाती हैं। परंतु यदि वे इन विद्याओं को ढंग से सीखें तो शरीर और मन दोनों के लिए काफी कसरत पा सकती हैं।'

रानी–'हाँ, स्वराज्य स्थापित है। अब सिवाय हँसने-खेलने के नर-नारियों के लिए और काम ही क्या बचा है? देखिए न, किस आराम के साथ झाँसी राज्य का पंचआंस से अधिक अंग्रेजों के हाथ में दे दिया गया। आपका वह मित्र गार्डन भी नाटकशाला में आता होगा?'

राजा–'अंग्रेज लोग खूब हँसते-खेलते और नाचते-गाते हैं।'

रानी–'और नाचते-गाते ही पूरे हिंदुस्थान को रोंदते चले जाते हैं! खेल तो बढ़िया है।'

राजा–'हमारे यहाँ फूट है। गाँव-गाँव में उपद्रवी, डाकू और बटमार भरे हुए हैं। अंग्रेजों के पास हथियार अच्छे हैं। इसलिए उन्होंने राज्य कायम कर लिया।'

रानी–'नाटकशाला में जो हथियार बनते हैं, उनसे क्या अंग्रेज नहीं हराए जा सकते हैं?'

राजा को यह व्यंग्य अखर गया। पर जिस मुसकान के साथ वह निसृत हुआ था, वह आकर्षक थी। साथ ही, मोतीबाई, जूही इत्यादि कल्पना में बिजली की तरह कौंध गईं और आगे आनेवाले मृच्छकटिक नाटक के अभिनय ने एक उमंग पैदा की, रानी की मुसकान का आकर्षण उसी क्षण तिरोहित हो गया और उसके साथ ही उठता हुआ क्षोभ। बोले, 'आप कभी-कभी बहुत बड़ी चोट कर बैठती हैं।'

रानी ने अदम्य भाव से कहा, 'आपके यहाँ भाट क्या केवल प्रशंसा और यशगान ही करते हैं या कभी-कभी कड़खा भी सुनाते हैं?'

राजा का क्षोभ उभड़ा परंतु उन्होंने उसको वहीं का वहीं दबाने का प्रयत्न किया और विषयांतर करते हुए बोले, 'हमारे यहाँ कवि, चित्रकार इत्यादि अनेक कलाकार हैं।'

रानी ने भी बात न बढ़ाते हुए पूछा, 'कवि कौन हैं और क्या करते हैं?'

राजा ने भी उत्तर दिया, 'एक हृदयेश है। अच्छा कवि है। एक पजनेश है। रंगीन है। कहता अच्छे ढंग से है।'

'ये लोग क्या लिखते हैं?'

'राधागोविंद का प्रेम-वर्णन, नखशिख, नायिका-भेद।'

'नखशिख, नायिका-भेद क्या?'

'राधा या गोपियों की चोटी से लेकर एड़ी तक का कोमल वर्णन। यह नखशिख हुआ। नाना प्रकार की सुंदर स्त्रियों की वृत्तियों का विविध वर्णन, यह नायिका-भेद है।'

'अर्थात् स्त्रियों के पूरे शरीर की सूक्ष्म जाँच-पड़ताल, और इस काम के लिए इन लोगों को इनाम-पुरस्कार भी दिए जाते होंगे?'

राजा जरा झेंपे, परंतु सहमे नहीं। बोले, 'इस प्रकार की कविता करने में बहुत विद्वत्ता और मेहनत खर्च करनी पड़ती है। इसलिए उनको पुरस्कार दिया जाता है। वे लोग राजदरबार की शोभा हैं।'

रानी ने फिर उसी मुसकराहट के साथ पूछा, 'भूषण को छत्रपति शिवाजी क्या इसी तरह की कविता के लिए बढ़ावा दिया करते थे? भूषण तो दरबार की शोभा रहे होंगे?'

राजा इस व्यंग्य से चिढ़ गए और क्षोभ को दबा न सके।

बोले, 'आप हमेशा छत्रपति और पंत प्रधान बाजीराव और न जाने किन-किन का नाम दिन-रात रटा करती हैं। मैंने कई बार कहा कि इन बातों की छेड़छाड़ में अब कोई सार नहीं।'

रानी ने कहा, 'मैं तो विनती किया करती हूँ कि उन बातों को बतलाइए जिनमें सार हो।'

राजा—'आप राज्य का प्रबंध करना सीखिए। मैं भी इस ओर ध्यान देता हूँ। अच्छी व्यवस्था बनी रहेगी तो राज्य बचा रहेगा अन्यथा अंग्रेज फिर इसको अपनी देख-रेख में ले लेंगे—या शायद राज्य को खत्म करके अपना अधिकार बरतने लग जाएँ।'

रानी—'उस समय क्या नाटकशालावाले किसी काम न आएँगे?'

राजा के हृदय में आग-सी लग गई। कुछ कहना चाहते थे, कुछ कह गए, 'आपके मन में हठ नगर-कोट बाहर घोड़े पर घूमने का है और सखी-सहेलियाँ भी जंगल-टौरियों पर साथ में घोड़े कुदाएँ तो इससे बढ़कर न राज्य है, न राज्य-प्रबंध और न बिचारी नाटकशाला। ठीक है न?'

रानी के ऊपर उनके क्रोध का कोई प्रभाव नहीं पड़ा। बोली, 'मेरे-आपके दोनों के लिए यह विशाल महल क्या कम है?'

राजा पर इस व्यंग्य की चोट पड़ गई पर वे गुस्से को पीने लगे। कुछ सोचकर पूछा, 'क्या सचमुच आपको नाटकशाला का मेरा मनोरंजन नापसंद है?'

रानी ने तुरंत उत्तर दिया, 'इन दिनों अब इससे अधिक और हो ही क्या सकता है? राज्य का काम चलाने के लिए दीवान है। डाकुओं का दमन करने और प्रजा को ठीक पथ पर चालू रखने के लिए अंग्रेजी सेना है ही। इस पर यदि कोई गलती हो गई तो कंपनी के एजेंट की खुशामद कर ली। बस, सब काम ज्यों-का-त्यों मनमाना चलता रहा।' रानी मुसकाने लगी।

इस बात में रानी की विलक्षण बुद्धि का आभास पाकर राजा को जरा विस्मय हुआ। उनके होंठों पर बरबस हँसी आई।

: १७ :

राजा गंगाधरराव और रानी लक्ष्मीबाई का कुछ समय लगभग इसी प्रकार कटता रहा। १८५० में (माघ सुदी सप्तमी संवत् १९०७) वे सजधज के साथ (कंपनी सरकार की इजाजत लेकर!) प्रयाग, काशी, गया इत्यादि की यात्रा के लिए गए। लक्ष्मीबाई साथ थीं। उनको किले में बंद रहना पड़ता था; इस यात्रा में भी तामझाम इत्यादि बंद सवारियों में चलना पड़ा, परंतु नए-नए स्थान देखने के अवसर मिले। इस कारण बंधनों का क्लेश न अखरा। काशी-यात्रा में उनको देव-दर्शन जन्मगृह दर्शन प्राप्त हुए।

गंगाधरराव का क्रोध समय-कुसमय न देखता था। एक दिन काशी नगर में सैर के लिए निकले। मार्ग में एक बेचारा राजेंद्र बाबू पड़ गया। उसने प्रणाम तो किया, परंतु खड़े होकर ताजीम नहीं दी। शामत आ गई। गंगाधरराव ने उसको बेहद पिटवाया। उसने कंपनी सरकार में फरियाद की।

जवाब मिला, 'गंगाधरराव एक बड़े राजा हैं। यदि तुमको खड़े होकर ताजीम देना पसंद न था तो अपने घर पर बैठे रहते!'

रानी को यह सब देख-सुनकर काफी क्लेश हुआ था।

तीर्थयात्रा के लिए झाँसी छोड़ने के पहले गंगाधरराव को कंपनी सरकार ने शासन के अधिकार वापस किए तब, पहले का जमा किया हुआ तीस लाख रुपया उसको लौटाया था। उसका उन्होंने अपव्यय किया। अपने अनेक हाथियों में उनको सिद्धबकस नामक हाथी बहुत प्यारा था। उसका सारा सामान सोने का बनवाया। और भी अनेक हाथी-घोड़ों का सामान अंबरी, हौदा, जीन, झूले इत्यादि सोने के बनवाए। काशी से एक तामझाम, जिस पर बढ़िया नक्काशी का काम था, बहुत कीमत देकर मँगवाया। और भी काफी राजसी-ठाठ इकट्ठा किया। राजा प्रदर्शन के बहुत प्रेमी थे। रानी को प्रदर्शन बहुत कम पसंद था। परंतु उनको राजा की एक बात अच्छी लगी—उन्होंने पाँच हजार के लगभग सेना कर ली, लगभग दो सहस्र गोल पुलिस, पाँच सौ घोड़ों का

रिसाला, सौ खास पायगा के सिपाही और चार तोपखाने।

झाँसी राज्य में और बुंदेलखंड में लगभग हर जगह आततायी और डाकू-बटमार बड़ा उपद्रव कर रहे थे। गंगाधरराव ने अपने कठोर शासन से उनका दमन किया। इस कार्य में उनको अपने प्रधानमंत्री राघव रामचंद्र पंत, दरबार वकील नरसिंहराव और न्यायाधीश वृद्ध नाना भोपटकर से बहुत सहायता मिली। राजा के शासन से अंग्रेज संतुष्ट थे, क्योंकि उपद्रवों को शांत करना ही राजा का सबसे बड़ा कर्तव्य समझा जाता था।

राजा गंगाधरराव ने कई मौकों पर अंग्रेजों की बहुत सहायता की। एक बार अपने विश्वस्त साथी और फौजी अफसर दीवान रघुनार्थसिह को कुछ सिपाहियों के साथ मुहिम पर भेज दिया। दीवान रघुनार्थसिह आज्ञाकारी योद्धा था। उसने बड़ी वीरता के साथ अपना कर्तव्य-पालन किया। राजा गंगाधरराव को अंग्रेजों की मैत्री और भी बढ़ी हुई मात्रा में मिली और दीवान रघुनार्थसिह को इंग्लैंड और कंपनी सरकार की रानी विक्टोरिया की ओर से एक प्रशंसा-पत्र तथा खड्ग मिला।

परंतु रानी लक्ष्मीबाई को अपने पति के इस यज्ञ पर हर्ष नहीं हुआ और न संतोष। अभी उनकी आयु लगभग १५ वर्ष की होगी, परंतु उनका आचार-विचार आश्चर्य उत्पन्न करनेवाली परिपक्वता का-सा प्रतीत होता था। उस युग की लड़कियाँ जिस आयु में खेलना-खाना, पहनना-ओढ़ना ही सब कुछ समझती होंगी, उस आयु में लक्ष्मीबाई गंभीर और गंभीरतर होती चली गई।

छुटपन की छबीली मनू, लक्ष्मीबाई के विशाल आदर्शों में विलीन हो गई।

: १८ :

राजा गंगाधरराव पुरातन पंथी थे। वे स्त्रियों की उस स्वाधीनता के हामी न थे जो उनको महाराष्ट्र में प्राप्त रही है। दिल्ली, लखनऊ के परदे के बंधेजों को वे जानते थे। उतने बंधेज वे अपने रनवास में उत्पन्न नहीं कर सकते थे, यह भी उनको मालूम था। जनता की स्त्रियाँ मुँह उघाड़े फिरें, चाहे घूँघट डाले फिरें, इस विषय में उनकी उपेक्षा थी। परंतु अपने महल में काफी परदा बरतने के दृढ़ पक्षपाती थे।

इसलिए लक्ष्मीबाई किले के बाहर घोड़े पर नहीं जा सकती थीं।

किले में भी उनकी स्वतंत्रता पर काफी बंधन था। तीर्थयात्रा से लौटने पर किले-भीतरवाले महल के मैदान के चारों ओर ऊँची-ऊँची कनातें लगवा दी गई, जिससे उनको घोड़े की सवारी इत्यादि में बहुत अड़चन होने लगी। मलखंब और कुश्ती का प्रबंध उनको अपने कक्ष के भीतर ही मोटे और नरम कालीनों की पर्तों पर करना पड़ा। उन्होंने अभ्यास छोड़ा नहीं। गंगाधरराव ने उनकी सहेलियों को बदलने

का प्रयत्न किया, परंतु सुंदर, मुंदर और काशीबाई को वे नहीं हटा सके।

अंतर्द्वंद्व के कारण गंगाधरराव के मन में क्रोध की मात्रा बढ़ गई और अपराधियों को दंड देने के लिए बिलकुल नए-नए साधन काम में लाने लगे।

मृच्छकटिक नाटक के खेल का दिन आया। मोतीबाई ने वसंतसेना का अभिनय किया और जूही ने उसकी सखी का। राजा ने उस दिन नाटकशाला को खूब सजवाया। कप्तान गार्डन भी निमंत्रित हुआ। खेल अच्छा हुआ। नृत्य, गायन, अभिनय सभी की गार्डन ने प्रशंसा की।

खेल की समाप्ति पर गार्डन के मुँह से निकल पड़ा, 'महाराजा साहब, एक बात समझ में नहीं आती। आपकी संस्कृति में वेश्याओं को इतने आदर का स्थान क्यों दिया गया है?'

राजा ने हँसकर उत्तर दिया, 'क्योंकि हमारे पुरखे बहुत समझदार थे।'

गार्डन को अपने देश के क्रामवैल के समय का कठमुल्लावाद (Puritanism) और उसके तुरंत ही बाद का चार्ल्स द्वितीय के समय का मनमौज-वाद याद आ गया। बोला, 'नहीं महाराज, कुछ और बात है। असल में हिंदुस्थान कई बातों में बहुत गिरा हुआ है।'

गंगाधरराव ने कहा, 'फिर कभी बात करूँगा।'

गार्डन चलने को हुआ कि राजा ने एक कोने में खुदाबख्श को देख लिया। तुरंत अपने अंगरक्षक से पूछा, 'यह कौन है?'

उसने उत्तर दिया, 'खुदाबख्श।'

'यहाँ कैसे आया?' राजा ने प्रश्न किया।

अंगरक्षक उत्तर नहीं दे पाया। खुदाबख्श ने समझ लिया। और वह तुरंत भीड़ में विलीन होकर निकल गया।

गार्डन ने पूछा, 'क्या बात है महाराज साहब?'

राजा ने कहा, 'कुछ नहीं, यों ही। एक आदमी को आज बहुत दिनों के बाद नाटकशाला में देखा है।'

गार्डन चला गया। राजा ने नाटकशाला के प्रहरी को कैद में डलवा दिया और सवेरे पेश किए जाने की आज्ञा दी।

खुदाबख्श को बहुतेरा ढुँढ़वाया, परंतु पता नहीं लगा।

दूसरे दिन मोतीबाई नाटकशाला से बरखास्त कर दी गई। नाटकशाला के पात्रों को कोई कारण समझ में नहीं आ रहा था। वे लोग आशा कर रहे थे कि इतना अच्छा अभिनय इत्यादि करने के उपलक्ष्य में बधाई और पुरस्कार मिलेंगे, परंतु हुआ उलटा। उनकी सबसे अच्छी अभिनेत्री निकाल दी गई। झाँसी में जिन लोगों ने मोतीबाई के नृत्य

को देखा था अथवा उसका गायन सुना था, सब क्षुब्ध थे।

सवेरे नाटकशाला के प्रहरी की पेशी हुई। राजा ने स्वयं मुकद्दमा सुना।

राजा ने खिसियाकर पूछा, 'क्यों रे नमकहराम, यह खुदाबख्श नाटकशाला में कैसे आ गया?'

उसने घिघियाकर उत्तर दिया, 'श्रीमंत सरकार, मैं भूल गया। मुझको याद नहीं रहा।'

'तू यह भूल गया कि मैं उसको देश-निकाला दे चुका हूँ?' राजा ने कड़ककर कहा।

प्रहरी अत्यंत विनीत भाव से बोला, 'इस बात को श्रीमंत सरकार, बहुत दिन हो गए, इसलिए मुझको सुध नहीं रही और सरकार ने उस दिन तीर्थयात्रा से लौटने की खुशी में बहुत लोगों को माफी बख्शी, सो मैंने सोचा कि खुदाबख्श को माफी मिल गई होगी।'

इस उत्तर से राजा का क्रोध घटा नहीं, जरा और बढ़ गया। रोते हुए प्रहरी को सजा दी गई बिच्छू से डँसवाने की।

गंगाधरराव ने एक विशेष वर्ग के अपराधों के लिए बिच्छू से कटवाने का विधान कर रखा था। कट्ठे में पैरों का डालना-भाँजना एक साधारण बात थी। गहन अपराधों में हाथ-पाँव कटवा डालने की जनसम्मत प्रथा जारी थी। परंतु दबे-दबे और थोड़ी-थोड़ी। दहकते अंगारों से डाकुओं के अंग जलवाना इस विधान में शामिल था, परंतु बिच्छुओं से कटवाना जन-वृत्ति की सहन-शक्ति से बाहर हो गया था।

बिच्छू से कई जगह कटवाए जाने के कारण प्रहरी बेहद संतप्त हुआ। अंत में बेहोश हो गया। राजा समझे मर गया तब उनका क्रोध ठंडा पड़ा। प्रहरी वहाँ से हटवा दिया गया।

: १९ :

कप्तान गार्डन झाँसी-स्थित अंग्रेजी सेना का एक अफसर था। हिंदी खूब सीख ली थी। राजा गंगाधरराव के पास कभी-कभी आया करता था। राजा उसको अपना मित्र समझते थे। वह पूरा अंग्रेज था। साहित्यिक, व्यापार-कुशल, स्वदेश-प्रेमी और भारतवर्ष को घृणा या अवहेलना की वृत्ति से देखनेवाला! परंतु भारतवर्ष के राजाओं को सहलाने-फुसलाने की क्रिया का अभ्यासी—अपने कर्तव्य के पालन में दृढ़।

राजा से मिलने गार्डन कभी घोड़े पर और कभी तामझाम में बैठकर आता था। नवाबों को दबाते-दबाते थोड़ी नवाबी भी अंग्रेजों में आ गई थी। हुक्का, सुरा, रंडियों का नाच, होली-फाग, दशहरा, दीवाली, ईद, उत्सव इत्यादि नवाबों, राजाओं और जनता में हेलमेल बनाए रखने के लिए बरते जाते थे। परंतु वे उनमें दूध-पानी नहीं हुए थे—उनकी सतर्क दृष्टि इंग्लैंड की ओर बराबर मुड़ी रहती थी।

राजा ने और मनोरंजन समक्ष न देखकर, एक दिन गार्डन को बुलवाया। वह तामझाम में नगरवाले महल पर आया। वहाँ से राजा उसको किलेवाले महल पर ले गए। राजा अपने तामझाम में बैठे। उत्तरी फाटक से जाना चाहते थे। बड़ी हथसार के नीचे से मार्ग था।* एक हाथी पागल हो गया। इन तामझामों की ओर दौड़ा। वाहकों ने तामझाम कंधों पर से उतार दिए। परंतु भागे नहीं। उनकी कमर में तलवारें थीं। म्यानों से बाहर निकाल लीं। गार्डन के पास कोई हथियार न था। वह हक्का-बक्का-सा इन मजदूरों के पास आ गया। राजा के पास तलवार थी। उन्होंने नहीं छुई। तामझाम से बाहर निकलकर, दौड़ते हुए प्रमत्त हाथी की, अपनी ओर आती हुई गति को देखने लगे।

गार्डन ने कहा, 'बचो।'

मजदूरों ने कहा, 'बचो।'

राजा के मुँह से भी निकला, 'बचो।'

परंतु तलवारें उस मस्त हाथी की गति का विरोध नहीं कर सकती थीं।

इतने में एक ओर से बरछा लिए एक सिपाही हाथी पर दौड़ पड़ा और उसने बरछे के प्रहार से हाथी की प्रगति को लौटा दिया।

राजा को उस सिपाही ने प्रणाम किया।

राजा ने नाम पूछा।

उसने बतलाया, 'इमामअली। काजी हूँ सरकार, और साँटमारी भी करता हूँ।'

राजा ने कहा, 'शाबाश काजी। इनाम मिलेगा।'

इमामअली बोला, 'सरकार के चरणों में बना रहूँ और बाल-बच्चों का पालन-पोषण होता जावे, यही सेवक के लिए गनीमत है।'

राजा ने पारितोषक में कुछ जमीन लगाने की घोषणा की और वह गार्डन के साथ किले के महल में चले गए।

जब दोनों दीवानखाने में बैठ गए तब भी गार्डन के मन में वह हाथीवाली घटना झूल रही थी।

वह बोला, 'सरकार, इनाम रुपए की शकल में दिया जाना चाहिए। इस तरह भूमि लगाते चले जाने से राज्य में चप्पा-भर भी न बचेगी!'

राजा ने कहा 'तब झाँसी राज्य में बहादुर ही बहादुर नजर आवेंगे।'

गार्डन को इस असंगत उत्तर से संतोष नहीं हुआ। बोला, 'इस देश में जो देखता हूँ सब अति के दर्जे पर। थोड़े-से बहुत धनवान और बहुत-से निर्धन। बिरला ही अत्यंत धर्मनिष्ठ, और बहुत से कीड़ों-मकोड़ों से ज्यादा सड़ी जिंदगी बितानेवाले! किसी को

---

*इसी हथसार की जगह अब सदर अस्पताल है।

जमीनें और जागीरें छोटे-बड़े सब तरह के कामों के लिए, और बहुतेरों को हलके-से-हलके अपराधों के लिए अंगहीन करने की सजा! बिच्छुओं से कटवाने का दंड!'

राजा का चेहरा तमतमा गया। परंतु उन्होंने अपने को संयत करके कहा, 'जब जैसा अपराध और अपराधी सामने आवे, वैसा उसको दंड देना चाहिए।'

गार्डन ने भाँप लिया कि राजा ने अपने उठे हुए क्रोध को भीतर-का-भीतर ही धसा दिया है। बोला, 'सरकार को शायद मालूम होगा, हमारे यहाँ के एक बहुत बड़े विद्वान् ने हिंदुस्थान-भर के लिए एक ही दंड-विधान* प्रस्तुत कर दिया है। वह बहुत विशद् और न्यायपूर्ण है। जितने दंड रखे गए हैं, कोई भी अमानुषिक नहीं।'

'क्या रियासतों में भी उस विधान को जारी किया जावेगा?'

गार्डन ने तत्काल उत्तर दिया, 'नहीं सरकार। रियायतों को अपना निज का प्रबंध अपनी व्यवस्था के अनुसार करने का अधिकार है।'

राजा एक क्षण सोचकर बोले, 'हमारी संधियों में यह अधिकार सुरक्षित है।'

संधि के शब्द पर गार्डन के मन में तुरंत खटपटी उठी, परंतु उसने खुशामद के ढंग को अधिक अच्छा समझकर कहा, 'परंतु सरकार, हमारे सम्राट् और भारत के गर्वनर-जनरल को उस दिन बहुत अच्छा लगेगा, जब सब रियासतों में एक ही प्रकार का न्याय, एक ही कानून और एक ही तरह की अदालतों की स्थापना हो जाए। इसमें सरकार का कोई हर्ज भी नहीं है, नरेशों का बोझ भी बहुत हलका हो जाएगा। और जनता ज्यादा चैन की साँस लेने लग जाएगी।'

राजा ने प्रश्न किया, 'आपके राजाधिराज को भी बहुत अधिकार होंगे?'

गार्डन असमंजस में पड़ गया। परंतु उससे अपने को उबारकर बोला, 'हमारे राजाधिराज ने अपना अधिकार पंचायत को दे दिया है। वह पंचायत कानून बनाती है। शासन करती है।'

राजा—'पंचायतें तो हमारे यहाँ गाँव-गाँव में हैं। इन पंचायतों के फैसले को रद्द करने की कोई भी राजा बात नहीं सोचता। ये पंचायतें अपने-अपने गाँव का सभी तरह का प्रबंध भी करती हैं। हमारे कर्मचारी उसमें कोई दखल नहीं देते। केवल बड़े-बड़े मामले मुकद्दमे मेरे सामने आते हैं। उनको नाना भोपटकर शास्त्री की सलाह से निबटाता हूँ।'

गार्डन—'इसमें, सरकार, सहूलियत होने पर भी तरतीब, नियम-संयम जाब्ते-कायदे की कमी है और अन्याय होने की ज्यादा गुंजाइश है।'

---

* लार्ड मैकाले का इंडियन पीनल कोड (भारतीय दंड विधान)।

राजा–'आपके देश में क्या पंचायत नहीं है?'

गार्डन–'युग बीत गए, जब थीं। उनका रूप बदल गया है। न्यायाधीश को सम्मति देने और मामले का निर्धार न्याय कराने में पंचायत सहयोग देती हैं। इस पंचायत के सहयोग के बिना मुकद्दमा नहीं होता।'

राजा–'हमारे देश की पंचायतें तो इससे भी बढ़कर समर्थ हैं। राज्य लौट-पौट जाते हैं; परंतु पंचायतें रहती हैं।'

गार्डन को हिंदुस्थानी पंचायतों का यह वर्णन बहुत खटका।

अपने क्षोभ को थोड़ा दबाकर उसने कहा, 'अपढ़-कुपढ़ लोगों की पंचायतों के ढंग मैले-कुचैले ही हो सकते हैं, सरकार। अदालतों की सफाई और निखार को पंचायतें कैसे पा सकती हैं?'

'बंगाल, मदरास में आपकी अदालतें पंचायतों के सहयोग से न्याय-निर्णय करती हैं या यों ही?' राजा ने प्रश्न किया।

गार्डन का मन जरा सिटपिटाया। परंतु उसने बेधड़की से हठ के साथ उत्तर दिया, 'पंचायतों की मदद तो नहीं ली जाती है, परंतु हिंदू-मुसलमानों के दीवानी झगड़ों को सुलझाने के लिए पंडितों और मौलवियों की सलाह ली जाती है। अपराधों के मामले अदालत के अफसर स्वयं ही निर्धार करते हैं।'

'स्वयं!' राजा ने आश्चर्य के साथ कहा, 'स्वयं! सो कैसे?'

गार्डन ने जवाब दिया, 'गवाही और वकीलों की मदद से।'

राजा ने पूछा, 'हर अदालत में एक-एक वकील रहता होगा?'

गार्डन को राजा की सिधाई पर मन में हँसी आई। उत्तर दिया, 'नहीं तो सरकार। वादी-प्रतिवादी अपने-अपने गवाह वकीलों द्वारा पेश करते हैं। वकील लोग कानून जानते हैं। वे अपने कानूनी ज्ञान द्वारा अदालत की सहायता, ठीक निर्णय पर पहुँचने में, करते हैं। यह हमारे देश की संस्था है।'

राजा को हँसी आ रही थी। होंठों तक आई परंतु उन्होंने उसको प्रकट नहीं होने दिया। बोले, 'वकील क्या गवाहों को पेश करने का काम मुफ्त में करते हैं?'

गार्डन ने अभिमान के साथ कहा, 'हमारे देश में पहले वकील लोग मुफ्त में यह काम करते थे, परंतु अब पारिश्रमिक लेने लगे हैं। और इस देश में तो वे लोग करारी रकमें लेते हैं।'

'तब कहीं लोग न्याय प्राप्त करने की आशा कर पाते हैं,' राजा खूब हँसकर बोले, 'भाड़े के लोगों को बढ़ाने की यह संस्था आप लोग इस देश में किस प्रयोजन से ले आए?'

हिंदुस्थान के प्रति गार्डन के भीतरी मन में दबी हुई घृणा उभर पड़ी। बोला, 'आपके

देश की न्याय-प्रणाली की विषमता मुझको भी मालूम है। उसी अपराध के लिए ब्राह्मण पर एक रुपया दंड, ठाकुर पर पचास, बनिए पर पाँच सौ और गरीब शूद्र का हाथ-पैर कट! सरकार, कानून सबके लिए एक-सा होना चाहिए।'

राजा को इस तर्क ने जरा जोर दिया। परंतु उनको एक व्यंग्य सूझा। बोले, 'इस कानून जाब्ते के द्वारा आपके इलाकों में जनता को न्याय कितने समय में मिल जाता है?'

गार्डन ने शीघ्र उत्तर दिया, 'अपराधवाले मामलों में दो-एक महीने लग जाते हैं और दीवानी मामलों में एकाध साल।'

राजा फिर हँसे। कहा, 'हमारें यहाँ तो तुरंत न्याय होता है। मैं तो दो-एक दिन से ज्यादा नहीं लगाता। दीवानी और अपराधी मामलों का कोई भेद नहीं करता। पंचायतों के निर्णय को सर्वमान्य मानता हूँ। आपके इलाकों में यदि पुलिस की गफलत या लापरवाही से चोरी इत्यादि हो जावे तो आप पुलिस को कोई दंड देते हैं?'

'हाँ सरकार,' गार्डन ने उत्तर दिया, 'बरखास्त कर देते हैं, तनज्जुल कर देते हैं।'

राजा ने उत्तेजित होकर कहा, 'इससे जनता का क्या लाभ होता होगा? मैं तो ऐसे मामलों में गफलत करनेवाली पुलिस से चोरी का नुकसान भरवाता हूँ।'

गार्डन बोला, 'तब जनता पर पुलिस की धाक नहीं रह सकती। लोग उसकी बिलकुल परवाह नहीं करते होंगे। ऐसा शासन बहुत दिनों नहीं टिक सकता, सरकार।'

राजा और भी उत्तेजित हुए। उन्होंने कहा, 'साहब, जनता पर मेरी धाक होनी चाहिए, न कि मेरे अफसरों की। वह राज्य भी बहुत समय तक नहीं टिक सकता जो कर्मचारियों और पुलिस की धाक पर आश्रित हो। मैं तो अपने अपराधी कर्मचारियों को लोहे की मछली के कोड़े से ठोकता हूँ।'

गार्डन खिसिया गया। बोला, 'सरकार, अनियमित सत्त बहुत बुरी चीज है। इस परिपाटी के माननेवाले चाहे जो कुछ मनमाना कर बैठते हैं। आपने बनारस में एक बिचारे राजेंद्र बाबू को अकारण पिटवा दिया। हमारे पॉलिटिकल विभाग को जवाब देते मुसीबत आई।'

राजा को बनारसवाली घटना की स्मृति के साथ-साथ यह भी याद आ गया कि इसी पॉलिटिकल विभाग की इजाजत मिलने पर झाँसी राज्य के बाहर कदम रख पाया था।

'अशिष्टता को दंडित करने में मैं कभी नहीं चूकता,' राजा ने कहा, 'फिर चाहे मैं कहीं होऊँ--अपने राज्य में होऊँ चाहे राज्य के बाहर।' उसी समय उनको खुदाबख्श और उसके संबंधवाला प्रसंग याद आ गया।

गार्डन को भी वही प्रसंग याद आया। बोला, 'यह नहीं हो सकता, चाहे कोई भी राजा या नवाब हो, गवर्नर जनरल साहब किसी को इस तरह का उद्दंड व्यवहार नहीं करने देंगे। आपका गौरव रखने के लिए ही बनारसवाले उस पीड़ित को वैसा जवाब दिया

गया था, आगे ऐसा न हो सकेगा।'

गंगाधरराव के हृदय में शिवराव भाऊ का खून खलबला उठा। कुछ क्षण चुप रहे। बिजली की कौंध के समान दो-एक उत्तर मन में उठे, परंतु उनको वे क्रोध के कारण प्रकट न कर सके।

अंत में वे केवल यह कह पाए, 'साहब, मैं तो एक छोटा-सा संस्थापक हूँ। तो भी चाहूँ तो बहुत कुछ कर सकता हूँ। लेकिन सभी राजाओं ने चूड़ियाँ पहन रखी हैं। क्या यह आश्चर्य की बात नहीं कि अपने ही देश में हम कैद हैं। सवा सौ वर्ष पहले की बात याद कीजिए। आप लोगों की क्या शान थी, जब दिल्ली के बादशाह और पूना के पंत प्रधान के दरबार में साष्टांग प्रणाम कर-करके अर्जियाँ पेश करते थे।'

राजा थर्राहट के मारे काँप उठे। गार्डन की व्यापार-कुशल बुद्धि तुरंत सजग हुई।

उसने मिन्नत-सी करते हुए कहा, 'सरकार बुरा न मानें। मैंने अपनी ओर से कुछ नहीं कहा। मैंने जो कुछ निवेदन किया, वह गवर्नर जनरल और कंपनी सरकार की नीति का आभास मात्र है। पंचायतों के बनाए रखने के ही विषय को लीजिए। अनेक अंग्रेज अफसर उनको सुरक्षित रखना चाहते हैं, परंतु अधिकांश मत कानून और जाब्ते के बेलन द्वारा हिंदुस्थान की सारी समतल और ऊबड़-खाबड़ संस्थाओं को चौरस कर डालने के पक्ष में हैं। मेरे ऊपर सरकार की वही कृपा बनी रहे जो सदा से चली आई है।'

गार्डन का यह भी खयाल था कि यदि राजा ने इस विवाद की सूचना कुछ बढ़ाकर गवर्नर जनरल के पास भेज दी तो अवश्य और नाहक डाँट-फटकार पड़ेगी।

राजा ठंडे पड़ गए। गार्डन के तामझाम से उसका हुक्का मँगवाया गया। उसने पिया। फिर राजा ने उसको पान दिया। वह पान खाकर चला गया।

रानी के पास इस विवाद का सारांश पहुँच गया।

बड़ी प्रसन्न हुई।

अपनी सब सहेलियों के सामने कहा, 'आज मैं जितनी खुश हूँ उतनी कदाचित् ही पहले कभी हुई होऊँ। मुझको शिवराव भाऊ की बहू होने का बहुत घमंड है। मुझको अपने राजा का, अपनी झाँसी का अभिमान है। मन को केवल एक कसर खटक रही है—मुझसे और उस गार्डन से बात हुई होती तो मैं ऐसी करकरी सुनाती कि उसको अपने पुरखे याद आ जाते। मुझको दादा पेशवा ने बतलाया है कि सौ-सवा सौ वर्ष पहले इस अंग्रेज कौम ने हमारे देश में किन-किन उपायों से क्या-क्या किया । मेरा बस चले तो···।'

रानी ने दाँत पीसे और विशाल नेत्र तरेरे।

काशीबाई ने धीरे से कहा, 'सरकार ने कहा था कि बिठूर से बाला गुरु को कुश्ती सीखने के लिए बुलाया जावेगा।'

रानी ने तत्क्षण अपनी सहज मुसकराहट पा ली। बोलीं, 'हाँ री, उनको शीघ्र बुलाऊँगी।'

: २० :

वसंत आ गया। प्रकृति ने पुष्पांजलियाँ चढ़ाईं। महकें बरसाईं। लोगों को अपनी श्वास तक में परिमल का आभास हुआ। किले के महल में रानी ने चैत की नवरात्रि में गौरी की प्रतिमा की स्थापना की। पूजन होने लगा। गौरी की प्रतिमा आभूषणों और फूलों के शृंगार से लद गई और धूप-दीप तथा नैवेद्य ने कोलाहल-सा मचा दिया। हरदी-कूँकू (हलदी-कुंकुम) के उत्सव में सारे नगर की नारियाँ व्यग्र, व्यस्त हो गईं।

परंतु उनमें से बहुत थोड़ी गले में सुमन-मालाएँ डाले थीं, उनके पास हृदयेश की कविता और उसका फल दूसरे रूप में पहुँचा था—उनको भ्रम था कि राजा-रानी हम लोगों के शृंगार पसंद नहीं करते। इसलिए जब वे स्त्रियाँ—जो पूजन के लिए रनवास में आईं—चढ़ाने के लिए तो अवश्य फूल ले आईं परंतु गले में माला डाले कुछेक ही आईं।

किले में जाने की सब जातियों को आजादी थी। किले के उस भाग में जहाँ महादेव और गणेश का मंदिर है और उसको शंकर किला कहते थे, सब कोई जा सकते थे—अछूत कहलानेवाले चमार, बसोर और भंगी भी। जहाँ अपने कक्ष में रानी ने गौरी को स्थापित किया था, वहाँ इन जातियों की स्त्रियाँ नहीं जा सकती थीं। परंतु कोरियों और कुम्हारों की स्त्रियाँ जा सकती थीं। कोरी और कुम्हार कभी अछूत नहीं समझे गए थे।

सुंदर ललनाओं को आभूषणों से सजा हुआ देखकर रानी को हर्ष हुआ, परंतु अधिकांश के गलों में पुष्पमालाओं की त्रुटि उनको खटकी। उन्होंने स्त्रियों से कहा, 'तुम लोग हार पहनकर क्यों नहीं आईं? गौरी माता को क्या अधूरे शृंगार से प्रसन्न करोगी?'

स्त्रियों के मन में एक लहर उद्वेलित हुई।

लालाभाऊ बख्शी की पत्नी उन स्त्रियों की अगुआ बनकर आगे आई। वह यौवन की पूर्णता को पहुँच चुकी थी। सौंदर्य मुखमंडल पर छिटका हुआ था। बख्शिनजू कहलाती थीं। हाथ जोड़कर बोली, 'जब सरकार के गले में माला नहीं है तब हम लोग कैसे पहनें?'

रानी को असली कारण मालूम था। बख्शिनजू के बहाने पर उनको हँसी आई। पास आकर उसके कंधे पर हाथ रखा और सबको सुनाकर कहने लगीं, 'बाहर मालिनें नाना प्रकार के हार गूँथे बैठी हुई हैं। एक मेरे लिए लाओ। मैं भी पहनूँगी। तुम सब पहनो और खूब गा-गाकर माता को रिझाओ। जो लोग नाचना जानती हों, नाचें। इसके

उपरांत दूसरी रीति का कार्य होगा।'

स्त्रियाँ होड़ाहीसीं में मालिनों के पास दौड़ीं, परंतु मुंदर पहले माला ले आई। बख्शिन जरा पीछे आई। मुंदर माला पहनानेवाली थी कि रानी ने उसको मुसकराकर बरज दिया। मुंदर सिकुड़-सी गई।

रानी ने कहा, 'मुंदर, एक तो तू अभी कुमारी है, दूसरे तेरे हाथ के फूल तो नित्य ही मिल जाते हैं। बख्शिनजू के फूलों का आशीर्वाद लेना चाहती हूँ।'

बख्शिनजू हर्षोत्फुल्ल हो गई। मुंदर को अपने दासीवर्ग की प्रथा का स्मरण हो आया–विवाह होते ही महल और किला छोड़ना पड़ेगा, उदास हो गई। रानी समझ गईं। बख्शिन ने पुष्पमाला उनके गले में डालकर पैर छुए। रानी ने उठकर अंक में भर लिया। फिर मुंदर का सिर पकड़कर अपने कंधे से चिपटाकर उसके कान में कहा, 'पगली, क्यों मन गिरा दिया? मेरे पास से कभी अलग न होगी।'

मुंदर उसी स्थिति में हाथ जोड़कर धीरे से बोली, 'सरकार, मैं सदा ऐसी ही रहूँगी और चरणों में अपनी देह को इसी दशा में छोड़ूँगी।'

फिर अन्य स्त्रियों ने भी रानी को हार पहनाए, इतने कि वे ढँक गईं और उनको साँस लेना दूभर हो गया। सहेलियाँ उनके हार उतार-उतारकर रख देती थीं और वह पुनः-पुनः ढँक दी जाती थीं।

अंत में कोने में खड़ी हुई एक नववधू माला लिए बढ़ी। उसके कपड़े बहुत रंग-बिरंगे थे। चाँदी के जेवर पहने थी। सोने का एकाध ही था। सब ठाठ सोलह आना बुंदेलखंडी। पैर के पैजनों से लेकर सिर की दाउनी (दामिनी) तक सब आभूषण स्थानिक। रंग जरा साँवला। बाकी चेहरा रानी की आकृति, आँख-नाक से बहुत मिलता-जुलता! रानी को आश्चर्य हुआ और स्त्रियों के मन में काफी कुतूहल। वह डरते-डरते रानी के पास आई।

रानी ने मुसकराकर पूछा, 'कौन हो?'

उत्तर मिला, 'सरकार, हों तो कोरिन।'

'नाम?'

'सरकार, झलकारी दुलैया।'

'निःसंदेह जैसा नाम है वैसे ही लक्षण हैं! पहना दे अपनी माला।'

झलकारी ने माला पहना दी और रानी के पैर पकड़ लिए।

रानी के हठ करने पर झलकारी ने पैर छोड़े।

रानी ने उससे पूछा, 'क्या बात है झलकारी? कुछ कहना चाहती है क्या?'

झलकारी ने सिर नीचा किए हुए कहा, 'मोय जा विनती करने–मोय माफी मिल जाय तो कओं।'

रानी ने मुसकराकर अभयदान दिया।

झलकारी बोली, 'महाराज, मोरे घर में पुरिया पूरबे कौ और कपड़ा बुनवे कौ काम होत आऔ है। पै उननैं अब कम कर दऔ है। मलखंब, कुश्ती और जाने का-का करन लगे। अब सरकार घर कैसैं चलै?'

रानी ने पूछा, 'तुम्हारी जाति में और कितने लोग मलखंब और कुश्ती में ध्यान देने लगे हैं?'

'काये मैं का घर-घर देखत फिरत?' झलकारी ने बड़ी-बड़ी कजरारी आँखें घुमाकर तीक्ष्ण उत्तर दिया।

रानी हँस पड़ीं, 'यह तो तुम्हारे पति बहुत अच्छा काम करते हैं। तुम भी मलखंब, कुश्ती सीखो। इनाम दूँगी। घोड़े की सवारी भी सीखो।'

झलकारी लंबा घूँघट खींचकर नब गई। घूँघट में ही बेतरह हँसी। रानी भी हँसी और अन्य स्त्रियों में भी हँसी का स्रोत फूट पड़ा।

लगभग सभी उपस्थित स्त्रियों ने जरा चिंता के साथ सोचा—हम लोगों से भी मलखंब, कुश्ती के लिए कहा जाएगा। बड़ी मुश्किल आई।

उन स्त्रियों ने फूलों के ढेरों और आभूषणों में होकर अखाड़ों और कुश्तियों को झाँका तथा परंपरा की लज्जा और संकोच में वे ठिठुर-सी गईं। उनकी हँसी को एक जकड़-सी लग गई।

झलकारी बोली, 'महाराज, मैं चकिया पीसत हों, दो-दो तीन-तीन मटकन में पानी भर-भर ले आउत, राँटा* कातत...।'

रानी ने कहा, 'तुम्हारे पति का क्या नाम है?'

झलकारी सिकुड़ गई।

बख्शिन ने तड़ाक से कहा, 'आज हम लोग आपस में कुंकुम-रोरी लगाते समय एक-दूसरे से पति का नाम पूछेंगे ही। झलकारी को भी बतलाना पड़ेगा, उस समय। परंतु... ...' वह नखरे के साथ दूसरी स्त्रियों की ओर देखने लगी।

रानी ने हँसकर पूछा, 'परंतु क्या बख्शिन जू?'

बख्शिन ने उत्तर दिया, 'सरकार, बड़े काम पहले राजा से आरंभ होते हैं। आज के उत्सव की परिपाटी में रिवाज के अनुसार सबको अपने-अपने पति का नाम लेना पड़ेगा, परंतु प्रारंभ कौन करेगा? यह भी हम लोगों को बतलाना पड़ेगा?'

कुछ स्त्रियाँ हँस पड़ीं। कुछ ताली पीटकर थिरक गईं। रानी की सहेलियाँ मुसकरा-मुसकराकर उनका मुँह देखने लगीं। रानी के गौर मुख पर उषा की अरुण-स्वर्ण रेखाएँ-सी खिंच गईं। वह मुसकराईं जैसे एक क्षण के लिए ज्योत्स्ना

---

* चरखा। चरखा चलाने की प्रथा बुंदेलखंड में ऊँचे घरानों तक में, घर-घर थी।

छिटक गई हो। जरा सिर हिलाया मानो मुक्तपवन ने फूलों से लदी फुलवारियों को लहरा दिया हो।

रानी ने बख्शिन से कहा, 'तुम मुझसे बड़ी हो, तुमको पहले बतलाना होगा।'

'सरकार हमारी महारानी हैं। पहले सरकार बतलावेंगी। पीछे हम लोग आज्ञा का पालन करेंगी।' बख्शिन ने घूँघट का एक भाग होंठों के पास दबाकर कहा।

हरदी-कूँकूँ के उत्सव पर सधवा स्त्रियाँ एक-दूसरे को रोरी (रोली) का टीका लगाती हैं और उनको किसी-न-किसी बहाने अपने पति का नाम लेना पड़ता है।

रानी ने कहा, 'बख्शिनजू, अपनी बात पर दृढ़ रहना। आज्ञापालन में आगा-पीछा नहीं देखा जाता।'

'परंतु धर्म की आज्ञा सबसे ऊपर होती है, सरकार।' बख्शिन हठपूर्वक बोली।

रानी के गोरे मुखमंडल पर फिर एक क्षण के लिए रक्तिम आभा झाईं-सी दे गई। बोलीं, 'बख्शिनजू, याद रखना, मैं भी बहुत हैरान करूँगी। मेरी बारी आएगी तब मैं तुम्हें देखूँगी।'

बख्शिन ने प्रश्न किया, 'अभी तो मेरी बारी है, सरकार बतलाइए, महादेवजी के कितने नाम हैं?'

रानी ने अपने विशाल नेत्र जरा झुकाए, गला साफ किया। बोलीं—शिव, शंकर, भोलानाथ, शंभू, गिरिजापति।'

'सरकार को तो पूरा कोष याद है। अब यह बतलाइए कि महादेवजी के जटा-जूट में से क्या निकला है?'

'सर्प, रुद्राक्ष।'

'जी नहीं सरकार—किसकी तपस्या करने पर, किसको महादेव बाबा ने अपनी जटाओं में छिपाया और कौन वहाँ से निकलकर, हिमाचल से बहकर इस देश को पवित्र करने के लिए आया? ब्रह्मावर्त के नीचे किसका महान् सुहानापन है।'

'गंगा का,' यकायक लक्ष्मीबाई के मुँह से निकल पड़ा।

उपस्थित स्त्रियाँ हर्ष के मारे उन्मत्त हो उठीं। नाचने लगीं। झलकारी ने तो अपने बुंदेलखंडी नृत्य में अपने को बिसरा-सा दिया। रानी उस प्रमोद में गौरी की प्रतिमा की ओर विनीत कृतज्ञता की दृष्टि से देखने लगीं। प्रमोद की उस थिरकन का वातावरण जब कुछ स्थिर हुआ, रानी ने आनंद-विभोर बख्शिन का हाथ पकड़ा। कहा, 'बख्शिनजू, सावधान हो जाओ। अब तुम्हारी बारी आई।'

बख्शिन के मुँह पर गुलाल-सा बिखर गया।

नतमस्तक होकर बोली, 'सरकार, अभी बड़े-बड़े मंत्रियों और दीवानों की स्त्रियाँ और बहुएँ हैं। हम लोग तो सरकार की सेना के केवल बख्शी ही हैं।'

रानी ने मुसकराते-मुसकराते दाँत पीसकर विशाल नेत्रों को तरेरकर, जिनमें होकर मुसकराहट विवश झरी पड़ रही थी, कहा, 'बख्शी सेना का आधार, तोपों का मालिक, प्रधान सेनापति के सिवाय और किसी से नीचे नहीं। राजा के दाहिने हाथ की पहली उँगली, और तुम यहाँ उपस्थित स्त्रियों में सबसे अधिक शरारतिन। मेरे सवालों का जवाब दो।'

बख्शिन ने अपनी मुखमुद्रा पर गंभीरता, क्षोभ और अनमनेपन की छाप बिठलानी चाही। परंतु लाज से बिखेरी हुई चेहरे की गुलाली में से हँसी बरबस फूट पड़ रही थी। बख्शिन बोली, 'सरकार की कलाई इतनी प्रबल है कि मेरा हाथ टूटा जा रहा है।'

रानी ने कहा, 'तुम्हारी कलाई भी इतनी ही मजबूत बनवाऊँगी, बात न बनाओ, मेरे सवाल का जवाब दो। बोलो, मेरे पुरखों के नाम याद हैं?'

बख्शिन सँभल गई। उसने सोचा, मारके का प्रश्न अभी दूर है। बोली, 'हाँ सरकार। जिनकी सेवा में युग बीत गए उनके नाम हम लोग कैसे भूल सकते हैं?'

'बतलाओ मेरे ससुर का नाम।' रानी ने मुसकराते हुए दृढ़तापूर्वक कहा।

चतुर बख्शिन गड़बड़ा गई। उसके मुँह से निकल गया—'भाऊ साहब*।'

बख्शिन के पति का नाम लाला भाऊ था।

रानी ने हँसकर बख्शिन का हाथ छोड़ दिया।

उपस्थित स्त्रियाँ खिलखिलाकर हँस पड़ीं। बख्शिन को अपने पति का नाम बतलाना तो अवश्य था, परंतु वह रानी को थोड़ा परेशान करके ही बतलाना चाहती थी; लेकिन रानी ने अनायास ही बख्शिन को परास्त कर दिया।

इसके उपरांत रानी ने चुलबुली झलकारी को बुलाया। उसके पति का वहाँ किसी को नाम नहीं मालूम था। इसलिए बहानों की गुंजाइश न थी।

रानी ने सीधे ही पूछा, 'तुम्हारे पति का नाम?'

झलकारी के पति का नाम पूरन था। पति का नाम बतलाने के लिए व्यग्र थी परंतु उत्सव की रंगत बढ़ाने के लिए उसने जरा सोच-विचारकर एक ढंग निकाला।

बोली, 'सरकार, चंदा पूरनमासी को ही पूरी-पूरी दिखात है न?'

रानी ने हँसकर कहा, 'ओ हो! पहले ही अरसट्टे में फिसल गई! पूरन नाम है?'

झलकारी झेंप गई। चतुराई विफल हुई। हँस पड़ी।

इसी प्रकार हँसते-खेलते और नाचते-गाते स्त्रियों का उत्सव अपने समय पर समाप्त हुआ।

अंत में रानी ने स्त्रियों से एक भीख-सी माँगी, 'तुममें से कोई बहनों के बराबर हो,

---

* शिवराव भाऊ गंगाधरराव के पिता थे।

कोई काकी हो, कोई माई हो, कोई फूफी। फूल सदा नहीं खिलते। उनमें सुगंध भी सदा नहीं रहती। उनकी स्मृति ही मन में बसती है। नृत्यगान की भी स्मृति ही सुखदायक होती है। परंतु इन सब स्मृतियों का पोषक यह शरीर और उसके भीतर आत्मा है। उनको पुष्ट करो और प्रबल बनाओ। क्या मुझे ऐसा करने का वचन दोगी?'

उन स्त्रियों ने इस बात को समझा हो या न समझा हो परंतु उन्होंने हाँ-हाँ की। इन लोगों को डर लगा कि वहीं और तत्काल कहीं मलखंब और कुश्ती न शुरू कर देनी पड़े! इत्रपान के उपरांत वे चली गईं।

लेकिन एक बात स्पष्ट थी--जब वे चली गईं तब वे किसी एक अदृष्ट, अवर्ण्य तेज से ओत-प्रोत थीं।

उसके उपरांत फिर झाँसी नगर की स्त्रियाँ संध्या-समय थालों में दीपक सजा-सजाकर और गले में बेला, मोतिया, जाही, जूही इत्यादि की फूल-मालाएँ डाल-डालकर मंदिरों में जाने लगीं। स्त्रियों को ऐसा भास होने लगा जैसे उनका कोई सतत संरक्षण कर रहा हो, जैसे कोई संरक्षक सदा साथ ही रहता हो, जैसे वे अत्याचार का मुकाबला करने की शक्ति का अपने रक्त में संचार पा रही हों।

: २१ :

नाटकशाला की ओर से गंगाधरराव की रुचि कम हो गई। वे महलों में अधिक रहने लगे। परंतु कचहरी-दरबार करना बंद नहीं किया। न्याय वे तत्काल करते थे--उलटा-सीधा जैसा समझ में आया, मनमाना। दंड उनके कठोर और अत्याचारपूर्ण होते थे। लेकिन स्त्रियों को कभी नहीं सताते थे। और न किसीकी धन-संपत्ति लूटते थे।

झाँसी की जनता उनसे भयभीत थी परंतु अपनी रानी पर मुग्ध थी। रानी शासन में कोई प्रत्यक्ष भाग नहीं लेती थीं, किंतु राजा के कठोर शासन में जहाँ कहीं दया दिखाई पड़ती थी, उसमें जनता रानी के प्रभाव के आभास की कल्पना करती थी।

कंपनी का झाँसी प्रवासी असिस्टेंट पॉलीटिकल एजेंट राजा के कठोर शासन, अत्याचार इत्यादि के समाचार गवर्नर जनरल के पास बराबर भेजता रहता था। उनके किसी भी सत्कार्य का समावेश उन समाचारों में न किया जाता था। और राज्यों के साथ कलकत्ता में झाँसी राज्य की भी मिसिल तैयार होती चली जा रही थी।

अंग्रेजों का चौरस करनेवाला बेलन बेतहाशा, लगातार और जोर के साथ चल रहा था। अंग्रेज लोग अपनी दूकान में हिंदुस्थान को अधूरे या अधकचरे सौदे का रूप लिए नहीं देख सकते थे। एक कानून, एक जाब्ता, एक मालिक, एक नजर, इसमें अनैक्य को तिल-भर भी स्थान देने की गुंजाइश न थी। मौका मिलते ही छोटे-मोटे रजवाड़े साफ, हजम! भारतीय जनता के सुख के लिए!!

ऊँचे पदों पर भारतीय पहुँच नहीं पावें। भारतीय संस्कृति हेच और नाचीज है, इसलिए पनपने न पावे। भारत में बहुत फालतू सोना-चाँदी है, इसलिए अंग्रेजी दूकान की रोकड़ बढ़ती चली जावे। जनता स्वाधीनता का नाम ले तो उसको बड़ी रियासतों के अंधेरों का संकेत करके चुप कर दिया जावे। बड़ी रियासतोंवाले जरा-सा भी सिर उठावें तो छोटी रियासतों को किसी-न-किसी बहाने घोंट-घाँटकर बड़ी रियासतों को चुप रहने का सबक सिखाया जावे।

सबसे बड़ा काम जो अंग्रेजों ने हिंदुस्थानी जनता की भलाई (!) के लिए किया, वह था पंचायतों का सर्वनाश। अंग्रेजों को इस बात के परखने में बिलकुल विलंब नहीं हुआ कि उनके कानून के सामने हिंदुस्थान की आत्मा का सिर तभी झुकेगा जब यहाँ की पंचायतें विलीन हो जाएँगी, और हिंदुस्थानी, अर्जियाँ लिए हुए उनकी बनाई हुई साहबी अदालतों के सामने मुँहबाए भटकते फिरेंगे।

यह सब उन्नीसवीं शताब्दी के वैज्ञानिक ढंग से हुआ। जो परिस्थिति कठोर-से-कठोर पठान या मुगल नरेश अपने प्रकट अत्याचारों से उत्पन्न नहीं कर पाए थे, वह अंग्रेजों ने अपनी वैज्ञानिक हिकमत से उत्पन्न कर दी। बड़े-बड़े राजा-महाराजा और नवाब अपनी जनता का दामन छोड़कर अंग्रेजों का मुँह ताकने लगे। पुरुषार्थ की जरूरत न थी, इसलिए सिर डुबोकर विलासिता के पोखरों में घुस पड़े। अंग्रेजी बंदूक और संगीन उनकी पीठ पर थी, जनता की परवाह ही क्या की जाती?

अंग्रेजों को केवल एक बात का खुटका था—उनके इलाकों के हिंदू और मुसलमान धर्म के इतने ढकोसले क्यों मानते हैं? किसी दिन इन ढकोसलों की श्रद्धा में होकर हमें नफरत की निगाह से न देखने लगें? धर्म से लिपटी हुई आत्मा का कैसे उद्धार करके अपना भक्त बनाया जाए? बस, इनकी रूहानी भक्ति मिली कि हिंदुस्थान में अपना राज्य अमर और अक्षय हो गया।

इसलिए सरकारी पाठशालाओं में बाइबल की शिक्षा अनिवार्य कर दी गई। अमेरिका हाथ से निकल गया तो क्या हुआ, सोने की चिड़िया, सोने के अंडे देनेवाली मुरगी— भारत-भूमि—तो हाथ में आई! यह न जाने पावे किसी तरह भी हाथ से! मंदिरों की मूर्तियाँ मत तोड़ो, मसजिदों को अपवित्र मत करो परंतु धर्म पर से श्रद्धा को हटा दो, फल उससे भी कहीं बढ़कर होगा। और कोने-कोने में डौंड़ी पीट दो कि हम धर्मों के विषय में बिलकुल तटस्थ हैं—हमारा एकमात्र आदर्श हिंदुस्थान के लुटेरों और डाकुओं का दमन करके शांति स्थापित करने का है, जिससे खेती-किसानी आबाद हो सके और व्यापार बेरोक-टोक चल सके। किसका व्यापार? किसके लिए खेती-किसानी? उसी अंग्रेज दूकानदार के लिए!

गंगाधरराव यह सब अच्छी तरह नहीं समझते थे परंतु उनके पहले पूना में एक

दुबला-पतला व्यक्ति नाना फड़नवीस हुआ था। वह खूब समझता था, एक-एक नस, एक-एक रग, राई-रत्ती! उसने हिंदुस्थान के तत्कालीन राजाओं को बहुत समझाया, बहुत सावधान किया; परंतु वे मूर्ख कुछ न समझे! अपनी महत्त्वाकांक्षाओं की प्रेरणा में परस्पर कट मरे।

अंग्रेजों ने पंजाब को परास्त करके हाल में ही अपने हाथ में किया था। बिहार और बंगाल में राज्य था ही। मध्यदेश बपौती का रूप धारण करता चला जाता था। इन सबके बीच में दो बड़े-बड़े रोड़े थे--एक अवध की मुसलमानी नवाबी और दूसरी झाँसी की बड़ी हिंदू रियासत। ये दोनों किसी प्रकार खत्म हो जाएँ तो पाँचों घी में और फिर हो चौरस करनेवाले अंग्रेजी बेलन की जय!

गंगाधरराव के पास गार्डन और कुछ अन्य अंग्रेज आया करते थे परंतु गार्डन और वे, केवल दोस्ती निभाने नहीं आया करते थे। राज्य की भीतरी बातों का पता लगाकर गवर्नर जनरल को सूचना देना उनका प्रधान कर्तव्य था।

गंगाधरराव के कोई संतान उस समय तक नहीं हुई थी। दूसरा विवाह संतान की आकांक्षा से किया था। रानी गर्भवती भी थीं; परंतु यह अनिवार्य नहीं था कि उनके पुत्र ही उत्पन्न हो। यदि वह निस्संतान मर गए तो झाँसी को तुरंत अंग्रेजी राज्य में मिला लिया जाएगा। अंग्रेजों के अंतर्मन में यह निहित था। इसीलिए गार्डन इत्यादि गंगाधरराव की खरी-खोटी भी सुन लेते थे। एक दिन शायद आए जब झाँसी निवासी हमारी खरी-खोटी चक्रवृद्धि ब्याज के साथ सुनेंगे। भीतर-भीतर यह लालसा घर किए बैठी थी।

ठंड पड़ने लगी थी। तारे अधिक चमक-दमक के साथ चंद्रिका की अपनी विस्तृत झीनी चादर उड़ाकर आकाश में उपस्थित हुए। झाँसी स्थित अंग्रेजी सेना का एक अफसर गार्डन और राजा गंगाधरराव महल के दीवानखाने में बातचीत कर रहे थे।

गंगाधरराव--'बाजीराव पंतप्रधान के देहांत का समाचार मुझको मिल गया था, परंतु यह हाल में मालूम हुआ कि उसकी पेंशन जब्त कर ली गई है। यह अच्छा नहीं किया गया।'

गार्डन--'सोचिए सरकार, आठ लाख रुपया साल कितना होता है और फिर बिठूर की जागीर मुफ्त में! उस पर खर्च कुछ नहीं।'

गंगाधरराव--'मुझको याद है, मुझको विश्वसनीय लोगों ने बतलाया है कि कंपनी ने सन् १८०२ में* उक्त पंतप्रधान के साथ जो संधि की थी, उसमें गवर्नर जनरल ने अपने हाथ से लिखा था 'यावच्चंद्र-दिवाकर' कायम रहेगी। परंतु चंद्रमा और सूर्य सब

---

* सन् १८०२ ई० की संधि। परिशिष्ट में देखिए।

जहाँ-के-तहाँ हैं। संधि-पत्र पर दस्तखत किए अभी ५० वर्ष भी नहीं हुए और सारा मैदान सफाचट कर दिया!'

गार्डन–'सरकार, संधि-पत्र मेरे सामने नहीं है, इसलिए ठीक-ठीक नहीं कह सकता कि उसमें क्या लिखा है, परंतु सुनता हूँ, उनको जब १५-१६ वर्ष पीछे पेंशन दी गई तब यह लिखा था कि पेंशन को वह और उनका कुटुंब ही भोग सकेगा।'

गंगाधरराव–'नाना धोंडूपंत जो अब जवान है, पंतप्रधान का दत्तक पुत्र है। क्या वह कुटुंबी नहीं माना जाएगा?'

गार्डन–'हमारे देश के कानून में गोद नहीं मानी जाती।'

गंगाधरराव–'पर हिंदुस्थान तो आपका देश नहीं है।'

गार्डन–'अंग्रेज कंपनी का राज्य तो है। राजा अपना कानून बरतता है न कि प्रजा का। सरकार अपने राज्य में अपना ही कानून तो बरतते हैं न?'

गंगाधरराव–'हमारा और हमारी प्रजा का काननू तो एक ही है।'

गार्डन–'यह बिलकुल ठीक है सरकार। और, दीवानी मामलों में हमारे इलाकों में भी प्रजा का ही कानून माना और चलाया जाता है परंतु रियासतों के संबंध में यह बात लागू नहीं की जाती।'

गंगाधरराव–'क्यों, रियासतें और उनके रईस क्या साधारण प्रजा से भी गए-बीते हैं?'

गार्डन–'सो सरकार मैं नहीं जानता। कंपनी सरकार इंग्लैंड में कानून बना देती है। कुछ कानून गवर्नर जनरल भी बनाते हैं। हमको उन्हीं के अनुसार चलना पड़ता है।'

गंगाधरराव–'हमारे धर्म में विधान है कि यदि औरस पुत्र पिंडदान देने के लिए न हो तो दत्तक पुत्र ठीक औरस पुत्र की तरह पिंडदान दे सकता है। आप लोग क्या राजाओं को इससे वंचित करना चाहते हैं?'

गार्डन–'नहीं सरकार। बड़ी रियासतों को यह अधिकार दे दिया गया है। परंतु जो रियासतें कंपनी सरकार की आश्रित हैं, उनमें गोदी गवर्नर जनरल की स्वीकृति के बिना नहीं ली जा सकती। यदि ली जावे तो गोद लिए लड़के को राजगद्दी का अधिकारी नहीं माना जा सकता। वह राजा की निजी संपत्ति अवश्य पा सकता है और पिंडदान मजे में दे सकता है। सरकार ने हमारे धर्म की पुस्तक पढ़ी? उसका हिंदी में अनुवाद हो गया है। छप गई है।'

गंगाधरराव–'छप गई है अर्थात्?'

गार्डन–'छापाखाना में छपती है। उसमें यंत्र होते हैं। वर्णमाला के अक्षर ढले हुए होते हैं। उनको मिला-मिलाकर स्याही से कागज पर छाप लेते हैं। हजारों की संख्या में छप जाती है।'

गंगाधरराव--'ऐं! यह विलक्षण यंत्र है। मैं ग्रंथों की नकल करवा-करवाकर हैरानी में पड़ा रहता हूँ और न जाने कितना रुपया व्यय किया करता हूँ। एक यंत्र हमारे लिए भी मँगवा दीजिए।'

गार्डन को डर लगा। ऐसा भयंकर विषधर झाँसी में दाखिल किया जावे! पुस्तकें छपेंगी, समाचार-पत्र निकलेंगे। जनता सजग हो जाएगी। अंग्रेजों का रौब धूल में मिल जाएगा। जिस आतंक के बल-भरोसे कंपनी-सरकार राज्य चला रही है, वह हवा में मिल जाएगा। गार्डन ने सोचा था कि राजा को इस कड़वे प्रसंग से हटाकर किसी मनोरंजक प्रसंग में ले जाऊँ, परंतु यह प्रसंग तो और भी अधिक कटु निकला।

लेकिन गार्डन ने चतुराई से अपने को बचा लेने का प्रयत्न किया। बोला, 'सरकार, गवर्नर जनरल की आज्ञा बिना कोई भी उस यंत्र को नहीं रख सकता।'

गंगाधरराव को रोष हुआ, आश्चर्य भी। बोले, 'इसमें भी गवर्नर जनरल की आज्ञा, अनुमति? आप लोग थोड़े दिन में शायद यह भी कहने लगो कि हमारी आज्ञा बिना पानी भी मत पिओ।'

गार्डन हँसने लगा। राजा भी हँसे।

बात टालने की नीयत से उसने कहा, 'सरकार, बड़ी देर से हुक्का नहीं मिला। आज क्या पान भी न मिलेगा?'

राजा ने हुक्का दिया।

उसी समय एक हलकारे ने आकर खुशी-खुशी कहा, 'महाराज की जय हो! झाँसी राज्य की जय हो।' राजा को मालूम था कि रानी प्रसव-गृह में हैं। जय का शब्द सुनते ही समझ गए। भीतर का हर्ष भीतर ही दबाकर गंभीरता के साथ पूछा, 'क्या बात है?'

हरकारा हर्ष के मारे उछला पड़ता था। उसने हर्षोन्मत्त होकर उत्तर दिया, 'श्रीमंत सरकार, झाँसी को राजकुमार मिले हैं।'

और उसने नीचा सिर करके अपनी कलाइयों पर उँगलियों से कड़ों के वृत्त बनाए।

राजा ने हँसकर कहा, 'सोने के कड़े मिलेंगे और सिरोपाव भी। जा, तोपों की सलामी छुटवा। पर देख, बड़ी तोपें न छूटें। हल्ला बहुत करती है और बस्ती के पंचों और भले आदमियों को सूचना दे।'

गार्डन भी बहस से छुटकारा पाकर अपने घर चला गया।

गवर्नर जनरल को सूचना दे दी गई। झाँसी राज्य को अंग्रेजी इलाके में मिला लेने की घड़ी टल गई।

: २२ :

जिस दिन गंगाधरराव के पुत्र हुआ उस दिन संवत् १९०८ (सन् १८५१) की

अगहन सुदी एकादशी थी। यों ही एकादशी के रोज मंदिरों में काफी चहल-पहल रहती थी, उस एकादशी को तो आमोद-प्रमोद ने उन्माद का रूप धारण कर लिया। अपनी प्यारी रानी के गर्भ से पुत्र की उत्पत्ति का समाचार सुनकर झाँसी थोड़े समय के लिए इंद्रपुरी बन गई।

राजा ने बहुत खर्च किया, इतना कि खजाना करीब-करीब खाली कर दिया। दरिद्रों को जितना सम्मान उस अवसर पर झाँसी में मिला, उतना शायद ही कभी मिला हो।

दरबार हुआ। गवैए आए। मुगलखाँ का ध्रुवपद सिरे का रहा। उसको हाथी बख्शा गया। नर्तकियों में दुर्गाबाई खूब पुरस्कृत हुई। नाटक हुआ। परंतु उसमें मोतीबाई न थी। राजा के मन में आया कि उसको फिर से रंगशाला में बुलवा लिया जाए, परंतु न किसी ने सिफारिश की और न राजा अपने हठ को छोड़कर स्वयं प्रवृत्त हुए।

दरबार में सभी जागीरदारों को कुछ-न-कुछ मिला।

उस दरबार में केवल एक व्यक्ति की इच्छा की पूर्ति न हो सकी। वे थे नवाब अलीबहादुर– राजा रघुनाथराव के पुत्र। जब अंग्रेजों ने रघुनाथराव के कुशासन काल में झाँसी का प्रबंध अपने हाथ में ले लिया था, तभी उनकी जागीर जब्त कर ली गई थी और उनको पाँच सौ रुपया मासिक पेंशन दी जाने लगी थी। जब गंगाधरराव को राज्याधिकार मिला, तब उन्होंने यह पेंशन जारी रखी। अलीबहादुर चाहते थे कि यथासंभव उनको वही जागीर मिल जाए। जागीर न मिल सके तो पेंशन में वृद्धि कर दी जाए। जागीर मिलती न देखकर अलीबहादुर ने पेंशन बढ़ाने के लिए विनय की। राजा ने पॉलीटिकल एजेंट से बात करने की बात कहकर नवाब को उस समय टाला। नवाब का मन मसोस खा गया। परंतु उन्होंने आशा नहीं छोड़ी। अनेक अंग्रेज अफसरों से उनका मेलजोल था, परस्पर आना-जाना था। इसलिए उस आश्रय को दृढ़तापूर्वक पकड़ने की उन्होंने अपने जी में ठानी।

दरबार में पगड़ी बँधवाने की प्रथा बहुत समय से चली आ रही थी। श्याम चौधरी नाम के एक सेठ के घरानेवाले ही ऐसे मौकों पर पगड़ी बाँधते थे। श्याम चौधरी लखपति था। कहते हैं कि उस समय झाँसी में ५२ लखपति थे। ये ५२ घर बावन बसने कहलाते थे। श्याम चौधरी पाग बाँधने के पहले अपना नेग-दस्तूर लेने के लिए बहुत मचला। राजा ने जब मोती जड़े सोने के कड़े देने का वचन दिया तब उसने राजा को पगड़ी बाँधी। नवाब अलीबहादुर का जी इससे और भी अधिक जल गया।

वह किसी भी तरह इस भावना को नहीं दबा पा रहे थे–मैं राजा का लड़का हूँ, मैं ही झाँसी का राजा होता, अब मेरे पास जागीर तक नहीं! छोटे-छोटे से लोगों का इतना आदर-सत्कार और मेरी पेंशन बढ़ाने तक के लिए पॉलीटिकल एजेंट की सलाह की जरूरत!

नवाब साहब ऊपर से प्रसन्न और भीतर से बहुत उदास अपनी हवेली को लौट आए। वे रघुनाथराव के नई बस्तीवाले महल में रहते थे। महल में तीन चौके थे। एक रंगमहल, दूसरा सैनिकों, हाथियों इत्यादि के लिए; तीसरा घोड़ों और गायों के लिए। महल का सदर दरवाजा चाँद दरवाजा कहलाता था। इस पर चढ़कर वे और उनके मुसलमान अफसर ईद के चाँद को देखते थे, इसलिए दरवाजे का नाम चाँद दरवाजा पड़ गया था। बिलकुल अगले सहन के आगे एक और विस्तृत सहन था, जिसके एक ओर इनका प्रिय हाथी मोतीगज बँधता था और दूसरी ओर राजा रघुनाथराव के जीवन-काल में इनकी माता लच्छोबाई के रहने के लिए हवेली थी। इस समय नवाब अलीबहादुर के अधिकार में यह हवेली और सारा महल था।

बाहरवाली हवेली में उनके मेहमान या आश्रित ठहराए जाते थे। दरबार से लौटकर अलीबहादुर पहले इसी हवेली में गए।

हवेली बड़ी थी। उसमें कई कक्ष थे। परंतु उजाला केवल दो कक्षों में था। बाकी सूनी और अँधेरी थी। बाहर पहरेदार थे।

उजाला दीपकों का था। शमादानों में जल रहे थे, दो कमरों में अलग-अलग। दोनों कमरे एक दूसरे से काफी दूर।

जिस पहले कमरे में नवाब अलीबहादुर गए उसमें सिवाय खुदाबख्श के और कोई न था। अभिवादन के बाद उनमें बातचीत होने लगी।

गंगाधरराव खुदाबख्श और नर्तकी मोतीबाई से अप्रसन्न हो गए थे और उन्हें दरबार से निकाल दिया गया था। खुदाबख्श ने अलीबहादुर से अपनी प्रार्थना राजा तक पहुँचाने के लिए निवेदन किया था।

खुदाबख्श ने अपनी आशामयी आँखों से कहा, 'हुजूर ने मेरी विनती तो पेश की होगी?'

अलीबहादुर ने उत्तर दिया, 'नहीं भाई, मौका नहीं आया। जानते हो, महाराज अव्वल दर्जे के जिद्दी हैं। एकाध दिन मौका हाथ आने दो, तब कहूँगा।'

खुदाबख्श–'उस कमरे में बेचारी मोतीबाई उम्मीदें बाँधे बैठी है। उसका तो कोई कसूर ही नहीं है। उसके लिए आप कुछ कह सके?'

अलीबहादुर–'क्या कहता? वहाँ तो बनियों और छोटे-छोटे लोगों की बन पड़ी। मेरे लिए ही कुछ नहीं हुआ।'

खुदाबख्श–'ऐं!'

अलीबहादुर–'जी हाँ। जागीर चूल्हे में गई–पेंशन बढ़ाने के लिए अर्ज की तो कह दिया कि बड़े साहब से सलाह करेंगे। मैं सोचता हूँ कि हमीं लोग बड़े साहब से क्यों न मिलें? आपके साथ काफी जुल्म हुआ है। आप मुद्दत से छिपे-छिपे फिर रहे हैं। जिस

मोतीबाई के लिए राजा पलक-पाँबड़े बिछाते थे, वह बिचारी दर-दर फिर रही है। एक दिन मुझको यह और राजा के अनेक अत्याचार बड़े साहब के सामने साफ बयान करने हैं। आप भी चलना।'

खुदाबख्श–'मैं तो आज तक किसी गोरे से नहीं मिला। आपकी उनसे दोस्ती है। आप जैसा ठीक समझें, करें।'

अलीबहादुर–'मोतीबाई से अर्जी न दिलाई जाए? आपसे कुछ बातचीत हुई?'

खुदाबख्श–'क्या कहूँ, वे तो मुझसे परदा करती हैं। आप ही पूछिएगा।'

अलीबहादुर–'नाटकशालावाली भी परदा करती है! रंगमंच पर तो परदे का नाम-निशान नहीं रहता, बल्कि उससे बिलकुल उलटा व्योहार नजर आता है।'

अलीबहादुर की अवस्था ४२-४३ वर्ष की थी। स्वस्थ थे। रंगीन तबीयत के। उन्होंने बातचीत का सिलसिला जारी रखा–'रंगमंच पर उनका नाच-गाना, हाव-भाव सभी पहले सिरे के देखे। यहाँ परदा कैसा? वे पीरअली के सामने तो निकलती हैं।'

पीरअली अलीबहादुर का खास नौकर और सिपाही था। बरताव एकांत में मित्रों सदृश्य। उसको बुलवाया गया।

पीरअली की मार्फत मोतीबाई से बातचीत होने लगी।

'बड़े साहब' को अर्जी देने के प्रस्ताव पर मोतीबाई ने कहलवाया, 'मैं अर्जी नहीं देना चाहती हूँ। किसी अंग्रेज के सामने नहीं जाऊँगी। आप लोग बड़े आदमी हैं। आप लोगों के रहते मैं अंग्रेजों के बँगलों पर नहीं भटकना चाहती।'

अलीबहादुर ने कहा, 'आपको कहीं जाना नहीं पड़ेगा। आपकी अर्जी मैं पेश कर आऊँगा।

मोतीबाई ने उत्तर दिलवाया, 'साहब से सब कुछ जबानी कह दीजिए। लिखी अर्जी नहीं दूँगी।'

खुदाबख्श ने समर्थन किया। बोला, 'लिखा हुआ कुछ नहीं देना चाहिए। यदि कहीं अर्जी को साहब ने महाराज के पास फैसले के लिए भेज दिया तो हम सब विपद में पड़ जाएँगे।'

अलीबहादुर दूसरे के हाथ से अंगारे डलवाना चाहते थे, इसलिए उन्होंने खुदाबख्श को समझाया, 'आपका इससे बढ़कर तो अब और कुछ नुकसान हो नहीं सकता। बिना किसी अपराध के देश-निकाला दे दिया गया। घर-द्वार छूटा। जागीर गई। परदेश की खाक छानते फिर रहे हो। मेरी राय में आपको लिखी अर्जी जरूर देनी चाहिए। मैं साहब से सिफारिश करूँगा। वे राजा के पास न भेजकर सीधी लाट साहब गवर्नर जनरल बहादुर के पास भेज देंगे। कंपनी सरकार रियासतों के नुक्स तलाश करने में दिन-रात

व्यस्त रहती है।'

खुदाबख्श ने कहा, 'जरा सोच लूँ। फिर किसी दिन अर्ज करूँगा। आप तो मेरे शुभचिंतक हैं। आप अकेले का तो मुझको आधार ही है। आपके अहसानों के बोझ से दबा हूँ।'

अलीबहादुर ने सोचा, जल्दी न करनी चाहिए। पीरअली ने छिपे संकेत में हामी भरी। खुदाबख्श के खाने-पीने की व्यवस्था करके अलीबहादुर चले गए।

अकेले रह जाने पर मोतीबाई भी अपने घर गई। जाते समय उसने एक बार खुदाबख्श की ओर देखा। खुदाबख्श को ऐसा जान पड़ा जैसे कमलों का परिमल छुटकाती गई हो।

: २३ :

लक्ष्मीबाई का बच्चा लगभग दो महीने का हो गया। परंतु वे सिवाय किले के उद्यान में टहलने के और कोई व्यायाम नहीं कर पाती थीं। शरीर अभी पूरी तौर पर स्वस्थ नहीं हुआ था। मन उनका सुखी था, लगभग सारा समय बच्चे के प्यार में जाता था। राजा भी उस बच्चे पर प्यार बरसाने में काफी समय उनके पास बिताते थे। राजा की प्रकृति में अद्भुत अंतर आ गया था। शासन की कठोरता में उन्होंने कमी कर दी। जनता उनको प्रजावत्सल कहने लगी।

उन्हीं दिनों तात्या टोपे झाँसी में आया। राजा का एक फौजी अफसर कर्नल मुहम्मद जमाखाँ था। उसी की हवेली के एक हिस्से में तात्या को डेरा मिला। पास ही जूही रहती थी।

तात्या को रानी से एकांत में बातचीत करने का अवसर मिला। उसने रानी से कहा, 'आपको दादा के देहांत का हाल तो मालूम हो गया था परंतु पेंशन छीने जाने की बात किसी ने नहीं बतलाई! आश्चर्य है!!'

लक्ष्मीबाई दुखी स्वर में बोलीं, 'मैं अस्वस्थ थी, इसलिए यह समाचार मुझ तक नहीं आने दिया गया। अंग्रेजों ने बड़ी बेईमानी की।'

तात्या–'यह उन लोगों की न तो पहली बेईमानी है और न आखिरी। उन लोगों की नीति सारे देश को डसती चली जा रही है। गायकवाड़, होलकर, सिंधिया, अवध के नवाब–ये सब अफीम ही खाए बैठे हैं।'

रानी–'पेंशन छीनने के विरुद्ध क्या उपाय किया?'

तात्या–'अर्जी फरियाद की। बड़े लाट ने कोई सुनवाई नहीं की। विलायत को भी लिखा-पढ़ा एक होशियार आदमी भेजा, परंतु सबने कानों में तेल डाल लिया है।'

रानी–'फिर क्या सोचा है?'

तात्या—'कुछ नहीं। नाना साहब और रावसाहब ने आपके पास मुझको भेजा है। उनको आपके विवेक और तेज का भरोसा है।'

रानी—'नवाब साहब के पास लखनऊ गए?'

तात्या—'गया था। परंतु नवाब साहब के चारों तरफ गायिकाओं, नर्तकियों और भाँड़ों का पहरा लगा रहता है। उन लोगों ने कहा कि अगले साल मुलाकात का मुहूर्त निकलेगा।'

रानी हँस पड़ीं। जैसी संध्या के पीले बादलों में दामिनी दमक गई हो। रानी अपनी स्वाभाविक अरुणता अभी पुनः प्राप्त न कर पाई थीं।

तात्या ने कहा, 'मैं नवाब के प्रधानमंत्री से मिला। वह हिंदू है। परंतु बिचारा क्या करता। उसने अपनी असमर्थता प्रकट की। फिर कई बड़े जमींदारों से मिला। उन्होंने कहा, कि कुछ पुरुषार्थ करो, हम साथ देंगे।'

रानी कुछ सोचने लगीं। सोचती रहीं।

तात्या बोला, 'आप बिठूर में छत्रपति, और बाजीराव तथा छत्रसाल न जाने कितने नाम लिया करती थीं।'

रानी ने कहा, 'ये नाम मैं कभी नहीं भूलूँगी। छत्रसाल का नाम इधर के लोगों में अब भी मंत्र का काम करता है।'

तात्या—'यह और वे सब मंत्र कब काम आएँगे?'

रानी जरा मुसकराईं। तात्या उस मुसकराहट को पहचानता था। उसके परिवेष्ठन में छुटपन की मनू के छोटे निश्चय बड़ी दृढ़ता के साथ निकला करते थे। तात्या ने आशा से कान लगाए।

रानी ने कहा, 'टोपे, अभी समय नहीं आया है। घड़ा अपूर्ण है—अभी भरा नहीं है। हम लोगों के आपसी उपद्रवों ने जनता को त्रस्त कर दिया है। उसको थोड़ा साँस लेने योग्य बन जाने दो। समर्थ रामदास का दिया हुआ स्वराज्य-संदेश, छत्रपति शिवाजी का पाला हुआ वह आदर्श, छत्रसाल का वह अनुशीलन अमर और अक्षय है।'

तात्या जरा अधीर होकर बोला, 'महारानी साहब, ये बातें कान और हृदय को अच्छी मालूम होती हैं, पर हिंदू और मुसलमान जनता तो अचेत-सी जान पड़ती है…।'

रानी ने टोककर दृढ़ स्वर में कहा, 'तात्या भाई, जनता कभी अचेत नहीं होती। उसके नायक अचेत या भ्रममय हो जाते हैं।'

तात्या—'तब नाना साहब से जाकर क्या कहूँ?'

रानी—'यही कि कान और आँख खोलकर समय की प्रतीक्षा करें। मुझे अभी तो पूर्ण स्वस्थ होने में ही कुछ समय लगेगा, स्वस्थ होते ही अपने आदर्श के पालन में सचेष्ट होऊँगी। अपने आदर्श को कभी न भूलना—प्रयत्न की पहली और पक्की सीढ़ी है।'

तात्या चलने को हुआ।

रानी ने प्रश्न किया, 'दिल्ली का क्या हाल है?'

तात्या ने उत्तर दिया, 'बादशाह का? उन बिचारों को ९० हजार रुपया साल पेंशन मिलती है। कविता करते हैं और कवि सम्मेलन में उलझते रहते हैं। कंपनी ने उनकी नजर-भेंट बंद कर दी है और उनसे कह रही है कि अपने को बादशाह कहना छोड़ो, नहीं तो पेंशन बंद कर देंगे।'

रानी ने कहा, 'मुसलमान नवाब और जन क्या इस चुनौती को यों ही पी जाएँगे?'

'कह नहीं सकता,' तात्या ने कहा। कुछ समय बाद तात्या चला गया।

तात्या झाँसी में और ठहरना चाहता था, परंतु बिठूर जल्दी जाना था और गंगाधरराव की नाटकशाला बंद थी। यद्यपि अभिनय करनेवालों का वेतन बंद नहीं किया गया।

: २४ :

गंगाधरराव का यह बच्चा तीन महीने की आयु पाकर मर गया। इसका सभी के लिए दुःखद परिणाम हुआ। राजा के मन और तन पर इस दुर्घटना का स्थायी कुप्रभाव पड़ा। वे बराबर अस्वस्थ रहने लगे।

लगभग दो वर्ष राजा-रानी के काफी कष्ट में बीते।

राजा की खीझ बढ़ गई। उन्होंने सनकों में काम करना शुरू कर दिया। एक दिन उनको मालूम हुआ कि खुदाबख्श नवाब अलीबहादुर के यहाँ कभी-कभी आता है। इस जरा से अपराध पर उन्होंने नवाब साहब का महल जब्त कर लिया। केवल बाहरवाली हवेली उनके रहने के लिए छोड़ी।

सन् १८५३ के शारदीय नवरात का महोत्सव हुआ। उस दिन उनका स्वास्थ्य अच्छा जान पड़ता था, केवल कुछ कमजोरी थी। राजवैद्य प्रतापसाह मिश्र का उपचार था। राजा वैद्य पर बहुत खुश थे। वैद्य उद्दंड प्रकृति का था परंतु राजा उसको बहुत निभाते थे।

दशहरे के भरे दरबार में वैद्य ने अपने एक पड़ोसी का उलाहना दिया—'सरकार, मैं हवेली बनाना चाहता हूँ। मेरे मकान में जगह थोड़ी है। पड़ोसी को मुँह-माँगा दाम देने को तैयार हूँ। वह पाजी है। बिलकुल नट गया है। मकान नहीं छोड़ता। मेरी हवेली नहीं बन पा रही है। वह मकान मुझको दिलवा दिया जाए।'

राजा ने इस प्रार्थना को स्वीकार करने से इनकार कर दिया।

वैद्य ने हठपूर्वक कहा, 'तब मैं कोट बाहर एक अलग छोटी-सी झाँसी बसाऊँगा। सरकार की अनुमति-भर चाहिए। या तो नगर में हवेली बनाकर रहूँगा या कोट बाहर

बस्ती बसाऊँगा। और एक दृढ़ कोट उसके चारों ओर खिचवा दूँगा।'

तीन साल पहले के गंगाधरराव होते तो वह इस प्रस्ताव पर वैद्यराज की खाल खिंचवा डालते। परंतु उनका स्वभाव सनकों से भर गया था। बल के साथ तेज भी उनका ठंडा पड़ गया था।

राजा ने वैद्य को अनुमति दे दी। वैद्य का ध्यान उपचार से हटकर नया नगर बसाने और कोट खिंचवाने की विशाल मूर्खता पर दृढ़ता के साथ जा अटका। नई बस्ती तो वैद्य नहीं बसा पाए परंतु उसने कोट खिंचवा लिया, जो अपने अखंड रूप में अब भी प्रतापसाह मिश्र के हठ का स्मारक बना बड़े गाँव फाटक के बाहर खड़ा है।

विजयदशमी के उपरांत गंगाधरराव को संग्रहणी रोग ने ग्रस लिया। बहुत दवा-दारू की गई, कुछ न हुआ। मर्ज बढ़ता ही चला गया।

उस समय झाँसी का असिस्टेंट पॉलिटिकल एजेंट मेजर मालकम था। उसको सूचना दी गई। उसने डॉक्टरी उपचार का अनुरोध किया परंतु वैद्यों और हकीमों ने प्रयत्न को अभी आशारहित नहीं समझा था, इसलिए उस अनुरोध पर विचार करने की भी नौबत नहीं आई।

महालक्ष्मी के मंदिर में, जो लक्ष्मी-फाटक बाहर है और जहाँ सदा ही धूमधाम रहती थी, पाठ बैठाया गया। झाँसी का कोई भी मंदिर न था जहाँ राजा के रोग-निवारण के लिए पूजा-अर्चा न कराई गई हो और जनता ने अपनी प्रार्थनाएँ भेंट न की हों।

नवंबर के तीसरे सप्ताह में राजा का स्वास्थ्य और भी अधिक बिगड़ गया। प्रतापसाह मिश्र ने बड़े दंभ के साथ 'प्रताप लंकेश्वर रस' बनाया, परंतु किसी भी रस का कोई प्रभाव न पड़ा।

राजा ने क्षीण मुसकराहट के साथ इतना जरूर कहा, 'कोट खिंचवाने से कैसे अवकाश मिल गया?'

उसके बाद राजा यकायक बेहोश हो गए। रानी के पिता मोरोपंत और दीवान नरसिंहराव घबराए हुए आए।

राजा को पुनः चेत हो आया था।

नरसिंहराव ने कहा, 'सरकार स्वस्थ हो जाएँगे। कोई चिंता की बात नहीं है। हम लोगों को आज्ञा दी जाए।'

राजा समझ गए। कुछ पहले से मन में जो बात उठी थी, उसको उन्होंने कहा, 'मैं अभी जीऊँगा। प्रताप मिश्र का नया नगर देखने जाऊँगा, परंतु मैंने निश्चय किया है कि दत्तक ले लूँ।'

मोरोपंत और नरसिंहराव राजा के मुँह की ओर देखने लगे।

राजा कहते गए, 'हमारे कुटुंबी वासुदेवराव नेवालकर का एक पुत्र आनंदराव है।

पाँच वर्ष का है। सुंदर और होनहार है। उसको मैं गोद लेना चाहता हूँ। यदि रानी साहब स्वीकार करें तो मैं आज ही शास्त्रानुसार गोद ले लूँ।'

मोरोपंत पूछ आए। रानी ने स्वीकार कर लिया।

तुरंत दत्तक विधान की तैयारी की गई। नगर की जनता के मुखिया निमंत्रित किए गए। मेजर मालकम की जगह मेजर एलिस असिस्टेंट पॉलिटिकल ऐजेंट होकर आ गया था और मालकम पॉलिटिकल एजेंट होकर चला गया था, उसको तथा अंग्रेजी सेना के अफसर कप्तान मार्टिन को भी बुलाया गया। इन सबके सामने राजा ने आनंदराव को विधिवत् गोद लिया।

आनंदराव का नाम बदलकर दामोदरराव रखा गया।

: २५ :

झाँसी की जनता के पंचों, सरदारों और सेठ-साहूकारों को, जो इस उत्सव पर निमंत्रित किए गए थे, इत्र, पान, भेंट इत्यादि से सम्मानित करके बिदा किया गया। केवल मेजर एलिस, कप्तान मार्टिन, मोरोपंत और प्रधानमंत्री नरसिंहराव वहाँ रह गए। निकट ही परदे के पीछे रानी लक्ष्मीबाई बैठी हुई थीं। राजा ने एक खरीता कंपनी सरकार के नाम लिखवाया। उसका सार यह है—

'बुंदेलखंड में कंपनी सरकार का राज्य स्थापित होने के पहले से हमारे पूर्वज उनकी हर तरह की सहायता करते आए हैं और मैंने स्वयं जीवन-भर उनकी सहायता की है। मेरे घराने के साथ कंपनी सरकार की जो संधियाँ समय-समय पर हुई हैं उनसे हमारा हक बराबर पुष्ट होता चला आया है। मैं इस समय रोगग्रस्त हूँ। अच्छे होने की आशा है और यह भी आशा है कि स्वस्थ होने पर मेरे संतान हो, परंतु यह सोचकर कि कदाचित् मेरा देहांत हो जाए और बिना उत्तराधिकारी के यह राज्य नष्ट हो जाए, अपने कुटुंब के एक पंचवर्षीय बालक आनंदराव को हिंदू-धर्म शास्त्र के अनुसार गोद लिया है। वह नाते में मेरा पौत्र लगता है। यदि मैं स्वस्थ न हो सका और मेरा देहांत हो गया तो यही बालक, जिसका नाम गोद के उपरांत दामोदरराव रखा गया है, झाँसी राज्य का उत्तराधिकारी होगा। जब तक मेरी पत्नी जीवित रहे, तब तक वह इस राज्य की स्वामिनी और इस बालक की माता समझी जाए और राज्य की व्यवस्था उसी के अधीन रहे। मैं चाहता हूँ कि उसको किसी प्रकार का कष्ट न हो।'

राजा ने खरीता अपने हाथ से एलिस के हाथ में दिया। राजा का गला रुद्ध हो गया और आँखों में आँसू भर आए। परदे के पीछे रानी की सिसक सुनाई पड़ी मानो उस खरीते पर इस सिसक की मुहर लगी हो।

गले को किसी तरह काबू में करके राजा ने एलिस से कहा, 'आपको मैं अपना मित्र

मानता हूँ। बड़े साहब मालकम भी मेरे मित्र हैं। गार्डन जैसे मेरा छोटा भाई हो…'

राजा के हृदय में पीड़ा हुई। वे रुक गए। एलिस ध्यानपूर्वक राजा की बातें सुनने लगा।

राजा बोले, 'इस समय गार्डन मेरे पास होता तो मुझको बड़ी खुशी होती।' और मुसकराए।

पीड़ा-कंपित होंठों पर वह अर्द्धस्मित किसी असह्य कष्ट को जोर के साथ दबा गया।

'गार्डन का हुक्का दीवाने-खास में रखा हुआ है, पिओ तो मँगवाऊँ।'

'नहीं सरकार।'

'देखो मेजर साहब, दामोदरराव कितना सुंदर है। यह बड़ा होनहार है। मेरी रानी-सी माता को पाकर झाँसी को चमका देगा। मेरी झाँसी को ये दोनों बड़ा भारी नाम देंगे…'

परदे के पीछे फिर सिसकी सुनाई दी। एलिस ने आँख के एक कोने से उस ओर देखकर मुँह फेर लिया।

राजा ने परदे की ओर मुँह फेरकर रुद्ध स्वर में मुश्किल से कहा, 'यह क्या है? रोती हो? मैं अच्छा हो रहा हूँ। पर मुझे अपनी बात तो कह लेने दो।'

रानी ने धीरे से खाँसकर कंठ संयत किया।

राजा स्थिर होकर बोले, 'मेजर साहब, हमारी रानी स्त्री जरूर है परंतु इसमें ऐसे गुण हैं कि संसार के बड़े-बड़े मर्द इसके पैरों की धूल अपने माथे पर चढ़ाएँगे।'

बहुत प्रयत्न करने पर भी राजा अपने आँसुओं को न रोक सके।

एलिस ने कहा, 'महाराज, थोड़ी बात करें, नहीं तो तबीयत देर में अच्छी हो पाएगी।'

रानी ने जरा जोर से खाँसा, मानो राजा को निवारण कर रही हों।

दुर्बल हाथों से राजा ने आँसू पोंछे। गले को नियंत्रित किया।

बोले, 'रानी बहुत अच्छी व्यवस्था करेगी। आप लोग दामोदरराव की नाबालिगी के कारण परेशान मत होना।'

राजा के हृदय में पीड़ा बढ़ी।

किसी प्रकार उसको काबू में करके उन्होंने कहा, 'मुझे झाँसी के लोग बहुत प्यारे हैं। मैं चाहता हूँ, मेरी जनता सुखी रहे। मैंने जिसको जो कुछ दिया है, वह सब उसके पास बना रहना चाहिए। मुगलखाँ बहुत बड़ा गवैया है, मेजर साहब।'

एलिस ने सोचा, गंगाधरराव का दिमाग फिरने को है। जरा चिंतित हुआ।

राजा बोले, 'उसको मैंने इनाम में हाथी दिया है। वह उसी के पास रहेगा, और हाथी

के व्यय के लिए मैंने जो कुछ लगा दिया है, वह भी उसी के पास रहना चाहिए।'

इसके उपरांत राजा को खाँसी आई और साथ ही रक्त। प्रतापसाह वैद्य बाहर मौजूद था। बुला लिया गया। दवा दी गई। राजा को कुछ चैन मिला। पर वे जान गए कि यह क्षणिक है।

बोले, 'एलिस साहब, ये हमारे वैद्यजी बड़े हठी हैं। अपना एक अलग नगर बसा रहे हैं। मैंने अनुमति दे दी है। इनके हठ को कोई तोड़े नहीं।'

वैद्य की आँखों में भी एक आँसू आ गया। उसको वैद्य ने किसी बहाने पोंछ डाला। वैद्य बाहर चला गया।

राजा के होंठों पर एक क्षीण मुसकराहट फिर आई।

'मैं चाहता हूँ कि मेरी नाटकशाला में चाहे खेल हों या न हों, परंतु पात्रों के लिए जो वेतन खजाने से दिया जाता है, वह उनको मिलता रहे।'

राजा फिर खाँसे। अब की बार ज्यादा खून आया। वैद्य फिर भीतर आया। उसने आज्ञा के स्वर में प्रतिवाद किया, 'महाराज, अब बिलकुल न बोलें।'

राजा ने तुरंत कहा, 'थोड़ा-सा और, फिर बस। तुम्हारी और तुम्हारी दवा की कोई जरूरत न रहेगी।'

राजा की आकृति बिगड़ी। सब लोग चिंतित और भयभीत हुए। राजा बहुत कष्ट के साथ बोले, 'मेजर साहब, एक अंतिम प्रार्थना—बस एक—झाँसी अनाथ न होने पावे।'

कराहने लगे, आँखें फिरने लगीं।

कप्तान मार्टिन एक ओर चुप बैठा हुआ था। उसने एलिस को चल देने का संकेत किया। एलिस उठना ही चाहता था कि राजा बोले, 'चित्रकार सुखलाल, हृदयेश कवि···'

एलिस उठा। उसने प्रणाम करके राजा से कहा, 'सरकार, हम लोग जाते हैं। समाचार मिलते ही तुरंत हाजिर होंगे।'

राजा ने आँखें स्थिर कीं। कहा, 'मेजर साहब, भूलना मत। हमको आपका भरोसा है। हमारी प्रार्थना को ध्यान में रखना। लाट साहब को मेरी विनती···'

इसके बाद वे नहीं बोल सके और बेसुध हो गए।

एलिस और मार्टिन चले गए।

लक्ष्मीबाई तुरंत परदे से बाहर निकल आईं। पति की उस दशा को देखकर चीत्कार कर उठीं। मोरोपंत ने दामोदरराव को बुलवा लिया। नाना भोपटकर लेकर आए। रानी को सांत्वना मिली।

: २६ :

जिस इमारत में आजकल डिस्ट्रिक्ट बोर्ड का दफ्तर है, वह उस समय डाकबंगले के काम आता था। पास ही झाँसी प्रवासी अंग्रेजों का क्लब घर था। एलिस और मार्टिन राजा के पास से आकर सीधे क्लब गए। वहाँ और कई अंग्रेज आमोद-प्रमोद में मग्न थे। यहाँ इन दोनों का जी हलका हुआ।

उन अंग्रेजों ने महल का हाल पूछा।

'राजा बीमार है। बच नहीं सकता।'

'इलाज वही दकियानूसी होगा।'

'एक मूर्ख वैद्य कुछ पीस-पासकर मधु के साथ खिला रहा है।'

'कैप्टिन एलन का इलाज करवाओ।'

'खुशी से, परंतु ये लोग ऐसे कट्टर-धर्मी हैं कि शायद राजा एलन के हाथ की छुई हुई दवा न खाएगा।'

'शायद अच्छा हो जाए। न हुआ तो क्या होगा?'

'राजा ने एक लड़के को गोद लिया है।'

'कब?'

'आज हम लोगों के सामने।'

'गोद! यानी झाँसी में वही मनमानी और कानूनहीन व्यवस्था जारी रहने दी जाएगी?'

एलिस ने इस प्रसंग को आगे नहीं बढ़ने दिया। तब वार्तालाप की धारा दूसरी ओर मुड़ गई और बातचीत में सभी शरीक हो गए।

'सुनते हैं, रानी बहुत सुंदर है। अच्छी घुड़सवार है। यदि नाचना सीखे तो उसका नृत्य अजीब होगा।' एक अंग्रेज ने कहा।

'चुप मूर्ख,' एलिस बोला, 'अभी, उसी के राज में बैठे हो। हिंदुस्थानी लोग अपने राजा-रानी के बारे में ऐसी बात सुनना बिलकुल पसंद नहीं करते।'

'हिश! (डैम इट) वह तो गधों का झुंड है। फिर भी मैं तुम्हारी बात मानता हूँ। इसलिए नहीं कि रानी-वानी से डरता हूँ, किंतु इसलिए कि प्याले के ऊपर मीठा-मीठा पवन बहना चाहिए न कि बहस-वाहिसे की गरम आँधी। वरना मैं अपने पूरे महीने की तनख्वाह की होड़ लगाता। तो भी मेजर, मैं सुनता हूँ, राजा नाचता अच्छा था। किसी जमाने में उसकी नाटकशाला में बड़ी सुंदर शकलें थीं। बहुत बढ़िया नाच।'

'हम सब जानते हैं, पर देखा नहीं है। वैसे और हिंदुस्थानी नर्तकियों का नाच बहुत देखा। मगर मजा नहीं आता। इस देश के नाच तक में कोई ढंग नहीं, कोई

मोहकता नहीं।'

'पर नर्तकियाँ हैं हसीन। मैं शर्त लगाता हूँ, नाच-गान चाहे उनका उतना खूबसूरत न हो।'

'ये लोग हमारे नाचने-गाने को भद्दा समझते हैं। मैंने हिंदुस्थानियों का अपने नृत्यगृह में आना बंद कर दिया है। केवल नवाब अलीबहादुर आता है। वह समझदार है।'

'सिर तो जरूर बहुत हिलाता है।'

'ओह! बहुत काम का आदमी है। तुम जानते हो।'

'वह अपने दो-एक दोस्तों को साथ लाना चाहता है।'

'बेकार है। मैं पसंद नहीं करता।'

'यहाँ से ले क्या जाएगा?'

'हम लोगों का स्त्रियों के बारे में बुरा खयाल फैलाएगा।'

'कोई परवाह नहीं। बुरा खयाल फौज और पुलिस में नहीं फैलना चाहिए।'

'एक से एक बढ़कर बेदिमाग हैं। उन कारतूसों को मुँह से खोलने से इनकार किया तो हमने रगड़ दिया। रह गए। जितना वेतन हम इन लोगों को देते हैं, उतना इनको दुनिया में कहीं भी नहीं मिल सकता।'

'और तुम्हारे रिसाले में जो कुछ ब्राह्मण माथा रँग-रँगाकर परेड में आते थे उनका तो अनुशासन कर दिया?'

'हाँ। पहले उन्होंने कहा, हमारा टीका है। धर्म की बात। फिर हमने पुँछवा दिया। डैम इट ऑल। भाई कितनी जहालत-भरा मुल्क है!'

'जरूर। परेड से छुट्टी पाकर बारक में न सिर्फ माथे पर बल्कि माथे से लेकर पैर की उँगली तक टीकों से देह को रँग लो, हमको फिकर नहीं। इस धर्म से हमको महान् कष्ट होता है।'

'अभी यह कौम बिलकुल नादान और जाहिल है। अंग्रेजी पढ़ने से अकल कुछ सुधरेगी। बाइबल का पढ़ाना मदरसों में इसीलिए जरूरी रखा गया है। जब अंग्रेजी का प्रचार हो जाएगा और बाइबल की संस्कृति इनके खून में बैठ जाएगी तब धरातल कुछ ऊँचा होगा।'

'हाँ, और कदाचित् तब इस देश के लोग हमारे शेक्सपियर, वाल्टर स्कॉट, वायरन की पूजा कर उठें। यहाँ के लोग पूजा, नमाज बहुत जल्दी कर उठते हैं।'

'गंगाधरराव की नाटकशाला में जो नाटक खेले जाते थे, वे कौन-सी बला होते हैं?'

'महज कूड़ा-करकट तो नहीं है। शकुंतला नाटक तो मैंने भी पढ़ा है। मोनियर विलियम्स का अनुवाद। खूबसूरत चीज है। यद्यपि टैंपेस्ट की मिरांडा को शकुंतला नहीं

पहुँचती, फिर भी एक चीज है...'

'ऐसी कितनी पुस्तकें हिंदू-मुसलमानों के पास होंगी?'

'हिंदुओं की गाँठ में शकुंतला, कुछ वेद और कुछ ऐसा ही साहित्य है। मुसलमानों के पास कुरान, गुलिस्ताँ, बोस्ता और उमरखैयाम की रुबाइयाँ। बस खतम। बाकी सब कूड़ा, महज रद्दी।'

'तुम तो लार्ड मैकाले की भाषा में बोल रहे हो पट्ठे।'

'मैकाले क्या गलत कहता है? उसने तो हिंदू-मुसलमानों को बहुत बड़ा गौरव दिया जो यह कह दिया कि इनकी सारी अच्छी पुस्तकें एक छोटी-सी अलमारी में बंद की जा सकती हैं।'

'मैं कमस खाता हूँ, मैकाले ने 'छोटी-सी' अलमारी नहीं कहा है। मैं कहता हूँ कि इनकी अच्छी पुस्तकें अलमारी के एक ही कोने में आ सकती हैं।'

'जाने दो, इनकी नर्तकियाँ अवश्य कभी-कभी परियों-सी जान पड़ती हैं।'

'जब वे ढेरों जेवर लादकर सामने आती हैं तब जान पड़ता है मानो फूलों में जुगनू जड़ दी गई हों।'

'कभी-कभी नाच के कुछ कदम भले लगते हैं।'

'लेकिन गाना बिलकुल चीख-चिल्लाहट। हाँ, सारंगी का बाजा मीठा लगता है और जब तबला धीमी लय में बजता है तब नाच उठने को जी चाहने लगता है।'

'हिंदुस्थान की जलवायु, प्रकृति, अनाज, दूध सब अच्छा, लेकिन देश कुसंस्कारों से भरा हुआ है! किसान बहुत मेहनती नहीं हैं।'

'और चोर-डाकुओं के मारे चैन नहीं ले पाते हैं।'

'हम लोग हिंदुस्थान में उन्हीं का नाश करने के लिए तो मौजूद हैं।'

'रियासतों में बड़ा अंधेर, बड़ा अत्याचार होता है।'

'सुनता हूँ, किसी रियासत में एक इत्रफरोश गया। एक सरदार ने छत्तीस हजार रुपयों का इत्र खरीद डाला। जब इत्रफरोश ने कहा कि अभी मेरे पास बेचे हुए इत्र से भी बढ़िया और मौजूद है, तब उस सरदार ने वह सब खरीदा हुआ इत्र अपनी घुड़सार के घोड़ों की पूँछों पर उड़ेल दिया और कहा, यह इत्र तो हमारे लायक नहीं। घोड़ों की पूँछ की बू जरूर इससे दूर हो जाएगी और तुम्हारा जो इससे बढ़िया इत्र है, वह यदि बेचो तो गधेरों के गधों की पूँछ पर छिड़कवा दूँगा। जब राजा के पास यह समाचार पहुँचा तब उसने सरदार को शाबाशी दी और खजाने से छत्तीस के दुगुने बहत्तर हजार रुपया सरदार के पास भेज दिए!'

'यह झाँसी के राजा का ही किस्सा है।'

'मैंने सुना है कि इस कहानी का संबंध दिल्ली के बुड्ढे बादशाह बहादुरशाह से है।'

'वह तो कविता करने में मस्त रहता है।'

'उसको बादशाह कौन कहता है?'

'शिष्टाचार। केवल शिष्टाचार।'

'ऐसा कैसा शिष्टाचार! बादशाह सिर्फ एक है। एक के सिवाय दूसरा किसी प्रकार नहीं हो सकता। वह है इंग्लैंड का बादशाह। थ्री चियर्स। हुर्रे!'

'हुर्रे! इन सब कठपुतलियों को खाक करो। कहाँ के राजा और कहाँ के बादशाह! कमबख्त किलों और महलों में बैठे-बैठे गुलछर्रे उड़ाते हैं। गरीबों की औरतों को सताते हैं और डाके डलवाते हैं। डैम दैम ऑल।'

'चुप-चुप, अभी नहीं। जरा ठहरकर सब होगा। सब मुकुट और ताज हमारे पैरों पर गिरेंगे। पर होगा सब धीरे-धीरे। कुछ दिनों में सारा हिंदुस्थान ईसाई हो जाएगा। और इंग्लैंड का राज्य अमर।'

'धीरे-धीरे बेवकूफ, अभी कसर है। इस समय चोर, डाकुओं और फसादियों को ठंडा करके व्यापार और खेती को बढ़ाना है। जनता हमको श्रद्धा की दृष्टि से देखेगी। जो हिंदुस्थानी अंग्रेजी पढ़-लिख जाएँ उनको छोटी-मोटी नौकरियाँ देकर अंग्रेजों का अदब करना सिखाया जाएगा। वे उस अदब को जनता में फैला देंगे। जनता हमेशा कृतज्ञ रहेगी और हमारे हाथ जोड़ते नहीं अघावेगी। हमारे छोकरे सदा-सर्वदा हमारा आतंक बनाए रखेंगे! वही आतंक हमारा सब कुछ होगा।'

'ओह डियर मी। तुम तो बिलकुल अरस्तू और सुकरात हो गए।'

'हिश! हमारे मन को केवल एक बात दिक करती है—ये राजा और नवाब।'

'फिर वही हिमाकत। कह दिया कि धीरज धरो। इंग्लैंड के राजनीतिज्ञ काफी होशियार और कुशल हैं और हिंदुस्थान में गवर्नर जनरल को अब अपनी काउंसिल की सम्मति को रद्द करने का पूरा अधिकार है। यहाँ की जनता को मुट्ठी में रखने के लिए कुछ राजा-नवाबों का बनाए रखना बहुत जरूरी है। और यह भी बहुत जरूरी है कि ऐसे बड़े-बड़े राजाओं और नवाबों की रियासतों में अत्याचार होते रहें, जिससे अंग्रेजी इलाके की प्रजा अपनी बेहतर हालत का, रियासती प्रजा की बदतर हालत से सदा मुकाबला करती रहे, तौलती रहे। और पुकार-पुकारकर कहती रहे कि हिंदुस्थानी हुकूमत से अंग्रेजी हुकूमत बहुत अच्छी। समझे!'

'जनता में ऊँची-नीची श्रेणियाँ कायम रखने की जरूरत है।'

'तुम्हारा सिर। उनमें जाँत-पाँत, ऊँच-नीच बहुत संख्या में जमानों से है। केवल जमींदारी, ताल्लुकेदारी प्रथा को मजबूती के साथ दाखिल करना रह गया है। बंगाल में हो गया है। सब जगह कर दिया जाएगा। सिर उठानेवाली जनता को ये जमींदार, ताल्लुकेदार ही कुचल दिया करेंगे। हमको हाथ जमाने की परवाह ही न करनी पड़ेगी।

सब बंदोबस्त आराम से होता चला जाएगा।'

'मुझको यह शब्द 'बंदोबस्त' बहुत प्यारा लगता है। हर जगह कोने-कोने में बंदोबस्त होना चाहिए।'

'तुमने अभी-अभी कहा, 'तुम्हारा सिर'। वापस लो इसको। तुम क्या मुझसे होड़ लगा सकते हो कि हिंदुओं की जाँत-पाँत और मुसलमानों का ऊँच-नीच हमारा सहायक नहीं है?'

'बेशक होड़ लगा सकता हूँ। यह सब होते हुए भी इन लोगों में बड़े-बड़े राजा और बादशाह हुए हैं। फिर भी हो सकते हैं। इसलिए इस देश को अनंत काल तक अपने हाथ में बनाए रखने के लिए—हिंदुस्थानियों के लाभ और अपने रोजगार के हेतु—वही दूसरी तरकीब बेहतर है। हम-तुमसे कहीं ज्यादा चतुर राजनीतिज्ञों ने इस संपूर्ण समस्या पर यों ही माथापच्ची नहीं की है।'

प्यालों का दौर और अखंड साम्राज्य की कल्पना, अनेक अवसरों की तरह क्लब में लगभग उफान पर आ रही थी कि क्लब के बाहर तेजी से दौड़कर आनेवाली घुड़सवारों की आहट सुनाई पड़ी।

पहरेवालों ने सलाम किया और कहा, 'हुजूर, राजा के यहाँ से खबर आई है कि वे बेहोश पड़े हैं।'

सबने अपने-अपने प्याले रख दिए। सतर्क हो गए। एक दूसरे की ओर देखने लगे।

एलिस ने कहा, 'सूचना दो कि मैं थोड़ी देर में आता हूँ।'

पहरेवाला चला गया।

मार्टिन ने एलिस से पूछा, 'राजा मरनेवाला है या शायद मर भी गया हो। हिंदुस्थानी लोग असल बात को देर तक छुपाए रखने के अभ्यासी होते हैं। यदि राजा मर भी गया हो तो क्या वह गोद स्वीकार कर ली जाएगी? मेरे खयाल में लार्ड डलहौजी झाँसी को अंग्रेजी इलाके में मिला लेंगे।'

'हिश!' एलिस ने उँगली से वर्जित करके कहा, 'कुछ ज्यादा पी गए हो, मालूम होता है।'

उसी क्षण और घुड़सवार आए। पहरेवाला भीतर आया। बोला, 'हुजूर, अब महल से दूसरा समाचार यह आया है कि महाराज अच्छे हैं और हुजूर को तुरंत बुलाया है।'

'डैम इट।' धीरे से मार्टिन के मुँह से निकल पड़ा। पहरेदार ने सुन लिया। सिर नवाकर बाहर चला गया। उसके कलेजे में कुछ कसक गया।

एलिस ने आँखें तरेरीं। मार्टिन ने अँगूठा दिखाकर उपेक्षा की।

कहा, 'हमारा नौकर है। राजा का नौकर नहीं।'

एलिस डॉक्टर एलन को लेकर राजमहल चला गया।

गंगाधरराव को रनवास के कक्ष में पहुँचा दिया गया था। जब एलिस और एलन पहुँचे, राजा होश में थे। एलिस को देखकर वे प्रसन्न हुए। बोलने की चेष्टा की। टूटे-टूटे बोले।

उसी दिन जो खरीता राजा ने एलिस के हाथ में दिया था उसका स्मरण दिलाया और उसको सूचित किया कि पॉलीटिकल एजेंट मेजर मालकम के पास भी एक खरीता भेज दिया है—केवल एक बात उसमें विशेष है कि सन् १८१७ में रामचंद्रराव के साथ जो संधि कंपनी सरकार की हुई थी उसमें झाँसी राज्य दवाम के लिए, चिरकाल के लिए शिवराम भाऊ के वंशजों के अधिकार में रहने की बात लिख दी गई थी। उस लिखे हुए वचन का पालन किया जाना चाहिए।

एलिस राजा की हालत को देखकर उनको बातचीत करने से रोकता रहा। वे बोलने का प्रयत्न करते-करते फिर अचेत हो गए। उन्हें बातचीत करते-करते बीच में बेहोशी आ-आ जाती थी।

एलिस ने डॉक्टर एलन की ओषधि खाने के लिए अनुरोध किया। वह उनके पास गया, परंतु क्लब में शराब पी थी। मुँह से गंध आ रही थी। राजा की बहुत अवहेलना हुई।

उसने सोचा, अहिंदू की छुई हुई दवा न खाएँगे। प्रस्ताव किया, 'सरकार, इसमें गंगाजल मिला दिया जाएगा। दवा पवित्र हो जाएगी, आप पिएँ। शीघ्र आराम मिलेगा।'

राजा की आकृति से ऐसा जान पड़ा मानो उन्होंने स्वीकार कर लिया हो। वे शायद शराब की बू से छुटकारा पाना चाहते थे। कैसा भी कुसंस्कृत हिंदू हो, मरने के समय कैसे भी सुसंस्कृत हिंदू या अहिंदू को शराब की बू फैलाते पसंद नहीं करेगा।

एलिस ने तुरंत एक ब्राह्मण के हाथ दवा भेजी। राजा ने छूने तक से इनकार कर दिया।

एक दिन और पीड़ा में काटने को था। उस दिन (२० नवंबर को) दुपहरी में कुछ नींद आई। ४ बजे आँख खुली। महल के सामने झाँसी की जनता कुशल-समाचार के लिए व्याकुल खड़ी थी।

राजा गंगाधरराव को पल-पल पर बेहोशी आ रही थी।

ज्यों-त्यों करके वह दिन कटा।

दूसरे दिन उनकी अवस्था असाध्य हो गई। अंत में मुँह से केवल यह निकला, 'गंगाजल।'

उनको तुरंत गंगाजल दिया गया।

एक क्षण के लिए उनको ऐसा जान पड़ा मानो रोगमुक्त हो गए हों।

तत्क्षण सचेत होकर बोले, 'मैंने बहुत अपराध किए हैं, बहुतों को सताया है, सब क्षमा करें ॐ हरि…'

कुछ क्षण उपरांत राजा का देहांत हो गया।

महल में हाहाकार मच गया। जिस रानी को कभी किसी ने विह्वल नहीं देखा था, वह करुणा के बाँध तोड़े जा रही थी। मोरोपंत और नाना भोपटकर ने क्रंदन करते हुए दामोदरराव को रानी की गोदी में रख दिया।

लक्ष्मी दरवाजे बाहर, लक्ष्मी ताल के किनारे गंगाधरराव के शव का दाह धूमधाम के साथ किया गया। श्मशान भूमि पर एलिस और मार्टिन भी उपस्थित थे। दूर रेग्यूलर केवलरी के सिपाही भी। काले बिल्ले बाँधे हुए। एलिस और मार्टिन कुतूहल के साथ अंतिम क्रियाकर्म देख रहे थे और हिंदुस्थानी सिपाही रुदन करती हुई झाँसी की जनता के साथ रुद्ध-कंठ थे।

एलिस ने २० नवंबर सन् १८५३ को राजा गंगाधरराव का एक दिन पहले का दिया हुआ खरीता पॉलिटिकल एजेंट कैथा* के पास भेज दिया था। २१ नवंबर को राजा गंगाधरराव का देहांत हुआ। यह समाचार भी उसने अविलंब पहुँचा दिया।

: २७ :

एलिस का भेजा हुआ राजा गंगाधरराव का १९ नवंबर का खरीता और उनके देहांत का समाचार मालकम के पास जैसे ही कैथा पहुँचा, उसने गवर्नर जनरल को अपनी चिट्ठी अविलंब (२५ नवंबर के दिन) भेज दी। चिट्ठी के साथ एलिस का भेजा हुआ खरीता और गंगाधरराव का खरीता भी, जो उन्होंने सीधा मालकम के पास पहुँचवाया था, भेज दिया। मालकम की चिट्ठी का सार यह था—

'झाँसी के राजा को बिना कंपनी सरकार की अनुमति लिए गोद लेने का अधिकार नहीं है। रानी योग्य और लोकप्रिय हैं परंतु कंपनी का शासन जनहित की दृष्टि से ज्यादा अच्छा होगा। ऐसी परिस्थिति में रानी को पाँच सहस्र मासिक वृत्ति, निजी संपत्ति और नगर का महल दे दिया जावे।'

इस प्रकार की चिट्ठी भेजने के उपरांत ही मालकम ने झाँसी के बंदोबस्त का प्रयास शुरू कर दिया और अपना फौज-फाँटा बढ़ा दिया।

इधर झाँसी-दरबार के लोगों का विश्वास था कि दत्तक पुत्र के नाम पर राज्य चलेगा और वे दामोदरराव के नाम पर शासन प्रबंध करने लगे।

उन्नीसवीं शताब्दी के आरंभ काल में जब कंपनी का राज्य जल्दी-जल्दी बढ़ा तब

---

* उस समय बुंदेलखंड और रीवा का पॉलिटिकल एजेंट कैथा, जिला हमीरपुर में रहता था।

वह अपनी नीति और हथियार की विजय के बोझ से लदी-सी जा रही थी और समय-समय पर कंपनी के साझीदारों ने विचार प्रकट किया था कि विजय और इलाके की सीमा बढ़ाने की योजनाएँ घृणास्पद हैं और ब्रिटिश जाति की इच्छा, प्रतिष्ठा और नीति के प्रतिकूल हैं। असल बात यह थी कि कहीं ऐसा न हो कि मुफ्त में आया हुआ माल किसी अदृश्य गड्ढे में चला जाए।

इन योजनाओं का सही रूप डलहौजी था, उसकी नीति में कुछ भी लगा-लिपटा हुआ न था। उसका वक्तव्य स्पष्ट था।

'हम किसी भी मौके को चूकने नहीं देना चाहते। हमारे इलाकों के बीच में ये जो छोटी-छोटी रियासतें हैं, काफी खिझलाहट का कारण हैं। इनको अपने हाथ में कर लेने से खजाने में रुपया बढ़ेगा और हमारी श‚सन-प्रणाली से इन रजवाड़ों की जनता को लाभ ही लाभ प्राप्त होगा।'

जिस समय खरीतों सहित मालकम की चिट्ठी कलकत्ता पहुँची, डलहौजी अवध की ओर दौरे पर गया हुआ था। चार-पाँच महीने तक कोई उत्तर नहीं आया।

: २८ :

जिस दिन गंगाधरराव का देहांत हुआ, लक्ष्मीबाई १८ वर्ष की थीं। इस दुर्घटना का उनके मन और तन पर जो आघात हुआ वह ऐसा था, जैसे कमल को तुषार मार गया हो। परंतु रानी के मन में एक भावना थी, एक लगन थी जो उनको जीवित रखे थे। वह छुटपन के खिलवाड़ में प्रकट हो ही जाती थी। इस अवस्था में वह उनके मन के किस कोने में पड़ी हुई थी, इसको बहुत ही कम लोग जानते थे। जो जानते थे, उनमें से एक तात्या टोपे था, दूसरा नाना धोंडूपंत।

राजा गंगाधरराव के फेरे के लिए बिठूर से नाना धोंडूपंत, अपने दोनों भाइयों सहित आया। तात्या भी साथ था। वे सब जवान हो गए थे। पेंशन के जब्त हो जाने के कारण संतप्त थे और रोष-भरे। गंगाधरराव के देहांत के कारण उनको बड़ी ठेस लगी। जालौन का राज्य समाप्त हो चुका था। महाराष्ट्र की एक गद्दी झाँसी की बची थी। उनको भय था कि यह भी विलीन होने जा रही है। अतः बाजीराव द्वितीय बिठूर में बैठे-बैठे शुरू जमाने में जिस स्वराज्य-स्वप्न की कल्पनाएँ उपस्थित किया करते थे और जिनसे इनका तथा लक्ष्मीबाई का बाल्यकाल पाला गया था, वह केवल दुःस्वप्न-सा अवगत होने लगा था।

रानी किलेवाले महल में ही रहती थीं। वहीं उनकी सहेलियाँ और सिपाही-प्यादे भी। नीचे का महल, हाथीखाना, सेना, घोड़े, हथियार इत्यादि सब हाथ में थे।

नगर का शासन-सूत्र भी अधिकार में था। राज्य की माल दीवानी भी उनके मंत्रियों

के हाथ में थी; परंतु कंपनी सरकार झाँसी की छावनी में अपनी सेना और तोपें बढ़ाने में व्यस्त थी। इससे मन में कुछ खटका उत्पन्न होता था।

शोक संवेदना के उपरांत नाना के दोनों भाई बिठूर चले गए। नाना और तात्या रह गए।

विकट ठंड थी। ठिठुरा देनेवाली। दीन-दरिद्रों के दाँत-से-दाँत बजानेवाली। उस पर संध्या से ही बादल घिर आए। आँधी चल उठी और पानी बरस पड़ा। नाना और तात्या रानी से बातचीत करने संध्या के पहले ही किले के महल में गए। भोजन के उपरांत बातचीत होनी थी और फिर डेरे को लौटना था। परंतु ऋतु की कठोरता के कारण उनके विश्राम का वहीं प्रबंध करवा दिया गया।

दीवाने खास में बैठक हुई। सुंदर, मुंदर और काशीबाई भी रानी के साथ थीं।

रानी का मुख दुर्बल होने के कारण जरा लंबा जान पड़ता था। तो भी उस सतेज सौंदर्य के आतंक में वही आदर उत्पन्न करनेवाला ओज था, विशाल आँखों की ज्योति और भी ज्वलंत थी। रानी कोई आभूषण नहीं पहने थीं—केवल गले में मोतियों की एक माला और हाथ में हीरे की अँगूठी। श्वेत साड़ी पर एक मोटा श्वेत दुशाला ओढ़े थीं। सहेलियाँ भी जेवरों का त्याग करना चाहती थीं, परंतु रानी के आग्रह से उन्होंने ऐसा नहीं किया था।

रानी—'बुंदेलखंड के रजवाड़े बुझे हुए दीपक हैं! उनमें तेल है, परंतु लौ नहीं।'

नाना—'क्या उनमें लौ पैदा नहीं की जा सकती?'

रानी—'कह नहीं सकती। तुमने ढूँढ़-खोज की? मैं तो बाहर आने-जाने से विवश रही हूँ, और हूँ।'

तात्या—'मैं यों ही घूमा-फिरा हूँ। विशेष तौर पर यहाँ के किसी राजा ने प्रसंग नहीं छेड़ा। परंतु वातावरण बिलकुल ठस जान पड़ा। राजाओं को अपने सरदारों और प्रजा से प्रणाम लेने में सुख की इति अनुभव होती है। हास-विलास और सुरापान में मस्त रहते हैं।'

रानी—'वीरसिंहदेव, छत्रसाल और दलपति के बुंदेलखंड का हाल कुछ और होना चाहिए था।'

नाना—'लखनऊ और दिल्ली का हाल कुछ अच्छा है।'

तात्या—'बहुत दिन हुए जब मैं रानी साहब को लखनऊ, दिल्ली की परिस्थिति सुना गया था।'

रानी—'तुम लोग मुझसे रानी साहब मत कहा करो। अच्छा नहीं लगता।'

तात्या—'बाईसाहब कहूँगा।'

नाना—'दिल्ली का हाल मैं सुनाता हूँ। बादशाह वृद्ध है। अपनी स्थिति में बहुत दुखी

है। मन के महाकष्ट को कविता में होकर घटाता रहता है। उसके राजकुमार कुछ होनहार जान पड़ते हैं, परंतु दिल्ली के राजकुमारों में जिस आयु में प्रायः घुन लग जाता है, कदाचित् इनको भी लग जाएगा।'

रानी—'ग्वालियर?'

नाना—'राजा का अभी लड़कपन है। अंग्रेज प्रबंध कर रहे हैं।'

रानी—'इंदौर?'

तात्या—'इंदौर मैं गया था। वहाँ का तो कचूमर ही निकल गया है।'

रानी—'हैदराबाद?'

तात्या—'वहाँ नहीं गया। परंतु इतना निर्विवाद समझिए कि हैदराबाद अंग्रेजों का परमभक्त है। जनता अपने साथ है।'

रानी—'पंजाब की सिक्ख रियासत?'

नाना—'वहाँ मैं कहीं-कहीं गया। सिक्खों में अंग्रेजों को पछाड़ने की शक्ति होते हुए भी फूट इतनी विकट है और राजा इतने स्वार्थांध हैं कि अंग्रेज उस ओर से बिलकुल निश्चिंत रह सकते हैं।'

रानी—'झाँसी में तो अब कुछ है ही नहीं। जो कुछ है भी, संभव है कि वह भी हाथ में न रहे।'

नाना—'झाँसी में ही तो हम लोगों का सब कुछ है। मनू बाईसाहब, झाँसी ही तो हम लोगों की एक आशा है।'

लक्ष्मीबाई के फीके होंठों पर वही विलक्षण मुसकराहट क्षीण रूप में आई।

बोलीं, 'क्या आशा है?'

तात्या ने कहा, 'दामोदरराव की गोद स्वीकार की जावेगी, ऐसा विश्वास है। एलिस ने गोलमोल अवश्य लिखा है, परंतु कलकत्ता में अपने कुछ मित्र हैं, वे सब लोग कुछ सहायता करेंगे।'

रानी ने कहा, 'एलिस, मालकम सब एक ही थैली के चट्टे-बट्टे हैं। ये लोग अपने लाट के नेत्रकोर की संकेत पर चलते हैं। मैंने यहाँ से पूरनचंद्र बंगाली बाबू को कलकत्ता भेजा है। वह बहुत अंग्रेजी पढ़ा है। लाट से स्वयं मिलेगा और हमारी बात को समझाएगा। क्या कंपनी सरकार का लाट हमारे इतने बड़े संधि-पत्र को समूचा निगल जाएगा?'

तात्या ने सहेलियों की ओर देखा।

रानी समझ गईं। बोलीं, 'ये तीनों मेरी अत्यंत विश्वासपात्र हैं। बिना किसी हिचक के बात किए जाओ।'

नाना ने कहा, 'मुझको मालूम है। ये मराठा हैं।'

'झाँसी की लगभग सभी स्त्रियों का विश्वास किया जा सकता है।'

रानी बोलीं, 'ये तीनों तो स्त्रियों की मानो पराग हैं।'

नाना ने कहा, 'बाईसाहब, यह लाट और इसके भाई-बंद 'यावच्चंद्र निवाकरौ'-वाली संधि को समूचा ही पचा गए हैं। झाँसीवाली संधि में न तो दिवाकर की सौगंध है और न चंद्रमा की। ये लोग किसी चीज को पवित्र नहीं समझते। इनकी लिखतम का, इनकी बात का, कोई भरोसा नहीं। हमारी पेंशन के छीनने के समय कहा था—तीस-बत्तीस साल में आठ लाख रुपया साल के हिसाब से तीन करोड़ रुपया बैठता है। वह सब कहाँ डाला? इनका विश्वास नहीं करना चाहिए।'

रानी ने वैसे ही मुसकराकर पूछा, 'क्या ये लोग सीधे-साधे गणित को भी धोखा देते हैं?'

नाना जरा हँसा।

तात्या ने उत्तर दिया, 'बाईसाहब ये लोग अपने स्वार्थ पर अचल रूप से डटे रहते हैं। जब तक स्वार्थ पर ठोकर लगने का अँदेशा नहीं रहता तब तक हरिश्चंद्र और युधिष्ठिर का-सा बरताव करते हैं, परंतु जहाँ देखते है कि स्वार्थ को धक्का लग जावेगा, तुरंत पैंतरा बदल देते हैं। और इतने धूर्त हैं कि इनमें से कुछ न्याय करने-करवाने का ढोंग बनाते हैं और दूसरे उसी ढोंग की ओट में स्वार्थ की सिद्धि करते हैं। जैसे, हेस्टिंग्स ने अवध की बेगमों को लूटा। कुछ अंग्रेजों ने उस पर मुकद्दमा चलाया। बाकी ने इनाम देकर उसको छोड़ दिया। इधर बिचारा नंदकुमार बंगाली फाँसी पर चढ़ा दिया गया।'

रानी ने प्रश्न किया, 'लखनऊ का अब क्या हाल है?'

नाना ने उत्तर दिया, 'पहले का हाल तात्या बतला गया था। अब तो वहाँ शून्य है। जनता निस्संदेह जीवटवाली है।'

रानी ने जरा सोचकर कहा, 'मैं इन सब बातों को सुनकर इस निष्कर्ष पर पहुँची हूँ कि जनता के चित्त का पता अभी पूरा नहीं लगाया गया है। जनता असली शक्ति है। मुझको विश्वास है कि वह अक्षय है। छत्रपति ने जनता के भरोसे ही इतने बड़े दिल्ली सम्राट् को ललकारा था। राजाओं के भरोसे नहीं। मावले, कुणभी किसान थे और अब भी हैं। उनके हलों की मूठ में स्वराज्य और स्वतंत्रता की लालसा बँधी रहती है। यहाँ की जनता को भी मैं ऐसा ही समझती हूँ। उसको छत्रपति ने नेतृत्व दिया था। यहाँ की जनता को तुम दो।'

वे दोनों सिर नीचा करके कुछ सोचने लगे।

रानी ने अपनी सहेलियों की ओर देखकर कहा, 'तुम लोग क्या कहती हो?'

सुंदर ने तुरंत उत्तर दिया, 'मैं सरकार, कुणभी हूँ। और क्या कहूँ? आपकी आज्ञा पालन करते हुए मरने के समय आगा-पीछा नहीं सोचूँगी।'

नाना ने कहा, 'तुम ठीक कहती हो बाई साहब, अभी हम लोग जनता के पास नहीं पहुँचे हैं। आशा है जनता शीघ्र जाग्रत हो जाएगी; परंतु वह बिना नेता के कुछ नहीं कर सकती।'

'नेता को नेता नहीं ढूँढ़ना पड़ता,' रानी बोलीं, 'समर्थ रामदास का आशीर्वाद नेता को तो बिना विलंब उत्पन्न कर देता है।'

नाना–'मैं समझ गया। निराशा का कोई कारण नहीं।'

रानी–'हाँ, जो साधन, जहाँ मिले उसका उपयोग करना चाहिए। जनता मुख्य साधन है। राजा और नवाब की पीढ़ी, दो पीढ़ी ही योग्य होती हैं परंतु जनता की पीढ़ियों की योग्यता कभी नहीं छीजती।'

नाना–'अब एक प्रश्न और है। यदि तुम्हारा अधिकार लाट के यहाँ से मान्य रहा तो हमको स्वराज्य-प्राप्ति के उपायों के जुटाने में सुविधा रहेगी; परंतु यदि लाट ने न माना, जैसी कि मुझको आशंका है, तब किस प्रकार कार्य साधन होगा?'

रानी–'मैं ऐसा क्षण-भर भी नहीं सोचती कि लाट नहीं मानेगा। नहीं मानेगा तो मैं मनवाऊँगी। झाँसी राज्य की जनता सोलह आना मेरे साथ है और यहाँ की जनसंख्या महाराष्ट्र के मावलों से अधिक ही है, कम नहीं है। बुंदेलखंड में ब्राह्मण से लेकर भंगी तक हथियार चलाना जानते हैं और हथियार चलाने की हौंस रखते हैं।'

जिस समय रानी ने यह बात कही, उनका चेहरा तेज से दीप्त हो गया। उन दोनों पुरुषों के मन में हर्ष की लहर दौड़ गई।

तात्या ने कहा, 'अंग्रेजी सेना के हिंदू-मुसलमान सिपाहियों को भी टटोलूँगा।'

रानी बोलीं, 'अभी नहीं। पहले उनके घरों को टटोलो, जहाँ उन्होंने जननी से जन्म पाया और उसकी गोद में खेले हैं।'

नाना ने पूछा, 'यदि लाट का उत्तर तुम्हारे विरुद्ध आया तो क्या तुम तुरंत युद्ध छेड़ दोगी?'

रानी ने जवाब दिया, 'बिठूर से झाँसी आकर इतने दिनों में बहुत कुछ सीखा है। समय उत्तर देगा।'

वे दोनों समझ गए कि रानी का कार्यक्रम इस समय ढूँढ़-खोज करने का और अवसर की प्रतीक्षा का है।

: २९ :

सवेरे की उस कँपकँपाती ठंड में जब सूर्य भी बदली में मुँह छिपाए था, नवाब अलीबहादुर अपने नौकर पीरअली को साथ लिए हाथी पर सवार एलिस की कोठी पर पहुँचे। जिस भवन में आजकल डिस्ट्रिक्ट जज की कचहरी है, उसी में एलिस था।

एलिस अलीबहादुर की कोठी पर जाया करता था। अलीबहादुर एलिस को अपना मित्र मानते हुए भी, उसकी खुशामद करने से नहीं हिचकते थे।

जैसे ही वे हाथी से उतरे, एलिस का नौकर पास दौड़ता हुआ आया। उन्नीसवीं शताब्दी के अंत में साहब के नौकरों और खानसामों का जो पद गौरव चरम सीमा को पहुँच गया था, उस समय उसका आरंभ था।

नौकर ने झुककर सलाम किया। अलीबहादुर ने मिठास के साथ पूछा, 'साहब क्या कर रहे हैं? बहुत उलझन में तो नहीं हैं? मिलना चाहता हूँ।'

नौकर ने जवाब दिया, 'नहीं हुजूर। दफ्तर में अभी-अभी आकर बैठे हैं। हुक्का पी रहे हैं। फौरन इत्तिला करता हूँ।'

कुछ क्षण पश्चात् ही नौकर अलीबहादुर को भीतर पहुँचा आया।

अभिवादन और कुशल-क्षेम प्रश्नोत्तरी के उपरांत उन दोनों में बातचीत होने लगी।

अलीबहादुर ने कहा, 'रानी साहब की अर्जी का कुछ जवाब नहीं आया। शायद खारिज हो जाएगी।'

एलिस विचार की मुद्रा बनाकर बोला, 'कह नहीं सकता। आपका ऐसा खयाल क्यों है?'

अलीबहादुर ने कहा, 'रियासतों के बुरे इंतजाम को देखकर और जनता की भलाई की नजर से, सरकार ने कई रजवाड़ों में अपना अदल, अमन और इनसाफ चालू किया है। इसलिए शायद झाँसी में भी सरकारी बंदोबस्त किया जाए।'

भोलेपन के साथ एलिस बोला, 'मुझको मालूम नहीं नवाब साहब, पर अगर ऐसा हो तो यहाँ की जनता सरकारी हुकूमत और कानून पसंद करेगी?'

अलीबहादुर ने बड़े मीठे स्वर में जवाब दिया, 'दोनों हाथों से जनाब। स्वर्गीय राजा साहब के जमाने में जो जुल्म हुए हैं उनको आसानी से नहीं भुलाया जा सकता।'

एलिस सचाई का ढोंग करते हुए बोला, 'मैंने भी कुछ सुने हैं; जैसे साधारण से अपराधों पर लोगों को बिच्छुओं से कटवाना। लेकिन, मरने के करीब के जमाने की कोई शिकायत मेरे कान तक नहीं आई।'

एलिस नवाब साहब जैसे हिंदुस्थानियों की आँतों तले से बात को निकालने का केंड़ा जानता था। उनकी ओर देखने लगा।

नवाब ने कहा, 'छोटी-छोटी-सी बातों का आपके सामने बयान करना आपकी शान के खिलाफ होगा। पहले के किए हुए कुछ अंधेर इतने गजब के हैं कि सताए हुए लोग अब तक तड़फ रहे हैं।'

'मुझको ऐसे लोगों के नाम और उन पर बीती हुई याद नहीं, नवाब साहब।'

उत्सुकता न प्रकट करते हुए एलिस बोला।

'कम-से-कम एक ही की बीती सुनें जनाब।' नवाब ने कहा, 'नाम बेचारे का खुदाबख्श है। पहले उसको राजा साहब बहुत अंग लगाए रहते थे। नाटकशाला में बराबरी से बिठलाते थे। छोटी-सी जागीर भी दिए रहते थे। एक दिन सनक जो सवार हुई तो गरीब को देश-निकाले की सजा दे दी। जागीर जब्त कर ली। उसने अर्ज मारूज पेश करने की बरसों कोशिश की, मगर उसको मौका तक नहीं दिया गया।'

'उसने कंपनी सरकार में कोई अर्जी दी?' एलिस ने पूछा।

नवाब ने माथा टटोलकर उत्तर दिया, 'याद नहीं पड़ता। शायद नहीं दी।'

अंग्रेज ऐसे मौके पर अपनी धाक जमाते हैं।

एलिस बोला, 'खुदाबख्श अर्जी देता तो एजेंट साहब बहादुर सुनवाई करते।'

खुशामदी हिंदुस्थानी ऐसे ही मौके पर स्वार्थ-साधन का जरिया निकाला करते थे।

नवाब ने कहा, 'जनाब की सेवा में खुदाबख्श अर्जी पेश कर दे?'

एलिस जरा संकट में पड़ा। परंतु उसकी व्यापार-कुशल बुद्धि ने सहायता की, बोला, 'अर्जी जरूर दे। परंतु बड़े साहब के पास कैथा भेजे। जब मेरे पास आएगी, मैं उचित कार्रवाई करूँगा।'

इतने से शायद नवाब साहब का मन भर गया। उन्होंने चिह्न कम से कम ऐसे ही प्रकट किए।

फिर बहुत मुसकराकर, बड़े मिठास के साथ अलीबहादुर ने कहा, 'एक मेरी जाती विनती है।'

एलिस ने प्रसन्नता प्रकट करते हुए कहा, 'जरूर कहिए, नवाब साहब।'

अलीबहादुर वास्तव में जिस प्रयोजन से एलिस से भेंट करने आए थे, उन्होंने वह प्रकट किया।

'जनाब को मालूम है, मिसलों में लिखा पड़ा है, मेरे स्वर्गीय पिता राजा रघुनाथराव साहब ने मुझको ८५ गाँव जागीर में लगाए थे। सरकारी बंदोबस्त होने पर वह जागीर मेरे पास से निकाल ली गई और पाँच सौ रुपया माहवारी वसीला लगा दिया गया। बड़ा कुटुंब है। सफेद पोशी साथ लगी है। गुजर नहीं होती। राजा साहब गंगाधरराव से प्रार्थना की थी। उन्होंने कहा था, एजेंट साहब से सलाह करके जवाब देंगे। फिर उनका लड़का मर गया और वे बीमार पड़ गए। बात अधूरी रह गई! अब शासन बदला है। शायद कंपनी सरकार का बंदोबस्त हो जाए, इसलिए मेरी उचित विनती पर ध्यान दिया जाना चाहिए।'

एलिस सोचने लगा।

नवाब ने समझा कि पानी बिलमा।

एलिस ने समझ लिया कि खुदाबख्शवाली शिकायत केवल भूमिका और पेशबंदी थी। असल में नवाब साहब खुदाबख्श की ओट में अपनी विनती लेकर आए हैं। परंतु वह कुढ़ा नहीं। उसको एक छोटा-सा अध्ययन मिला और अपना काम निकालने का अवसर तथा साधन।

एलिस बोला, 'नवाब साहब, आप मेरे मित्र हैं। मुझसे जो कुछ सहायता बनेगी, करूँगा। आप अर्जी दीजिए। उसमें सब हाल ब्योरेवार लिखिए। अर्जी चाहे एजेंट साहब बहादुर के पास सीधी भेज दीजिए, चाहे मेरी मार्फत।' 'बहादुर' शब्द पर उसने जरा ज्यादा जोर लगाया।

इस समय खुदाबख्श की कोई चिंता अलीबहादुर को न थी।

खुश होकर बोले, 'मैं बहुत धन्यवाद देता हूँ। खुदा आपको लाट साहब करे।' फिर मिठास में घुलकर कहा, 'जनाब को मालूम है कि महाराज रघुनाथराववाला महल मेरे कब्जे में रहा है। मुझको महाराज साहब दे गए थे। उसको गंगाधरराव ने यों ही छीन लिया। किसी काम में नहीं आ रहा है। ताले पड़े हैं।'

एलिस ने कहा, 'मुझको मालूम है। वह जगह आपकी है, आपको मिलेगी। जरा-सा इंतजार करिए।'

नवाब साहब ने सलाम करके धन्यवाद दिया और चलने की आज्ञा माँगने लगे।

एलिस ने हँसकर कहा, 'थोड़ा-सा और बैठिए नवाब साहब।'

नवाब साहब को घर पर काम ही क्या था? सट से जम गए।

एलिस ने फुसलाहट के ढंग पर पूछा, 'आपके पास तो बस्ती के बहुत लोग आते-जाते हैं। क्या हाल है?'

'बहुत अच्छा हाल तो नहीं है। लोग परेशान हैं। सच पूछिए तो वे लोग चाहते हैं कि कंपनी सरकार का बंदोबस्त हो जाए।'

'लोगों से जरा और ज्यादा मिलते रहिए और जनता के सुख-दुख की बातें मुझको बतलाते रहिए।'

'ऐसा ही करूँगा। लगभग दूसरे-तीसरे दिन हाजिरी दिया करूँगा।'

'रानी साहब का क्या खयाल है? उनका स्वभाव किस तरह का है?'

'रानी साहब रंज में रहती हैं। चाल-चलन अव्वल दर्जे का खरा है। अपने धर्म की पाबंद हैं। घुड़सवारी, हथियार चलाना, लिखने-पढ़ने की योग्यता...'

'यह सब मुझको मालूम है, नवाब साहब। मैं उनकी बहुत इज्जत करता हूँ। मैं केवल यह जानना चाहूँगा कि कोई इधर-उधर के लोग उनको बरगलाते तो नहीं हैं।'

'अभी तो उनके नाते-गोते के लोग फेरे के लिए आ-जा रहे हैं। हाल में बिठूर के कुछ लोग आए थे। वे चले गए।'

'कृपा होगी यदि आप इन आने-जानेवालों का भी पता देते रहें।'

'बहुत अच्छा जनाब। पीरअली मेरा बहुत भरोसे का नौकर है। उसको इस काम पर तैनात कर दूँगा। मेरे साथ ही हाथी पर आया है। आप फरमाएँ तो सामने पेश कर दूँ।'

'नहीं नवाब साहब, जरूरत नहीं। आपको यकीन है तो मुझको भी है।'

इसके बाद अलीबहादुर चले गए। घर जाते समय मार्ग में ही पीरअली को उन्होंने उसका कर्तव्य सुझा दिया।

खुदाबख्श हवेली पर मिला। उससे अर्जी देने को कहा। बोले, 'साहब जरा मुश्किल में माने। वह तुम्हारी अर्जी पर विचार करेंगे।'

खुदाबख्श ने कहा, 'मैंने रानी साहब से अर्ज करवाई थी। उन्होंने झाँसी में रहने की आज्ञा दे दी है। जागीर के बारे में उन्होंने हुक्म दिया है कि लाट साहब के यहाँ से अधिकार मिलने पर, खुलासी कर दी जाएगी। इसलिए सोचता हूँ, अभी बड़े साहब या छोटे साहब, किसी को भी अर्जी न दूँ।'

'अच्छी बात है।' नवाब साहब ने कहा। मन में कुढ़ गए।

एक क्षण उपरांत पूछा, 'किसकी मार्फत अर्ज की थी?'

'मोतीबाई अपनी तनख्वाह की फरियाद करने गई थीं। अपनी के सिलसिले में उन्होंने मेरी विनती भी कर दी।'

'कब?'

'कल। और आज सवेरे रानी साहब का जवाब आ गया। बहुत नेक हैं।'

'मोतीबाई आई है?'

'नहीं, उन्होंने खबर भेजी है।'

'मुझको खुशी हुई। मेरे लायक तुम्हारा जो काम होगा, करूँगा।'

'आपकी कृपा है।'

अलीबहादुर ने सोचा—एलिस साहब के कान में इस बात के डालने की जरूरत नहीं है।

खुदाबख्श शहर में रहने लगा।

: ३० :

हाट का दिन था। झाँसी के निकटवर्ती गाँवों से बहुत लोग आए थे। बाजार में झाँसी के भविष्य की क्या चर्चा है, इसको जानने के लिए वे उत्सुक थे। पुरा झाँसी का सबसे बड़ा बाजार था। ग्रामीण इसको 'मिठियाई' कहते थे। हलवाइयों की दुकानें एक सिरे पर थीं। दूसरे सिरे पर एक दिशा में 'मुरली मनोहर' का मंदिर और सामने मंदिर का नक्कारखाना। मंदिर में मूर्ति राधाकृष्ण की थी, और अब भी है। मंदिर कहलाता

लक्ष्मीबाई का है। इसमें दर्शन करने के लिए लक्ष्मीबाई नियम से जाया करती थीं।

हलवाइयों की दुकानों और मुरली मनोहर के मंदिर के बीच के सिलसिले में, अनेक प्रकार की दुकानें थीं। बीच में मार्ग काफी चौड़ा। पश्चिम की ओर मार्ग दो फन्सों में फूटा है, एक हवेली और किले की ओर, दूसरा दतिया फाटक को।

हाट के दिन इस संपूर्ण मार्ग पर बहुत चहल-पहल रहती थी। स्त्रियाँ और पुरुष आजादी के साथ अपना सौदा खरीद रहे थे और बातचीत कर रहे थे। खुदाबख्श और पीरअली बाजार में साथ थे।

कपड़े की दुकान से कुछ कपड़ा मोल लेकर एक देहाती ने दुकानदार से पूछा, 'काये जू अब झाँसी में का होने?'

'जो होत आओ है सो हुइये,' उत्तर मिला।

'हम गाँव बारे इतनई में समझ जात होते तो का न हती। तनक उल्था करकें बताओ।'

तीन-चार देहाती और वहाँ आ गए। बिक्री की आशा से दुकानदार का मन बढ़ा। बातचीत का सिलसिला चला।

'महाराज के स्वर्गवास के पैलें कुंवर गोदी लएते सो सबरो संसार जानत। वा गोद के मनबावे के लाने उनने अपने सामने अर्जी लाटसाब लों पोंचा दईती। अबै उत्तर नई आओ।'

'गोद के मनवाबै के लानें अर्जी। जो कैसो अंधेर राम! हम अपने गाँव में रोजई गोद लेत-देत, पै ईके लानें अर्जी-पुर्जी तो कोऊ नईं देत।'

'अँगरेजन ने नए-नए कानून निकारे हैं।'

'तौ का ऐसे कानून चल जैं हैं?'

'बेतौ बात-बात पै कानून बरसाउत। अर्जी दो, टिकट लगाओ, पंचायतन खौं चूल्हे में डारौ। गोरन के बँगलन पै मारे-मारे फिरौ, हाजिरी देओ।'

'इतनों खाओ और इतनों सोचो—अब का ईके लाने सोऊ अँगरेज कानून बनाएँ?'

'अक्कल चेंथरी* में चढ़ गई सो अब उनें कछु सूझत नइयाँ।'

'तौ का ऐसी आँखें फूट गईं कै धरम-करम कछू नहीं लेखत?'

'वे धरम-करम का चीन्हें? बौ तौ हिंदू-मुसलमान केई बाँटे परो है।'

इस आत्मश्लाघा के बाद दुकानदार ने ग्राहकों को चलाया। भीड़ बढ़ गई थी। सौदा मजे में चल रहा था। दुकानदार बात करना चाहता था और देहाती भी सुनना और गुनना चाहते थे।

---

* चेंथरी—मस्तक का सबसे ऊपरीं भाग।

'एहो सौ अँगरेजन की जा अंदाधुंदी चल जै है? हम तुम का मानसई नइयाँ?'

'अँगरेजन की छाँउनियन में गउएँ कट रईं हैं। कानून को एसौ डंडा घलरओ कै सब जनै साँस लैवें में उकतान लगे।'

'कितै जू?'

'सब जाँगा। ग्वालियर रियासत तो है, पै उतै अँगरेजन कौ चालो चल रओ। उतै कौ बड़ौ साब जब बाजार में होकें निकरत तब सब बाजार बारन खों उठ-उठ कैं, झुक-झुक कैं राम-सलाम करने परत।'

'जौ बड़ौ साब को आय? ऐसै राम-राम तो राजन खौं करी जात।'

'बड़ौ साब लाट साब कौ नौकर है।'

'और लाट साब कीकौ नौकर है? का बौ राजा है?'

'राजा नइयाँ, बिलाँत के राजा कौ नौकर।'

'ओ राम! नौकरन के नौकरन खौं झुक-झुक कैं परनाम! ई देस के ऐसे दिन आ गए! और जो कोऊ राम-राम न करें तो?'

'ऊखों बँगला पै पकर बुलाउत और कष्ट देत।'

देहातियों ने दाँत पीसे।

एक बोला, 'हम तो कौनऊ अँगरेज को राम-राम न करें और न सलाम। बौ न हिंदू, न मुसलमान। और पकर कै बुलाय तौ खुपरिया खोल देओं।'

इतने में कुछ दूर से 'हटो-बचो' की आवाज आई।

एलिस बाजार घूमने घोड़ों पर आया था, साथ में एक सवार था।

वह 'हटो बचो' कह रहा था।

कुछ—बहुत थोड़े—दुकानदार प्रणाम करने को उठे। बाकी अपना काम करते रहे।

किसी देहाती ने प्रणाम नहीं किया।

वह कपड़ेवाला प्रणाम करने को उठना चाहता था कि देहातियों ने मना कर दिया।

एक ने कहा, 'बैठे जो रओ, कौन बौ बसाता बाँट रऔ।'

दुकानदार ने प्रणाम बैठे-बैठे ही किया। देहाती एलिस की वेशभूषा देखते रहे। एलिस आगे निकल गया। मार्ग में चाँदी के जेवरों से लदी, माथे पर सिंदूर की बिंदी लगाए, जरा लमछेरे शरीर की एक सुंदर स्त्री उसने देखी। कुतूहलवश उसने उस स्त्री पर आँख जमाई। स्त्री जरा भी नहीं सहमी। बल्कि उसने एलिस पर आँख तरेरी।

उस स्त्री के साथ एक स्त्री और थी। उस सुंदरी ने अपनी संगिन से तुरंत कहा, 'जौ नठिया मोरी ओर देखत तो? ई कैं का मताई बैनें न हुईएँ।'

'झलकारी, इन अँगरेजन में चलन दूसरी तराँ कौ सुनत।'

'हुइए आग लगन कें। मोरे मन में तो आउत कै पनैयाँ उतार कें मूछनबरे के मोंपै

चटाचट दैओं?'

'कायरी ऊन तोरो का लै लऔ?'

'हमाओ कछू लैवे खों आय तब पसुरियाँ टोर कें धर दैओं पै बैना का इन गोरन खों जानती नइयाँ? झाँसी खों गुटकन चाउत।'

'हमाई रानी न गुटकन दे है।'

'ए, रानी का है छाच्छार* दुर्गा है। ऐसी प्यारी लगत। मोये तो ऊ दिन हरदी कूँ-कूँ में गरे से लगा लओ तो। मैं तो ऊपै अपने प्रान दै सकत।'

'और तोरो मुन्स का कर है?'

'काए अब गारियन पै आ गई? मैं ठूँसा दैओं, सो सबरौ बुकलयाबो बिसर जै। जब रानी पै कोनउ आफत आजै, तब का लुगाई और का मानस, सब अपने खों हौम दैयें।'

पीरअली और खुदाबख्श ने पानवाली दुकान पर सुना—

'यह छोटा साहब कैसी अकड़ के साथ बाजार में होकर निकलता है।'

'इस समय इन लोगों का सितारा चमका है। कभी डूबेगा भी। हिम्मतवाले।'

'जी हाँ! हिम्मत के सब तरफ खुदा ने इन्हीं के खोपड़े पर लिख दिए हैं। हमारी फूट ने हमें खा लिया। नहीं तो क्या मुगल, पठान, राजपूत, मराठा वगैरह के होते ये एक घड़ी भी हिंदुस्थान में ठहर सकते थे?'

'बनिए बनकर आए और ठाकुर बनकर जम रहे हैं।'

'इन राजों-नवाबों ने चौपट किया।'

'प्रजा को कष्ट दिए। सिपाही लड़ाई में हारे, और राज्य गया।'

'अजी सब जनाने हो गए हैं।'

'यहीं के राजा को न देखो। नाटक-चेटक और नाचने-गाने में सब समाप्त कर दिया।'

खुदाबख्श के कान खड़े हुए। क्षोभ आया।

उसी आदमी से पूछा, 'यहाँ के राजा ने रैयत को तो कोई दुख दिया नहीं?'

'दुख न देना और बात है, सुख पहुँचाना दूसरी बात।'

'अँगरेज का राज हो गया, तो याद आवेगी।'

'जनाब, यह ऐसी कौम है कि बिना खाए ही पचा जावेगी।'

'ऐसा नहीं हो सकता। यहाँ का राज अँगरेज के हाथ नहीं जावेगा।'

'कुछ नहीं कहा जा सकता। यदि चला गया तो?'

तँबोली ने पान बनाते-बनाते कहा, 'ठट्टा है जो चला जावेगा। रानी हमारी बनी

---

* छाच्छार—साक्षात्।

रहे, हम अपने सिर कटवा देंगे।'

पीरअली ने हँसकर कहा, 'तुम तो पान काटते-कतरते जाओ भाई। सिर काटना-कटवाना हम सिपाहियों का काम है।'

तँबोली ने ध्यानपूर्वक पीरअली को देखा। बोला, 'आप झाँसी के रहनेवाले नहीं जान पड़ते। परदेशी हैं?'

'क्यों? क्या फर्क पड़ गया?'

'धरती-आकाश का।'

'कैसे?'

'अभी कुछ नहीं कह सकता। समय आने पर देखना।'

'समय आने पर तेली-तँबोली भी तलवार-बंदूक चलावेंगे, यह देखना बाकी है।'

'अभी न देख लो। ले आओ अपनी ढाल-तलवार। मैं अपनी लाता हूँ। फिर देख लो झाँसी का पानी।'

पीरअली हँसा। खुदाबख्श उसको वहाँ से ले गया।

दुकान के पास झम्मीसिह और भग्गी दाऊजू सुनार खड़े थे। झम्मीसिह ने कहा, 'खूब कई साब तुमने, स्याबास। अँगरेजन कौ जासूस सौ का हतो?'

तँबोली बोला, 'हुइये। का करनें कक्का—'

भग्गी दाऊजू ने कहा, 'जो झाँसी की लटी तकै तिहि खाएँ कालका माई।'*

'वा दाऊजू वा,' तँबोली बोला, 'कविराजई तो ठैरे।'

झाँसी में उस समय अनेक लावनीबाज थे। उनकी कविताएँ पिंगल के नियमों से परे होती थीं, लेकिन थीं वे बहुत लोकप्रिय। भग्गी दाऊजू उन्हीं में से एक था।

पीरअली ने बाजार का सारा समाचार अलीबहादुर को दिया।

अलीबहादुर ने दूसरे दिन एलिस को सुनाया।

एलिस ने नवाब साहब को धन्यवाद दिया और मन में कहा, 'आल बाजार गौसिप (सब बाजार की गपशप)।'

: ३१ :

जब महीने-भर से ऊपर हो गया और कलकत्ता से कोई जवाब न आया तो एलिस, मालकम इत्यादि को चिंता हुई। शायद गवर्नर जनरल रानी के पक्ष में फैसला कर दें और झाँसी सरकारी 'बंदोबस्त' की हुकूमत से वंचित रह जाए।

एलिस के सामने सदाशिवराव नेवाल्कर नाम का एक व्यक्ति दावेदार बनकर

---

* भग्गी दाऊजू का रायसा—परिशिष्ट में देखिए।

आया। खूब रहा—प्यादे से प्यादा कट जाएगा। सदाशिवराव को एलिस ने प्रोत्साहित किया। सदाशिवराव ने एक लंबे खर्रे की अर्जी पेश की। गंगाधरराव के वंश का कुरसीनामा अर्जी में दर्ज किया—ठीक पाँचवीं पीढ़ी पर। और रानी बेचारी तो किसी भी पीढ़ी में न थी! गत राजा की धर्मपत्नी! तो भी क्या हुआ? स्त्री तो थी! स्त्री राज्य करने लायक! लेकिन इंग्लैंड की रानी विक्टोरिया तो पुरुष नहीं। मगर हिंदुस्थान इंग्लैंड नहीं है।

सदाशिवराव की अर्जी को रानी की अर्जी से लड़वा ही तो दिया। डलहौजी रानी के लिए अब क्या खाक करेगा? और न इस मूर्ख के लिए ही कुछ।

मालकम ने ३१ दिसंबर, सन् १८५३ को सदाशिवराव की सिफारिश करते हुए लिखा, 'यदि मृत राजा के पुरखों के किसी मर्द वारिस का ही हक कबूल किया जाना है, तो यह व्यक्ति वास्तव में गद्दी का सबसे अधिक निकट हकदार है।'

सदाशिवराव के पास कहीं से कुछ धन भी आ गया और वह मजे में राजसी ठाठ से रहने लगा। राज्य मिलने में कितनी कसर रह गई थी? पॉलिटिकल अफसरों ने सिफारिश कर दी थी। कोड़ा हाथ में आ गया। बस, कसर रही थोड़ी—जीन लगाम घोड़ी!

रानी गंभीरतापूर्वक सारी स्थिति का अवलोकन कर रही थीं। वे झाँसी राज्य को अपने किसी उद्देश्य की पूर्ति का साधन-मात्र समझती थीं। झाँसी का राज्य उनके लिए सुरपुर न था—किंतु, जिस सुरपुर के पाने की उनके मन में लालसा थी, झाँसी उसकी एक सीढ़ी-मात्र थी।

पति के देहांत के बाद से रानी की दिनचर्या इस प्रकार हो गई।

वह नित्य प्रातःकाल चार बजे स्नान करके आठ बजे तक महादेव का पूजन करतीं और उसी समय गवैए भजन-गायन सुनाते। फिर ११ बजे तक महल के समीपवर्ती खुले आँगन में घोड़े की सवारी, तीरंदाजी, नेजा चलाना, दौड़ते हुए घोड़े पर चढ़े- चढ़े, दाँतों से लगाम पकड़कर, दोनों हाथों से तलवार भाँजना, बंदूक से निशाना लगाना, मलखंब, कुश्ती इत्यादि करती थीं और अपनी सहेलियों तथा नगर से आनेवाली कुछ स्त्रियों को यह सब काम सिखाती थीं। इनमें भाऊ बख्शी की पत्नी प्रमुख थी और बहुधा आनेवालों में झलकारी कोरिन।

ग्यारह बजे के उपरांत रानी फिर स्नान करतीं और भूखों को खिलाकर तथा कुछ दान-धर्म करके तब भोजन करतीं। भोजन के उपरांत थोड़ा-सा विश्राम। फिर तीन बजे तक ग्यारह सौ रामनाम लिखकर आटे की गोलियाँ मछलियों को खिलातीं। उस समय वे किसी से बातचीत नहीं करती थीं। और न कोई उस समय उनके पास बैठ सकता या आ सकता था। वे किसी गूढ़ चिंतन, किसी गूढ़ विचार में निमग्न रहती थीं।

तीन बजे के उपरांत संध्या तक फिर वे ही व्यायाम और कसरतें—शरीर को फौलाद बनाने की क्रियाएँ।

संध्या के उपरांत आठ बजे तक कथावार्ता, पुराण, भगवद्गीता का अठारहवाँ अध्याय और भजन सुनतीं। इसके बाद एक घंटा आगंतुकों को भेंट के लिए दिया जाता था। तीसरी बार स्नान करतीं। इसके बाद थोड़े समय तक इष्टदेव का एकांत ध्यान। फिर ब्यालू भोजन। पश्चात् सुंदर, मुंदर और काशीबाई के साथ थोड़ा-सा वार्तालाप और फिर ठीक दस बजे शयन। वे समय की बहुत पाबंद थीं। शिथिलता तो छूकर नहीं निकली थी।

राज्य मिलेगा या न मिलेगा—इन दोनों के व्यवधान में वे महीने चले जा रहे थे। मोरोपंत तांबे और कर्मचारी यथावत् कार्य कर रहे थे। एलिस वर्ग अपना पाया मजबूत बनाने की तैयारी करता चला जा रहा था, बहुत सतर्कता, बड़ी सावधानी के साथ।

जब कई महीने हो गए और डलहौजी का उत्तर न आया तब मोरोपंत, नाना भोपटकर इत्यादि की सम्मति से एलिस और मालकम के द्वारा एक खरीता और भेजा। उसमें पुरानी संधियों को दुहराया गया और जिनके सामने गोद ली गई थी, उनके नाम प्रकट किए गए।

एलिस ने सिफारिश की। लिखा, 'ओरछा राज्य को दत्तक की स्वीकृति दी गई। जैसा ओरछा राज्य वैसा झाँसी राज्य। एक को अनुमति देना और दूसरे को न देना अनुचित मालूम होता है।'

यह बात नहीं कि एलिस रानी की अर्जी का स्वीकृत किया जाना पसंद करता हो। वह ओरछा राज्य को दत्तक की स्वीकृति मिलने पर कुढ़ गया था—एक अच्छा-खासा ग्रास कंपनी सरकार के मुँह से छुटका दिया गया!

कई महीने उपरांत डलहौजी अवध के दौरे से कलकत्ता लौटा। झाँसी की मिसिल पेश हुई। जगह-जगह ऐसे उद्गार जो नाक तक नफरत पैदा करें।

बुंदेलखंड में कंपनी के राज्य की स्थापना हमारे पुरखों की सहायता से हुई है! हमारी राजभक्ति की कदर की जानी चाहिए। जरूर! अब किस साधना के लिए राजभक्ति की अटक है? संधियाँ पवित्र होती हैं। बेशक! तुम पेशवा के नौकर थे। पेशवा हमसे हारा और उसने अपना स्वामित्व हवाले किया। अब तुम हमारे नौकर हुए। मर्जी हमारी, मानें हम तुम्हारी गोद-वोद को, या न मानें।

डलहौजी सोचता-सोचता जिस निष्कर्ष पर पहुँचा, उसकी काउंसिल भी उससे सहमत हो गई।

डलहौजी ने झाँसी की मिसिल पर २७ फरवरी, सन् १८५४ को हुकुम चढ़ाया।

'झाँसी राज्य पेशवा का आश्रित राज्य था। १८०४ की संधि में शिवराव भाऊ ने

इस बात को कबूल किया था। हमको ऐसे आश्रित राज्यों में गोद मानने, न मानने का अधिकार है। रामचंद्रराव ने १८३५ में, जिसको हमने सन् १८३२ में राजा की उपाधि दी थी, मरने से एक दिन पहले किसी को गोद लिया था। वह गोद ब्रिटिश सरकार ने नहीं मानी थी। हम दामोदरराव की गोद को मानने के लिए बाध्य नहीं हैं। इसलिए झाँसी राज्य खालसा किया जाता है, और अंग्रेजी राज्य में मिलाया जाता है। पॉलिटिकल एजेंट की सिफारिश के अनुसार रानी को मासिक वृत्ति दी जाएगी।'

इस हुकुम को कानूनी लिबास ७ मार्च, सन् १८५४ को मिल गया।

मालकम के पास डलहौजी की आज्ञा आ गई और उसने बिना विलंब नीचे लिखा हुआ इश्तिहार एलिस के पास भेज दिया—

'दत्तक को गवर्नर जनरल ने नामंजूर किया है। इसलिए भारत सरकार की ७ मार्च, सन् १८५४ की आज्ञा के अनुसार झाँसी का राज्य ब्रिटिश इलाके में मिलाया जाता है। इश्तिहार के जरिए सब लोगों को सूचना दी जाती है कि संप्रति झाँसी प्रदेश का शासन मेजर एलिस के अधीन किया जाता है। इस प्रदेश की सब प्रजा अपने को ब्रिटिश सरकार के अधीन समझे और मेजर एलिस को कर दिया करे और सुख तथा संतोष के साथ जीवन-निर्वाह करे। १३-३-१८५४ ह० मालकम।'

प्रजा का सुख-संतोष! उसका कल्याण!! राजनीति के पाखंड को कैसे बढ़िया मुहाविरे मिले!!!

: ३२ :

मालकम ने इस घोषणा को बहुत लुका-छिपाकर एलिस के पास भेजा और उसको हिदायत की कि बहुत सावधानी के साथ काम किया जाए, क्योंकि उसे मालूम था कि रानी जनप्रिय हैं, कहीं झाँसी की जनता दंगा-फसाद न कर बैठे। इसलिए एलिस ने सेना द्वारा झाँसी का कठोर प्रबंध किया।

एलिस ने होशियारी के साथ उस घोषणा को एक जेब में रखा और दूसरी में पिस्तौल। सशस्त्र अंगरक्षकों को साथ लेकर रानी के पास किलेवाले महल में पहुँचा। रानी को सूचना दे दी गई थी कि छोटे साहब के पास बड़े लाट की आज्ञा आ गई है, उसी को सुनाने आ रहे हैं। मोरोपंत इत्यादि बहुत दिन से आशा लगाए बैठे थे। दीवाने-खास में नियुक्त समय पर आ गए। रानी परदे के पीछे बैठीं। दीवाने-खास में एक ऊँची कुरसी पर दामोदरराव।

एलिस दृढ़, पर अदृढ़ हृदय के साथ दीवाने-खास में प्रविष्ट हुआ। मोरोपंत इत्यादि ने बहुत विनीत भाव के साथ अभिवादन किया। दीवाने-खास में इत्र-पान इत्यादि सजे-सजाए रखे थे। बुर्जों पर तोपों में सलामी दागने के लिए बारूद डाल दी गई थी।

एलिस होंठ-से-होंठ सटाए आया और अपने माथे की शिकनों को समेटकर अभिवादन का उत्तर देता हुआ बैठ गया।

मोरोपंत ने विनीत भाव के साथ कहा, 'साहब, आपको यहाँ तक आने में बहुत कष्ट हुआ होगा।'

मुश्किल से एलिस का कंठ मुखरित हुआ, 'मेरा कर्तव्य है। दुखदायक कर्तव्य है।'

सब लोग सन्नाटे में आ गए।

एलिस ने कहा, 'महारानी साहब आ गई हैं?'

दीवान ने उत्तर दिया, 'जी साहब, परदे के पीछे विराजमान हैं।'

एलिस ने जेब से मालकमवाली घोषणा निकाली। दरबारियों के कलेजे धक्-धक् करने लगे।

कलेजा थामकर उन लोगों ने घोषणा को सुन लिया। गुलाम गौसखाँ तोपची अनुकूल घोषणा की आशा से दीवाने-खास के एक दर के पीछे की तरफ कान लगाए खड़ा था। प्रतिकूल घोषणा को सुन मुँह लटकाए चुपचाप चला गया।

जब घोषणा पढ़ी जा चुकी—मोरोपंत के मुँह से निकला, 'ओफ!'

दीवान के मुँह से, 'हाय!'

और दरबारियों के मुँह से—'अनहोनी हुई।'

दामोदरराव समझने की कोशिश कर रहा था, उसको आभास मिल गया कि कुछ बुरा हुआ है।

यकायक ऊँचे, परंतु मधुर स्वर में रानी ने परदे के पीछे से कहा, 'मैं अपनी झाँसी नहीं दूँगी।'*

इन शब्दों से दीवाने-खास गूँज गया। वायुमंडल ने उनको अपने भीतर निहित कर लिया।

भारत के इतिहास में वे शब्द दिए गए। झाँसी की कलगी में वे शब्द मणि-मुक्ता बनकर चिपक गए।

अब एलिस का धड़कता हुआ हृदय कुछ स्थिर हुआ।

बोला, 'मुझको गवर्नर जनरल साहब की जो आज्ञा मालकम साहब के द्वारा मिली, उसको मैंने पेश कर दिया। जो कुछ मेरे सामर्थ्य में था, मैंने किया। हम सब गवर्नर जनरल साहब की आज्ञा में बँधे हुए हैं; परंतु मैं समझता हूँ कि असंतोष का कोई कारण नहीं है। पाँच हजार रुपया मासिक वृत्ति महारानी साहब और उनके कुटुंब के लिए काफी है। यह मानना पड़ेगा कि गवर्नर जनरल साहब ने बहुत उदारता का बरताव किया है।'

---

* परिशिष्ट में देखिए।

एलिस का वाक्य समाप्त नहीं हुआ था कि परदे के पीछे से रानी ने उसी ऊँचे और मधुर स्वर में कहा, 'मुझको यह वृत्ति नहीं चाहिए, मैं न लूँगी।'

एलिस ने अधिक ठहरना उचित नहीं समझा। दीवान से कहता गया, 'आप तुरंत मेरे पास आइए।'

दीवान ने पान खाने का आग्रह किया। वह पान खाकर चला गया। मुंदर रानी के पास परदे में बैठी थी। जब घोषणा सुनाई गई, वह मूर्च्छित हो गई थी। एलिस के जाने पर वह होश में आई।

रानी ने कहा, 'क्यों री, मूर्च्छित होना किससे सीखा? क्या इस छोटे से राज्य के लिए ही हम लोग जीवित हैं?'

मुंदर रोने लगी। रानी ने पुचकारा। मोरोपंत इत्यादि ने समझाया।

दीवान ने रानी से पूछा, 'मैं एलिस साहब के पास जाऊँ? वह बुला गए हैं।'

रानी अनुमति देकर रनवास में चली गईं।

कुछ क्षणों में ही समाचार सारे नगर में फैल गया। उस समय झाँसी निवासियों के क्षोभ का ठिकाना न था। रानी की सेना तुरंत युद्ध छेड़ देना चाहती थी, परंतु रानी ने निवारण किया। कहलाया, 'अभी समय नहीं आया है।'

झलकारी ने जब सुना—अपने पति पूरन से कहा, 'छाती बर जाय इन अँगरेजन की, गुटक लई झाँसी।'

: ३३ :

एलिस ने झाँसी का 'अंग्रेजी बंदोबस्त' आरंभ कर दिया।

दीवान से दफ्तरों की चाभियाँ लीं। थाने पर अधिकार किया और शहर में अंग्रेजी राज्य और अपने अधिकार की डोंडी पिटवा दी। तहसीलों में तुरंत समाचार भेजा और वहाँ भी कड़े प्रबंध की व्यवस्था कर दी।

दीवान रानी को सब बातों की सूचना देकर अपने घर उदास चला गया। रानी के नित्य नियम में कोई अंतर नहीं आया। अपने कार्यक्रम के अनुसार जब वे विश्राम के लिए बैठीं तब मुंदर, सुंदर और काशीबाई उनके पास आईं। वे आभूषण उतार आई थीं।

रानी ने कहा, 'आभूषण क्यों उतार आई हो? क्या इसी समय रणभूमि में चलना है?'

मुंदर सिसकने लगी। सुंदर और काशी के नेत्र तरल हो गए।

रानी बोलीं, 'ये चिह्न तो असमर्थता और अशक्ति के हैं। अपने सब आभूषण पहनो और इस प्रकार रहो मानो कुछ हुआ ही नहीं है।'

मुंदर ने रानी के पैर पकड़ लिए। उसकी हिलकी नहीं समाती थी। रानी का कंठ भी

थोड़ा रुद्ध हुआ। उन्होंने भौंहें सिकोड़ीं। एक ओर देखने लगीं।

काशीबाई रुदन करती हुई बोली, 'बाईसाहब, बाईसाहब!'

सुंदर ने करुण स्वर में कहा, 'सरकार, अब क्या होगा?'

रानी ने अपने को सहज ही संयत कर लिया। मुंदर के सिर पर हाथ फेरा। उसकी आँखें आँसुओं से भरी हुई थीं। सुंदर और काशी की भी। चंचल आँसुओं में होकर उन तीनों ने रानी के तेजस्वी रूप को देखा—कई लक्ष्मीबाइयाँ, कई सतेज नेत्र दिखलाई पड़े। उन्होंने अपनी आँखें पोंछी।

रानी ने कहा, 'ये आँसू बल का क्षय करेंगे। अभी तो अपने कार्य का आरंभ नहीं हुआ है। सोचो, जब छत्रपति के उपरांत शंभूजी मारे गए, साहू समाप्त, राजाराम गत, तब ताराबाई की गाँठ में क्या रह गया था? इतने बड़े मुगल सम्राट् को ताराबाई कैसे परास्त कर सकी? उसने स्वराज्य की बागडोर को कैसे बढ़ाया? रो-रोकर? कपड़े और गहने फेंक-फेंककर? भूखों मर-मर? और सोचो, जीजाबाई को पति का सुख नहीं मिला। उन्होंने छत्रपति को पाला। काहे के लिए? किस आशा से? गद्दी पर बिठलाने के लिए? उन्होंने क्या इतना तप, इतना त्याग अपने पुत्र को केवल हाथी की सवारी और नरम-नरम गद्दी पर विराजमान कराने के लिए किया था?'

वे सहेलियाँ सचेत हुईं।

रानी कहती गईं, 'हमको जो कुछ करना है उसकी दिशा निश्चित है। मार्ग में विघ्न-बाधाएँ तो आती ही हैं। खरीते का स्वीकृत न होना केवल एक बाधा ही है। स्वीकृत हो जाता तो क्या हम लोग केवल सो जाने के लिए ही जीवित रहतीं? भगवान् कृष्ण की आज्ञा को याद रखो कि हमको केवल कर्म करने का अधिकार है। कर्म के फल का नहीं। देखो, छत्रपति के उपरांत जिन लोगों ने स्वराज्य के आदर्श को आगे बढ़ाया और उसकी जड़ें प्रबल बनाईं, वे बाधाओं का डटकर प्रतिशोध करते रहते थे। जिन लोगों की लालसा अपने लिए फलों की ओर गई, वे गिर गए और स्वराज्य की धारा धीमी पड़ गई। परंतु वह सूखी कभी नहीं। दादा बाजीराव पेशवा हत्प्रभ होकर बिठूर चले आए। परंतु हम लोगों को वे स्वराज्य की शिक्षा देने से कभी नहीं चूके। यदि हिंदुस्थान में कोई भी उस पवित्र काम को अपने हाथ में न ले, तो भी, मैंने अपने कृष्ण के सामने, अपनी आत्मा के भीतर उसका बीड़ा उठाया है। करूँगी और फिर करूँगी। चाहे मेरे पास खड़े होने के लिए हाथ-भर भूमि ही क्यों न रह जाए। मान लो कि मैं सफल न हो पाई, तो भी जिस स्वराज्य-धारा को आगे बढ़ा जाऊँगी, वह अक्षय रहेगी। उसी महावाक्य को याद रखो—हमको केवल कर्म करने का अधिकार है, फल का कभी नहीं। हमको एक बड़ा संतोष है। जनता हमारे साथ है। जनता सब कुछ है। जनता अमर है। इसको स्वराज्य के सूत्र में बाँधना चाहिए। राजाओं को अँगरेज भले ही मिटा

दें। परंतु जनता को नहीं मिटा सकते। एक दिन आएगा जब इसी जनता के आगे होकर मैं स्वराज्य की पताका फहराऊँगी।'

सहेलियों की आँखों में भी चमत्कार उत्पन्न हो गया।

रानी बोलीं—'मुझसे आज एक भूल हो गई है। मुझको एलिस के सामने कुछ नहीं कहना चाहिए था। मेरे उस वाक्य से वह अपने संगी अँगरेजों सहित चौकन्ना हो जाएगा। वृत्ति भी अस्वीकृत नहीं करनी चाहिए थी।'

काशी ने स्थिर स्वर में प्रश्न किया, 'अब क्या करना है?'

रानी ने कहा, 'अँगरेज जाति बहुत धूर्त है। उसका सामना चाणक्य नीति से ही हो सकता है। मैं वृत्ति को स्वीकृत करूँगी और आगे सावधानी के साथ काम करूँगी। मैं दामोदरराव की ओर से विनय-प्रार्थना की लिखा-पढ़ी जारी रखूँगी, विलायत में अपील भिजवाऊँगी। जिससे एलिस इत्यादि मेरी झाँसी न देनेवाली बात की यथार्थता को अपनी समझ से दूर कर दें। और, जनता अपनी स्मृति में इस बात को पकड़े रहे कि मैं और झाँसी अभी बनी हैं।'

इतने में वहाँ दामोदरराव आया।

रानी ने अपनी गोद में बैठा लिया।

दामोदरराव ने पूछा, 'माता, क्या यह राज्य चला जावेगा?'

रानी—'यह राज्य चला जावेगा तो चला जाने दो। स्वराज्य आवेगा।'

दामोदरराव—'स्वराज्य क्या?'

रानी मुसकराईं।

बोलीं, 'अभी भोजन करने चलो।'

रानी ने पेंशन लेने की स्वीकृति लिखवा भेजी।

: ३४ :

झाँसी की जनता के क्षोभ का समाचार एलिस को मिल गया। उसने अपने मन में एक सामंजस्य स्थिर किया और उसके अनुसार मालकम को लिखा। मालकम ने गवर्नर जनरल को सिफारिश की—

'रानी लक्ष्मीबाई को आजीवन पाँच हजार रुपए दिए जाएँ, और नगरवाला महल उनकी संपत्ति समझी जाकर उन्हीं को दे दिया जाए। रानी या उनके नौकरों पर ब्रिटिश अदालतों की सत्ता न रहे। अपने नौकरों के अपराधों का वे स्वयं न्याय करें। राजा का निज का धन, रियासत के लेन-देन का हिसाब करके जो बाकी बचे वह, और राज्य के सब जवाहरात, रानी को दे दिए जाएँ। राजा और रानी के नातेदारों की एक सूची बनाई जाए और उन लोगों के निर्वाह की व्यवस्था कर दी जाए।'

डलहौजी ने ये सिफारिशें स्वीकार कीं, केवल एक बात नहीं मानी। वह यह की राजा की निज की संपत्ति और रियासत, जवाहरात रानी के हों। उसने तय किया कि दामोदरराव के होंगे, क्योंकि यद्यपि वह राज्य का अधिकारी नहीं है, मगर हिंदू शास्त्र के अनुसार गंगाधरराव की निजी संपत्ति का अधिकारी अवश्य है।

डलहौजी ने यह आज्ञा २५ मार्च, सन् १८५४ को दी और तदनुसार पॉलिटिकल एजेंट ने झाँसी के खजाने से छः लाख रुपए निकालकर दामोदरराव के नाम से अंग्रेजी खजाने में जमा कर दिए और निश्चय किया कि दामोदरराव को बालिग होने पर ब्याज समेत लौटा दिए जाएँगे। रियासत के सब जवाहरात और सोने-चाँदी के आभूषण इत्यादि 'दामोदरराव हेतु' रानी के अधीन कर दिए।

ईमान और राजनीति दोनों की परस्पर निभा दी।

अब अंग्रेजी बेलन अपरिहार्य और अनवरत गति से चला।

सबसे पहले जो हुआ, वह रानी से किले का खाली कराना था। किले से एक बड़ी सुरंग हाथीखाने को और वहाँ से शहरवाले महल को गई थी। रानी ने इसके द्वार को मुँदवा दिया और वह किले से शहरवाले महल में सहेलियों सहित चली आईं।

अंग्रेजी पल्टन ने किले पर कब्जा कर लिया। उसके अंग्रेज अफसरों ने रात को कबाब-शराब से जशन मनाया। पल्टन के बहुत से हिंदुस्थानी सिपाही आँसू बहाते हुए सोए।

दूसरे दिन बहुत-सा रियासती फौज़ी सामान नष्ट किया गया और बड़ी-बड़ी तोपों को निरुपयोगी कर डाला गया। झाँसी राज्य की संपूर्ण सेना एक कलम बरखास्त कर दी गई—उनको छः-छः महीने का वेतन देने की उदारता जरूर की गई। सिपाही वेतन लेकर महल के सामने से निकले। वे रानी का एक अंतिम दर्शन लेना चाहते थे। रानी झरोखे पर परदे के पीछे आ गईं। सिपाही आँसू बहाते जाते थे और 'रानी माता रानी माता' कहते हुए उनको प्रणाम करते चले जाते थे। रानी परदे के बाहर केवल अपने जुड़े हुए हाथों नमस्कार करती जाती थीं। रानी ने सिपाहियों के आँसू देखकर भी अपने आँसू किसी आश्चर्यपूर्ण क्रिया से रोके।

छः-छः मासवाले वेतन की उदारता केवल सिपाहियों तक सीमित रही, बाकी सब रियासती नौकर खाली जेब घर चले गए। जिनको पटवारगिरी और कानूनगोई से पेट भरना था, उनकी अर्जियाँ जल्दी-जल्दी मंजूर कर ली गईं। एक बख्शिशअली झाँसी नगर के सब फाटकों का फाटकदार था और रियासती कर्मचारियों में उसका बहुत ऊँचा स्थान था। उसको झाँसी की जेल की दरोगाई मिल गई।

लगभग सब जागीरदार खत्म कर दिए गए। केवल गुरसराय, कटेरा और गुसाइयों की जागीरें बच गईं। वे इसलिए कि बेलन के नीचे कुछ कड़े-कंकड़ बच ही जाते हैं।

छोटे जागीरदारों में आनंदराय भी था। उसके पास ताम्र-पत्र थे। वे छीन लिए गए और बदले में कागज पर नकलें दे दी गईं।

औरों की तरह आनंदराय से भी पूछा गया, 'नौकरी करोगे?'

'कौन-सी?'

'पटवारगिरी।'

'नहीं कर सकूँगा। खेती से पेट पालूँगा।'

'नायब थानेदारी करोगे?'

'कर लूँगा।'

जहाँ सैकड़ों और सहस्रों की तादाद में जनता के पढ़े-लिखे लोग रियासत में थोड़ा वेतन पाकर भी अपनी गुजर करते थे, वहाँ रियासत के लोग केवल थोड़े से ऊँचे कर्मचारी और छोटे-छोटे जागीरदार अंग्रेजी राज्य में छोटे-छोटे पदों पर कुछ अधिक वेतन देकर नियुक्त कर दिए गए। बाकी बड़े-बड़े पदों पर मोटा वेतन पानेवाले थोड़े से अंग्रेज मुकर्रर हो गए। ठीक तो है—राजा की जगह अंग्रेज कमिश्नर, एक दर्जन दीवानों की जगह अंग्रेज कमिश्नर और दो-तीन सौ अंग्रेज सैनिक। दरबार समाप्त—कवि, चित्रकार, धुरपदिए, सितारिए, नर्तकियाँ-नर्तक, साँटमार, कारीगर सबकी बिदा!

उनकी जगह क्लब, डाक बंगला और ऊँचे-नीचे, छोटे-बड़े सब हिंदुस्थानियों का अनिवार्य माथा-टेकू सलाम। वह भी अर्दली को हकदस्तूर दो, जूते उतारकर साहब की विलायती प्रतिमा के सामने नतमस्तक जाओ, तब नसीब। कोरी, करघे, कपड़े सब गायब—केवल एक अत्यंत महत्त्वपूर्ण क्रिया जारी—गंगाजी के किनारों से चाँदी-सोने का शोषण करना और टेम्स जी के किनारों पर निचोड़ देना।

हिंदुस्थान उस ओर चलाया जाने लगा जिसको आजकल की भाषा में कह सकते हैं—

'महफिल उनकी साकी उनका।
आँखें अपनी बाकी उनका।'*

झाँसी प्रदेश के अनेक लोग रानी के पास प्रणाम करने जाते थे और पूछते थे—

'सरकार की आज्ञा हो तो अँगरेजों की नौकरी कर लें?'

रानी उत्तर दिलवाया करती थीं, 'कर लो, परंतु इस बात को मत भूलना कि कभी झाँसी राज्य में तुम्हारा कोई स्थान था!'

सेठ-साहूकारों के उलाहनों के मारे रानी हैरान थीं। कोई कुछ कह जाता, कोई कुछ।

'आप कुछ उपाय क्यों नहीं करतीं?'

'विलायत खरीता भेजिए। झाँसी को यों ही तो अँगरेजों के हाथ में नहीं चला

---

* अकबर इलाहाबादी।

जाने देना चाहिए।'

'हम लोगों से जितना रुपया चाहिए हो, लीजिए और मुकद्दमा लड़िए।'

'हम लोग साहबों के बंगलों पर सलाम करने नहीं जाना चाहते, इसलिए कम-से-कम शहर तो अपने अधिकार में लीजिए।'

'हमारा सारा व्यापार ठप हो गया है। राजदरबार, सरकार कोई नहीं रहे—अब हमको कोई नहीं पूछता।'

किसानों के ऊपर जो लगान रियासत में कायम था, वह पूरा कभी वसूल नहीं हो पाता था—कभी आधा, कभी चौथाई। और वह भी प्रायः अन्न के रूप में। अब कागजों में लगान कम हुआ; परंतु जितना लिखा गया उसमें से वसूली कौड़ी कम की नहीं की गई—और सब सिक्कों में। भूमि का स्वामी राजा पुस्तकों में अवश्य था, परंतु नित्य के जीवन में किसान को अपनी भूमि किसी को भी देने का अधिकार न था। अंग्रेजी राज्य में वसूली करने के लिए पहले-पहल हर गाँव में ठेकेदार नियुक्त किए गए। फिर इन्हीं को जमींदारियाँ 'अता' कर दी गईं। इस श्रेणी के खड़े कर देने से किसान नीचे धसक गए। भूमि के ऊपर उनका जो अधिकार था वह थोड़े से जमींदारों के हाथ में पहुँच गया। इन दोनों श्रेणियों के बीच के व्यवधान को संतुलित रखने के लिए—अथवा जमींदार-किसान संघर्ष में किसान कभी सिर न उठा पावें इसके लिए साहब, साहब की कचहरी और साहब का बंगला उद्भूत हुए।

रह गईं ग्राम पंचायतें, सो उनके हाथ केवल जात-पाँत के झगड़े निबटाने का हथकंडा रह गया। बाकी सारी शक्ति सौतिया-डाह रखनेवाली अंग्रेजी अदालत के 'इजलास' में चली गई।

इंग्लैंड के कुछ आत्मनिष्ठ पुरुषों ने प्रतिवाद किए; परंतु इन प्रतिवादों का कोई प्रभाव नहीं हुआ।

इंग्लैंड सामंत युग को लाँघकर, मध्यम वर्ग के नेतृत्व में आ चुका था। फ्रांस की क्रांति से घृणा करते हुए भी, इंग्लैंड के मध्यम वर्ग ने फ्रांस-क्रांति के तीन मोहक शब्द—'न्याय', 'समता' और 'भाईचारा' अपने साहित्य में सोख लिए। इंग्लैंड की तत्कालीन राजनीति भी प्रभावित हुई। मध्यम वर्ग के एडमंड वर्क, शेरीडीम इत्यादि ने सिंहनाद किया। राजनीति के अमर सिद्धांत प्रकट हुए। मध्यम वर्ग दृढ़तापूर्वक आगे बढ़ा और इंग्लैंड का अधिकार-क्षेत्र उसने अपने हाथ में कर लिया। अधिकार हाथ में आते ही दायित्व ने उदारता को पीस डाला क्योंकि निम्न वर्ग की असंख्य जनता उस अधिकार संसर्ग से दूर थी। जो मध्यम वर्ग उदार स्वरों में ऊँची राजनीति के राग अलापा करता था वह हर कदम पर हाँ-ना के सिर हिलाने लगा। मध्यम वर्ग के उदार वृत्तिवाले जो लोग अधिकार-क्षेत्र से बाहर थे, और प्रयत्न करने पर भी जो उस क्षेत्र में

नहीं घुस पाते थे, उनकी कौन सुनता था!

रानी ने विलायत को अपील भेजी। उसका कभी जवाब नहीं मिला।

पार्लियामेंट में भी थोड़ी-सी बहस हुई। एक मेंबर ने कंपनी के डायरेक्टरों का पुराना मत उद्धृत किया।

'अपने इलाके को और अधिक बढ़ाना बुद्धिमानी का काम नहीं है। राज्य-विस्तार की नीति संकटपूर्ण है और ब्रिटिश जाति की भावना, प्रतिष्ठा और नीति के प्रतिकूल है।'

उस मेंबर ने अंतरराष्ट्रीय कानून-न्याय की भी दुहाई दी। उस मेंबर के वाक्चातुर्य की तारीफ हुई और बुद्धि की निंदा।

दूसरी अगस्त, सन् १८५४ को अपनी सब पूर्व प्रतिज्ञाओं का विस्मरण करके ब्रिटिश सरकार ने झाँसी राज्य को 'अंग्रेजी इलाके' में मिला लेने की मुहर लगा दी। गवर्नर जनरल की की हुई कार्रवाई मंजूर कर ली गई।

चुक्खी चौधरी, मगन गंधी, लाला श्याम, झम्मी और भग्गी दाऊजू, पूरन कोरी और छंदी चमार इत्यादि सब अपनी विगत स्वतंत्रता की ओर हसरत भरी निगाहों से देखते रह गए। झलकारी कोरिन के वस्त्राभूषणों की चटक चली गई।

: ३५ :

अंग्रेजी क्लब-घर के सामनेवाले मैदान की दूबा साफ कराई जा रही थी। धूप में मजदूर हाँफ-हाँफकर काम कर रहे थे। मजदूरों का मुखिया खड़े-खड़े काम का ढंग बतला रहा था।

एलिस चाहता था, काम ज्यादा जल्दी हो। संध्या के पहले ही कमिश्नर स्कीन, डिप्टी-कमिश्नर गार्डन और फौजी अफसर कप्तान डनलप इत्यादि की बैठक होनी थी। कुछ फल-फलारी की भी योजना थी।

झाँसी को कमिश्नर शासन का गौरव प्राप्त हुआ। इसमें कई जिले शामिल कर दिए गए। झाँसी का एक अलग जिला बना। इस झाँसी जिले का पहला डिप्टी-कमिश्नर कप्तान गार्डन हुआ, जो गंगाधरराव की चिरौरी किया करता था।

मैदान की सफाई करनेवाले मजदूर जरा ढीले पड़-पड़ जा रहे थे। एलिस को क्षोभ हुआ। उसने मजदूरों के मुखिया को डाँटा।

मुखिया ने कहा, 'ये मुफ्तखोर हैं हुजूर। डर के मारे मैंने अभी तक इनकी मारपीट नहीं की। अब हड्डी-पसली तोड़ता हूँ।'

एलिस बोला, 'मैं इस समय हड्डी-पसली तोड़ना पसंद नहीं करता, मगर इनसे काम लो। काफी पैसा दिया जाता है। जब रियासत थी तब तो इनको मुफ्त में काम करना पड़ता था।'

एलिस बंगले में चला गया। मुखिया ने सोचा, 'रियासत में काम मुफ्त में करते थे तो रियायतें भी बहुत पाए हुए थे। लड़की-लड़के के ब्याह के समय, देखें अब कौन इनकी मदद करता है।'

चिल्लाकर मजदूरों को काम करने के लिए संबोधन करने लगा। पास जाकर उनसे कहा, 'अब रियासत नहीं है—अँगरेजी करकरा उठी है। ठिकाने से काम करो, नहीं तो खाल टूटती फिरेगी।'

मजदूरों ने कुड़कुड़ाते हुए कहा—

'न हमें रियासत जागीर लगाए थी और न अँगरेज लगा देंगे। जितना खोदेंगे उतना पी पाएँगे।'

'पर यह जरूर है कि अपना अपना ही है।'

'अपने की मार खाते थे तो उनसे लड़ भी जाते थे। इन लोगों से तो कुछ कह भी नहीं सकते।'

मुखिया ने मना किया, 'झंझट की बात मत करो। साहब अपनी भाषा खूब समझता है। सुन लेगा तो तुम्हारी और हमारी जान ले लेगा।'

मजदूर संध्या के पहले ही काम समाप्त करके अपनी मजदूरी लेकर चले गए। ठीक समय पर अंग्रेज अफसरों की बैठक हुई।

खान-पान के साथ ही काम-काज की बात जारी रही।

एलिस—'मुझको अँदेशा था कहीं झाँसी की जनता हटाए हुए रियासती सिपाहियों को भड़काकर दंगा न करवा दे।'

डनलप—'हमारी पल्टनें तैयार थीं।'

स्कीन—'बंदोबस्त अच्छा था।'

गार्डन—'मैंने सुना है, वे सब रानी के पास गए थे।'

एलिस—'स्वाभाविक है।'

गार्डन—'परंतु रानी ने उनको कोई प्रोत्साहन नहीं दिया। समझदार स्त्री है।'

स्कीन—'मुझको उस स्त्री पर अचरज होता है। सुनता हूँ, ऐसी घुड़सवार है कि पुरुष दाँतों तले उँगली दबाते हैं।'

गार्डन—'हिंदुस्थानी कसरतें खूबी के साथ करती है।'

एलिस—'मुझे शंका थी कि कहीं सती होने की कोशिश न करे। मैं गंगाधरराव के दाह के समय कप्तान मार्टिन को ससैन्य ले गया था।'

गार्डन—'मैं उन दिनों यहाँ न था।'

स्कीन—'इस प्रदेश के लोग शांतिप्रिय और कानून-भक्त हैं। यहाँ पहले दो बार सरकारी अमल रह चुका है, इसलिए हमारा शासन पसंद करते हैं। न मालूम इस

रियासत के सड़े और गंदे वातावरण में यहाँ की जनता कैसे साँस लेती रही?'

एलिस–'ओ यह पूर्व है। जनता में मानो जान ही नहीं। मध्यम वर्ग यहाँ नाम मात्र को भी नहीं है। राजा जनता के भेड़िया-धसान को डंडे के सिरे से हाँकते रहते हैं।'

डनलप–'हमारा शासन उनको कानून और न्याय देगा। व्यवस्थित शासन में ये लोग समृद्ध और सुखी होंगे।'

स्कीन–'यहाँ के बड़े लोगों को अपने पास बुलाते रहना चाहिए। वे लोग जन-समाज के मुखिया हैं। इनको हाथ में रखने से शासन में विघ्न-बाधा उपस्थित न होगी और जिन लोगों के मन में रियासत की भावनाओं का पक्षपात होगा, वे भी बिलकुल ढल जाएँगे।'

गार्डन–'ठीक है। हम लोग उनको जागीरें नहीं दे सकते। लेकिन उपाधियाँ दे सकते हैं। वे उपाधियों को काफी बड़ा पुरस्कार समझेंगे।'

स्कीन–'अलीबहादुर नवाब यहाँ का बड़ा आदमी है। विश्वसनीय है। मुझसे मिला है। बहुत शिष्ट है। उसको बराबर मुलाकात देना चाहिए।'

एलिस–'मैंने चार्ज हवाला करते समय गार्डन को समझा दिया है। नवाब अलीबहादुर अपनी पेंशन बढ़वाना चाहता है। यह नहीं हो सकता। उससे साफ कहना होगा, मगर उसको नवाब की उपाधि आजीवन दी जा सकती है।'

गार्डन–'ठीक किया। अगर उसके कोई लड़का हो तो तहसीलदार बना दिया जाए।'

एलिस–'लड़का तो है किंतु वह उसको नौकरी नहीं कराना चाहता।'

स्कीन–'क्यों? हमारे तहसीलदारों को बहुत अख्तियार हैं। हम तहसीलदारों को कुरसी देते हैं। उनको जूता पहने दफ्तर में आने देते हैं।'

गार्डन–'हाँ, इस बात में काले आदमी बड़ा गौरव देखते हैं।'

स्कीन–'बनियों-महाजनों को भी बुलाना चाहिए। इन लोगों के ब्याज का जनता पर बहुत असर चलता है। व्योपार और रोजगार का अब बहुत अच्छा सुभीता हो गया है। यहाँ से लेकर बंबई तक बेखटके माल आ-जा सकता है। उनको विलायत का माल शहर और देहातों में बेचने से मुनाफा मिल सकता है। थोड़े दिन में मालामाल हो जाएँगे।'

एलिस–'आज मैंने उनमें से खास-खास को बुलवाया है। नवाब अलीबहादुर को इशारा कर दिया था।'

स्कीन–'मुझको मालूम है। गार्डन ने बताया था। उनसे कहना चाहिए कि झाँसी में रेल भी किसी दिन आ जाएगी और महीनों की यात्रा दिनों में हो जाया करेगी। रेल के जरिए वे लोग सहज ही अपने तीर्थों के दर्शन के लिए जा सकते हैं।'

एलिस–'कुछ स्कूल खोलने पड़ेंगे।'

स्कीन–'वह पीछे देखा जाएगा। फिलहाल अस्पतालों और अच्छी सड़कों की चिंता करनी होगी।'

गार्डन–'लेकिन मनचाहे सरकारी नौकर, हिंदुस्थानियों में तभी इस जिले में मिल सकेंगे, जब उन्हें हमारी शिक्षा मिल जाए।'

स्कीन–'हाँ, कुछ दिनों बाद बाबुओं की जरूरत पड़ेगी।'

गार्डन–'परंतु केवल बाबू वर्ग उत्पन्न करने के लायक शिक्षा देने की नीति को पूरा-पूरा स्वीकृत नहीं किया गया है।'

स्कीन–'हाँ, वह बात कलकत्ता, मद्रास, आगरा इत्यादि के लिए है। झाँसी सरीखी पिछड़ी हुई जगह और बुंदेलखंड से वनखंड के लिए नहीं है। यहाँ तो जो स्कूल खोला जाए, उसे मिडिल से आगे मत ले जाओ। मैं नहीं चाहता कि हिंदुस्थानी छोकरे, एडमंड बर्क की मदिरा पीकर मतवाले हो जाएँ।'

एलिस–'तजुर्बा गार्डन को सब सिखा देगा।'

सोने की मोटी साँकल से टँगी हुई घड़ी को स्कीन ने जेब से निकाला। समय देखकर बोला, 'एलिस, तुम्हारे मुलाकाती अभी नहीं आए हैं। समय हो गया है।'

एलिस ने कहा, 'उन लोगों के धर्म में कुछ अंतर है, इसलिए समय की पाबंदी को महत्त्व नहीं देते।' उठकर एक तरफ गया। लौटकर आकर बोला, 'आ गए हैं। मैंने झाँककर देखा। पूरा पूर्वीय ठाठ है। पगड़ी, पग्गड़, फेंटे, दुपट्टे। हाथों, गलों और पैरों तक में जेवर!'

गार्डन ने राजसी मुसकराहट के साथ कहा, 'मैंने दरबारों में यह सब ठाठ देखा है।'

स्कीन–'यह भी दरबार है, गार्डन डिप्टी कमिश्नर साहब बहादुर का दरबार!' स्कीन हँसा। सब अंग्रेज हँसे।

स्कीन बोला, 'हम लोग जाते हैं। एलिस और डनलप के सिवाय और किसी की जरूरत नहीं।'

स्कीन इत्यादि गए। एलिसवाली कोठी में एक कमरा लंबा-चौड़ा था। उसी में 'दरबार' की योजना की गई थी। एक ऊँचे चबूतरे पर एक और छोटा-सा चबूतरा था। उस पर दो कुरसियाँ थीं। उन पर एलिस और गार्डन जा बैठे। नीचेवाले चबूतरे पर आमने-सामने दो कुरसियाँ पड़ी हुई थीं। एक पर डनलप बैठ गया। दूसरी खाली थी। चबूतरे के नीचे एलिस का पेशकार खड़ा था।

थोड़ी देर में बस्ती के आदमी, सेठ, साहूकार इत्यादि आए और प्रणाम कर-करके खड़े हो गए। उनमें नवाब अलीबहादुर भी थे।

एलिस ने पेशकार को इशारा किया। वह नवाब अलीबहादुर को चबूतरे के पास लिवा लाया। उन्होंने फिर झुककर प्रणाम किया। एलिस ने उनको नीचेवाले चबूतरे की

खाली कुरसी पर बैठा लिया।

नवाब साहब की बाँछें खिल गईं।

पेशकार ने बस्ती के सब लोगों को फर्श पर लगी हुई कुरसियों पर बैठाया।

सन्नाटा छा गया।

एलिस खड़े होकर बोला, 'हमने अपना काम कप्तान गार्डन साहब बहादुर को सौंप दिया है। कमिश्नर साहब बहादुर अभी हम लोगों को हुक्म दे गए हैं कि आप लोगों की और प्रजा की भलाई पर खूब ध्यान दिया जाए। आप लोगों की कुशल-क्षेम हम लोगों की चिंता का दिन-रात कारण होगा। खूब बेखटके रोजगार करिए। यहाँ से बंबई तक अमन-चैन कायम है। चोर-उचक्कों को कुचलने के लिए हमारे हाथ में बहुत बड़ी ताकत है। आप अपने-अपने धर्म का पालन दूसरों को नुकसान पहुँचाए वगैर, चाहे जैसा करिए। हमको उससे कोई सरोकार नहीं। हालाँकि हम समझते हैं कि हमारा ईसाई धर्म सर्वश्रेष्ठ है। बहुत जल्दी मदरसे खोले जाएँगे। आपकी भाषा के साथ-साथ अंग्रेजी भी पढ़ाई जाएगी, जिससे आप लोगों की संतान विलायत की अच्छी बातों को भी जान सके। अच्छे पढ़े-लिखे हिंदुस्थानियों को, बड़ी-बड़ी नौकरियाँ भी दी जाएँगी, जिससे आप लोग शासन में हाथ बँटा सकें। अदालतें कायम कर दी गई हैं। सब लोग बिना संकोच के इन अदालतों में अपनी फरियाद पेश कर सकते हैं। न्याय किया जाएगा। किसी के साथ रियायत न की जाएगी। अपराधियों को दंड दिया जाएगा। वे कठोर होते हुए भी अमानुषिक नहीं होंगे—किसी का भी हाथ-पैर नहीं कटवाया जा सकेगा, किसी को भी बिच्छुओं से नहीं कटवाया जा सकेगा। आप लोग सुखी हों, हम अंग्रेज केवल यही चाहते हैं। आप लोगों में से किसी को कुछ कहना हो, तो कह सकते हैं।'

एलिस बैठ गया। झाँसी के उपस्थित लोग एक-दूसरे का मुँह ताकने लगे।

एक साहूकार मगन गंधी बोला, 'हुजूर से हमको केवल एक विनती करनी है। हमारे देश में पहले कभी गाय नहीं काटी गई। मुसलमान बादशाहों ने कभी इस बात को नहीं होने दिया। आपकी अमलदारी होते ही इसका आरंभ हो गया। इसको बंद कर देना चाहिए, आप शक्तिशाली हैं।'

एलिस ने बैठे-बैठे ही कहा, 'आपकी बस्ती में तो यह जानवर नहीं काटा जाता—सिर्फ छावनी के खानेवाले के लिए विवश होकर ऐसा किया जाता है।'

मगन गंधी बैठ गया। उसने अपनी आँख का एक आँसू पोंछा।

एलिस ने धीरे से गार्डन से कहा, 'ए सैंटिमैंटल फूल' (एक भावुक मूर्ख)।

अलीबहादुर ने एलिस और गार्डन की ओर ताका, जैसे कुछ कहना चाहते हों। उन्होंने अनुमति दी।

अलीबहादुर बोले, 'हम लोग परमात्मा को धन्यवाद देते हैं कि महान कंपनी सरकार का राज्य हो गया है। हमारे हाकिम बहुत नेक हैं! वे शहर और इलाके का बहुत अच्छा, बेमिसाल बंदोबस्त कर रहे हैं। सब लोग चैन से अपने घर सोते हैं। चोर, उठाईगीरे लापता हो गए हैं। किसी को कोई कष्ट नहीं। अब मदरसे और पाठशालाएँ खुलेंगी। सारा देश झकाझक हो जाएगा। आप लोगों का व्योपार बढ़ेगा और आप मालामाल हो जाएँगे।'

अलीबहादुर बैठ गए।

पीछे की कुरसी पर बैठा हुआ एक सेठ हँसना चाहता था परंतु उसकी हँसी मुसकराहट में परिवर्तित हो गई। एलिस और गार्डन ने देख लिया। गार्डन ने दरबार समाप्त किया।

वह 'पूर्वीय दरबार' इत्र-पान की अनुपस्थिति से विशिष्ठ था। सेठ-साहूकार कोरे-कोरे, फीके घर लौट आए।

सब लोगों के चले जाने पर एलिस ने गार्डन से कहा, 'स्कीन की मार्फत आज की कार्रवाई की सूचना लैफ्टिनेंट गवर्नर के पास आगरा भेज देना।'

'अलीबहादुर चतुर और प्रभावशाली आदमी है। इसको हाथ में रखना। ठाकुर मुश्किल से दबेंगे; परंतु उनको दबाना है अवश्य। यदि इनकी जाति के कुछ लोगों को पुलिस का थानेदार बना सको, तो अच्छा होगा। रानी अगर बुलावे तो चले जाना परंतु उसको कोई वचन न देना; क्योंकि उसके मामले में अब और कुछ नहीं हो सकता। मदरसों के खोलने की जल्दी मत करना। नौकरियाँ देने में हिंदू-मुसलमानों का लाभकारी समीकरण रखना और यथाशक्ति दोनों को उनके अलग-अलग हक समझाते रहना।'

गार्डन बोला, 'मैं मूर्ख नहीं हूँ। मैंने शिक्षा-नीति के संबंध में जो बात कही थी, वह केवल यह देखने को कि स्कीन कितने गहरे पानी में है।'

एलिस–'स्कीन खुर्राट है रे।'

: ३६ :

कप्तान गार्डन डिप्टी-कमिश्नर 'बहादुर' का 'बंदोबस्त' 'बहादुरी' के साथ चला। जागीरें जब्त हुईं, जमींदारियाँ कायम हुईं। मंदिरों की सेवा-पूजा के लिए जो जायदादें लगी थीं, वे खत्म हुईं। पुजारियों को, पूजकों को यह बहुत अखरा। अर्जी पुर्जियाँ दीं। बंगलों पर माथे रगड़े–एक न चली। गार्डन की दृढ़ता ने चोर-डाकुओं से लेकर पुजारियों तक के होश ठिकाने लगा दिए। हर बात में अर्जी और अर्जीनवीस का दौर-दौरा बढ़ गया। कानून की प्रतिष्ठा के लिए वकीलों को आदर मिला। पहले कोई

परीक्षा इस पेशे के लिए जारी नहीं की गई थी। वकालत की सनद डिप्टी-कमिश्नर 'अता' किया करता था—ठीक उसी तरह जैसे जमींदारी या नौकरियाँ 'अता' होती थीं। होशियार लोगों ने झटपट अंग्रेजी कानून, अदब, ढंग सीखा और आगे चलकर बिना उनके अदालत का पत्ता भी न हिला। इस वर्ग ने उस युग में सब प्रकार की निष्ठाओं के ऊपर कानून की निष्ठा को बैठाने में जाने-अनजाने सहायता की। केवल यह एक ऐसा अंग्रेजी संस्कार है जिसके प्रति हिंदुस्थानियों की आत्मागत भावनाओं में श्रद्धा होनी चाहिए थी, परंतु जिस प्रेरणा और जिस वातावरण में होकर और जिन उपकरणों के साथ न्याय का यह साधन आया था, वे सब हिंदुस्थानियों को कतई अच्छे नहीं लगे। और इसलिए भी कानून अखरा।

परोपकार की वृत्ति से प्रेरित होकर अंग्रेजों ने कानून की प्राण-प्रतिष्ठा हिंदुस्थान के न्याय मंदिर में की हो, सो बात नहीं थी।

देश में पूर्ण शांति हो, अंग्रेजों का अधिकार सदा-सर्वदा इस देश में बना रहे और अंग्रेजी व्यापार, व्यवसाय निर्बाध चलते रहें, बस इसी वृत्ति से प्रेरित होकर कानून बनाए गए और चलाए गए। गवर्नर जनरल से लेकर पटवारी और चौकीदार तक कायदा-कानून में बँधकर अपना-अपना काम करते चले जाएँ, अनुशासन में शिथिलता न आने पाए। तभी तो अंग्रेजी राज्य निर्विघ्न चल सकता था। उन लोगों ने हिंदू नरेशों और मुसलमान बादशाहों के उत्थान-पतन के इतिहास पढ़े-गुने थे, इसलिए वे अपने शासन को उन सब गड्ढों से बचाना चाहते थे, जिनमें नरेशों और बादशाहों के सूबेदार और अन्य कर्मचारी मौका पाते ही उसको ढकेल दिया करते थे।

समय-समय पर गार्डन शहर के बड़े आदमियों को मुलाकात के आकर्षण देता रहा। चिरौरी करना तो वे जानते ही थे, इसको भी करते थे, परंतु जब वे इसके सामने झुकते थे, उनकी रीढ़ में दर्द हो उठता था और माथे पर बल पड़ जाते थे। घर आकर लाभ-हानि को आँकने के साथ वे साहब की हेकड़ी पर जलते थे और अपनी चिरौरी पर हँसते थे।

रानी को भी समाचार दे आते थे। वे चुपचाप सुन लेती थीं और उनके बाल-बच्चों के समाचार विस्तृत ब्यौरे के साथ पूछ लेती थीं और कोई बात न कहने का उन्होंने अपने मन पर बंधेज कर रखा था।

शहरवाले महल के ठीक सामने राजकीय पुस्तकालय था। वह उन्हीं के हाथ में था। पुस्तकालय के पीछे एक ढाल था और ढाल के नीचे उनका सुंदर बड़ा बाग*। इस बाग में वह घुड़सवारी इत्यादि व्यायाम किया करती थीं। नगर की जो स्त्रियाँ उनके पास आती

---

* यह बाग अब हार्डीगंज हो गया है।

थीं, उनको वह बड़ी निष्ठा के साथ इसी बाग में कसरतें सिखाती थीं। अब तो सुंदर, मुंदर और काशीबाई इतना सीख गई थीं कि दूसरों को सिखाने में रानी को इनसे बड़ी सहायता मिलने लगी। फिर भी रानी सोचती थीं कि अश्वारोहण और शस्त्र-चालन में मैं सर्वश्रेष्ठ नहीं हुई हूँ।

पुरानी लड़ाइयों के नक्शे उनके महल में थे। वे उनका बारीकी के साथ अध्ययन करती थीं। बनावटी लड़ाइयों के नक्शे कागज पर बनाती और बिगाड़तीं। अपनी सहेलियों के साथ भिन्न-भिन्न प्रकार की अनेक युद्ध-परिस्थितियों पर वाद-विवाद करतीं, उनको पहाड़ियों पर अश्वारोहण का शौक हुआ। झाँसी के आस-पास पहाड़ियाँ हैं ही, उस समय जंगल और विषम स्थल भी थे। रानी तेजी के साथ सहेलियों सहित इन पर अश्वारोहण करतीं। झाँसी के आस-पास की भूमि का उनका राई-रत्ती परिचय प्राप्त हो गया। इस भौगोलिक परिचय के क्षेत्र को वे निरंतर, अनवरत बढ़ाती रहती थीं। जो स्त्री-पुरुष उनके पास भेंट के लिए आते, उन सबसे कहतीं–'शरीर को इतना कमाओ कि फौलाद हो जाए, तभी मन दृढ़तापूर्वक भगवान् की ओर जाएगा।'

उनका कसरतों का शौक शीघ्र विख्यात हो गया। अमीर खाँ, वजीर खाँ दो नामी उस्ताद उनको मिले। बाला गुरु भी बिठूर से आए और मल्लविद्या के सूक्ष्मतम दाँव-पेंच बतलाकर चले गए। नरसिंहराव टौरिया के नीचे दक्षिणियों के मुहल्ले में, वे एक अखाड़ा जारी कर गए। रानी कुश्ती का अभ्यास अपनी सहेलियों के साथ करती थीं। तीर, बंदूक, छुरी, बिछुआ, रैकला इत्यादि चलाने में पहले दर्जे की श्रेष्ठता, उन्होंने अमीर खाँ, वजीर खाँ के निर्देशन से प्राप्त की–ऐसी और इतनी कि उनकी कुशाग्रबुद्धि, शक्ति और हस्त-कुशलता पर वे दोनों नामी उस्ताद विस्मय में डूब जाते थे। वे जानते थे कि रानी उद्दंड प्रकृति की हैं, इसलिए कभी-कभी लगता था कि हथियार चलाने या परीक्षा के लिए ललकार न बैठें। यह उनका भ्रम था। रानी का बाह्य रूप प्रचंड तेजपूर्ण था, परंतु अंतर बहुत कोमल और उदार।

इस प्रकार महीनों पर महीने बीत गए।

एक दिन तात्या टोपे आया। रानी की सेना बहुत दिन पहले समाप्त कर दी गई थी, परंतु सैनिक और उसके नायक, अपने कौशल को न भूले थे। और न उनका स्वाभिमान गारत हुआ था।

मुहम्मद जमा खाँ अपने को कर्नल अब भी कहता था, अठवारे-पखवारे रानी को वह प्रणाम करने आया करता था। उसी की हवेली के एक भाग में तात्या पूर्ववत् ठहरा। रात के आठ बजे के बाद तात्या रानी के पास पहुँचा। वे तीनों सहेलियाँ उनके साथ थीं। अब की बार तात्या ने जो रानी को देखा, तो बहुत सतेज पाया।

कुशल वार्ता के बाद बातचीत हुई।

'अब की बार राजस्थान, पंजाब इत्यादि भी घूमे?' रानी ने पूछा।

तात्या ने उत्तर दिया, 'अब की बार बहुत घूमा हूँ और एकाध जगह तो पकड़े जाने की ही नौबत आ गई।'

वे सब सतर्क होकर सुनने लगीं।

तात्या कहता गया, 'मैं अपना हाल राजपूताने से आरंभ करता हूँ। बड़े-बड़े राज्य जैसे जयपुर, जोधपुर, बीकानेर इत्यादि किसी विशेष पक्ष में नहीं। तटस्थ से हैं; परंतु सब कहते हैं कि झाँसी के साथ अंग्रेजों ने बेईमानी की। हम लोगों के प्रति उनका भाव उदासीन है। इसके लिए हमारा-उनका दोनों में से किसी का भी दोष नहीं है। हम लोग एकछत्र स्वराज्य स्थापित करना चाहते थे और वे लोग अपनी-अपनी अलग स्वतंत्रता की धुन में थे। राजपूताने में एकाध ठिकाना ऐसा भी है जो महाराष्ट्र नाम से ही अप्रसन्न है, परंतु हिंदुस्थान की स्वाधीनता के लिए उपयुक्त अवसर आने पर सर्वस्व होमने के लिए तैयार है। लेकिन वहाँ के अधिकांश राजा अपने को अंग्रेजों की सहायता के कारण ही, निरापद समझते हैं, इसलिए न अपने जागीरदारों की परवाह करते हैं और न प्रजा की। जैसा ढर्रा चला आया है, मजे में उसको चालू रखने के पक्षपाती हैं। अच्छे नेतृत्व की हीनता में जनता जीवन के साधारण उद्देश्यों में ही लिप्त है। ऐसी अवस्था में वहाँ से कोई आशा नहीं करनी चाहिए। परंतु यह विश्वास है कि वहाँ की सेना अपनी सेना का साथ देगी। पंजाब का हाल कम आशाजनक है। रणजीतसिंह का पंजाब अंग्रेजी इलाके और पाँच रियासतों में विभक्त हो गया है। इन रियासतों के राजा, हाथ आई रोटी को किसी प्रकार भी फेंकने को तैयार नहीं। जनता नेता-विहीन है, इसलिए विवश-सी है। दिल्ली का बादशाह बहादुरशाह वृद्ध है। परंतु उसकी बेगम तेजस्वी है। मुसलमान लोग बादशाह के नाम पर बलिदान होने को तैयार हो सकते हैं। मैं कई प्रभावशाली मुसलमानों से मिला; वे कहते हैं कि हिंदुस्थान में फिर बादशाहत कायम करो। मैंने कहा, 'स्वराज्य' और बादशाहत का सामंजस्य हो सकता है। जब उन्होंने पूछा कैसे होगा, तब मैंने उनको बतलाया कि अपने-अपने प्रांतों और प्रदेशों में सब लोग स्वराज्य नियुक्त करेंगे, बादशाहत को उनमें दखल देने का अधिकार तो रहेगा परंतु अंतरप्रांतीय बड़े कार्यों से संबंध रखनेवाले हुकुमों पर मुहर बादशाह के नाम की रहेगी। सिर्फ दिल्ली के आसपास का प्रदेश बादशाह का खालसा रहेगा। बाहर के शत्रुओं से सब प्रांत और प्रदेश सम्मिलित होकर स्वराज्य और बादशाह के नाम पर लड़ेंगे और इस तरह मिलकर हिंदुस्थान का शासन चलाएँगे। पर हर हालत में, पहले सब मिलकर इस बला को इस देश से टालें। बहुत लोग इस योजना से सहमत हुए, क्योंकि इस समय यही व्यावहारिक जान पड़ती है, परंतु यहीं पर मैं पकड़े जाने से बाल-बाल बच गया। एक नायब डिप्टी कमिश्नर ने, जो हिंदुस्थानी था, कैद कर

लिया; परंतु सिपाहियों की आँख-मिचौनी में से भाग निकला। इसके बाद मैं दक्षिण गया।'

रानी ने कहा, 'तात्या, तुम बहुत चतुर हो। अपनी वार्ता सुनाते जाओ। मैं ध्यान दिए हूँ।'

तात्या मुसकराकर बोला, 'मराठा रियासतों के राजाओं का जो हाल पहले देखा था, वही अब भी है। केवल एक अंतर है। जनता सजग है और सिपाही स्वाभिमानी हैं। महाराष्ट्र की जनता अब भी स्वराज्यमत्त है। दरिद्र और धनाढ्य, किसान-मजदूर और जागीरदार लगभग सब एक संकेत पर खड़े हो सकते हैं।'

'और एक बार फिर, ' रानी ने सहसा कहा, 'वे पर्वतमालाएँ और मैदान, वे घाटियाँ और उपत्यकाएँ 'हर हर महादेव' से गूँज उठेंगी, काँप उठेंगी।'

रानी का सतेज मुख और भी तेजमय हो गया। परंतु वे तुरंत मुसकरा उठीं। बोलीं, 'तात्या, मुझको तुम्हारे सामने तक नियंत्रण के साथ बोलना चाहिए। कभी-कभी वाक्य-संयम की कमी के कारण अपने ऊपर खीझ उठती हूँ।'

तात्या ने दृढ़ स्वर में कहा, 'बाईसाहब, मेरे हृदय में, इनके हृदय में और सब जनता के हृदय में, जो बात गड़ी हुई है, वही आपके मुँह से निकल पड़ी।'

रानी बोलीं, 'अभी उसका समय नहीं आया। समय पर ही निकलनी चाहिए। तुम आगे की वार्ता कहो।'

तात्या ने कहा, 'मैं हैदराबाद गया। नवाब, अन्य रईसों की तरह अंग्रेजों के आतंक से दबा हुआ है। सेना जिस ओर पाँसा पड़े, उस ओर जाएगी। जनता हमारे साथ होगी। मैसूर और तंजौर भी गया था। यही हाल वहाँ का भी है।'

रानी के होंठों पर वही मुसकान आई, जिसके मृदुल मधुर आवरण में फौलादी आदर्श निहित थे। बोलीं, 'तात्या, अभी कुछ विलंब और है। तब तक महत्त्वपूर्ण स्थानों के भूगोल का बारीकी के साथ अध्ययन कर लो। कहाँ, किस प्रकार सेनाओं को ले जाना पड़ेगा, कहाँ आसानी के साथ युद्ध किया जा सकता है और अपने अभीष्ट स्थान पर किस प्रकार शत्रु को एकत्र करके लड़ाई के लिए विवश किया जा सकता है। इन विषयों पर काफी समय और परिश्रम खर्च करने की आवश्यकता है। इसके सिवाय बारबरदारी के जानवरों और अच्छे घोड़ों को इकट्ठा करने की योजना पर विचार करते रहने को भी मन में बहुत स्थान मिलना चाहिए। तोपें, बंदूकें, बारूद, गोला, गोली इत्यादि युद्ध-सामग्री के बनानेवाले कारीगरों को भी हाथ में ले लो। अंग्रेजी कारखानों में अपने आदमी रखवाओ। वे लगन के साथ सब क्रियाएँ सीखें। अपनी पुरानी बारगी-युद्ध परिपाटी* को तो गाँठ ही में बाँध लो। हमारा देश उस परिपाटी को छोड़कर अंग्रेजों से

* Guirella Warfare.

लड़ा, इसलिए भी हारा।'

तात्या—'मैंने नाना साहब और रावसाहब के प्रोत्साहन और आज्ञा से इन सब बातों का ध्यान रखा है और आपकी भी आज्ञा मिली। पूरा ध्यान दूँगा। मैं इतने महीनों पैदल अधिक फिरा हूँ, इसलिए मुझको देश का भूगोल बहुत अच्छी तरह याद हो गया है। किसी-न-किसी तरह बहुत से आदमी, सामान और जानवर लेकर कहीं-का-कहीं पहुँच सकता हूँ।'

रानी—'लड़ाइयों के नक्शों का अध्ययन किया?'

तात्या—'अच्छी तरह। पंजाब में जो लड़ाइयाँ अंग्रेजों से सिक्ख लड़े हैं उनका भी मैंने अध्ययन किया। व्यर्थ ही सिक्खों ने इतनी वीरता खर्च की। इतनी युद्ध-सामग्री, ऐसी अच्छी सीखी-सिखाई फौज यदि अच्छे नायकों के हाथ में होती तो अंग्रेज सिक्खों को भी न हरा पाते। परंतु कदाचित् उनकी हार देशद्रोहियों के कारण हुई है।'

रानी—'वे लोग कहते होंगे कि भाग्य ने हरा दिया?'

तात्या—'निस्संदेह यही कहते हैं।'

रानी—'पंजाब में स्त्रियों को कुछ स्वाधीनता है?'

तात्या—'हिंदू और सिक्ख स्त्रियों को।'

रानी—'तब पंजाब किसी दिन फिर खड़ा होगा।'

तात्या—'परंतु मुसलमान स्त्रियों में कम है।'

रानी—'यह खेद की बात है, किंतु वे भी किसी दिन अपनी बहिनों के प्रभाव में आएँगी।'

तात्या—'मैं पंजाब को भी अपनी योजना में ले रहा हूँ। जिस समय इस ओर की बाढ़ पंजाब से चोट करावेगी, उस समय पंजाब भी नीचे पड़ा न रह सकेगा।'

रानी—'मैं सिक्खों की लड़ाइयों के नक्शों का अध्ययन करना चाहती हूँ।'

तात्या ने कागजों पर मानचित्र बनाकर समझाया। रानी और उनकी सहेलियों ने भी समझा।

तात्या ने अनुरोध किया, 'हमको अपने एक विश्वसनीय जासूसी विभाग की बड़ी आवश्यकता है।'

रानी ने मुसकराकर कहा, 'मैंने स्थापना कर दी है।'

तात्या ने उत्सुक होकर पूछा, 'कैसे? कहाँ?'

रानी ने उत्तर दिया, 'यहीं। मेरी ये तीनों सहेलियाँ काम सीख रही हैं और कर रही हैं। मैं और स्त्रियों को भी तैयार कर रही हूँ, परंतु काम सावधानी का है, इसलिए धीरे-धीरे कर रही हूँ।'

तात्या प्रसन्न हुआ। बोला, 'झाँसी में एक विलक्षण बात देखी। जो यहाँ निवास

करता है, वह तो आपका भक्त है ही, किंतु यहाँ का निवासी जो बाहर चला गया है, वह भी झाँसी के लिए अपना तन-मन बलिदान करने के लिए प्रस्तुत है।'

रानी बोलीं, 'मुझको इसीलिए झाँसी पर बहुत अभिमान है।'

तात्या ने कहा, 'बाईसाहब, जब मैं ग्वालियर राज्य का हाल लेता हुआ हाल में दक्षिण की ओर गया, तब वहाँ बाजार में एक फटियल ब्राह्मण मिला। उसने मुझको पहचान लिया। मैंने भी उनको चीन्ह लिया। वह झाँसी का रहनेवाला नारायण शास्त्री निकला। उसको स्वर्गीय सरकार ने एक अपराध में देश-निकाले की सजा दी थी।'

रानी बोलीं, 'मैंने उस अपराध के विषय में सुना है।'

तात्या ने कहा, 'नारायण शास्त्री आश्वासन देता था कि जो कुछ भी कार्यभार उसको दिया जाएगा, प्राणपण से करेगा।'

रानी ने पूछा, 'वह जिस स्त्री को लेकर यहाँ से गया था, क्या उसको त्याग दिया?'

तात्या ने उत्तर दिया, 'नहीं बाईसाहब। उसने मुझसे स्पष्ट कहा।'

रानी–'समाज ने उसको कैसे ग्रहण किया होगा?'

तात्या–'वह समाज से बाहर है। मूँछ मुड़ाए वैरागी वेश में रहता है। साथ में स्त्री रहती है।'

रानी–'उसको क्या काम दिया?'

तात्या–'सेना के साथ संपर्क रखने का काम। नारायण शास्त्री ज्योतिष जानता है और कविता गाता है। उसके प्रयोग से वह सेना के संपर्क में रहेगा।'

रानी–'सेना के साथ घनिष्ठ संपर्क उत्पन्न करने को बहुत महत्त्व देना होगा।'

तात्या–'दे रहा हूँ।'

रानी–'तुमको, जान पड़ता है, अकेले ही बहुत काम करना पड़ता है।'

तात्या–'नहीं बाईसाहब, नाना साहब, रावसाहब इत्यादि बहुत लोग काम में जुटे हुए हैं। दिल्ली और मेरठ इत्यादि प्रदेशों के अनेक मुसलमान भी प्राणों की होड़ लगाकर निरत हैं।'

रानी–'मुझको ऐसा लगता है कि शीघ्र ही कुछ हो बैठे; परंतु मैं सोचती हूँ कि अधकचरी तैयारी में कुछ भी न किया जाना चाहिए। बहुत दिन हुए, मद्रास की ओर कुछ सिपाहियों ने अचानक उपद्रव कर डाला था, वह व्यर्थ गया। फल यह हुआ कि मद्रासी अब सेना में कम भरती किए जाते हैं। और अंग्रेजों ने अपनी सावधानी को बढ़ा लिया है।'

तात्या–'कैसी भी सावधानी, कुटिलता और बुद्धि से अंग्रेज लोग काम लें, हमारी विशाल, असंख्य जनता उनका राज्य नहीं चाहती। इसलिए राजाओं और नवाबों का साथ न पाते हुए भी, हमको अपने उत्साह में कमी प्रतीत नहीं होती।'

रानी ने मुसकराकर कहा, 'मैं जानती हूँ।'

तात्या बोला, 'बाईसाहब, अब आपके शयन का समय आने को है, भोजन तो अभी हुआ ही नहीं है। जाता हूँ। यहाँ एकाध दिन रहकर चला जाऊँगा। शीघ्र ही फिर सेवा में उपस्थित होऊँगा अर्थात् जैसे ही कोई महत्त्व की बात सामने आई, मैं आऊँगा।'

रानी–'भोजन अब मैं नहीं करूँगी। केवल दूध पिऊँगी, नहीं तो कल के कार्यक्रम का व्यतिक्रम हो जावेगा। तुम दीवान रघुनाथसिंह और दीवान जवाहरसिंह से मिले हो?'

तात्या–'पिछली बार आया, तब मिला था। अब की बार नहीं मिल पाया हूँ।'

रानी–'उनसे मिलना। रघुनाथसिंह नई बस्ती में गनपत खिड़की बाहर रहते हैं और जवाहरसिंह कटीली गाँव में होंगे।'

तात्या–'मैं इनसे मिलूँगा।'

तात्या चला गया।

: ३७ :

रानी के पास आठ बजे के लगभग तात्या, रघुनाथसिंह और जवाहरसिंह आए। रघुनाथसिंह पुष्ट देह का बड़ा बलशाली पुरुष था। जवाहरसिंह जरा छरहरे शरीर का परंतु काफी बलवान।

प्रणाम करके तीनों बैठ गए।

रानी ने पूछा, 'दीवान जवाहरसिंह को क्या कटीली से ले आए तात्या?'

हाथ जोड़कर रघुनाथसिंह ने उत्तर दिया, 'दीवान जवाहरसिंह को एक साँड़नी सवार लिवा लाया। उसने प्रातःकाल के कुछ पहले ही सोते से जगाया था।'

तात्या से कहा, 'मैं स्वयं नहीं गया, दीवान साहब से प्रार्थना की और इन्होंने तुरंत रात को ही, साँड़िनी सवार भेज दिया। घुड़सवार जाता तो दीवान साहब को भी घोड़े ही पर आना पड़ता। शायद कोई संदेह करता, इसलिए ऊँट भेजा।'

जवाहरसिंह बोला, 'श्रीमंत सरकार, मुझे किसी का भी डर नहीं है। उस दिन के लिए तरस रहा हूँ, जब झाँसी और अपने स्वामी के लिए अपना शरीर त्याग दूँ।'

रघुनाथसिंह झूमने लगा।

रानी ने मुसकराकर कहा, 'आप ही लोगों का बल-भरोसा है। एक दिन आवेगा जब आप लोगों के जौहर का उपयोग होगा। तात्या ने कुछ बतलाया होगा?'

रघुनाथसिंह–'बतलाया है सरकार। थोड़े में समझ लिया। हम लोगों को ज्यादा सुनने-समझने की दरकार ही नहीं है। अपनी माता के दर्शन करने थे, इसलिए चले आए।'

जवाहरसिंह—'हम लोगों को सरकार के हाथों अपनी तलवार पर गंगाजल छिटकवाना है।'

रघुनाथसिंह—'और अपनी माता का आशीर्वाद प्राप्त करना है।'

रानी मुसकराईं। बोलीं, 'आप लोगों को मैं अच्छी तरह जानती हूँ। आप लोग सहज ही प्राणों की होड़ लगा सकते हैं। परंतु मैं चाहती हूँ कि प्राणों को सहज ही न खोया जाए। अवसर आने पर ही तलवार म्यान से बाहर निकले। छोटी-छोटी बात पर न खिच जाए।'

तात्या—'इन लोगों को लाट की आज्ञा पर बहुत क्षोभ हुआ और ये तुरंत कुछ जवाब देना चाहते थे।'

रानी—'अंग्रेजों के अन्याय बढ़ते जाएँ तो अच्छा ही है। फिर भगवान् हमारी जल्दी सुनेंगे। असल में अभी इन छोटी बातों पर खीझ-कसर का निकालना अच्छा नहीं है।'

उन दोनों ठाकुरों ने स्वीकार किया।

फिर उन दोनों ने अपनी चमचमाती हुई तलवारें रानी के पैरों के पास रख दीं और हाथ जोड़कर खड़े हो गए।

रानी ने मुंदर से कहा, 'गंगाजल ला।'

मुंदर गंगाजल ले आई—रानी ने पहले जवाहरसिंह की तलवार पर छींटे दिए और फिर रघुनाथसिंह की तलवार पर।

उन दोनों ने रानी के चरण स्पर्श करके तलवारें म्यान में डाल लीं, रानी पुलकित हुईं।

एक क्षण में अपने को संयत करके बोलीं, 'गंगाजल की पवित्रता को निभाना। आपस की कलह में इसका प्रयोग मत करना और न किसी कलुषित काम में।'

उन दोनों ने मस्तक नवाए।

रघुनाथसिंह ने कहा, 'सरकार, अब आशीर्वाद मिलना चाहिए।'

रानी का गला भर आने को हुआ। उन्होंने नियंत्रण कर लिया।

बोलीं, 'तुम्हारे हाथों स्वराज के आदर्श का पालन हो। सुखी रहो, और अपने पीछे ऐसा नाम छोड़ जाओ कि आनेवाली अनंत पीढ़ियाँ तुम्हारे स्मरण से अपने को शुद्ध करती रहें।'

जवाहरसिंह ने कहा, 'माता, यह आशीर्वाद और वह पवित्र गंगाजल सदा हमारे साथ रहेगा।'

रघुनाथसिंह बोला, 'माँ, आज न जाने क्यों ऐसा भास रहा है मानो हम लोग अनेक युद्धों पर विजय प्राप्त कर चुके हों।'

रानी ने कहा, 'मुझको संदेह नहीं है, युद्धों पर विजय प्राप्त करोगे।'

रघुनाथसिंह जरा मचलते हुए बोला, 'माता, हमको आशीर्वाद तो मिल गया, अब प्रसाद और मिलना चाहिए।'

रानी ने तुरंत मुंदर से कहा, 'लड्डू ला, मुंदर। मैंने अपने हाथों आज ही बनाए हैं।'

मुंदर थाल भर लड्डू ले आई।

'नहीं सरकार, इतने नहीं।' जवाहरसिंह हँसकर बोला, 'हम लोग भोजन कर आए हैं।'

रानी उठीं। दोनों हाथों में एक-एक लड्डू लिया। 'अपने हाथ के बनाए लड्डू अपने ही हाथों खिलाऊँगी। तात्या तुम भी खाओ।' रानी ने कहा।

उन लोगों ने मुँह खोले। रानी ने आग्रह के साथ खिलाया। बचे हुए लड्डू उन तीनों सहेलियों को खिला दिए।

हाथ-मुँह धोकर वे सब बैठ गए।

रानी ने कहा, 'आप लोग अभी केवल इतना करें—नातेदारियों में अपना मेल बढ़ाएँ और उनको अपनाएँ। सबके काम में पड़ें और छोटी से छोटी जाति के पुरुष या स्त्री को, गरीब से गरीब, मजदूर या किसान को, कदापि छोटा न समझें। सब जातियों और सब वर्गों को, बिना अपना उद्देश्य बतलाए, हथियार चलाना सिखलाएँ। इस काम के लिए काफी अवसर मिल सकते हैं; जैसे—शिकार, उत्सव, ब्याह-बारात इत्यादि।'

जवाहरसिंह ने कहा, 'बहुत अच्छा।'

रघुनाथसिंह ने कहा, 'ऐसा ही होगा।'

तात्या बोला, 'मैंने इनसे कहा है कि ऐसी कोशिश करो कि कोई नातेदार डाका न डाले। ये कहते हैं कि बड़ी मुश्किल पड़ेगी। मैंने कहा कि डाके डालने ही हैं तो खजानों पर डालो और थाने लूटो।'

रानी ने निवारण करते हुए कहा, 'नहीं तात्या, यह उचित नहीं है। अनाचार और अत्याचार को प्रोत्साहन एक बार मिला कि वह बार-बार सिर उठाता है। जब स्वराज्य का युद्ध शुरू होगा, तब खजाने और थाने सब अधिकार में किए जाएँगे। अभी नहीं।'

जवाहरसिंह और रघुनाथसिंह ने हामी भरी।

तात्या बोला, 'अभी तो गार्डन अपना प्रबंध पक्का किए जा रहा है। समझता होगा कि जनता को अपनाते चले जा रहे हैं।'

रानी ने कहा, 'जनता मूर्ख नहीं है।'

तात्या, दीवान जवाहरसिंह और दीवान रघुनाथसिंह प्रणाम करके चले गए।

रानी ने अपनी सहेलियों से पूछा, 'बतलाओ, इन दोनों में से, झाँसी की स्वराज-सेना का प्रधान सेनानायक बनाने योग्य कौन है?'

मुंदर—'दीवान रघुनाथसिंह।'

सुंदर—'मैं भी ऐसा ही सोचती हूँ।'

काशीबाई—'जवाहरसिंह।'

फिर वे तीनों रानी का मुँह ताकने लगीं।

मुंदर बोली, 'हम दोनों की बात सही निकलेगी।'

सुंदर ने कहा, 'बाईसाहब देखें क्या कहती हैं?'

काशीबाई हँसकर बोली, 'वे अभी बतला देवेंगी।'

रानी ने कहा, 'समय बतलाएगा।'

: ३८ :

ब्रिटिश सरकार के शासन की गतिविधि में अफसरों का जिले-भर में दौरा करने, प्रत्येक दफ्तर के काम को बारीकी के साथ देखने-भालने, थानों, तहसीलों और जेलखानों का निरीक्षण करने का महत्त्वपूर्ण स्थान था। ग्राम पंचायतों का स्थान अंग्रेजी अदालतें दौरे के साधन द्वारा आसानी के साथ ले सकती थीं। इसके सिवाय दौरे का जीवन शिकार देता था, नवीन नवीन प्राकृतिक दृश्यों के दर्शन कराता था और संपूर्ण देहात को संपर्क में इन लोगों के लाता था। शासन की जड़ें मजबूत बनती थीं।

गार्डन दौरा करता हुआ मऊ गया। निरीक्षण के लिए थाने पर पहुँचा। नायब थानेदार आनंदराय रियासती पगड़ी बाँधे, लंबी दाढ़ी के बीच में से कंघी करके कानों पर चढ़ाए इंस्पेक्टर और थानेदार सहित स्वागत के लिए आगे बढ़ा। आनंदराय की वह दाढ़ी गार्डन को खटक गई। उसी समय अपनी आलोचना और आज्ञा प्रकट करना चाहता था, परंतु ठहर गया।

निरीक्षण करने के बाद उसने आनंदराय को बुलाया। बोला, 'तुम डाकुओं की-सी दाढ़ी क्यों रखे हो?'

आनंदराय कोई उत्तर नहीं दे सका।

गार्डन ने कहा, 'इस थाने का तेरा कोई अफसर इस तरह की दाढ़ी नहीं रखता। क्या अपने को इनसे बड़ा समझता है?'

आनंदराय का कलेजा जल उठा, परंतु मुँह से निकला, 'नहीं तो।'

'बातचीत करने की भी तमीज नहीं,' गार्डन ने कहा।

आनंदराय ने सिर नीचा कर लिया।

गार्डन ने हुक्म दिया, 'दाढ़ी रखनी ही है, तो सीधी रख। कानों पर कभी मत चढ़ा। जा, सीधी करके आ।'

आनंदराय गया और दाढ़ी को कानों पर से उतारकर सीधी करके आ गया। चेहरा बिलकुल पीला पड़ गया।

गार्डन के चेहरे पर संतोष की मुसकराहट आ गई। बोला, 'अब ठीक है। जाओ।'

उसी समय झाँसी से एक हरकारा कमिश्नर स्कीन की चिट्ठी लेकर आया। स्कीन ने उसको समाचार दिया था कि सागरसिंह नामक डाकू पकड़ा गया है, जेल में बंद है। जेल का निरीक्षण करना चाहता हूँ। एक दिन के लिए जल्दी आ जाओ।

गार्डन ने घोड़ागाड़ी से झाँसी की ओर कूच कर दिया। मार्ग में घोड़े बदलता हुआ दूसरे दिन झाँसी पहुँच गया।

उसके दूसरे दिन जेल का मुआइना किया। स्कीन और गार्डन साथ थे। बख्शिशअली जेल का दरोगा था। बड़े विनम्र भाव से सलामें झुकाता हुआ, उन दोनों के सामने आया। दोनों प्रसन्न हुए। उनको इस प्रकार का शाही अदब-कायदा पसंद था।

जेल के भीतर जाकर सागरसिंह को देखा। तगड़ा फुर्तीला आदमी था। आँख तीक्ष्ण और चमकदार, दाढ़ी कानों तक चढ़ी हुई; हथकड़ी-बेड़ी से जकड़ा हुआ।

स्कीन ने पूछा 'क्या नाम है?'

'क्या आपको मालूम नहीं?'

'तुम्हारे मुँह से सुनना चाहता हूँ।'

'कुँवर सागरसिंह।'

'कहाँ के रहनेवाले हो?'

'रावली के—बरुआसागर से कुछ दूर।'

'तुमने यह पेशा क्यों अपनाया?'

'क्योंकि इससे बढ़िया कुछ और मिला नहीं।'

'हमारी फौज में नौकरी क्यों नहीं की? अच्छा वेतन मिलता।'

'हमारे घराने में अफसरी होती आई है। हम कोरी सिपाहीगिरी कैसे करते?'

'तुम धीरे-धीरे नायक, हवलदार और फिर सूबेदार तक हो सकते थे।'

'हमारे पुरखों की मातहती में पाँच-पाँच हजार सिपाहियों ने काम किया है। सेनापतियों के घराने के होकर हवलदारी, सूबेदारी करेंगे?'

'ओ! जनरल बनना चाहता था?'

'क्यों, जंडैल बनना कोई बड़ी बात है?'

'डाकू से जनरल! हिंदुस्थान में सब अजीब ही अजीब होता है। जनरल से डाकू हो जाता है तब डाकू से जनरली की तरक्की मामूली बात है। तुमको मालूम है सागरसिंह?'

'कुँवर कहिए, मुझको अकेले नाम से कोई नहीं पुकारता।'

'अच्छा कुँवर सागरसिंह, तुमको मालूम है कि इसी जेलखाने में फाँसीघर है और

मुझको फाँसी देने का अधिकार है। और तुम्हारे जो कारनामे सुने गए हैं, वे साबित भी होंगे और साबित होने पर तुमको फाँसी की सजा दी जावेगी। मैं कल-परसों में तुम्हारा मुकद्‌दमा करके उसी दिन फाँसी दे दूँगा।'

'मुझ अकेले कुँवर सागरसिंह को!'

'तुम्हारे साथ और कौन-कौन हैं?'

'बहुत से हैं?'

'नाम बतलाओगे?'

'क्यों बतलाऊँ? क्या पड़ी है? मुझको कोई फायदा हो, तो नाम बतला दूँगा।'

'फायदा होगा। यदि सच-सच कहोगे, तो सरकारी गवाह बना लिए जाओगे और छोड़ दिए जाओगे।'

'बतलाऊँगा परंतु इन हथकड़ियों और बेड़ियों के बोझ के मारे और भूखों-प्यासों अकल बिगड़ गई। आज जरा आराम मिल जाए तो कल अवश्य बतला दूँगा, पर अपने वचन पर पक्के रहना।'

'हाँ।'

स्कीन ने जेल-दरोगा को सागरसिंह का बोझ हलका करने की आज्ञा दी और अच्छे भोजन की व्यवस्था के लिए भी कह दिया।

बख्शिशअली ने उस आज्ञा का यह अर्थ समझा कि कैदी के साथ पूरी रियायत की जाए।

स्कीन और गार्डन उधर गए और इधर बख्शिशअली ने कुँवर सागरसिंह की हथकड़ी-बेड़ी खोल दीं। केवल साधारण पहरा रहने दिया।

सागरसिंह ने कहा, 'दरोगा साहब, बहुत भूख लगी है। किसी ब्राह्मण के हाथ अच्छा खाना पकवा दीजिए।'

बख्शिशअली बोला, 'कुँवर साहब, मैं तो पूड़ी-मिठाई से आपका थाल भर देता, परंतु इन अफसरों के मारे मजबूर हूँ। अब लीजिए, कोई दिक्कत नहीं रही, हुकुम हो गया है।'

अच्छा खाना बनवाया गया। आदर के साथ परोसा गया। पहरेदारों के मन पर भी कुँवर साहब का आतंक छा गया।

शाम हुई। रात हुई। पहरेवाले जागते-जागते सो गए। बख्शिशअली को दिन-भर के परिश्रम के मारे थकावट आई। वह भी चैन से सो गया।

कुँवर सागरसिंह को सुअवसर प्राप्त हुआ। चंदबरदाई का दोहा याद आया—'फेर न जननी जन्म है, फेर न खेंच कमान' और चुपचाप दीवार लाँघकर नौ दो-ग्यारह हुआ और सवेरा होते-होते ऐसे जंगल में पहुँच गया, जहाँ उसके विश्वास के अनुसार, स्कीन

और गार्डन के फरिश्ते भी नहीं पहुँच सकते थे।

प्रात:काल जेल-भर में हड़बड़ी फैल गई। बख्शिशअली का होश काफूर हो गया। कभी जेल में हड़बड़ाकर और कभी घर में बीवी-बच्चों के पास आकर सिर पीटता।

स्कीन और गार्डन के पास भी खबर पहुँची। वे दोनों तुरंत गए। क्रोध में डूबते-उतराते।

बख्शिशअली ने अत्यंत विनम्र प्रणाम किया और अत्यंत कातर स्वर में कहा, 'हुजूर हुकुम दे गए थे कि हथकड़ी-बेड़ी खोल दो और अच्छा खाना दो। मैंने वैसा ही किया। उस पर पहरा रखा। फिर भी रात को वह मौका निकालकर भाग गया।'

'बेवकूफ, गधे, नालायक,' स्कीन पागल-सा होकर बोला, 'हमने यह हुकुम दिया था?' और तड़ाक् से बख्शिशअली को चढ़े जूते की ठोकर दी। वह गिर पड़ा। वैसी हालत में भी स्कीन ने उसको कई ठोकरें और लगाईं।

तब कहीं उसका क्रोध शांत हुआ।

गार्डन ने कहा, 'बख्शिशअली, गनीमत समझो कि तुमको साहब बहादुर ने इतने से ही छोड़ दिया। तुमको हम बरखास्त करना चाहते हैं।'

बख्शिशअली रोने लगा। स्कीन ने इशारा किया। बख्शिशअली ने नहीं देखा।

गार्डन बोला, 'अच्छा तुमको बरखास्त नहीं करता हूँ, मगर उस पहरेवाले को बरखास्त किया जाएगा, जिसके पहरे में से कैदी छूटकर भागा है।'

वह सिपाही बरखास्त कर दिया गया।

बख्शिशअली का अपमान पहरेदारों और कैदियों के सामने हुआ था। मारपीट से ज्यादा वह घोर अपमान उसको खला। सीधा घर गया और बहुत रोया। बीवी-बच्चे भी रोए।

बख्शिशअली ने कहा, 'जी चाहता है कि तलवार से तुम सबको कतरकर डाल दूँ और गोली मारकर मैं भी मर जाऊँ। महाराजा गंगाधरराव ने या रानी लक्ष्मीबाई ने कभी तू-तड़ाक तक नहीं किया। आज इन गोरों ने मेरे बुजुर्गों की इज्जत खाक में मिला दी।'

बीवी ने रो-रोकर समझाया। मुश्किल से अपने अपमान और क्षोभ को पीकर, बख्शिशअली ने वह दिन भूखों काटा।

'कैसे मुँह दिखलाऊँगा?' वह बार-बार कहता था, 'कहाँ तो मैं आठों फाटकों का कोटपाल था। और कहाँ आज यह हालत हुई!' बार-बार मन में आत्मघात की, बीवी-बच्चों को मार डालने की प्रतिक्रिया उठती थी, परंतु उनकी रोती हुई, बेबस सूरतों को देख-देखकर सहम जाता था।

अंत में आत्मघात का निश्चय उसके मन के किसी कोने में जाकर लीन हो गया।

बख्शिशअली फिर यथावत् काम करने लगा।

जब कभी स्कीन या गार्डन जेल-निरीक्षण के लिए आता, बख्शिशअली को ऐसा लगता मानो कोई जल्लाद आया हो।

: ३९ :

रानी को झाँसी की लगभग सब घटनाएँ समय-समय पर विदित होती रहती थीं। स्मरण-शक्ति उनकी इतनी विशाल थी कि लोगों को आश्चर्य होता था। बख्शिशअलीवाली घटना का वर्णन उन्होंने सुना और आनंदरायवाली का भी। यद्यपि दाढ़ीवाली घटना जेल-दरोगा की मारपीटवाली घटना के मुकाबले में कुछ नहीं थी, तो भी रानी को उन घटनाओं का मूल तत्त्व समझने में देर नहीं लगी। जिस स्रोत से गार्डन और स्कीन को प्रेरणा मिली थी, वह मूल में एक ही था—हेकड़ी, अवहेलना, उपेक्षा। रानी का प्रशस्त गौर ललाट लाल हो गया। एक आह खींचकर रह गईं।

'पेट के लिए इन लोगों को यह सब सहन करना पड़ रहा है,' रानी ने सोचा।

इस तरह की अनेक घटनाएँ जब-तब होती रहती थीं।

अंग्रेज शासन को धाक (Bluff) की पुख्ता नींव पर खड़ा करते चले जाते थे। धाक रौब का रूप पकड़ती चली जा रही थी। यही रौब हिंदुस्थानियों के मन में अंग्रेजों के 'इनकबाल' की सूरत में उत्पन्न होने को था।

परंतु यह धाक या इनकबाल हिंदू-मुसलमानों के हृदय पर वह अधिकार नहीं कर पा रहे थे जो साधु और फकीरों ने जमाने से कर रखा था।

रानी इस प्रकार की घटनाओं को ध्यान और विविध भावों से सुनती रहती थीं।

गार्डन भी शहर और अपने किले का हाल लगन के साथ टटोला करता था परंतु अहंमन्यता और स्वार्थ के कारण वह सही स्थिति नहीं समझ सकता था। और अधिकांश अंग्रेज भी।

एक दिन गार्डन घोड़े पर सवार शहर की कोतवाली* के निरीक्षण के लिए आ रहा था। साधारण हिंदू गृहस्थ की बारात सामने पड़ गई। दूल्हा घोड़े पर चढ़ा था। यह अंग्रेजों के नए हिंदुस्थानी तरीके के खिलाफ था। उसने दूल्हा को घोड़े पर से उतरने की आज्ञा दी। बारातवालों ने प्रतिवाद किया। उसने एक न सुनी। आँखें लाल-पीली कीं।

दूल्हा के पिता ने विनय की, 'हमारे यहाँ राजा तक दूल्हा का मान रखता है।'

'चुप,' गार्डन ने धमकाया।

दूल्हा को घोड़े पर से उतरना पड़ा।

---

* यह अब पुरानी कोतवाली कहलाती है।

नवाब अलीबहादुर गार्डन और स्कीन के पास आया-जाया करते थे। परंतु गार्डन के पास बहुधा। पेंशन बढ़ाने की आशा अभी जीर्ण नहीं हुई थी। उनको इधर की खबर पीरअली दिया करता था। इन खबरों को गार्डन के पास पहुँचा देते थे।

पीरअली ने दीवान जवाहरसिंह के आने का समाचार नवाब साहब को दिया। परंतु वह और तात्या जब चले गए तब।

नवाब ने कहा, 'कुछ दाल में काला है। जवाहरसिंह कटीलीवाले राजा की फौज के एक बड़े अफसर रहे हैं। बिठूर से उस आदमी का इन्हीं दिनों आना इल्लत से खाली नहीं है। क्या है! क्या कर्नल जमाँखाँ भी इन लोगों से मिले?'

पीरअली ने उत्तर दिया, 'कह नहीं सकता। अनुमान करता हूँ कि जरूर मिले होंगे। कर्नल साहब की हवेली में ही तो वह बिठूरवाला ठहरा था। उसको टोपे कहते हैं।'

'इन लोगों में क्या बातचीत हुई या किस प्रसंग की चर्चा हुई, यह जानने की जरूरत है।'

'मैंने जानने की कोशिश की। लेकिन वे लोग दीवान रघुनाथसिंह के यहाँ ऐसी जगह बैठे थे कि वहाँ सुनाई नहीं पड़ सकता था।'

'ये लोग रानी साहब के पास भी गए?'

'जी हाँ, गए। और हँसते, खुश होते हुए लौटे।'

'कर्नल साहब के यहाँ वह टोपी या टोपे क्या किया करता था?'

'कर्नल साहब की हवेली के नजदीक नाटकशालावाली जूही रहती है। मुझको मालूम होता है कि उस टोपे के लिए वह चुंबक है।'

'हो सकता है। और इसलिए शायद वह कर्नल साहब के यहाँ ठहरता है। मगर जवाहरसिंह का और इस टोपे का रघुनाथसिंह की भीतरी बैठक में देर तक बातचीत करना किस मतलब से हुआ होगा? खुदाबख्श कहाँ है?'

'वह तो मोतीबाई के पीछे दीवाने हो रहे हैं।'

'मोतीबाई रानी साहब के पास कभी जाती हैं?'

'जी हाँ, कभी-कभी।'

'उससे काम नहीं निकाला जा सकता?'

'कोशिश करूँगा।'

नवाब साहब सोचने लगे, 'मोतीबाई को मेरे पास लिवा लाओ। गाने के बहाने से।'

पीरअली—'लेकिन वह कहीं भी नहीं गाती। बहुत कम बाहर निकलती है।'

नवाब—'मेरे यहाँ गाएगी। लेकिन खुदाबख्श को खबर न हो। खुदाबख्श से बाद में बातचीत की जावेगी।'

पीरअली अपने घर गया। देखा तो मोतीबाई मौजूद। पीरअली ने सोचा, बहुत

अच्छा शकुन हुआ।

आवभगत के बाद मोतीबाई से बातचीत की।

'मैं तो आपके यहाँ आनेवाला था।' प्रसन्न होकर पीरअली ने कहा।

मोतीबाई ने मधुर मुसकान के फूल बरसाए। साड़ी का घूँघट खींचा, गरदन मोड़ी। बोली, 'मैं खुद आ गई। आप किसलिए कष्ट कर रहे थे?'

'नवाब साहब को गाने का शौक हुआ है। कहा, अकेले में सुन लूँगा। महफिल न होगी।'

'और मैं भी यही सोचकर आई हूँ। अब परदे में गुजर नहीं हो सकती। खुलेआम तो नाचना-गाना मुझसे न होगा, चाहे भूखे भले ही मर जाऊँ। मगर नवाब साहब सरीखे बड़े आदमियों को सुना आने में मुझको कोई उज्र न होगा।'

'नवाब साहब भी यही फरमाते थे। वह महफिल नहीं जोड़ेंगे।'

'आप भी सुना करिए।'

'मैं तो फर्ज और शौक दोनों के लिए मौजूद रहूँगा। उस्ताद मुगलखाँ के ध्रुवपद से जब जी भर जाए, तब आपका खयाल और नाटक के गीत ही मौज पैदा कर सकते हैं। सच पूछिए तो न दिन-भर का समय हो और न मुगलखाँ साहब को सुना जा सके।'

'तो मैं कितने बजे आऊँ?'

'मेरे खयाल में शाम का वक्त अच्छा रहेगा।'

'जी हाँ। लेकिन मैं आठ बजे तक आऊँगी।'

'हाँ, ठीक है। दो घंटे क्या कम हैं?'

मोतीबाई समय नियुक्त करके चली गई।

पीरअली ने सोचा, उमर कुछ बढ़ गई है मगर अब भी झूमती फुलवारियों-सा मदमाता यौवन है।

पीरअली ने नवाब साहब को सूचना दी।

संध्या के छः बजे मोतीबाई आ गई।

परदे की आड़ टूट गई। प्रारंभ में जरा शरमाते-शरमाते। अलीबहादुर ने सोचा, स्वाभाविक है। उनको आश्चर्य यही था कि रंगमंच पर बिना किसी शील-संकोच के नृत्य-गान करने और हाव-भाव दिखलानेवाली अभिनेत्री इतने दिनों और ऐसा परदे का ढोंग क्यों किए रही।

नवाब ने रसीलेपन से कहा, 'मैंने रंगशाला में आपकी कला का कमाल देखा है। समझ में नहीं आता था कि इतना लाज-संकोच और परदा मेरे घर आकर भी आप क्यों करती रही हैं।'

'हुजूर,' मोतीबाई बोली, 'आदत पड़ गई थी। अब भी बिलकुल नहीं छूटी है। गुजर

के लिए परदे को कम कर दिया है, लेकिन बिलकुल तो न छोड़ सकूँगी। बहुत लोगों ने अँगरेज सरकार की नौकरी कर ली है। मुझे तो कोई नौकरी मिल नहीं सकती, इसलिए गाने-बजाने से पेट भरना तय कर लिया है। आप सरीखे कुछ रईसों को खुश करना ही मेरी गुजर के लिए काफी होगा।'

नवाब ने सोचा—मोतीबाई शोख हो गई है। उसकी वह शोखी उनको भली मालूम हुई।

मोतीबाई ने लगभग एक घंटा गाया-नाचा; परंतु उसके बाद न तो नवाब साहब का मन लगा और न मोतीबाई का।

नवाब साहब ने कहा, 'जरा सुस्ता लीजिए। फिर देखा जाएगा। तब तक बातें करें। पीरअली, पान लाना।'

पीरअली ने पान दिए।

नवाब ने पूछा, 'कभी आप महलों में जाती हैं? काम ही क्या पड़ता होगा।'

'जाती हूँ,' मोतीबाई ने उत्तर दिया, 'रानी साहब भजन सुनती हैं। उनको मीरा के भजन बहुत पसंद हैं। रोज तो नहीं जाती हूँ, कभी-कभी सुना आती हूँ। वहाँ थोड़ी-बहुत मिल जाता है।'

'रानी साहब की पेंशन में से बहुत लोगों को सहारा मिलता है, इसलिए बिचारी को मुश्किल का सामना करना पड़ता होगा।'

'जरूर, मगर वे बहुत उदार हैं। उनका निजी खर्च तो बहुत कम है। दान-पुण्य में बहुत दे डालती हैं।'

'बहुत नेक हैं। और फिर इधर-उधर के आने-जानेवाले नाते-रिश्ते के लोग पुराने मुलाजिम लगे हैं, उनको भी कुछ-न-कुछ देना ही पड़ता होगा।'

मोतीबाई की एक आँख के कोने पर सजगता आई। दरवाजे से सटा हुआ पीरअली कान खड़े करके सुनने लगा।

मोतीबाई ने मुसकराकर कहा, 'आते तो बहुत लोग हैं, पर उनको देते-लेते मैंने नहीं देखा।'

'यही क्या कम है कि रानी साहब उनको बातचीत ही के लिए काफी समय देती होंगी।' फिर अलीबहादुर ने सुझाव दिया, 'पूजा-पत्री और सवारी-कसरत में भी कई घंटे निकल जाते हैं।'

मोतीबाई ने तुरंत कहा, 'न मालूम कहाँ से दुनिया-भर के कामों के लिए वे समय निकाल लेती हैं। सवारी, कसरत, कुश्ती करती हैं, औरतों को सिखलाती हैं, पूजा करती है, गीताजी को सुनती हैं और न जाने कितने स्त्री-पुरुषों से बातचीत करती हैं। इसी बीच में, कभी-कभी मेरा गाना भी सुन लेती हैं।'

'तुम्हारा गाना तो, बाईजी, देवताओं को भी लुभा लेगा,' अलीबहादुर ने दाढ़ी पर हाथ फेरते हुए कहा।

मोतीबाई मुसकराई। झेंप का अभिनय किया। फिर भोलेपन के साथ बोली, 'उन्होंने एक काम जरूर बहुत कम कर दिया है। शायद छोड़ ही दिया हो। रामनामी गोलियों का बनाना और अकेले में बैठकर मछलियों को खिलाना। यह काम अब उनकी सहेलियाँ करती हैं।'

'दासियाँ, बाईजी?'

'वह उनको दासियाँ नहीं कहतीं, सहेलियाँ कहती हैं।'

'वह बड़ी नेक हैं, बाईजी। अब तो उन्होंने परदा छोड़ दिया है। मैंने उनके दर्शन किए हैं। न मालूम पहाड़ों और नदियों के घूमने में उनको क्या मजा आता है।'

'मुझसे भी घोड़े की सवारी के लिए कहा था।'

'सचमुच? आपने सीखी?'

'पहले तो बहुत डर लगा, पर अब थोड़ा-थोड़ा सीख गई हूँ। उनकी सहेली मुंदर बड़ी अच्छी सवार है। वही सब औरतों को सिखलाती हैं।'

'क्या औरतों को हथियार चलाना सिखलाया जाता है?'

'वह तो लाजमी है।'

'आपने भी सीखा!'

'सीख रही हूँ।'

'किस मतलब से?'

'मैं तो, अपने हाथ पैर, अभी बरसों अच्छी हालत में रखना चाहती हूँ। इसलिए सीखती हूँ। केवल इसी मतलब से रानी साहब सवारी, कसरत इत्यादि करती हैं। और मतलब मुझको मालूम नहीं।'

'आपको घोड़े पर सवार देखकर मुझको बड़ा अच्छा लगेगा। शायद फरेरू आ जाए। आपकी तंदुरुस्ती, रूप, रंग सब पहले से बहुत अच्छे हैं। कारण यही कसरत, सवारी वगैरह है।'

अलीबहादुर ने सोचा, स्त्री को पराजित करना हो तो उसकी प्रशंसा करो।

मोतीबाई पराजित-सी जान पड़ी। मुसकराकर, झेंपकर, सिमटकर उसने आँखों में मादकता उँड़ेली, बोली, 'हुजूर ने तो यों ही बहुत तारीफ कर डाली।'

नवाब ने कहा, 'मैंने झूठ नहीं कहा।' फिर हँसने लगे। पान खाया और खिलाया। सतर्कता के साथ पूछा, 'कौन-कौन लोग रानी साहब के पास आते हैं, या आए हैं?'

मोतीबाई ने अविलंब उत्तर दिया, 'हाल में बहुत लोग आए हैं। बिठूर से तात्या टोपे, कटीली से दीवान जवाहरसिंह, एक कोई दूलहाजू कोई—क्या विनय करूँ, बहुतों के नाम

ही याद नहीं आ रहे हैं। आगे से याद रखा करूँगी।'

'जरूर, और मुझको बतला दिया करो। रुपए-पैसे की सकुच मत करना आप। जो कुछ थोड़ा-सा मेरे पास है, वह अपना समझो।'

'आपकी बहुत कृपा है। मैं अहसानों को कभी न भूलूँगी।'

'और आने-जानेवाले लोग जो कुछ बात किया करें, वह भी मुझको सुना जाया करिए। अभी हाल में कोई खास बात हुई हो तो।'

'हाँ, कुछ बातें तो मुझको मालूम हैं। निवेदन करूँ?'

'अवश्य। मैं ध्यान से सुनूँगा।'

'रानी साहब गोद लिए राजकुमार का जनेऊ करना चाहती हैं। उसी का मशविरा हो रहा है।'

'दीवान जवाहरसिंह और रघुनाथसिंह से?'

'जी हाँ। वे सब पुराने नौकरों को और सब नातेदारों को तथा शहर और देहात के रईसों को उस मौके पर बुलावेंगी। चूँकि रानी साहब को अपने पुराने आदमियों के सही पते नहीं मालूम, इसलिए जो लोग आते हैं, उनके साथ इसी प्रसंग की चर्चा करती हैं। वे राजकुमार के जनेऊ पर बहुत रुपया खर्च करेंगी। हाँ, एक बात भूल गई। उन्होंने अपनी अपील को विलायत भिजवाया है, उसके लिए लगभग सबसे कहती हैं। और जिद करती हैं कि सब छोटे-बड़े साहबों से मेरी सिफारिश करो।'

'आगे कोई और बात मालूम पड़े तो मुझको आप जरूर बतलाना।'

'अपना कर्तव्य और सौभाग्य समझूँगी,' कहकर मोतीबाई चलने को हुई। उसने मुसकराकर एक कटाक्ष किया।

नवाब साहब ने पान दिया।

मोतीबाई ने कहा, 'मैं सीधी रानी साहब के महल जाऊँगी। उनको एकाध भजन सुनाकर फिर घर पहुँचूँगी। यदि कोई खास बात मालूम पड़ी तो सेवा में आकर अर्ज करूँगी।'

पीरअली ने अनुरोध किया, 'मैं आपको महल तक पहुँचा आऊँ?'

मोतीबाई ने इनकार नहीं किया।

मार्ग की चहल-पहल कम हो गई थी परंतु बंद नहीं हुई थी।

मोतीबाई ने अवसर पाकर पीरअली से कहा, 'नवाब साहब के सामने का परदा तोड़ दिया, अब और लोगों के सामने भी निकलने लगूँगी।'

पीरअली समझ गया। बोला, 'खुदाबख्श साहब मेरे दोस्त हैं। उनसे कहूँगा तो मेरा मुँह मीठा कर देंगे।'

'जी नहीं। अभी नहीं। वे बहुत दिक करते हैं। आपका जैसा मिजाज और कायदा

उन्होंने नहीं पाया है।'

पीरअली प्रसन्न भी हुआ और सहमा भी। 'कायदा' शब्द उसको खटका।

वह मोतीबाई को महल के फाटक तक पहुँचाकर लौट आया।

रानी कथा-वार्त्ता का सुनना समाप्त कर चुकी थीं। मोतीबाई ने आकर प्रणाम किया। जब सब लोग चले गए, रानी ने उससे पूछा, 'क्या हाल है मोती?'

मोती ने अनुनय के साथ कहा, 'सरकार को मीरा का एक पद सुना दूँ तब कुछ निवेदन करूँगी।'

मोती ने तँबूरे पर मीरा का एक पद सुनाया। फिर तँबूरा जहाँ-का-तहाँ रखकर बोली, 'सरकार के विरुद्ध एक जासूस और पैदा हो गया है।'

रानी ने शांत भाव से कहा, 'कौन है मोती?'

'नवाब अलीबहादुर।'

'मुझको संदेह तो नवाब साहब पर पहले से था। क्या बात हुई?'

मोतीबाई ने ओर से छोर तक सुनाया।

जनेऊ के संबंध की बात को सुनकर रानी बोलीं, 'मुझको तेरी बुद्धि पर अचरज होता है मोती। मेरे मन में दामोदर का जनेऊ करने की और अपने लोगों को निमंत्रित करके समारोह करने की बात कुछ दिन से उठ रही है। पर मैंने उसको प्रकट किसी पर नहीं किया। तूने कैसे जान लिया?'

'सरकार,' मोतीबाई ने उत्तर दिया, 'एक दिन राजा भैया से आपने कहा था—तुम्हारा जनेऊ होगा, इतना याद था। उसी को मैं ले आई।'

रानी ने मुसकराकर प्रस्ताव किया, 'तुमको खुदाबख्श की भी जाँच करनी है।'

मोतीबाई ने जरा-सा सिर नवाया। फिर दृढ़ स्वर में बोली, 'सरकार, मैं जाँच करूँगी। यदि काम के निकले तो फर्द में नाम रहने दीजिएगा, नहीं तो काटकर अलग कर दीजिएगा।'

'मुझको विश्सास है, मोती,' रानी ने कहा 'लोहा लोहा ही सिद्ध होगा।'

'रानी ने पूछा, 'जूही और दुर्गा कुछ कर रही हैं?'

मोतीबाई ने उत्तर दिया, 'हाँ सरकार। दुर्गा फौज के हिंदुस्थानी अफसरों को नाचना-गाना प्रदर्शित करती है और उनसे भेद लेती है। जूही की परीक्षा बाकी है।'

'मेरा संबंध तो प्रकट नहीं होता?' रानी ने प्रश्न किया।

'नहीं सरकार।' मोती ने उत्तर दिया।

रानी ने कहा, 'मुझको तुम्हारी बुद्धि और अभिनय कला का भरोसा है।'

मोतीबाई ने उत्साह के साथ आश्वासन दिया।

'यदि मेरा अभिनय श्रीचरणों की कुछ भी सेवा कर सका, तो मैं अपने जन्म को

सार्थक मानूँगी।'

मोतीबाई अपने घर चली आई।

: ४० :

घर आते ही खुदाबख्श मिला। मोतीबाई ने आड़ करने का प्रयत्न किया।

खुदाबख्श ने कहा, 'मेरे सौभाग्य का संदेशा अभी-अभी पीरअली ने दिया, इसलिए चला आया। बहुत दिनों से कान में मिठास नहीं पड़ा। एक बात सुनने को ...'

'पधारिये,' कहकर मोतीबाई बैठक में चली गई।

खुदाबख्श बैठक के कोने में बैठ गया। मोतीबाई ने शमादान में बत्ती जलाई और इठलाती-सी बैठ गई।

उसी ने बात शुरू की।

मोतीबाई–'मैं थकी-माँदी हूँ। इसलिए बात जल्द समाप्त हो जाए तो मेहरबानी होगी।'

खुदाबख्श–'जितने के लिए आया था, वह तो पा लिया। अब यह विनती है कि आप घर ही में रहें और मुझे सेवा करने की इजाजत दें।'

मोतीबाई मुसकराई। आँख के कोने में एक मधुर कलोल हुई और बोली, 'अर्थात् मैं आपकी कैद में रहूँ?'

खुदाबख्श हर्षोन्मत्त हो गया। 'मैं आपका कैदी बनकर रहूँगा।'

'इस प्रकार की बात आपने कितनी स्त्रियों से की है?'

'खुदा जानता है। मुझको कहने की जरूरत नहीं।'

'मैं भी जानती हूँ। मगर एक वायदा करना होगा ईमान को बीच में करके। मैं अस्मत-इज्जतवाली औरत हूँ, मेरा भी खुदा जानता है।'

'मुझको मालूम है। इसलिए इतने बरसों सहा और आँसुओं की नदियाँ बहाईं।'

'आँसुओं की नदी या नदियाँ बहानेवालों से मैं दूर रहना चाहती हूँ।'

'मैं अपना खून बहाने को तैयार हूँ।'

'उसी का ईमान लेना है।'

'ईमान देता हूँ। खुदा को बीच में करता हूँ।'

'बदलिएगा नहीं।'

'बदलने की बात मन में आते ही अपनी गरदन छुरी से रेत डालूँगा।'

मोतीबाई मुसकराई। अपनी आँखों में उसने जादू पैदा किया। बोली, 'नवाब अलीबहादुर की नौकरी कर सकेंगे?'

खुदाबख्श ने उत्तर दिया, 'कर सकूँगा। आपके हुकुम से सब कुछ कर सकूँगा। वैसे

किसी की भी नौकरी न करने की ठान रखी थी। अब प्रण तोडूँगा। काम क्या करना पड़ेगा? नवाब साहब या पीरअली ने आज तक नहीं कहा।'

'मैं कहती हूँ,' मोतीबाई ने आदेश के ढंग पर कहा, 'आपको जासूसी का काम करना होगा!'

'जासूसी का काम! कैसी जासूसी?'

'रानी साहब के पास कौन-कौन आते हैं, किस-किस मतलब से आते हैं, क्या बात करते हैं, कौन से ढंग रचते हैं, अँगरेज सरकार के खिलाफ कहाँ क्या हो रहा है—इन बातों का पता लगाना होगा। नवाब साहब इस सेवा के बदले में काफी देंगे और अँगरेज सरकार से दिलवाएँगे। बड़े-बड़े साहबों से हाथ मिलाने का और अपनी तरक्की करने का, आपको मौका मिलेगा।'

खुदाबख्श तमतमा उठा। हिल गया। माथे की नसें फूल गईं। कंठ रुद्ध हो गया। मोतीबाई ने संतुष्ट होकर यह सब देखा।

खुदाबख्श मुश्किल से बोला, 'मुझको आपने बहुत कमीना समझा है। मैंने सिपाहीगिरी की है। अपने राजा की कृपाओं का मेरे ऊपर उतना ही बोझ है जितना उनकी ज्यादती का। मगर मैंने आपको ईमान हारा है। अब तक किसी उम्मेद पर जीवन को टिकाए था। अब कोई जरूरत नहीं। जाता हूँ। सवेरे खुदाबख्श का नाम-भर बाकी रह जावेगा। अगर भूले-बिसरे कभी बन पड़े, तो मिट्टी की कब्र पर एकाध फूल डाल देना।'

खुदाबख्श खड़ा हो गया। मुँह फेरकर जाने को हुआ। मोतीबाई ने लपककर हाथ पकड़ लिया। बोली, 'किवाड़ बंद कर आइए। फिर सुनिए।'

उसने पूछा, 'कुछ बाकी रह गया है?'

मोती ने जल्दी से उत्तर दिया, 'बहुत।'

खुदाबख्श काँपते हुए पैरों गया। किवाड़ बंद करने के लिए सिर बाहर निकाला। कोई खड़ा था। भाग गया। खुदाबख्श ने नहीं पहचाना। उसने पहचानने की परवाह भी नहीं की। बैठक में आकर खड़ा हो गया। बोला, 'कहिए, अब क्या बाकी है?'

'बैठकर सुनिए।'

'न, इसके लिए ईमान नहीं दिया।'

मोतीबाई हँसी। मोतियों की लड़ियाँ-सी छिटक गईं। खुदाबख्श पर कोई प्रभाव नहीं पड़ा। मोतीबाई ने परख लिया। वह और हँसी। बोली, 'यदि मैं अनुरोध करूँ कि आप रानी लक्ष्मीबाई की नौकरी करें, तो आपके ईमान को कैसा लगेगा?'

'आप क्या मजाक कर रही हैं?'

'बिलकुल नहीं। मैं अपने ईमान की सौगंध खाती हूँ।'

'फिर वह बात कैसे कही?'

'बतलाऊँगी। पहले मेरी इस बात का जवाब दीजिए।'

'रानी साहब की सेवा में तो अपना सिर चढ़ा दूँगा। मगर अब मौका ही क्या आना है?'

'आएगा। मुझसे पक्की बात करिए।'

'पक्की ही कहता हूँ। कोई अँगरेज पूछे तो उससे भी कह दूँगा।'

'कदापि नहीं। किसी से मत कहिएगा। नवाब साहब से बिलकुल नहीं। पीरअली से भी नहीं।'

'हूँ।'

'हूँ क्या? पक्का वायदा रानी साहब की सेवा के लिए करिए।'

'मेरी जबान ही क्या वायदा करेगी, मेरा रोम-रोम वायदा करता है।'

'अब मुझको भरोसा हो गया। मैंने अलीबहादुर साहब की नौकरी और जासूसी के संबंध में इसलिए पूछा था कि देखूँ आप कितने पानी में हैं। परीक्षा ली, आप सफल हुए।'

'कुछ करके दिखलाऊँगा तब कहिएगा।'

'तभी और कुछ भी कहूँगी।' मोतीबाई मुसकराई।

खुदाबख्श की हसरत जागी।

बोला, 'कभी तो कह सकूँगा कि अब मैं आपका कैदी हो गया।'

मोतीबाई ने मुसकराते हुए कहा, 'मगर अभी कैद की घड़ी नहीं आई है। जिस दिन रानी साहब स्वराज्य कायम करके उत्सव मनाएँगी, मैं आखिरी बार नाचूँगी और उस दिन आपकी कैद में हो जाऊँगी। तब तक आपकी और मेरी अस्मत—दोनों की—उस देवी के हाथों रहेगी जो झाँसी की रानी कहलाती है और कहलाएगी।'

उस नर्तकी का मुखमंडल उस समय दिव्यता से भर गया।

खुदाबख्श सिपाही था। उसका खून जोश खा गया।

मुट्ठी बाँधकर बोला, 'ऐसा ही होगा बाईजी। मुझको कभी चूकते पाओ, तो मुँह पर थूक देना। महारानी साहब से कह देना कि खुदाबख्श उनका पुराना नौकर-सिपाही है, जब उसकी जरूरत पड़े, वे कहला-भर दें। अपने सीने पर गोली लेने के लिए तुरंत आ खड़ा होगा। वेतन या भत्ते का नाम न लेना। दो वक्त खाने के लिए उन्हीं का दिया हुआ मेरे पास अभी काफी है।'

'मुझको आज बहुत खुशी है।' मोतीबाई ने संयत स्वर में कहा, 'मैं रानी साहब को कल ही सुनाऊँगी। मगर अर्ज है कि नवाब साहब और पीरअली से मत कहना।'

खुदाबख्श बोला, 'मुझको किसी से कुछ नहीं कहना है। यकीन रखिए। परंतु पीरअली के बावत अंत में आप देखेंगी कि आपका भ्रम था।'

खुदाबख्श चला गया।

दूसरे दिन रानी को मोतीबाई ने सब समाचार दे दिया।

: ४१ :

रानी जब से घुड़सवारी के लिए बाहर निकलने लगीं, तब से वह मर्दाना पोशाक पहनने लगी थीं—सिर पर लोहे का कुला, ऊपर साफा, अँगरखा, पैजामा, अँगरखे और पैजामे पर कसी हुई पेटी। दोनों बगलों में पिस्तौलें और दोनों ओर परतलों में तलवारें। कभी-कभी इतने सब हथियारों के अलावा नेजा भी हाथ में साध लेती थीं। इस पर घोड़े को बहुत तेज चलाने में कसर नहीं करती थीं। उनको काठियावाड़ी घोड़े अधिक पसंद थे और सफेद रंग के खास तौर पर। घोड़ों की उनको विलक्षण पहचान थी।

उन्हें कुला लगाकर साफा बाँधने में एक असुविधा अवगत होती थी—लंबे केशों की। विधवा थीं, इसलिए महाराष्ट्र की प्रथा के अनुसार बाल मुड़वाने में कोई बाधा न थी। अपने केशों का कोई मोह था ही नहीं। सोचा, काशी जाकर मुंडन करा लें। पर्यटन हो जाएगा और काशी में बैठकर उस ओर की राजनीतिक परिस्थिति का आभास भी मिल जाएगा। एक भावना और थी—जिस घर में माता ने जन्म दिया था, उसके दर्शन मिल जाएँगे।

खोज करने पर मालूम हुआ कि बिना डिप्टी कमिश्नर की अनुमति के काशी-यात्रा के लिए नहीं जा सकतीं!

अनुमति के लिए गार्डन को अर्जी दी गई। उसके पास दीवान जवाहरसिंह इत्यादि के रानी के पास आने-जाने की खबरें पहुँच चुकी थीं। वह चिढ़ा हुआ था। दूसरे, अपने अधिकार को करारे रूप में लाने का अभ्यासी था। काशी-यात्रा के लिए जो अर्जी दी गई थी, वह उसने अस्वीकृत कर दी।

जिसने सुना, उसी के जी को चोट लगी।

रानी ने प्रण किया, 'मैं केश मुंडन तभी कराऊँगी, जब हिंदुस्थान को स्वराज्य मिल जाएगा, नहीं तो श्मशान में अग्निदेव मुंडन करेंगे।'

उनकी यह भीषण प्रतिज्ञा उनकी सहेलियों को मालूम थी। वे सब इस प्रतिज्ञा पर प्रसन्न थीं—उनको पसंद न था कि ऐसे सुंदर बालों का कुसमय क्षय हो।

दामोदरराव रानी के प्रगाढ़ स्नेह में पल रहा था, बढ़ रहा था। कोई निज माता अपने गर्भ-प्रसून को इतना प्यार न करती होगी जितना वह दामोदरराव को चाहती थीं।

समय अपनी प्राकृतिक गति से चला जा रहा था। इसी में रानी की योजना भी संवृद्ध और पुष्ट होती जा रही थी। कहाँ क्या हो रहा है, इसके समाचार उनको निरंतर मिलते रहते थे। वह युद्ध-सामग्री तैयार करनेवाले कारीगरों को एकत्र करने की योजना पर

बहुत जोर देती थीं—और यह हो रहा था।

इस ओर रानी के जासूस और विश्वसनीय सहायक काम कर रहे थे, उस ओर नाना और राव के तथा बहादुरशाह और अवध के साथ सहानुभूति रखनेवाले लोग अपने-अपने काम में जुटे हुए थे। बिहार-बंगाल में भी स्वाधीनता की आग सुलग रही थी। महाराष्ट्र, मध्य-देश बुंदेलखंड, उत्तर हिंद तो मानो उसके पलने ही थे। यहाँ तो स्त्रियाँ भी काम कर रही थीं।

रानी ने देखा कि लोगों को इकट्ठा करने का समय आ गया है। वह जानती थीं कि ऐन मौके पर तुरंत इकट्ठा करना दुष्कर होगा, इसलिए वे सबको एक बार एकत्र करके तब योजना को आगे बढ़ाना चाहती थीं। हर काम की एक योजना वे पहले बना लेती थीं, तब व्यवस्था के साथ उसको व्यवहार का रूप देती थीं।

इसलिए उन्होंने दामोदरराव का जनेऊ करना निश्चित किया और उसके समारोह में जगह-जगह से प्रमुख लोगों का जमाव करके, आगे के कदम की बावत परामर्श करना तय किया।

इस काम के लिए एक लाख रुपए की जरूरत थी। नगद रुपया उनकी गाँठ में न था।

दामोदरराव छः वर्ष का हो चुका था। सातवाँ लग गया। इस वर्ष में जनेऊ होना ही चाहिए। योजना भी इस स्थिति में आ गई थी कि इस वर्ष में एक महान् सम्मेलन का किया जाना जरूरी था।

मोतीबाई इत्यादि ने समाचार दिया कि अंग्रेजों की हिंदुस्थानी सेना में काफी असंतोष फैल गया है।

रानी ने पुरोहित को बुलाकर मुहूर्त सुधवाया। मुहूर्त निकलने पर गार्डन को अर्जी दी कि दामोदरराव के नाम से जो छः लाख रुपया खजाने में जमा है, उसमें से उसके जनेऊ के लिए एक लाख रुपया दे दिया जाए।

पहले तो गार्डन की इच्छा अर्जी को तुरंत खारिज कर देने की हुई। फिर सोचा, हिंदुओं की यह कोई जरूरी रस्म है, इसलिए अंतिम निर्णय को स्थगित कर दिया।

उसने लोगों से पूछताछ शुरू कर दी। अलीबहादुर से पूछा। उन्होंने कहा, 'ब्राह्मणों में यह रस्म लाजमी है।'

सेठ-साहूकारों से पूछा। उन्होंने कहा, 'अनिवार्य है।'

अंत में फैसले को अपने पेशकार की सम्मति पर छोड़ा।

पूछने पर पेशकार ने कहा, 'हुजूर, ऊँची जाति के हिंदुओं में, विशेष कर ब्राह्मणों में, यह रस्म किसी प्रकार भी नहीं टाली जा सकती।'

गार्डन ने कमिश्नर से और कमिश्नर ने लैफ्टिनेंट गवर्नर से पूछा। अंत में गार्डन की मर्जी पर इस शर्त के साथ छोड़ा गया कि अगर झाँसी शहर के चार भले आदमी

जमानत दें तो रुपया दे दिया जाए।

गार्डन ने रानी को सूचना दी, 'खजाने में जो रुपया जमा है वह दामोदरराव नाबालिग का है। यदि बालिग होने पर दामोदरराव ने सरकार पर दावा कर दिया तो सरकार को रुपया अपनी थैली में से देना पड़ेगा, इसलिए झाँसी शहर के ऐसे चार आदमियों की जमानत दीजिए जिनसे मेरा मन भरे।'

रानी को इस अपमान पर जितना क्षोभ हुआ उसकी मात्रा का माप उस मानसिक बल से लग सकता है, जिसकी सहायता से रानी ने उस क्षोभ को दबाया। अपने ही रुपयों के लिए 'ऐसे चार भले आदमियों की जमानत जिनसे मेरा मन भरे!'

अंग्रेजों के केंद्रीयकरण की, गार्डन के अहंकार की हद हो गई। झाँसी की प्रमुख जनता कुछ इसी तरह सोच रही थी।

झाँसी में चार क्या बावन बड़े-बड़े आदमी थे। रानी की जमानत देने के लिए सब तैयार हो गए।

कुछ ने तो खुदाबख्श और दीवान रघुनाथसिंह से यहाँ तक कहा, 'अर्जी देने की क्या अटक पड़ी थी? इतना रुपया तो हमीं लोग नजर कर सकते हैं।'

परंतु रानी को अपने रुपए के लिए हठ था। इस प्रस्ताव को स्वीकार नहीं किया।

जो 'भले आदमी' जमानत के लिए गार्डन के सामने हाजिर हुए, वे थे—लाला बीमावाले, मगन गंधी, मोती खत्री और श्याम चौधरी।

गार्डन उनको हतोत्साहित करना चाहता था। बोला, 'सोच-समझकर काम करना। बालिग होने से तीन बरस के भीतर तक दामोदरराव दावा कर सकेगा।'

उन लोगों ने विश्वास दिलाया कि यदि जरूरत हो तो हम लोग नगद जमानत दाखिल कर दें।

गार्डन को झेंप मालूम हुई, इसलिए उन लोगों की साधारण जमानत पर उसने रानी को एक लाख रुपया दे दिया।

नियुक्त समय पर समारोह हुआ। दूर-दूर के लोग इकट्ठे हुए। झाँसी की जनता ही बहुत बड़ी संख्या में थी। नवाब अलीबहादुर भी शरीक हुए।

शुभ मुहूर्त में दामोदरराव का जनेऊ हो गया। लोगों ने खुशी-खुशी नजर-भेंट की। काफी रुपया जमा हुआ।

दावत-पंगत हुई। गायन-वादन और दुर्गा का नृत्य। इसके बाद चुने हुए लोगों की बैठक। रानी लक्ष्मीबाई सफेद साड़ी पहने एक जरा ऊँचे आसन पर बैठीं। आसपास उनकी खास सहेलियाँ। जरा फासले पर नाना साहब और उसके भाई, तात्या टोपे, जवाहरसिंह, रघुनाथसिंह, खुदाबख्श इत्यादि।

रानी ने कहा, 'जिस सफलता के साथ आप लोगों के सहयोग से यह छोटा-सा यज्ञ

हुआ, उसी सफलता के साथ उस बड़े यज्ञ की पूर्ति होनी चाहिए।'

नाना बोला, 'अच्छे कारीगर और बढ़िया सामान का प्रबंध हो गया है। यज्ञ की सामग्री ढोनेवाले पशुओं और अश्वमेध के घोड़ों का भी इंतजाम कर लिया गया है।'

तात्या–'मैं जरा सीधी भाषा में बात करना चाहता हूँ।'

रानी–'कर सकते हो, सब अपने ही अपने हैं। बाहर स्त्रियों का कठोर पहरा है। काम की बात करके अधिवेशन को समाप्त कर दिया जाएगा।'

तात्या–'उत्तरी और पूर्वी हिंदुस्थान में अथक काम हो रहा है। अँगरेजों ने जिन कारतूसों को आरंभ में जारी किया था, प्रतिवाद को देखकर लगभग बंद कर दिया है। परंतु उनके कारण जो घृणा उत्पन्न हुई थी, वह बिलकुल कम नहीं हुई है। अब अँगरेज हिंदू सिपाहियों को तिलक-टीका लगाए हुए परेड में नहीं आने देते, इस कारण हिंदू सिपाहियों में घोर खिन्नता फैल गई है।'

खुदाबख्श–'यहाँ की फौज के मुसलमान सिपाहियों में भी बहुत जोश है। उनके दीन को बरबाद करने का जो काम चर्बीवाले कारतूसों ने जारी किया था, वह ऐसा नहीं है कि कतई तौर पर बंद हो गया हो।'

तात्या–'एक दिन था जब अँगरेजों के प्रतिनिधि अपने मस्तक को बादशाह के पैर रखने की जगह बतलाते थे।* अब हमारे सबके सिर उनके पायदान बनते जा रहे हैं। कलाकारों की कला, कारीगरों का शिल्प और अनेक लोगों की रोटी गई। अब धर्म-ईमान की बारी आई है। देश और जनता की रक्षा का समय आ गया है।

रानी–'मेरी समझ में अभी थोड़ा काम और करने की आवश्यकता है।'

रघुनाथसिंह–'आपकी जो आज्ञा हो। वैसे हम लोग बुंदेलखंड से ही आरंभ करने को तैयार हैं।'

रानी–'अभी नहीं। ओरछा, अजयगढ़ और छतरपुर के राजा बालक हैं। इन राज्यों के प्रबंध पर अँगरेजों की छाप है। इसके सिवाय क्रांति का लग्गा लगवाते ही डाकू और बटमार बढ़ जाएँगे। हमारी जनता ही इन उपद्रवों से पीड़ित होगी। जब तक हमारे पास मजबूत सेना नहीं हो जाती, तब तक हम लोगों को प्रारंभ नहीं करना चाहिए। अँगरेजों को परास्त करने के साथ-साथ इन जनपीड़कों का भी तो दमन करना पड़ेगा, अन्यथा जनता का क्षोभ अँगरेजों के सिर से टलकर हम लोगों के सिर आवेगा। हिंदुस्थानी सैनिकों को अपनाने का क्रम जारी रखना चाहिए। जब मन भर जावे, तब हाँ कही जावेगी।'

---

* सन् १९१२ में जान रसल का भेजा हुआ पत्र। परिशिष्ट देखिए।

रानी की इस सम्मति से सब लोग सहमत हुए।

: ४२ :

मऊ छावनी से लेकर मेरठ छावनी तक और मेरठ छावनी से लेकर दमदम तथा बैरकपुर की छावनियों तक विविध प्रकार के लक्षण दिखाई पड़ने लगे। मऊ, मेरठ, बैरकपुर इत्यादि छावनियों में साधु और फकीर, विविध प्रकार के वेष और रूप धारण करके क्रांति का कार्य करने लगे।

ग्वालियर की छावनी में नारायण शास्त्री उस महतरानी को गाना गवाने ले गया। सिपाही उसके नाचने-गाने पर रीझे। समाप्ति पर पैसे देने लगे।

नर्तकी ने पूछा, 'आप लोग सिंधिया सरकार के नौकर हैं या अँगरेज के?'

'अँगरेज के।'

'अँगरेजों का नमक खानेवालों का पैसा नहीं छूती।' और वह इठलाकर चली गई।

उन लोगों ने नारायण से कहा, 'यह कौन है? बड़ी घमंडिन मालूम होती है।'

नारायण–'है तो बैरागिन, परंतु झाँसी की बाईसाहब के राज्य की लड़की है।'

'उनका राज्य तो चला गया।'

'अँगरेजों ने बेईमानी से ले लिया। फिर लौटेगा।'

छावनियों के सिपाही समय पर चुपचाप परेड पर जाते। चुपचाप ड्यूटी करते, परंतु भन्नाए हुए।

अंग्रेजों को ऊपर की तह चिकनी और समतल दिख रही थी। नीचे के कोलाहल का उनको पता न था। हिंदुस्थान एक सपने में उनकी चुटकी में आया, सपने में ही चुटकी में बना रहेगा और यह सपना कभी न टूटेगा। वे लोग इस बात को नहीं जानते थे, उन्होंने कभी इस बात को नहीं जाना, कि हिंदुस्थान जीता भले ही आसानी के साथ जाए, लेकिन बहुत समय तक इसको मुट्ठी में रखे रहना असंभव है। बाहर से आए हुए शासकों को इस देश को पराजित करने में बहुत समय नहीं लगा। शान के साथ अपना अभिषेक करवा लिया। राजगद्दियाँ भी तोड़ीं-मरोड़ीं, परंतु शासक की हैसियत से उनका इस देश में रहना केवल छावनी का प्रवास मात्र रहा।

असल में, जनता को रुष्ट, असंतुष्ट और क्षुब्ध करके यहाँ तो क्या, संसार के किसी कोने में कोई भी राज्य नहीं कर सकता। फिर इस देश की जनता व्यक्तित्व-मग्न और महासंस्कृतिमयी है। बहुत दिनों तक कदापि विदेशी शासन को सहन नहीं कर सकती।

इसीलिए उनकी अंतरात्मा आसानी के साथ, उस समय के स्त्री-पुरुष नेताओं की बात सुन रही थी और मन में गाँठों पर गाँठें बाँधती चली जाती थी कि कब अवसर मिले

और सिर के बोझ को उतारकर फेंक दे।*

गार्डन और स्कीन इत्यादि अंग्रेज सोचते थे कि यहाँ के लोग दब्बू हैं—जनता एक भेड़ियाधसान है; थोड़ा वेतन पानेवाले बहुसंख्यक हिंदुस्थानी, मोटी रकमें समेटनेवाले अल्पसंख्यक अंग्रेजों को सदा अपना सहयोग देते रहेंगे।

अंग्रेजों का सब स्वार्थ-कार्य शास्त्रीय और वैज्ञानिक ढंग पर चल रहा था। केवल चल नहीं रहा था किसी ढंग पर भी तो वह था मानव प्रकृति का, भारतीय जन-प्रकृति का, अध्ययन और विश्लेषण।

रेल-तार जारी हो गए। नहरें खुदीं, तालाब सुधारे गए। डाकुओं और बटमारों का दमन हुआ। किसान सुभीते से अपनी खेती काटने लगे। व्यापारी अपना रोजगार करने लगे। मंदिरों, मसजिदों में लोग अपने विश्वास के अनुसार श्रद्धा भेंट कर उठे। कुछ पाठशालाएँ और मदरसे खुल गए। सड़कें बनीं। उन पर पेड़ लगे। पंचायतें टूटीं। अदालतें खुलीं। कानून का बरताव हुआ; परंतु अंग्रेजों ने यह न समझा कि हिंदू-मुसलमान मन-ही-मन मना रहे हैं कि हमारा खोया हुआ अधिकार फिर कब और कैसे हमारे हाथ में आएगा।

* परिशिष्ट में सर जान मालकम का वक्तव्य देखिए।

मध्याह्न

: ४३ :

संवत् १९१३ को दीपावली की गई। रीति निभाने के लिए लक्ष्मीजी का पूजन हुआ। दिए जलाए गए। नगर का बाहरी रूप जगमगा उठा। किले पर भी कुछ दिए हिंदू-मुसलमान सिपाहियों ने जलाए। लक्ष्मीबाई के शहरी महल पर भी रोशनी हुई; परंतु हृदय सुनसान थे—वहाँ कोई जगमगाहट न थी।

अब की बार अंग्रेजों के बंगलों पर दिए नहीं जलाए गए, क्योंकि अंग्रेजों ने सोचा, इस संपर्क से ईसाइयत को धब्बा लग जाने का अँदेशा है। इससे जनता की धारणा और पक्की हो गई—अंग्रेज हमारे नहीं हैं, हमारे कभी हो ही नहीं सकते।

उस दिन दीपावली थी। मकान के बाहर दिए धरने की रस्म के बाद जूही मोतीबाई के घर आई। जूही यौवन के वसंत में थी। बड़ी आँखों में चमक। नीचे देखने के समय लंबी बरौनियाँ लाज के पाँवड़े से डालनेवाली। परंतु कुछ उदास थी। मोतीबाई ने नौकरानी को पौर में बिठा दिया और जूही के साथ एकांत में बातचीत करने लगी।

पूछा, 'आज उदास क्यों हो? क्या बात है?'

'जूही ने उत्तर दिया, 'वे आए हैं—बिठूरवाले सरदार।'

मोतीबाई—'तब तो तुम्हें प्रसन्न होना चाहिए था। देखती हूँ बिलकुल उलटा। मुँह लटका हुआ!'

जूही—'आज पहली बार ही बात हुई और रूखे बोले।'

मोतीबाई—'किस प्रसंग पर।'

जूही—'उन्होंने अपने निवास-स्थान पर बुलाया। पहले कभी ऐसा नहीं हुआ था। मुझे संकोच हुआ। परंतु हिम्मत करके चली गई। सामने पहुँचने पर मैं शरम में डूबने

लगी। मुश्किल से मुसकराकर हाथ जोड़े और चुपचाप खड़ी हो गई।

मोतीबाई–'अभिनय तो बुरा नहीं था।'

जूही–'अभिनय ही तो नहीं था–अभिनय करना चाहा, नहीं कर सकी। मैं अपने को भूल गई। उन्होंने भौंह सिकोड़कर कहा, क्या सेना में जाकर ऐसी ही खड़ी हो जाती हो? मैंने तब कुछ निवेदन किया।'

मोतीबाई–'वे जल्दी में होंगे। उतावली कर गए···'

जूही–'मुझे तो अचरज हुआ। पहले कई बार देखा-देखी हुई थी।'

मोतीबाई–'आजकल में?'

जूही–'नहीं, कई महीने पहले जब वे कर्नल साहब के यहाँ आकर ठहरे थे।'

मोतीबाई–'तब क्या हुआ था, मैं समझी नहीं।'

जूही–'उनको देखकर न जाने मन में कैसी उथल-पुथल हो जाया करती थी। उन्होंने देखा क्षण-भर। उसी क्षण के भीतर कुछ इस प्रकार हेरे कि मुझको ऐसा लगा मानो घंटों देखते रहे हों। मैंने तो शीघ्र आँखें हटा ली थीं। फिर मकान के पास से निकले। मैं आहट पाकर उनकी आँख के रास्ते में आ गई। उन्होंने बहुत कम देखा, परंतु मैं बहुत देर, बार-बार देखती रही। वे चले गए। मुझे बहुत खला।'

मोतीबाई–'होता है। फिर क्या हुआ?'

जूही–'वे यहाँ दो-तीन दिन रहे। मैंने निरंतर उनको अच्छी तरह देख-भर लेने की कोशिश की। उन्होंने देखा। मैं अघा गई। मैंने फिर उनकी दृष्टि को पकड़ने का प्रयास किया परंतु वह किसी खयाल में ऐसे मस्त थे कि उनको जूही के मकान का भी स्मरण न रहा होगा। जिस दिन जाने लगे, मैंने खिड़की में से निर्लज्ज होकर उनको नमस्ते किया। उन्होंने बिना किसी लिहाज के मुसकराकर मेरी नमस्ते का जवाब दिया।'

मोतीबाई–'तब और क्या होता?'

जूही–'उनको जाते-जाते कुछ समय मिल गया। घर पर आने की कृपा की।'

मोतीबाई–'यह तुमने बतलाया था।'

जूही–'मैं सहम गई। सिर नीचा किए खड़ी रह गई। बोले, यदि मुझको खुश करना चाहती हो, तो मोतीबाईजी जो कुछ काम बतलावें उसको बहुत होशियारी के साथ किया करो। मैंने हामी का सिर हिला दिया, परंतु मुँह से बोल नहीं निकला। उन्होंने कहा, हृदय की बात जीभ को न मालूम होने पावे। मुझको तुम्हारा हाल मालूम होता रहेगा। ईश्वर तुम्हारी मदद करें, और वे चले गए। मैंने बहुतेरा उनकी आँख के चमत्कार को देखने का प्रयास किया, पर वे नहीं मुड़े। मैंने उनकी पीठ को इस तरह निगाह गड़ाकर देखा जैसे वे देख ही रहे हों। चले गए। उसके बाद जो कुछ करती रही हूँ, आपको मालूम है।'

मोतीबाई–'मैं महारानी साहब को सुनाती रही हूँ। वे सरदार साहब को सूचना देती रहती हैं।'

जूही–'अभी बीच में एक दिन के लिए और आए थे।'

मोतीबाई–'हूँ।'

जूही–'तब भी घर पर आए थे–बहुत थोड़ी देर के लिए। मैंने निश्चय कर लिया था–उनको जी भरकर देखूँगी। न देख पाया। उन्होंने कुछ बातें पूछीं। कुछ बतलाईं। मेरा सिर और आँखें इतनी भारी हो गई थीं कि उठा न पाई। उनकी सुनती गई और मंजूर करती चली गई। नीचे-नीचे जरा-सा देख लेती थी। वे बात करते मुसकराते थे और मुझको मन में गुदगुदी-सी झकझोरती थी। मैं खूब हँसकर कुछ कहना चाहती थी। हँस कतई नहीं पाई, बात भी कम कर पाई। जो कुछ बात हुई, आपको सुना दी थी; परंतु और सब कहने का उस दिन मौका न आया था।'

मोतीबाई–'अरी पगली, इसमें उदास होने की कौन-सी बात हुई?'

जूही–'नहीं बाईजी! मैं जो कुछ कर रही हूँ, आपके हुक्म से और अपने राजा-रानी के निमक से अदा होने के लिए। चाहे मैं मार भले ही डाली जाऊँ, परंतु क्या वे मेरे सिर पर एक बार हाथ भी नहीं फेर सकते थे?'

मोतीबाई–'यह उनकी गलती है। काम करनेवालों का मन रखने के लिए, बढ़ावा देने के लिए बहुत मिठास बरसानी चाहिए।'

जूही–'वह तो आपसे मुझको बहुत मिल जाती है।'

मोतीबाई–'किसी दिन रानी साहब के सामने तुमको पेश करूँगी। वह बहुत देर बात करेंगी!'

जूही–'मेरा जिकर तो आता होगा?'

मोतीबाई–'बहुत बार, परंतु वे अभी बहुत लोगों से मिलना उचित नहीं समझतीं। एक दिन आवेगा, जब तुम उनकी सहेली सेना में भरती हो जाओगी।'

जूही–'मैं चाहती हूँ, उनके कदमों में मेरा सिर कट गिरे।'

मोतीबाई–'सरदार साहब के पूछने पर तुमने क्या निवेदन किया?'

जूही–'उनकी रुखाई से मन टूट-सा गया था। इसलिए पहले तो मैं जमीन को अँगूठे से खोदने लगी, फिर हिम्मत करके बतलाया कि फौज के हिंदू-मुसलमानों को ईसाई बनाने की कोशिश की जा रही है। उन्होंने ब्यौरा माँगा। मैंने कहा कि सिपाहियों को लोभ दिया जा रहा है कि यदि वे ईसाई हो जाएँ तो उनका वेतन-भत्ता बढ़ा दिया जाएगा और जो सिपाही पहले ईसाई होगा उसको तुरंत हवलदार का पद दे दिया जाएगा। बाकी कुछ नहीं कह सकी, क्योंकि रो डालने को जी चाहता था। यह कहकर चली आई कि फिर सुनाऊँगी, अभी पूजा करनी है। मुश्किल से लक्ष्मी-पूजन करके दिए धरकर

आपके पास चली आई हूँ।'

मोतीबाई ने जूही को लिपटा लिया। उसने जूही को रोने नहीं दिया।

बोली, 'यों ही फुसफुसा नहीं जाना चाहिए। देखो, वे कितना कठिन और कितना नाजुक काम कर रहे हैं। नाटकशाला में जो लोग तमाशा देखने आते थे, क्या वे घर से हँसते-हँसते आते थे? संसार के दर्द को बिसारने के लिए लोग नाटकशाला में बैठ जाते हैं। उनकी रुखाई या अवहेलना को देखकर यदि हम लोग रंगमंच पर उदास या उदासीन हो जाएँ, तो खेल बनेगा या बिगड़ेगा?'

जूही ने मोतीबाई के कंधे पर अपनी आँखें छिपाकर कहा, 'रंगमंच पर हम अपने असली रूप में जाते ही कब हैं?'

मोतीबाई ने जूही की ठेस को समझ लिया। बोली, 'मैं उनका जवाब तलब करूँ?'

जूही ने तुरंत आँखें गड़ाकर कहा, 'आपसे कैसे बनेगा?'

मोतीबाई–'अपने को भूल जाऊँगी और अभिनेत्री बन जाऊँगी। तुम सिपाहियों के सामने क्या किसी प्रकार का भी लाज-संकोच करती हो?'

जूही–'बिलकुल नहीं। मुझको मालूम ही नहीं पड़ता कि मैं ऐरों-गैरों से बात कर रही हूँ और क्या खुराफात बके जा रही हूँ। आँखें मेरी कुछ नहीं देखतीं–कान अलबत्ता खूब खुले रहते हैं।'

मोतीबाई–'और उनके सामने?'

जूही ने भोलेपन के साथ कहा, 'उनके सामने तो रोमांच हो-हो आता है–पसीना-सा आ जाता है, सिट्टी-सी भूल जाती है। क्या आप उनसे कुछ कहेंगी?'

मोतीबाई बोली, 'आज ही मिलूँगी और कहूँगी।'

जूही ने अनुनय के साथ कहा, 'नहीं, मेरी ओर से कुछ न कहिएगा, कम-से-कम, मैंने जो कुछ कहा है, वह न बतलाइएगा। शायद मेरा भ्रम ही हो। बुरा मान जाएँगे। शायद रानी साहब बुरा मान जावें। मैं रानी साहब को अपना देवी-देवता समझती हूँ।'

'मैं मूर्ख नहीं हूँ। इस तरह न कहूँगी कि वे समझें तुमने कोई शिकायत की है। तुम्हारा काम ब्यौरेवार बतलाऊँगी। खुश होंगे और तुमसे मिलेंगे।'

'कर्नल साहब की हवेली पर?'

मोतीबाई–'फिर कहाँ? तुम्हारे मकान पर?'

जूही–'आपके मकान पर आ जाऊँगी।'

मोतीबाई–'देखूँगी, वे जहाँ उचित समझें।'

: ४४ :

उसी समय मोतीबाई चादर ओढ़कर महल गई। रानी पूजन में थीं। उनको लक्ष्मीजी

का इष्ट था, इसलिए और लोगों की अपेक्षा इस पूजन को अधिक समय देती थीं।

ड्यौढ़ी के एक भाग में तात्या और नाना साहब बैठे हुए थे। तात्या ने मोतीबाई को पहचान लिया और वह तुरंत उसको एकांत में ले जाकर बातचीत करने लगा।

तात्या ने प्रश्न किया, 'यहाँ का हाल अभी ठीक-ठीक मालूम नहीं हुआ। जूही थोड़ी देर पहले मिली थी, परंतु वह तो कुछ ऐसी गढ़ गई कि कुछ कह ही नहीं सकी। केवल यह आश्वासन दे गई कि फिर बताऊँगी।'

मोतीबाई ने निस्संकोच भाव के साथ उत्तर दिया, 'आप स्त्रियों की प्रकृति को नहीं जानते।'

तात्या ने कहा, 'सुना है कि इनकी प्रकृति टेढ़ी होती है। अभी तक इस विषय के अध्ययन करने का समय नहीं मिला। जब अवसर आवेगा तब समझने का प्रयत्न करूँगा।'

मोतीबाई मुसकराकर बोली, 'आप शायद ही कभी समझ सकें। परंतु जरूरत न पड़े तो अच्छा ही है। अब काम की बात सुनिए।'

तात्या—'मैं ध्यान लगाए हूँ।'

मोतीबाई—'फौज के सिपाहियों को जबरदस्ती ईसाई बनाए जाने की कोशिश की जा रही है। रामचंद्रजी और मुहम्मद साहब, दोनों को खुले आम गालियाँ दी जाती हैं। ईसाई बनने के लिए तरह-तरह के प्रलोभन दिए जाते हैं। एक अँगरेज अफसर तो यहाँ तक कहता था कि कुछ दिनों में सारा हिंदुस्थान ईसाई हो जाएगा। न एक भी मंदिर बचेगा और न एक भी मसजिद रहेगी।'

तात्या—'इस तरह के समाचार सब तरफ से आ रहे हैं।'

मोतीबाई—'क्या सचमुच ऐसा दिन आनेवाला है?'

तात्या—'विश्वास रखो, वह दिन कभी नहीं आवेगा। मुझको यह बतलाओ कि यहाँ के सिपाही खुद क्या भावना रखते हैं?'

मोतीबाई—'मुझको पक्का भरोसा है कि एक फीसदी भी हिंदू या मुसलमान सिपाही किसी लालच में आकर अपने धर्म-ईमान को नहीं बिगाड़ेगा।'

तात्या—'यह तो हम सब लोग जानते हैं। मुझको यह बतलाओ कि गोरों की हरकत का यहाँ फौज पर असर क्या पड़ा है?'

मोतीबाई—'उनमें से कुछ तुरंत मारना-मरना चाहते थे; परंतु धीरज धरकर रुक गए।'

तात्या—'अभी मारने-मरने का समय नहीं आया है। मैं चाहता हूँ, प्रत्येक पल्टन में से तीन अफसर, जो बिलकुल विश्वास के योग्य हों, चुन लिए जाएँ। उनको कब और क्या करना होगा, वह दो-एक महीने पीछे बतलाया जाएगा। उनसे कह दिया जाए कि

वे ईसाई तो होंगे ही नहीं, पर इस समय अपना सब्र न खो बैठें। क्रोध भरे रहें, परंतु उसको निकलने किसी प्रकार न दें, नहीं तो सब किया-कराया मिट्टी में मिल जाएगा। अब की बार आऊँगा तब जो कुछ करना है, उसकी तारीख और समय बतलाऊँगा। आप या जूही इस काम को कर सकेंगी?'

मोतीबाई–'मेरे लिए मशहूर है कि मैं बाहर बहुत कम निकलती हूँ। महलों में आती-जाती हूँ। फौज में नृत्य-गान के लिए मेरा आना-जाना तुरंत संदेह उत्पन्न करेगा और बाई साहब भी यह पसंद न करेंगी। जूही को इसी कारण महल में नहीं बुलाया जाता। वह बहुत अच्छा नाचती-गाती है, ईश्वर ने उसको रूप भी दिया है और जबरदस्त समय। वह आपको चाहती है।'

तात्या–'मुझको? मोतीबाई, यह जमाना बुद्धि और तलवार को माँजने का है, न कि मन को रस में डुबोने का।'

मोतीबाई–'तब आप उसको अपने रस में डूबा रहने दीजिए। तभी तो मैंने कहा कि आप नारी-प्रकृति को नहीं जानते।'

तात्या–'क्या नारी-प्रकृति पुरुष-प्रकृति से बहुत भिन्न होती है?'

मोतीबाई–'कह नहीं सकती। शायद किसी दिन आप इस विषय को समझें।'

तात्या–'ऐसा नहीं है कि मैं नारी-प्रकृति को बिलकुल ही नहीं जानता हूँ। परंतु सामने इतने महत्त्व का बड़ा काम है कि और कुछ सूझता ही नहीं।'

मोतीबाई–'आप कृपा करके जूही से जरा मीठा बोलिए। एक बार उसके सिर पर शाबाशी का हाथ फेर दीजिए। वह अपने काम का कमाल पर दिखलावेगी।'

तात्या–'मैंने आपसे सबक लिया और गाँठ बाँध ली।'

मोतीबाई ने हँसकर कहा, 'आपको औरतों से अभी बहुत सीखना है।'

तात्या ने देखा, मोतीबाई के प्रबल सौंदर्य में विलक्षण शोखी है और शोखी में कोई दृढ़ सत्य। हँसकर बोला, 'मानता हूँ। पर आपकी जूही को वह काम करते देखना है, जो मैंने बतलाया है।'

मोतीबाई ने भी हँसकर कहा, 'मेरी नहीं, आपकी, आप लोगों की जूही।'

'बेशक। बेशक। बतलाइए, फौज के देशी अफसरों पर उसका प्रभाव हो गया है?'

'हो गया है अनेक पर।'

'इस प्रभाव को बढ़ाना है।'

'बढ़ जाएगा।'

'और कोशिश यह करनी है कि अभी भड़क न उठें। जो तारीख और समय नियुक्त होगा, उसकी बाट जोहें।'

'हो जाएगा।'

'एक पल्टन के तीन अफसरों को खासतौर पर चुनना है।'

'मुझको जूही की बुद्धि पर भरोसा है।'

'मैंन उससे आज ही बात करूँगा। आप तो रानी साहब से बात करने के लिए ठहरेंगी?'

'फिर कभी मिल लूँगी। आप मेरी बात उनसे कह दीजिएगा। मैं जाती हूँ।'

मोतीबाई समझ गई कि तात्या इत्यादि बिलकुल एकांत में, रानी से बातचीत करना चाहते हैं, इसलिए वह नहीं ठहरी।

पूजन के उपरांत नाना साहब और तात्या की भेंट रानी से हुई। रानी लक्ष्मीबाई आज बिलकुल लक्ष्मी-सी भासित होती थीं।

नाना ने कहा, 'मैंने अपने एक विश्वस्त आदमी अजीमुल्लाखाँ को विलायत भेजा था। अर्जी अपील स्वीकृत नहीं हुई। हो जाती तो कुछ रुपया मिल जाता। कम-से-कम दादा साहब के जमाने का जो छयासठ हजार रुपया बाकी है, वही मिल जाता। परंतु अँगरेजी सरकार तो बेईमान और अन्यायी है। उसने सब नामंजूर कर दिया। इसका अब अधिक रंज नहीं है। रुपए की कमी पूरी हो ही जावेगी। अजीमुल्ला देश-विदेश घूमा है। वह इटली गया, तुर्की में रहा, रूस भी पहुँचा और ईरान होकर लौट आया। उसने तुर्की के साथ चिट्ठी-पत्री की है। इटली में इस समय एक प्रबल पुरुष गेरी बाल्डी नाम का है। वह अँगरेजी जहाजी बेड़े को अपने जहाजी बेड़े से नष्ट कर देगा। रूस से मदद मिलेगी। सब कहते हैं कि अँगरेज हिंदुस्थान में खुल्लमखुल्ला और आड़-ओट लेकर बहुत निंदनीय काम कर रहे हैं। बहादुरशाह बादशाह ने ईरान के शाह से लिखा-पढ़ी की है। काबुल तो हतोत्साहित है, परंतु शायद ईरान का बादशाह ही कुछ सहायता करे।'

रानी—'ऊपर-ऊपर इन बातों का प्रभाव अँगरेजों पर अच्छा पड़ेगा; परंतु वास्तव में कार्य बहुत दृढ़ता और प्रबलता के साथ, अपने देश ही में होना चाहिए। मुझको विश्वास है कि जनता अपने साथ है। वह बहुत बड़ा बल है। अँगरेजों के हाथ में सीखी-सिखाई हिंदुस्थानी फौज है। वह संपूर्ण रूप में अपने हाथ में आ जानी चाहिए। तोप ढालनेवाले और बारूद बनानेवाले कारीगर हाथ में हो गए हैं, क्योंकि उपद्रव होते ही अँगरेज लोग अपना सामान नष्ट कर देंगे। और फिर हम खाली तोपों से कोई काम नहीं कर सकेंगे।'

तात्या—'प्रबंध कर लिया है।'

रानी—'हमको ऐसी तोपों की जरूरत पड़ेगी, जो चलते समय धक्का न दें और जल्दी गरम न हो जावें।'

तात्या—'इस प्रकार के कारीगरों को बराबर खोजा है। कुछ मिले भी हैं। खबर लगी

है कि झाँसी में इस चतुराईवाले कारीगर हैं।'

रानी–'हाँ हैं। मैंने कुछ इकट्‌ठे किए हैं। ऐसा बारूद बनानेवाले भी मैंने ढूँढ़े हैं, जो धुआँ बहुत कम दे।'

नाना–'अब ज्यादा विलंब नहीं किया जाएगा।'

रानी–'कितने दिन और लगेंगे?'

नाना–'कुछ महीनों से अधिक नहीं।'

रानी–मेरी सम्मति में, अभी जरा और समय तक अनुशासन की आवश्यकता है।'

तात्या–'मैं बिलकुल मानता हूँ बाईसाहब! परंतु ऐसे जान पड़ता है कि विस्फोट जल्दी होगा। अँगरेज लोग हिंदू-मुसलमान सिपाहियों को ईसाई बनाना चाहते हैं। फौज की सही हालत जानने के लिए मैं अनेक साधन काम में ला रहा हूँ। उन सबसे एक-सा ही समाचार मिल रहा है : अँगरेज कर्नल और कप्तान पादरी बने हुए हैं। अपने छापे की कलाओं से सहस्रों लाखों की संख्या में, छोटी-बड़ी पुस्तकें छाप-छापकर फौज में बाँट रहे हैं, जिनमें हिंदू और मुसलमानों के धर्मों की बेहद निंदा की जाती है। इसके ऊपर सिपाहियों को भाँति-भाँति के प्रलोभन देकर ईसाई बनाने की कोशिश की जा रही है। चर्बीवाले कारतूस अब भी बन रहे हैं। पहले मैं समझता था कि बंद कर दिए गए हैं। और चर्बीवाली बात बहुत बढ़ा-चढ़ाकर फैलाई गई है। पर अब तो निश्चय हो गया है कि बात सच्ची है। सिपाहियों को यह सब बहुत अधिक खटक रहा है। वे धर्म के पीछे प्राण गँवाने को उठ-उठ पड़ते हैं। अब उनको बहुत अधिक रोका नहीं जा सकेगा।'

रानी–'जब शीघ्रता करने की जरूरत होगी, मैं कहूँगी कि अब काम करने में आँधी से होड़ लगाओ। तब वैसा करना। परंतु अभी जैसे बने तैसे संयम से काम लो। नीति और युद्ध का समन्वय होना चाहिए।'

नाना–'प्रयत्न तो यही किया जा रहा है। हम लोग इधर-उधर घूमते-घामते दक्षिण के तीर्थों को जा रहे हैं। राजाओं से कम-कम बात करेंगे, जन-नायकों से मिलेंगे। क्योंकि बहुत दिनों तक स्वराज्य-युद्ध को चलाते रहने के लिए हम लोगों को प्राण बुंदेलखंड, अवध और महाराष्ट्र से प्राप्त होंगे।'

तात्या–'यहाँ की स्त्रियाँ तो ऐसा काम कर रही हैं कि मैं दंग हो जाता हूँ।'

रानी–'हाँ, मोतीबाई और उसकी संगिनें काम कर रही हैं।'

तात्या–'मोतीबाई अभी आई थी। आप पूजा में थीं। उसने बतलाया कि फौज में ईसाई मत फैलाने का किस रूप में प्रयत्न हो रहा है। हमारे और लोग भी काम कर रहे हैं। उनसे मैंने अलग खोज की थी। मोतीबाई की बातों से उनके समाचारों की पुष्टि होती है।'

रानी—'मोतीबाई को यह मालूम है कि हमारे कुछ और लोग भी काम कर रहे हैं?'

तात्या—'नहीं बाईसाहब।'

नाना—'ऐसा प्रबंध रखा है कि एक विभागवाले दूसरे विभागवालों की बात न जान सकें।'

रानी—'एक-एक पल्टन में तीन-तीन अफसर क्यों चुन रहे हो? दो-दो काफी थे।'

नाना—'तीन इसलिए कि दो-दो मार दिए या बदल लिए गए तो काम करने के लिए एक-एक तो बच ही जाएगा।'

रानी—'तो अब आग को भड़काने की आवश्यकता नहीं है। उसको ढाँकने की आवश्यकता है।'

तात्या—'कहीं-कहीं दोनों की जरूरत है।'

रानी—'अँगरेजों ने भी जासूस छोड़ रखे हैं।'

नाना—'अंतर इतना ही है कि उनका जासूस विभाग, महज पैसे के लिए अपना ईमान और अपना देश बेचने को तैयार है और हम लोगों का जासूसी विभाग कुछ भी न लेकर अपने धर्म, अपने देश और स्वराज्य के लिए अपने तन, मन, धन को आग में झोंकने के लिए प्रस्तुत है। पुलिस, जो शासन का सबसे अधिक प्रचंड अंग होता है, वह भी हमारे साथ होता चला जाता है।'

रानी—'इसलिए कि हम सबके धर्म का और रोटी का सवाल है।'

नाना—'मुसलमान और भी अधिक कुढ़े हुए हैं। बादशाह की जो नजर-न्योछावर ईद और नौरोज के दिन होती थी, वह तो बारह-चौदह साल से बंद है। अब अँगरेज चाहते हैं कि बादशाह दिल्ली का लाल किला खाली करके, मुंगेर चला जाए और गोरे लोग किले में बैठकर हिंदुस्थान-भर को लाल आँखें आराम के साथ दिखलाते रहें। जो अपने को कभी 'फिदवी खास' कह-कहकर बल खाते थे, वे अब अपने को तानकर, मालिक खास कहते हैं।'

रानी—'क्या वे लोग सब खुल्लमखुल्ला कर रहे हैं?'

नाना—'बिलकुल। उनको अब कोई डर नहीं रहा। जनता में, विविध उपायों से, हिंदू-मुसलमानों को लड़ाने का सिलसिला जारी है।'

रानी सोचने लगीं। बोलीं, 'बहुत सावधानी और संयम से काम लेने की आवश्यकता है। हम लोगों को अपने कार्य की प्रगति के समाचार बराबर मिलते रहने चाहिए।'

रानी ने खिड़की के बाहर दृष्टि डाली। रात कुछ अधिक गई सभझकर, वे दोनों उठ खड़े हुए और रानी का चरण-स्पर्श करके चले गए। वह पहला दिन था जब नाना और तात्या ने सहसा लक्ष्मीबाई के पैर छुए—यद्यपि वे दोनों आयु में उनसे बड़े थे।

तात्या वहाँ से आकर सीधा अपने प्रवास-स्थान को नहीं गया। पहले जूही के

घर पहुँचा।

समय कुछ अधिक हो गया था, परंतु जूही सोई न थी।

तात्या के भीतर आते ही जूही सहमी। लाज की अरुणिमा चेहरे पर बिखर गई।

तात्या ने बैठते ही मुसकराकर कहा, 'तुमने उस समय कुछ नहीं बतलाया था। मैं बहुत जल्दी में था, इसलिए उतावली में ठीक तौर से पूछ भी नहीं पाया।'

जूही ने नीची पलकों को ऊँचा किया। उसकी आँखों से मोहक, मादक मधु-सा छलक पड़ा।

जरा एक ओर देखते हुए उसने कहा, 'नहीं, कोई बात नहीं। मुझे लक्ष्मी-पूजन के लिए घर आना था, इसलिए चली आई थी। अब सब सुनाती हूँ।'

वह खड़ी थी। तात्या के कहने पर एक ओर बैठ गई। नृत्य-गान द्वारा झाँसी स्थित अंग्रेजी सेना में वह जो कुछ किया करती थी, वह उसने ब्यौरेवार सुनाया। जब वह बात कर रही थी, केशकूटों में बँधे हुए चमेली के फूल हिल-हिल जाते थे।

बात की समाप्ति पर तात्या ने उठकर, जूही के सिर पर हाथ फेरा। हाथ फेरने में एक फूल टूटकर नीचे गिर पड़ा। तात्या ने फिर खोंसने की कोशिश की।

जूही ने पलकें नीची किए हुए कहा, 'जाने दीजिए।'

'वह तो मैंने खोंस दिया जूही,' तात्या बोला, 'मैं लक्ष्मी से मनाता हूँ, एक दिन आए जब इस देश की मुक्ति और तुम्हारे फूलों की महक का सम्मिलन हो।'

जूही खड़ी हो गई। आँखें निश्चल रूप से खुल गईं। श्वेत भूमिका काली पुतलियों से प्रकाश झर-सा पड़ा।

'यदि उस काम के करने में, मैं या मेरी तरह की और स्त्रियाँ मर जाएँ तो इस टूटे हुए फूल की महक और देश की मुक्ति के सम्मिलन के वचन को न भूलिएगा।' जूही ने कहा।

तात्या बोला, 'कभी नहीं, जूही!'

जूही–'आप जा रहे हैं? कब? फिर कब आइएगा?'

तात्या–'कल चला जाऊँगा। जल्दी ही आऊँगा। कब आऊँगा, यह ठीक अभी नहीं कह सकता।'

तात्या नमस्ते करके चला गया। उस दिन तात्या को मालूम हुआ की वास्तव में जूही का वर्ग-बोधक नाम मंगलामुखी सार्थक है।

: ४५ :

जूही का छावनी में आना-जाना बढ़ गया। उसके नृत्य-गान की कला में और भी मोहकता आ गई। परंतु किसी सिपाही या अफसर में उसने अपने को बाल बराबर भी

नहीं खोया। वे समझते थे कि जूही हृदयहीन है।

जूही को हर पल्टन में तीन-तीन उपयुक्त अफसर ढूँढ़ने में बहुत दिन नहीं लगे। उन अफसरों को यह भी मालूम हो गया कि हम लोगों को किसी एक दिन महान् कार्य करना है; परंतु उनको ठीक-ठीक यह नहीं मालूम था कि कब? जूही स्वयं नहीं जानती थी। कुछ और लोग, जो पल्टनों के लिए इसी कर्तव्य पर नियुक्त थे, उनको भी मालूम न था।

परंतु वे यह जानते थे कि जूही का काम उस योजना का एक अंग है, जिसका एक भाग उन लोगों का भी काम था। परंतु वे एक-दूसरे से मिलते न थे। निषेध था।

एक दिन जूही के नृत्य-गान का आनंद लेने के लिए कप्तान डनलप भी आ गया। एक क्षण के लिए जूही सकपकाई। परंतु उसने अपना नियंत्रण शीघ्र कर लिया और वह बहुत मजे में नृत्य-गान करती रही।

असल में डनलप को उसके जासूस ने खबर दी कि छावनी में नर्तकियाँ आती हैं और अफसरों से दीन-धर्म संबंधी कुछ बातें भी किया करती हैं। इसलिए वह सहसा वहाँ आ गया।

नृत्य-गान से उसका मन शीघ्र ऊब गया क्योंकि अधिकांश अंग्रेजों की तरह उसको भारतीय कलाओं के प्रति उपेक्षा थी। परंतु जूही बहुत सुंदर थी। उसको सहज ही विश्वास न होता था कि ऐसा सौंदर्य अपने परिधान में किसी छल-कपट को छिपाए होगा। तो भी उसने सवाल किए–

डनलप–'तुम छावनी से कितना पैसा कमा ले जाती हो?'

जूही–'जब जो मिल जाए हुजूर?'

डनलप–'नाचने-गाने के सिवाय कोई और पेशा करती हो?'

जूही–'नहीं तो। मैं अविवाहित हूँ। कुमारी।'

डनलप–'तुम लोगों में विवाह भी होते हैं?'

जूही–'जरूर। हम लोग तो केवल नाचने-गाने का पेशा करती हैं।'

डनलप–'तुम रानी साहब के यहाँ भी नाचने-गाने जाती हो? मैंने सुना है कि उनको गाना सुनने और नाच देखने का शौक है।'

जूही–'मैं वहाँ नहीं जाती। कभी नहीं गई। उनको भगवान् के भजन सुनने का शौक है। नृत्य का कोई शौक नहीं।'

डनलप–'रानी साहब गाती हैं?'

जूही–'बिलकुल नहीं। मुझको क्या मालूम।'

डनलप–'रानी साहब ने तुमको घोड़े की सवारी नहीं सिखाई?'

जूही–'मैं उनके पास कभी जाती ही नहीं। घोड़े की सवारी क्यों सिखलातीं?'

डनलप–'और औरतों को तो सिखाती हैं?'

जूही–'सुना है।'

डनलप–'मोतीबाई नाम की वेश्या को जानती हो?'

जूही–'वह वेश्या नहीं है। आपसे किसने कहा?'

डनलप–'मुझसे सवाल करती है! जानती है कि धक्के देकर निकलवा दूँगा।'

जूही–'मैंने आपका क्या बिगाड़ा है?'

डनलप–'अच्छा हटो। आगे कभी छावनी में मत आना।'

जूही ने मुँह उदास बना लिया और वह चली गई। परंतु डनलप के ओट होते ही उसके होंठों पर, गालों पर मुसकराहट की छटा छा गई। उसको याद आ गया–'एक दिन आवेगा जब फूलों की महक और देश की मुक्ति का सम्मिलन होगा।'

वह चाहती थी कि धक्के देकर निकाली जाती तो अच्छा होता, उसके शरीर से, कहीं से थोड़ा-सा खून निकल पड़ता तो और भी अच्छा होता।

नर्तकी चली गई, परंतु उसका सौंदर्य डनलप के भीतर एक कोने में हलकी छाप, एक टीस छोड़ गया। उस टीस ने सिपाहियों के प्रति क्षोभ का रूप पकड़ा।

डनलप बोला, 'तुम लोग इन टकेवाली औरतों के मोह में अपना पैसा और समय नष्ट करते हो। इन औरतों का झूठा जादू ही तुमको ईसाई होने से रोक रहा है। इन शैतानों को छोड़कर सच्चे धर्म पर ईमान लाओ तो मुक्ति भी मिलेगी और पैसा अलग।'

पैसा और मुक्ति का घनिष्ठ संबंध सिपाही लोग बहुत दिनों से सुन रहे थे। पहले तो इस संबंध की बात पर उनको हँसी आया करती थी, अब वे खीजने लगे, जलने लगे। परंतु सिपाहियों ने चुपचाप सुन लिया।

डनलप ने सोचा, उसकी बात घर कर रही है।

डनलप कहता गया, 'तुम्हारे देवी-देवता सब बदसूरत और व्यर्थ हैं। उन पर विश्वास करने के कारण तुम मूर्ख बने हुए हो। इसलिए तुम्हारी तरक्की नहीं हो पाती। ईसाई होते ही तुमको एक ईश्वर और उसके एक पुत्र पर ही विश्वास लाने की जरूरत है; दुनिया-भर की डाकिनी, पिशाचिनी और भूत-प्रेतों से पीछा छूट जाएगा। हिंदू-मुसलमान सब बेवकूफ हो। इंजील पढ़ो तो आँखें खुल जाएँगी।'

सिपाहियों ने इस पर भी कुछ नहीं कहा।

डनलप बोला, 'रिसालदार, तुमको खुद ईसाई धर्म कबूल करना चाहिए, वरना तुम्हारे हक में अच्छा नहीं होगा। जैसे ही कोई ईसाई अफसर मिला, तुम बरखास्त कर दिए जाओगे।'

रिसालदार ने कहा, 'जो हुक्म।'

डनलप समझा, रिसालदार ईसाई होने के लिए लगभग राजी हो गया है।

पूछा, 'कब तक?'

रिसालदार ने उत्तर दिया, 'कुछ महीनों की ही कसर है, हुजूर!'

डनलप इस वाक्य के भीतरी अर्थ को नहीं समझा।

डनलप के जाते ही सारा सिपाही समाज व्यंग्य और क्षोभ में प्रमत्त हो गया। सुरीली और रूपवाली नर्तकी के अपमान का उनको रंज था। अपने धर्म की अवहेलना पर उनको क्रोध था और अंग्रेज के मुँह से रानी का नाम तक लेने पर उनको क्षोभ था।

'उस बिचारी को धक्के देकर निकालने की धमकी दी! बड़ा हूश है।'

'अरे पाजी है। कहता है धर्म-ईमान छोड़ दो! ये शराबी-कबाबी धर्म-ईमान को क्या जानें।'

'मेरी तबीयत में तो आ गया था कि पोंदों पर दुलत्ती कस दूँ।

'जरा ठहरो। समय आ रहा है। फिलहाल मनाही है। सहते जाओ। थोड़ी-सी कसर रह गई है। हमारे मुखिया लोग इलाज सोच रहे हैं।'

'खाक सोच रहे हैं। जब धर्म न रहेगा, मंदिर-मसजिद साफ हो जावेंगे, तब हकीमजी इलाज करने आवेंगे।'

'कारतूस फिर जारी किए गए हैं। सुनता हूँ, कलकत्ते के कारखाने में लाखों-करोड़ों की तादाद में बनाए जा रहे हैं और एक अँगरेज या ईसाई को चार आना सेर के हिसाब से गाय और सुअर की चर्बी इकट्ठी करके कारखाने में देने का ठेका भी दे दिया गया है।'

'आने दो, आने दो कारतूसों को। जीते-जी तो उन कारतूसों को छुएँगे नहीं। और यदि खोलने के लिए मजबूर किया तो पहली गोली इस पाजी डनलप पर है।'

'ईश्वर एक है सो तो बिलकुल ठीक है। न हिंदू इसके खिलाफ कुछ मानते हैं और न मुसलमान। लेकिन ईश्वर के एक ही बेटा हुआ, यह कुरसीनामा इस डनलप को कहाँ से मालूम हुआ?'

'जिस कारखाने से भ्रष्ट कारतूस निकले उसी से इस तरह का मजहब निकला होगा।'

'हमारे यहाँ ईसा को पैगंबर माना गया है, लेकिन खुदा का बेटा नहीं माना गया।'

'उसके बेटे तो मियाँ, हम सब लोग हैं।'

'यह डनलप असल में अपने और अपने अँगरेज भाइयों के सिवाय किसी को खुदा का बेटा नहीं मानता।'

'हाय वह दिन कब आवेगा!'

'बहुत दिनों अपने ही भाइयों से लड़े और इन लोगों के बहकाने से उनको तबाह किया।'

'कहते हैं हमारा नमक खाते हो, नमक की बजाना—हम कहते हैं नमक तुम्हारे

बाप का है?'

'बेशक। ये लोग अगर कुरसीनामे से साबित कर दें कि ये खुदा के नाती-पोते, पंती-वंती कुछ हैं, तो बेशक है।'

'यह तो हम लोग साबित कर सकते हैं क्योंकि हम उनकी पूजा करते हैं, उसके कदमों में नमाज कहते हैं, लेकिन ये लोग—मौका मिला और शराब गटकी, क्लब-घर में पहुँचे और नाचे-मटके। इतवार को गिरजा में सातवें दिन जाकर तौबा कर ली और फिर वही रफ्तार जारी।'

'कूड़ा हम साफ करें और मोटी-मोटी तनख्वाह ये मारें।'

'हम हिंदुस्थानी सिपाहियों की बारक देखो और इनके बँगले। हमारी रोटी, चपाती और दाल देखो और इनके अंडे, बिस्कुट रोज विलायत से चला आ रहा है।'

'और इस पर बदमाशों की 'डैमफूल'। तहजीब के साथ बात करना जानते ही नहीं। इनका मुल्क तो बिलकुल हब्शी है।'

'सबको तबाह कर दिया। झाँसी की देवी को देखो, किस मुसीबत में अपने दिन गुजार रही है।'

'मियाँ, तुमने देवी सच कहा। एक दिन कामासिन टौरिया की तरफ घोड़ा दौड़ाए जा रही थीं। मेरी आँखों में चकाचौंध लग गई। जी चाहता था कि पैर छू लूँ।'

'सच कहता हूँ, डनलप सरीखे शेखीवाजों को तो वह एक तमाचे में ढीला कर दे।'

'न जाने वह दिन कब आवेगा कि फिर रानी का झंडा किले पर फहरावे।'

'किले में गोरों की बसीगत देखकर मेरा तो खून जल उठता है।'

'लोगों को किले में जाने की मनाही है।'

'जब हमारा राज हो जावेगा, हम इन लोगों को किले की हवा के पास भी न फटकने देंगे।'

'महीना, तारीख, वक्त कुछ मुकर्रर हुआ?'

'चुप, चुप, अभी नहीं। ठहरे रहने का हुक्म है। इंतजार करने का।'

'अब तो सहा नहीं जाता। कब तक अपने धर्म और मजहब की तौहीन बरदाश्त करते रहें।'

: ४६ :

सन् १८५६ में ईस्ट इंडिया कंपनी के कर्णधार, भारतवर्ष-भर की ओर से लेकर छोर तक, ईसाई बनाने के स्वप्न देखने लगे थे। अस्पृश्य चर्बीवाले कारतूसों की वास्तविकता को स्वयं कई जिम्मेदार अंग्रेज लेखक स्वीकार करते हैं। यह ठीक है कि उनके बंद करने का प्रयत्न किया गया, परंतु वह था शिथिल।

कंपनी के बोर्ड के चेयरमैन तो उस स्वर्ण घड़ी की प्रतीक्षा में आँखें अटकाए हुए थे, जब सारा भारतवर्ष—हिंदू और मुसलमान—अपने धर्म को छोड़कर कंपनी के धर्म को कबूल करके उनकी शासन सत्ता को प्रलयपर्यंत अपने कंधों पर धारण किए रहें।

परंतु इंग्लैंड के कुछ लोगों को भारत में आनेवाली विपत्ति के बादल का एक छोटा-सा टुकड़ा दिखाई पड़ने लगा था। उनके मुनीम डलहौजी ने दूकान को भारत में इतना काफी पसारा दे दिया था कि अब उनकी रोकड़-बाकी खींचने और बहीखाता सँभालने के लिए भी उनको कुछ समय चाहिए था। इसलिए डलहौजी को बुलाकर कैनिंग को भेजा।

कैनिंग ने विपत्ति के बादल के उस टुकड़े को स्पष्ट देख लिया। परंतु उसको आत्मविश्वास था, इसलिए वह भारत में आया और आने पर ईसाई मत प्रचार के लिए काफी रकम हिंदुस्थान के खजाने से निकालकर रख दी। पंजाब को कंपनी-भक्त समझा जाता था। ईसाइयत के प्रचार-वेग से वह भी न बचा।

इधर नाना साहब, तात्या, बहादुरशाह और उनकी बेगम जीनतमहल, अवध की बेगम हजरतमहल और रानी लक्ष्मीबाई का व्यापक और सूक्ष्म प्रचार जारी था। स्वाधीनता के युद्ध के लिए क्षेत्र तैयार हो रहा था, थोड़ी-सी ही कसर थी जब नियत दिन और समय पर एक साथ संपूर्ण हिंदुस्थान में विस्फोट होना था। वह दिन और समय अभी नियुक्त नहीं हुआ था।

सन् १८५७ का जनवरी का मास आ गया। उन्हीं दिनों दमदम की छावनी में एक घटना हो गई।

एक मेहतर ने ब्राह्मण सिपाही से पानी पीने के लिए लोटा माँगा। ब्राह्मण सिपाही मेहतर को लोटा कैसे दे देता! वह मेहतर हो या न हो, प्रचार अवश्य था। वह भागा या हटा नहीं, दृढ़तापूर्वक डटा रहा। मेहतर बोला, 'ओहो, जातपाँत का यह घमंड! आ रहे हैं कारतूस जिनको दाँत से खोलना पड़ेगा। उनमें सुअर और गाय की चर्बी लगी है। देखें तुम्हारी जात उन कारतूसों के प्रयोग के बाद रहती है या जाती है।'

कारतूसों की सनसनी चल तो बहुत दिनों से रही थी और अकेले दमदम में नहीं किंतु लगभग सारी छावनियों के हिंदुस्थानी सिपाहियों में। दमदम में कारतूसों के बनाने का कारखाना था और उन दिनों बहुत संख्या में कारतूस बनाए भी जा रहे थे। इसलिए ब्राह्मण सिपाहियों के मन में यह भर्त्सना खप गई। वह अपने बेड़े के अन्य सिपाहियों से कहता फिरा। क्षोभ फैलता गया और बढ़ता गया। सिपाहियों की बात उनके अंग्रेज अफसरों तक पहुँची। उन्होंने इसको महज गप बतलाया। सिपाहियों ने कारखाने के हिंदुस्थानी मजदूरों से मालूम किया। उन्होंने बात को सच बतलाया। दमदम के उन सिपाहियों ने हजारों चिट्ठियाँ हिंदुस्थान-भर की छावनियों में भिजवाईं। सिपाही कुछ

कर उठने के लिए बेचैन हो उठे।

झाँसी की छावनी में भी चिट्‌ठी आई। आश्चर्य होता है कि थोड़े दिनों में ये चिट्ठियाँ गुप्त रूप में कैसे सर्वत्र फैल गईं। जूही इत्यादि अब छावनी में नहीं आ-जा पाती थीं पर उनको पता देनेवाले लोग छावनी के संपर्क में थे।

रानी को इस घटना का समाचार मिल गया। उनको चिंता हुई, कहीं ऐसा न हो कि ये लोग कुसमय कुछ कर बैठें।

वसंत पंचमी हो चुकी थी। फरवरी का महीना था। चाँदनी डूब चुकी थी। रात बिलकुल अँधेरी। हवा ठंडी मंद-मंद। तारे दमक रहे थे। कुछ बड़े-बड़े, असंख्य छोटे-छोटे। जैसे चाँदनी अपनी चादर छितराकर छोड़ गई हो। नीचे सघन अंधकार। सब दिशाओं में गुलाई-सी बाँधे हुए। झींगुर झंकार रहे थे। रानी को नींद नहीं आ रही थी। कठिन व्यायाम से तप्त देह को ठंड भली लग रही थी। खिड़की खुली हुई थी। उसमें से कई बड़े-बड़े तारे दिखाई पड़ रहे थे। झींगुर की झंकार के ऊपर दूर से आनेवाला किसानों और चरवाहों के फाग-गीत का स्वर सुनाई पड़ जाता था।

रानी ने सोचा, 'क्या ये लोग ईसाई बना लिए जावेंगे? ईसाई होने पर फिर क्या अपनी फागें गा सकेंगे? इनके बच्चे गिल्ली-डंडा और कबड्‌डी छोड़कर फिर क्या खेलेंगे? होली, दीपावली, दशहरा, ईद सब यहाँ से चल देंगे? स्त्रियों का क्या होगा? ऐसी सुंदर वेश-भूषा को छोड़कर ये सब क्या किरानी पोशाक करेंगी? ईसाई आवागमन नहीं मानते, फिर मुक्ति का क्या अर्थ? और गीता, रामायण इत्यादि का क्या होगा?'

रानी बिस्तर में बैठ गईं। निविड़ अंधकार में भी महल के सामनेवाला ऊँचा पुस्तक-भवन, अपनी थोड़ी-सी रूप-रेखा प्रकट कर रहा था।

'क्या वेद-शास्त्र, गीता, पुराण, दर्शन, काव्य—ये सब व्यर्थ हो जाएँगे? जला दिए जाएँगे?'

रानी ने होंठ से होंठ दबाया। नथुनों से भभक निकली।

'कदापि नहीं। कभी नहीं। मैं लड़ूँगी—उन गरीबों के गीतों की रक्षा के लिए, इन पुस्तकों के लिए और जो कुछ इनके भीतर लिखा है उसके लिए। ऋषियों का रक्त ऐसा हीन और क्षीण नहीं हो गया है कि उनकी संतान तपस्या न कर सके। कीड़ों-मकोड़ों की तरह यों ही विलीन हो जाए।'

'नहीं। कृष्ण अमर हैं। गीता अक्षय है। हम लोग अमिट हैं। भगवान् की दया से, शंकर के प्रताप से, मैं बतलाऊँगी कि अभी भारत में कितनी लौ शेष है। और यदि मैं इस प्रयत्न में मर गई तो क्या होगा? कोई दूसरा तपस्वी मुझसे अच्छा खड़ा हो जावेगा और इस भूमि का उद्धार करेगा। तपस्या का क्रम कभी खंडित नहीं होगा।'

रानी फिर लेट गईं।

'नैनं छिंदंति शस्त्राणि नैनं दहति पावकः' सोचते हुए निद्रा लाने की चेष्टा करने लगीं। इतने में पहरेवाली स्त्री-सैनिक ने द्वार के पास आकर खाँसा। रानी ने अनसुनी कर दी। वह फिर खाँसी। रानी बैठ गईं।

पूछा, 'क्या है?'

पहरेवाली भीतर आई।

उसने कहा, 'श्रीमंत सरकार, मोतीबाई दर्शन के लिए आई है। मैंने मना किया। नहीं मानी। हठ कर रही है। कहती है, आधी घड़ी का तुरंत समय दिया जाए। जैसी आज्ञा हो।'

रानी ने मोतीबाई को बुला लिया। पास में काठ की एक चौकी पड़ी थी। मोतीबाई से उसी पर बैठने को कहा। वह नहीं बैठी।

बोली, 'सरकार इस चिट्‌ठी को पढ़ लें।'

मोतीबाई दीपक उठा लाई। चिट्‌ठी पर किसी के हस्ताक्षर नहीं थे। उसमें लिखा था–

'अब और नहीं सहा जाता। कब तक कलेजे में छुरी चुभोए रहें। उठो और धर्म के लिए कट मरो। थोड़े से विदेशियों ने इस विशाल देश को घेर रखा है। निकाल दो। देश को स्वतंत्र करो। धर्म की रक्षा करो।'

रानी–'यह चिट्‌ठी कहाँ मिली?'

मोतीबाई–'इस प्रकार की कई चिट्ठियाँ छावनी में आई हैं। मुझको भरोसे के लोगों ने आज दिन में बतलाया था। इस चिट्‌ठी को सरदार तात्या साहब ने दिया है।'

रानी–'तात्या टोपे! कहाँ हैं? झाँसी कब आए?'

मोतीबाई–'संध्या के समय आए और प्रातःकाल के पहले चले जाएँगे। वह इसी समय दर्शन करना चाहते हैं। बाहर खड़े हैं।'

रानी–'बाहरी कमरे में बिठलाओ। मैं आती हूँ।'

रानी ने सफेद साड़ी पर एक मोटा सफेद दुशाला ओढ़ा और वह बाहरी कमरे में तात्या के पास पहुँचीं। मोतीबाई को रानी ने उसी कमरे में बैठा दिया।

रानी ने पूछा, 'इस चिट्‌ठी का क्या प्रयोजन है? मुझको तो असमय जान पड़ती है।'

'हाँ बाईसाहब,' तात्या ने उत्तर दिया, 'इसीलिए ले आया हूँ। मोतीबाई ने बतलाया कि इस प्रकार की चिट्ठियाँ यहाँ की छावनी में भी आई हैं। सिपाहियों में बेहद जोश फैला हुआ है, परंतु न तो अभी कोई व्यवस्था हो पाई है और न काफी संगठन हुआ है। समय के पहले यदि विस्फोट हो गया तो अनेक सिपाही व्यर्थ मारे जावेंगे। असफलता और निराशा देश को दबा लेगी और जाने कितने समय के लिए यह देश विपद्ग्रस्त हो जाएगा।'

रानी–'इसको रोकना चाहिए और संगठन शीघ्र कर लिया जाना चाहिए।'

तात्या–'रुपए-पैसे की कोई असुविधा नहीं रही। काफी समय तक लड़ाई चलाते रहने के लिए धन इकट्ठा हो गया है। बारूद का और शस्त्रों का बहुत अच्छा प्रबंध है। इसीलिए जल्दी-से-जल्दी की जो तारीख हो सकती थी, नियुक्त कर ली गई है। दिल्ली, लखनऊ इत्यादि वाले सहमत हैं। आपकी सहमति लेकर सवेरे के पहले रवाना हो जाऊँगा।'

'कौन-सी तारीख?' रानी ने प्रसन्न होकर पूछा।

'इकतीस मई, रविवार, ११ बजे दिन।' तात्या ने बताया।

रानी–'तीन-चार महीने हैं। मुझको यह तारीख पसंद है। देश-भर में सब जगह एक साथ?'

तात्या–'सब जगह एक साथ। तब तक हम लोग चाहते हैं कि सिपाही और जनता, आत्म-नियंत्रण से काम लें।'

रानी–'मोतीबाई, अब तुम लोगों को ऐसे साधन काम में लाने पड़ेंगे, जिसमें छावनी में कोई भी उपद्रव उस दिन और उस समय तक न होने पाए।'

तात्या–'हर पल्टन के तीन-तीन अफसरों को इस तारीख और समय की सूचना कर दी जाए और उनको समझा दिया जाए कि जब तक सब प्रकार के अपमान चुपचाप सहते चले जाएँ। त्राण की घड़ी वही है और उनसे कह देना कि जब तक कमल का फूल छावनी में न आए, किसी को भी तारीख और समय न बतलाया जाए और सिपाहियों को उत्तेजित होने से रोका जाए। कमल का फूल वैसाख से खिलने लगता है। प्रत्येक तालाब में काफी मिलता है। वह ठीक समय छावनी से छावनी घुमाया जाएगा। उसका आना समग्र सिपाहियों को कर्तव्य के लिए जाग्रत करना है और तारीख तथा ११ बजे के समय की सूचना देना है।'

मोतीबाई–'मैं अच्छी तरह समझ गई।'

रानी–'अब कहाँ जाओगे?'

तात्या–'ग्वालियर। वहाँ से राजपूताने की ओर। एक चक्कर चैत के उपरांत और लगेगा। नाना साहब तीर्थयात्रा के लिए निकलेंगे। उसी की आड़ में सब कार्यक्रम हर जगह बतला आएँगे।'

: ४७ :

फरवरी में एक दुर्घटना हो गई। बैरकपुर की १९ नंबर पल्टन को कारतूस प्रयोग करने के लिए दिए गए। सिपाहियों ने प्रयोग करने से दृढ़तापूर्वक इनकार कर दिया। बंगाल में उस समय कोई गोरी पल्टन न थी। इसलिए जनरल ने तुरंत बर्मा से एक गोरी

पल्टन मँगवाकर १९ नंबर पल्टन से हथियार रखवा लेने और सिपाहियों को बरखास्त कर देने का निश्चय कर लिया। सिपाहियों को मालूम हो गया। उनमें से कुछ ने चुपचाप हथियार रख देने की अपेक्षा तुरंत क्रांति कर डालने का संकल्प किया। उनके हिंदुस्थानी अफसरों ने ३१ मई तक सब्र करने की सलाह दी। परंतु उस पल्टन का एक सिपाही मंगल पांडे आपे से बाहर हो गया। उसने कुछ अफसर मार डाले। इसके बाद उसे फाँसी दे दी गई।

इस घटना की सूचना बहुत शीघ्र उत्तर भारत में फैल गई।

नाना साहब और अजीमुल्ला मार्च के महीने में तीर्थयात्रा के लिए निकल पड़े। दिल्ली में गुप्त मंत्रणाएँ हुईं, फिर अंबाला गए। इसके उपरांत मध्य अप्रैल में लखनऊ पहुँचे। वहाँ नाना साहब का समारोह के साथ जुलूस निकला। नाना अंग्रेजों से प्रत्येक स्थान पर मिलता था, जिससे वे लोग निर्श्चित बने रहें।

लखनऊ के बाद कालपी और झाँसी आए। योजना का कार्य-क्रम निश्चित करके चले गए। उत्तरी भारत की लगभग समस्त छावनियों में होते हुए नाना और अजीमुल्ला बिठूर गए। स्थान-स्थान और प्रदेश-प्रदेश में प्रभाववाले व्यक्ति प्रचार के कार्य में जुट गए। अभी तक अंग्रेजों को क्रांति के सामूहिक रूप का बिलकुल पता न था।

गरमी आ गई। सरोवरों में कमल खिल उठे। फसल भी कटकर घरों में आने लगी। स्वाधीनता-युद्ध के दो चिह्न प्रकट हुए। एक कमल, दूसरा रोटी।

कमल के असंख्य फूल, भारतवर्ष-भर की छावनियों में फैल गए।

कमल फूलों का राजा है। सरस्वती की महानता, लक्ष्मी की विशालता उसके पराग और केसर में कहीं अदृष्ट रूप से निहित है। वह विष्णु की नाभि से निकला और अनंत समय के उपरांत वहीं वापस जाएगा। वह हिंदुस्थान की प्रकृति का, संस्कृति का, मृदुल मंजुल, मांगलिक और पावन प्रतीक है। उसका रंग हलका लाल है। वह बिलकुल रक्त नहीं है। हिंदुस्थान में होनेवाली क्रांति खूनी जरूर थी, परंतु उस खूनी क्रांति के गर्भ में मंजुलता और पावनता गड़ी हुई थी। इसीलिए सन् १८५७ की क्रांति का यह प्रतिबिंब चुना गया। क्रांति करेंगे मानवीयता की रक्षा के लिए, क्रांति होगी—मानवीयता लिए हुए!

कमल के साथ रोटी भी चलती थी! एक गाँव से दूसरे गाँव एक रोटी भेजी जाती थी। दूसरे गाँव में फिर ताजा रोटी बनी और तीसरे गाँव भेज दी गई। हिंदुस्थान की वह क्रांति हिंदुस्थानियों की रोटी की रक्षा के लिए हुई थी। रोटी उस रक्षा के प्रयत्न का प्रतीक थी।

जिसने सोचा, उसने कल्पना का कमाल कर दिया! यह उपज हिंदुओं और मुसलमानों दोनों की थी।

कमल और रोटी का दौरा समाप्त नहीं हुआ था कि छः मई को मेरठ में विस्फोट हो गया।

मेरठ में बड़ी छावनी थी। कई हिंदुस्थानी और अंग्रेजी पल्टनें थीं। एक हिंदुस्थानी पल्टन के नब्बे सिपाहियों को कारतूस दिए गए। सिपाहियों को विश्वास था कि कारतूस अस्पृश्य चर्बीवाले हैं। अंग्रेजों ने उन्हें आश्वासन दिया कि नहीं हैं। पचासी सिपाहियों ने कारतूसों को छूने से इनकार कर दिया। उनका कोर्ट मार्शल हुआ। आज्ञा न मानने के अपराध में उनको दस-दस वर्ष के कठोर कारावास का दंड मिला। नौ मई के दिन इन सिपाहियों को गोरी फौज और तोपखाने के सामने लाकर खड़ा किया। बरदियाँ उतरवा ली गईं और हथकड़ी-बेड़ियाँ डाल दी गईं। छावनी के बाकी हिंदुस्थानी सिपाही भी इस दृश्य को देखने के लिए बुला लिए गए थे।

इसके बाद वे लोग जेलखाने भेज दिए गए।

उनके साथी सिपाही क्षुब्ध हो गए, परंतु उनको ३१ मई तक रुके रहने की आज्ञा थी, इसलिए वे गुस्सा पी गए। घटना सुबह की थी।

संध्या समय हिंदुस्थानी सिपाही बाजार में गए। सबसे पहले कुछ वेश्याओं ने आवाजें कसीं।

'आहा! आपकी मूँछें देखिए! कैसी भाँजी हैं!! भाइयों को जेलखाने भेजकर मुए किसी पोखरे में न डूब मरे!!!'

फिर गृहस्थ स्त्रियों-पुरुषों ने भी ताने कसे।

सिपाही बारकों को लौट आए। धैर्य ने साथ छोड़ दिया। स्त्रियों के शब्द कलेजे में बिंध गए। रात को गुप्त मंत्रणा हुई। निश्चय हुआ कि ३१ मई तक नहीं ठहरेंगे। उसी रात उन लोगों ने दिल्ली खबर भेजी कि कल-परसों तक दिल्ली पहुँचते हैं, सब लोग तैयार रहें।

दस मई को मेरठ में तलवार-बंदूक चल गईं। अंग्रेजों को मार-मूरकर सिपाही दूसरे दिन दिल्ली पहुँच गए। वहाँ की हिंदुस्थानी सेना उनसे मिल गई। दिल्ली निवासियों ने उनका साथ दिया।

चारों ओर 'दीन-दीन', 'अल्ला हो अकबर' और 'हर हर महादेव' की पुकारें एक दूसरे में होकर गूँज गईं। दिल्ली की अंग्रेजी फौज मुहासिरे में पड़ गई।

मेरठ और दिल्ली की सम्मिलित हिंदुस्थानी फौज ने दिल्ली के किले पर अधिकार कर लिया। बादशाह बहादुरशाह को भारत का सम्राट् घोषित किया और २१ तोपों की सलामी दी। बादशाह ने क्रांति का नेतृत्व स्वीकार किया और उसने सबसे पहला जो काम किया, वह था गौ-वध कतई बंद कर देना।

मई के महीने में लगभग सारे उत्तर हिंद में क्रांति की आग भड़क उठी—किसी दिन कहीं और किसी दिन कहीं।

कानपुर में चौथी जून की रात को यकायक आधी रात के समय तीन फायर हुए।

हिंदुस्थानी सेना ने कानपुर में क्रांति का आरंभ कर दिया। सवेरे खजाना और शस्त्रागार क्रांतिकारियों के हाथ में आ गए और नाना को राजा घोषित कर दिया गया।

: ४८ :

स्कीन, गार्डन, डनलप इत्यादि को झाँसी में मई की खबरें मिल गईं और रानी को उनसे पहले ही! रानी ने एक विशेष समय तक के लिए, लगभग सब आने-जानेवालों का महल आना बंद कर दिया। जो थोड़े-से लोग आते-जाते थे, उनमें एक मोतीबाई थी। उसी के द्वारा रानी सब महत्त्वपूर्ण समाचार लेती और देती थीं। मोतीबाई, खुदाबख्श और रघुनाथसिंह के संपर्क में थी। वह इन लोगों को सब बातें भुगता देती थी—स्वाभाविक था। ये दोनों दूसरे लोगों के संपर्क में थे। इस प्रकार काम जारी था।

मोतीबाई ने खुदाबख्श को महल में आगंतुकोंवाले निषेध का वास्तविक कारण बताया। खुदाबख्श ने पीरअली को सुनाया और पीरअली ने नवाब अलीबहादुर को। ३१ मई के दिन और समयवाली बात भी उन अंग्रेज अफसरों को मालूम हो गई। परंतु मेरठ और दिल्ली इत्यादि स्थानों में इसके काफी पहले ही कांड हो चुके थे, इसलिए उन लोगों ने ३१ मई संबंधी सावधानी पर ध्यान नहीं दिया।

स्कीन ने जो चिट्ठियाँ मई के महीने में लैफ्टिनेंट गवर्नर के पास आगरा भेजीं, उनमें साफ लिखा कि झाँसी में विद्रोह का कोई भी चिह्न नहीं है और सिपाहियों का पूरा विश्वास किया जा सकता है। पहली जून की चिट्ठी में उसने सबसे पहले कुछ झंझट की सूचना दी।

'रात को मुझे खबर मिली कि कुछ ठाकुर लोग कोंच पर धावा करनेवाले हैं। मैंने तुरंत डनलप को सूचित किया। सवेरे ही कुछ फौज गाँव की रक्षा के लिए भेज दी। फौज पहुँचते ही ठाकुरों का विचार बदल गया। इधर-उधर भले ही विद्रोह फैला हो, परंतु यहाँ के लोग हमसे कभी नहीं बिगड़ेंगे।'

असल में रानी की दृढ़ सावधानी के कारण, झाँसी में असमय विस्फोट नहीं हो पाया। महल में आगंतुकों के निषेध की बात सुनकर इन लोगों को और भी विश्वास हो गया कि रानी को आंदोलन से सरोकार नहीं है। कोंच पर इकतीस मई को 'कुछ ठाकुरों' का पहुँच जाना, जिसका समाचार स्कीन को पहली जून की रात को मिला, काफी अर्थ रखता था। परंतु जान पड़ता है कि उन ठाकुरों को यह नहीं मालूम था कि ३१ मई को आगे के लिए कार्यक्रम स्थगित हो गया है। और फिर दूसरे ही दिन कुछ हिंदुस्थानी फौज का डनलप के साथ कोंच पहुँच जाना ठाकुरों के हतोत्साह होने का कारण हो गया।

चौथी जून को कानपुर में और उसी दिन झाँसी में क्रांति के लक्षण प्रकट हुए। गुरबख्शसिंह नाम का हवलदार कुछ सैनिकों को लेकर कंपनी निर्मित छोटे से किले में,

जो पुराने किले से एक मील शहर बाहर है, और जिसे अंग्रेज लोग उसकी बनावट के कारण 'स्टार फोर्ट' (तारा-गढ़) कहते थे, घुस पड़ा और लड़ाई का सब सामान और रुपया-पैसा उठवाकर ले आया। डनलप बची-बचाई सेना लेकर मुकाबले के लिए आया।

स्टार फोर्ट में कोई भी सामान न पाकर वह लौट गया। कमिश्नर को सूचना मिली। उसकी सलाह पर छावनी के सब अंग्रेज अपने बाल-बच्चे लेकर किले में जाने को तैयार हुए। डनलप ने नौगाँव छावनी को सहायता पाने के लिए पत्र लिखा।

अब इन लोगों को रानी की, रानी के शौर्य की, उनकी योग्यता की और उनकी तेजस्विता की याद आई।

गार्डन कई अंग्रेजों को लेकर रानी के महल पर पहुँचा।

गार्डन ने कहलवाया, 'अभी हमको भरोसा है कि फौज में जो थोड़ी-सी गड़बड़ हुई है उसको दबा लेंगे, परंतु यदि कोई बड़ी विपद् आए तो आप हमारी सहायता करिएगा।'

रानी ने उत्तर दिलवाया, 'इस समय हमारे पास न तो काफी शस्त्र हैं और न लड़नेवाले आदमी। देश में उपद्रव फैल रहा है। यदि अनुमति मिल जाए तो मैं अपनी और जनता की रक्षा के लिए एक अच्छी सेना भरती कर लूँ।'

गार्डन सहमत होकर चला आया।

दूसरे दिन छावनी में स्कीन, गार्डन और डनलप की बैठक हुई। उन लोगों को अब भी विश्वास था कि हिंदुस्थानी का व्यक्तिगत रूप से अपमान करना किसी भी नुकसान का कारण नहीं बनता। वे समझते थे कि सारी फौज में कुछ व्यक्ति नाराज हो सकते हैं, सब नहीं।

इसी भरोसे डनलप एक और अंग्रेज को साथ लेकर पल्टन में पहुँचा। सिपाहियों ने, जिनमें रिसालदार काले खाँ सबसे आगे था, तुरंत डनलप को गोली से मार दिया।

अंग्रेजों में भगदड़ मच गई।

गार्डन अकेला रानी के पास दौड़ा आया। मुंदर के द्वारा बातचीत हुई।

गार्डन—'हम लोग पुरुष हैं। हमको अपनी चिंता नहीं। हमारी स्त्रियों और बच्चों को अपने महल में आश्रय दे दीजिए।'

मुंदर ने रानी को आगा-पीछा सुझाया, 'सरकार! इस आफत से दूर रहिए। फौज के लोग हमारे महल पर टूट पड़ेंगे।'

रानी ने धीमे, परंतु दृढ़ स्वर में मुंदर से कहा, 'हमारी लड़ाई अँगरेज पुरुषों से है, उनके बाल-बच्चों से नहीं। यदि मैं सिपाहियों पर नियंत्रण न कर पाई तो उनका नेतृत्व क्या करूँगी? कह दो गार्डन से कि स्त्रियों और बालकों को तुरंत महल में भेज दे।'

मुंदर ने संवाद दे दिया।

गार्डन तुरंत स्त्रियों और बच्चों को छावनी से निकालकर शहर ले आया और उनको महल में दाखिल कर दिया। रानी ने उनको भोजन करवाया और ढाढस दिया।

परंतु स्कीन ने हठ किया, इसलिए ये सब महल से हटा लिए गए और किले में भेज दिए गए।

इस बीच में सिपाही छावनी को तहस-नहस करने में उलझे थे। फारिग होकर वे किले पर धावा करने के लिए बढ़े। गार्डन इत्यादि ने सब फाटक बंद कर लिए। लेकिन सिपाही बहुत थे। उनके पास तोपखाना था और किले में तोप न थी--युद्ध-सामग्री भी थोड़ी, खाने के लिए करीब-करीब कुछ नहीं।

नवाब अलीबहादुर ने उसी समय पीरअली को भेजा और कहलवाया कि हुक्म हो तो ओरछा और दतिया से सेना बुलवा ली जाए।*

अंग्रेज इतने भयभीत हो गए थे या इतनी हेकड़ी में थे कि उन्होंने जवाब दिया, 'कोई जरूरत नहीं है। छोटा-सा बलवा है। दबा लेंगे।'

पीरअली ने नवाब साहब को वह उत्तर सुना दिया। खुदाबख्श मिल गया। उसको भी सुनाया। खुदाबख्श ने मोतीबाई को रानी के पास भेजा और स्वयं रघुनाथसिंह के पास चला गया।

मोतीबाई ने कहा, 'सरकार, अब समय आ गया है।' और खुदाबख्श की कही बात सुनाई।

रानी बोलीं, 'नियुक्त तारीख पर आरंभ न होने के कारण कार्यक्रम का रूप बदल गया है। तो भी, अपनी सेना तुरंत तैयार करने का प्रयत्न इसी समय किया जाना चाहिए। रघुनाथसिंह को समाचार दो कि कटीली से दीवान जवाहरसिंह को बुला लें और जितनी विश्वसनीय सेना इकट्ठी हो सके, आठ मील पर, रक्सा के निकट, जमा करें। घुड़सवार अधिक हों। जब तक मेरी आज्ञा न मिले, झाँसी की ओर न आएँ।'

मोतीबाई ने दीवान रघुनाथसिंह को आज्ञा सुना दी। वह खुदाबख्श को लेकर चला गया।

उस दिन सिपाही किले पर बराबर आक्रमण करते रहे। परंतु अंग्रेज उनको गोलियों की बौछार से पीछे हटाते रहे।

दूसरे दिन भी लड़ाई चलती रही। दोपहर के उपरांत अंग्रेजों के पास खाने के लिए एक दाना भी न रहा। किलेवाला महल दुबारा-तिबारा छाना कि कहीं कुछ रखा हो। वहाँ कुछ भी न मिला। शाम के बाद लड़ाई कुछ ढीली हुई। अंग्रेजों ने किसी प्रकार रानी

---

* नवाब अलीबहादुर का बयान जो उन्होंने सन् १८५९ में दिया था और जिसकी नकल बन्ने के पास है।

के पास अपनी भूख का समाचार भेजा।

रानी ने दो मन रोटियाँ तत्काल बनवाईं। काशीबाई से कहा, 'तू इन रोटियों को किसी प्रकार अँगरेजों के पास पहुँचा। तुझको सारे गुप्त मार्ग मालूम हैं, सुंदर और मुंदर को साथ ले जा, और कोई न जाए। जहाँ मशाल की अटक पड़े, जला लेना।'

सहेलियाँ रानी की दया को जानती थीं, परंतु उसकी सीमा को नहीं देखा था।

काशी ने विनम्र शांत स्वर में कहा, 'सरकार, यदि हम लोग इस परिस्थिति में पड़े होते तो क्या अँगरेज लोग हमको दाना-पानी देते?'

रानी ने उत्तर दिया, 'अँगरेजों जैसे बनकर हम अपने और उनके बीच के अंतर को क्यों मिटाएँ? और फिर इन लोगों को भूखा मारकर आगेवाले अनुष्ठान को कलुषित करना है।'

रानी मुसकराईं। काशी का हृदय आभासमय हो गया।

परंतु फिर भी उसने सवाल किया, 'कब तक आप इनको इस प्रकार खिलाएँगी?'

'जब तक मेरी निज की सेना तैयार नहीं हो जाती,' रानी ने कहा, 'जब सेना तैयार हो जाएगी, मैं उन लोगों के हथियार रखवा लूँगी और कहीं सुरक्षित स्थान में कैद कर दूँगी।'

उन तीनों सहेलियों ने रोटियों के गट्ठर पीठ पर लादे और गुप्त मार्ग से होकर किले में ले गईं। गार्डन इत्यादि ने उन लोगों को प्रणाम किया। उनमें एक व्यक्ति मार्टिन नाम का था। मार्टिन ने सुरंग का रास्ता देख लिया। दूसरे दिन फिर ये तीनों किले में दो मन रोटियाँ दे आईं। मार्टिन चुपचाप पीछे-पीछे आया और गुप्त मार्ग से बाहर निकलकर आगरा चला गया। सहेलियों को या किसी को भी मालूम नहीं पड़ा।

उस दिन घोर युद्ध हुआ। गार्डन उत्तरी फाटक के ऊपर की खिड़की में से ताक-ताक कर बंदूक का निशाना लगा रहा था और सिपाही उसके मारे हैरान हो रहे थे। उनको शहर का एक पुराना तीरंदाज मिल गया। उस तीरंदाज ने एक पत्थर की ओट लेकर गार्डन पर तीर छोड़ा। तीर गार्डन की गरदन को फोड़कर पार हो गया। गार्डन के मरते ही, समस्त अंग्रेजों में उदासी और निराशा छा गई।

उधर रिसालदार काले खाँ ने किले के उत्तर-पश्चिम कोने पर, जिसे शंकर-किला कहते हैं, भयानक दाब बोली और अपनी सेना की एक टुकड़ी सहित किले में घुस गया। अंग्रेजों ने देखा कि अब कोई बचत नहीं, इसलिए उन्होंने सुलह की चर्चा छेड़ी। सिपाहियों ने रक्षा का आश्वासन दिया। स्कीन ने ८ जुलाई के सवेरे किले का सदर फाटक, जो दक्षिण की ओर है, खोला और कहा कि हमको सागर चले जाने दो।

सिपाहियों ने उन लोगों को कैद कर लिया। सिपाहियों का मुखिया रिसालदार काले खाँ छावनी चला गया।

थोड़ी देर में वहाँ जेल-दरोगा बख्शिशअली आया। उसकी आँख लाल थी और मुँह झुलसा हुआ। उसने अंग्रेजों की ओर देखा।

सिपाहियों से बोला 'रिसालदार साहब मुझे रास्ते में मिले थे। हुकुम दे गए हैं कि इन सबको झोकनबाग ले चलो।'

सिपाही अंग्रेजों को झोकनबाग ले आए। वहाँ एक सिपाही घोड़े पर सवार आया। बख्शिशअली ने उसके कान में कुछ कहा। सवार हिचका।

बख्शिशअली बोला, 'भाइयो, यह जो स्कीन कमिश्नर खड़ा है, इसने मुझको जूतों की ठोकरों से पीटा था, अब क्या देखते हो?'

सिपाही एक-दूसरे का मुँह ताकने लगे।

बख्शिशअली—'और इसने जूतों की ठोलों से मुझको इतना मारा था कि मैं गिर पड़ा था। मारने के पहले इसने मुझको सुअर की गाली दी थी।'

स्कीन भयभीत खड़ा था। परंतु इस आरोप ने उसको जगा दिया। बोला, 'मैंने गाली कभी नहीं दी। मारा शायद हो, मगर याद नहीं आता। काम में गफलत करने पर तो कभी-कभी मारना ही पड़ता है।'

वह जो सवार आया था, उसकी ओर बख्शिशअली ने भयानक दृष्टि से देखा।

सवार ने कड़कती हुई आवाज में कहा, 'रिसालदार साहब ने इन सबके कत्ल का फरमान किया है।'

बख्शिशअली ने सबसे पहले स्कीन को मारा, और फिर सब काट दिए गए। उस समय वहाँ सिवाय उन सिपाहियों के और कोई न था।

उसी समय रिसालदार कालेखाँ आ गया। खून में रँगी तलवारों को देखकर क्रुद्ध स्वर में बोला, 'यह क्या किया?'

बख्शिशअली ने कहा, 'और क्या करते?'

रिसालदार ने अपने स्वर को संयत करके पूछा, 'किसके हुकुम से? क्या रानी साहब ने हुकुम दिया था?'

बख्शिशअली के पास ही वह सवार खड़ा था। उसने उत्तर दिया, 'रानी साहब को कुछ नहीं मालूम। वे तो हम लोगों से कुछ कटी-कटी भी जान पड़ती हैं।'

'तब किसके हुकुम से?' रिसालदार ने और भी संयत स्वर में पूछा।

बख्शिशअली ने जवाब दिया, 'आपके नाम पर मेरे हुकुम से।'

'ओफ!' रिसालदार ने धीरे से कहा, 'हमारे बड़े मुखिया जब सुनेंगे, क्या कहेंगे? मगर··· मगर।'

रिसालदार थोड़ी देर चुप रहा। सूर्य की किरणों में जलन बढ़ती चली जा रही थी। रिसालदार ने मुँह पर हाथ फेरा। माथा दबाया। थोड़ी देर खामोश रहा।

बोला, 'जो हुआ, सो हुआ। आगे बिना हुकुम के कोई काम न करना। रानी साहब के महल पर चलो।'

वैसी तलवारें लिए सिपाही महल की ओर चल पड़े।

: ४९ :

सिपाहियों में अनुशासन न था। घिन और गुस्सा मन को घेरे थे। अपनी विजय पर उनको पागलों जैसा हर्ष था।

रानी के महल पर वे पीछे पहुँचे, उनका शोरगुल पहले पहुँच गया। पहरेदार ने फाटक बंद कर लिए। सेना के कुछ सिपाही शहर को लूटने की बातचीत करने लगे। कवायद-परेड सीखे हुए वे सिपाही अच्छे नेता की कमी के कारण महज हुल्लड़ और भभ्भड़ की भूमिका भरने लगे। कोई किसी की नहीं सुन रहा था। हर एक आदमी अपना-अपना गुबार निकालने की धुन में था।

इतने में काले खाँ चिल्लाया, 'खलक खुदा का मुलक बादशाह का राज महारानी लक्ष्मीबाई का।'

सब सिपाहियों ने यही नारा लगाया। सिपाहियों की विचारधारा इसी नारे की ओर मुड़ गई--उस नारे ने अनुशासन की कमी को कुछ पूरा किया। खिड़की की झरप हटी। हाथ जोड़े हुए लक्ष्मीबाई दिखाई दीं। पीछे सशस्त्र सहेलियाँ।

बिलकुल गौर-बदन। गले में हीरों का कंठा। होंठ एक दूसरे से सटे हुए। सिपाहियों ने फिर नारा लगाया।

रानी ने नमस्कार किया। हाथ उठाकर चुप रहने का संकेत किया। भीड़ में सन्नाटा छा गया। रिसालदार आगे बढ़ा।

रानी ने तीव्र स्वर में पूछा, 'क्या है? तुम रिसालदार काले खाँ हो?' स्वर में तीव्रता होते हुए भी कंठ में प्राकृतिक सुरीलापन था।

काले खाँ ने सैनिक प्रणाम किया। बोला, 'हुजूर का ताबेदार काले खाँ रिसालदार मैं ही हूँ।'

रानी की अनिर्निमेष दृष्टि से काले खाँ ने अपनी आँख मिलाई। काले खाँ की आँख झरप गई। नीची हो गई। रानी ने कहा, 'इन तलवारों में रक्त कैसे लगा?'

काले खाँ ने बतलाया।

रानी बोलीं, 'इन्हीं कर्मों से स्वराज्य और बादशाही स्थापित करोगे? तुम लोगों ने घोर दुष्कर्म किया है। क्या तुम यह समझते हो कि संसार से सब नियम-संयम उठ गए?'

काले खाँ--'हुजूर...।'

रानी--'और अभी तुम लोगों में से कुछ झाँसी नगर को लूटने की भी चर्चा कर रहे थे।

तुम अपने को इतना भूल गए! क्या तुम लोगों को यही सिखलाया गया है?'

काले खाँ—'हुजूर के हुकुम के खिलाफ अगर अब कुछ हो तो हम सबको तोप से उड़ा दिया जाए। जो आज्ञा हो, उसका हम लोग पालन करेंगे।

रानी—'तो मैं यह कहती हूँ कि छावनी को लौट जाओ। सोच-विचारकर संध्या तक आज्ञा दूँगी कि आगे तुम्हें क्या करना है।'

काले खाँ सिपाहियों से बातचीत करने लगा।

कुछ ने कहा, 'छावनी चलो।'

कुछ बोले, 'वहाँ मजा रहेगा।'

कुछ ने सलाह दी, 'कुछ रुपया तो पहले गाँठ में कर लो।'

अंत में सिपाहियों ने निश्चय किया—रानी साहब से रुपया लो और दिल्ली चल दो। रानी साहब रुपया न दें तो जितना शहर से वसूल करते बने, वसूल करके, झाँसी की रानी के हवाले करो और आगे बढ़ो।

काले खाँ ने सिपाहियों का निर्णय रानी को सुना दिया। कहा, 'सरकार, सिपाही भूखे हैं।'

रानी परिस्थिति को समझ गईं। उन्होंने दूरदर्शिता से काम लिया। बोलीं, 'अँगरेजों ने मेरे पास रुपया नहीं छोड़ा। राज्य अँगरेजों के अधीन रहा है। मैं कहाँ से रुपया लाऊँ?'

काले खाँ ने कहा, 'हम लोग मजबूर हैं। आप मालिक हैं। आपसे कुछ नहीं कह सकते। यदि यहाँ से रुपया नहीं मिलता है तो हम लोग शहर से उघाएँगे।'

रानी समझ गईं कि शहर लुटनेवाला है। उन्होंने गले से हीरों का कंठा उतारा और काले खाँ की अंजलि में डाल दिया।

बोलीं, 'इससे तुम्हारी सारी जरूरतें पूरी हो जाएँगी। मनुष्यों की तरह यहाँ से जाओ। कहीं लूटमार बिलकुल न करना, अदब-कायदे के साथ दिल्ली पहुँचो। हिंदुओं को गंगा की और मुसलमानों को कुरान की सौगंध है।'

कुछ सिपाहियों ने रानी की नौकरी करनी चाही। परंतु बहुमत दिल्ली जाने के पक्ष में था। इसलिए लगभग सब दिल्ली चले गए—केवल थोड़े से रह गए। उनमें से एक लालता तोपची था।

सिपाहियों के चले जाने पर रानी ने रकसा से दीवान जवाहरसिंह इत्यादि को तुरंत ससैन्य बुलवाया। सिपाही फौजी सामान, तोपें इत्यादि अपने साथ ले गए।

: ५० :

रात में दीवान जवाहरसिंह ससैन्य आ गया। रानी ने आदेश भेजा कि नगर और

किले का प्रबंध करो और कल दिन में मिलो।

दूसरे दिन महल में बहुत लोग उपस्थित हुए। सेना और शासन से संबंध रखनेवाले सरदार, कर्मचारी, जागीरदार, जनता के साहूकार, मुखिया और पंच।

रानी परदे के पीछे बैठीं। कहा, 'कल कठिनाई के साथ मैंने नगर को लुटने से बचाया। विद्रोही तो यहाँ से चले गए, परंतु अव्यवस्था छोड़ गए हैं। डकैती और लूटमार बढ़ने का भय है। मैं चाहती हूँ कि जनता त्रस्त न होने पाए। इसीलिए मैंने झाँसी राज्य के पुराने जागीरदारों और सरदारों को कुछ सेना लेकर बुलवाया है। जिससे अव्यवस्था न रहने पावे। आप लोगों को और जनता के मुखिया-पंचों को सम्मति के लिए बुलवाया है। बतलाइए अब क्या करना चाहिए?'

गार्डन के सरिश्तेदार ने कहा, 'मैं तो यह सलाह दूँगा कि सागर के डिप्टी कमिश्नर को बलवे की सूचना दी जावे और जबलपुर के कमिश्नर को लिखा जावे कि आपने अंग्रेजों की ओर से शासन की बागडोर हाथ में ले ली है।'

माल के सरिश्तेदार ने समर्थन किया।

कोरियों का सरपंच पूरन बोला, 'मुश्किल से तो कंपनी कौ राज हट पाओ है, अब उन्हें जा खबर काये दई जाय कै हम तुमाय लानें अपनी मूँड़ संजो रये, आऔ और फिर किड़-बिड़ करकैं झाँसी के प्रान खाऔ।'

दोनों सरिश्तेदारों ने आँखें तरेरीं।

काछियों के मुखिया ने कहा, 'हमैं नईं चाउनें काऊ और कौ राज झाँसी में। करें राज तौ हमाई बाईसाहब, न करें तौ हमाई बाईसाब।'

तेलियों के पंच ने मत प्रकट किया, 'हमें तो, अपनौं पुरानौं राज लौटाउनैं, चाय पृथी इतै की उतै है जाय।'

प्रमुख साहूकार मगन गंधी बोला, 'बाट जोहते-जोहते आँखें पथरा गईं। आज कितनी मानताओं के बाद यह दिन देखने को मिला। हम लोग तो अपना राज्य चाहते हैं।'

सरिश्तेदारों ने फिर आँखें तरेरीं।

चमारों के मुखिया ने कहा, 'एल्लो, ऊसई आँखें नटेर रये! राज्य बाईसाब कौ और फिर बाईसाब कौ हम सब बाईसाब के।'

माल का सरिश्तेदार बोला, 'नवाब अलीबहादुर साहब को भी बुला लीजिए। वे दुनिया देखे हुए हैं। ठीक सलाह देंगे। इन बेपढ़ों की सलाह पर अमल करना गलत होगा।'

'तौ, तैं है बड़ौ मौलबी पंडित।' अहीरों के नायक ने रुष्ट होकर कहा, 'हमें परदेसियन की हुकूमत नईं चावनैं। जो उनकी पिच्छदारी करैं तीकौ करिया मौ हो जाय।'

मोरोपंत ने जनमत का समर्थन किया। एक लक्ष्मणराव पांडे नामक चतुर काइयाँ भी उसमें था। बोला, 'सरिश्तेदार साहब अँगरेजी और अँगरेजों को जानते हैं। वे वास्तव में यह चाहते हैं कि बाईसाहब दो-चार रोज यह मुफ्त का झमेला अपने सिर लिए रहें और सागर के डिप्टी कमिश्नर को बुलाकर उनको पेशकारी दिलवा दें ताकि कसकर रोजगार चले।'

अब सरिश्तेदारों को कोई कुछ कहने लगा और कोई कुछ।

वृद्ध नाना भोपटकर ने, जो अब भी काफी स्वस्थ था, कहा, 'हम लोग सरिश्तेदार साहब की सलाह पर भी विचार करेंगे। इस समय इतना तो अवश्य तय कर लेना चाहिए कि राज्य का सर्वांगीन शासन बाईसाहब के हाथ में रहे और सब लोग अपने को उनकी प्रजा मानकर दृढ़तापूर्वक अपने जीवन का निर्वाह करें।'

उपस्थित जनता ने हर्ष और उत्साह के साथ इस मत को स्वीकार किया।

वे दोनों सरिश्तेदार दरबार से हटा दिए गए।

रानी बोलीं, 'आप लोग जो भार मुझे दे रहे हैं, उसको मैं अपना गौरव मानती हूँ और परमात्मा की कृपा से उसको निभाऊँगी।'

लोगों ने जय-जयकार किया।

गुलाम गौसखाँ तोपची हाथ बाँधकर खड़ा हो गया।

उसने कहा, 'श्रीमंत सरकार, मुझको मेरी पुरानी नौकरी मिलनी चाहिए।'

रानी उसको पहचानती थीं। बोलीं; 'तुम सदर तोपची नियुक्त किए जाते हो। सब तोपों को सँभालो। जो तोपें खराब कर दी गई हैं, उनको ठीक करो।'

'जो आज्ञा,' गुलाम गौसखाँ ने गद्‌गद होकर कहा, 'एक विनय और है, साढ़े तीन साल से ऊपर हुए, एलिस किलेवाले महल में आया और हम लोगों के मन में आशा बँधी कि झाँसी के राज्य को लौटाने की चिट्ठी लाया होगा, तब मैंने तोपों में बारूद डाल ली थी–सलामी दागने के लिए। आज मुझको अपने मन की करने का हुक्म दिया जाए।'

रानी ने सुरीले मधुर स्वर में कहा, 'अभी ऐसा क्या हो गया है?'

गुलाम गौस–' हो गया है सरकार। हमारे दिलों में हो गया है। दिलों के बाहर हो गया है।'

मोरोपंत–'हो गया है।'

लक्ष्मणराव–'हो गया है।'

नाना भोपटकर–'हो गया है।'

उपस्थित जनता ने उसी को दुहराया और जय-जयकार की।

रानी ने अनुमति दे दी।

गुलाम गौस ने थोड़ी देर में तोपों को सँभाला। जो चलाने लायक थीं, उसने सलामी दी।

जब भीड़ छँट गई, रानी ने एकांत में अपने सरदारों से विचार-विमर्श किया।

नाना भोपटकर—'अभी लक्षणों से ऐसा प्रतीत नहीं होता कि अँगरेजी राज्य उठ गया। इसलिए एक चिट्ठी जबलपुर के कमिश्नर के पास इस विषय की भेज दी जावे कि बाईसाहब झाँसी में अँगरेजों की ओर से राज्य कर रही हैं, जिससे डकैती, बटमारी और अन्य व्यवस्था जनता को त्रस्त न कर सके। यदि अँगरेज देश से निकाल दिए गए तो झाँसी हाथ से कहीं गई नहीं और यदि अँगरेज झाँसी वापस आ गए तो बाईसाहब का कोई नुकसान नहीं हो पावेगा।'

मोरोपंत—'मैं इस बात को अनुचित समझता हूँ। नाना साहब और दिल्ली, लखनऊ इत्यादि के अपने सहयोगी सुनेंगे तो क्या कहेंगे?'

रघुनाथसिंह—'नाना साहब इत्यादि हम लोगों को अच्छी तरह जानते हैं। उनके मन मजे हुए हैं, भ्रम नहीं हो सकता। मेरे पास रानी विक्टोरिया की दी हुई सनद और तलवार है। सनद को परवाने का काम करने दीजिए और तलवार को देश की स्वाधीनता का।'

दीवान दूल्हाजू—'अपने शरीर के टुकड़े-टुकड़े करने-कराने को तैयार हूँ। खूब डटकर राज्य हो और कसकर लड़ाई। मैं तो आज हर्ष के मारे बेकाबू हुआ जा रहा हूँ।'

जवाहरसिंह—'दीवान साहब, समय पड़ने पर सब देखा जाएगा।'

दूल्हाजू—'कैसे दीवान साहब?'

जवाहरसिंह—'आप तो रुष्ट होने लगे? लड़ना-मरना सबको आता है। यह समय शांति के साथ सलाह करने का है, मेरे निवेदन का इतना ही अर्थ है।'

भाऊबख्शी—'मेरी समझ में नाना भोपटकर जो कह रहे हैं, वह ध्यान देने योग्य है।'

मोरोपंत—'मैं इस सलाह के विरुद्ध नहीं हूँ। परंतु झंडे का सवाल उठता है। जगह-जगह बादशाह का हरा झंडा फहराया जा रहा है।'

रानी—'झाँसी पर केवल भगवा झंडा उड़ाया जावे।'

नाना भोपटकर—'मेरी भी यही राय है।'

रानी—'नीति का काम नाना भोपटकरजी को सौंपा जाय, वे जैसा ठीक समझें, करें। मैं स्वयं रणनीति और राजनीति के समीकरण में विश्वास करती हूँ। एक का पलड़ा भारी हुआ कि दूसरा झमेले में पड़ा।'

नाना भोपटकर—'मैं स्वयं चिट्ठी नहीं लिखूँगा। गार्डन के सरिश्तेदार से लिखवाकर भेजूँगा। वह यहाँ से खिसियाकर गया है। मना लूँगा।'

इस बात के तय होने पर राज-कार्य का विभाजन किया गया और पदाधिकारी

नियुक्त किए गए। लक्ष्मणराव प्रधानमंत्री, बख्शी और तोपें ढालनेवाला भाऊ, प्रधान सेनापति दीवान जवाहरसिंह, पैदल सेना के तीन कर्नल—एक दीवान रघुनाथसिंह, दूसरा मुहम्मद जमाखाँ, तीसरा खुदाबख्श। घुड़सवारों की प्रधान स्वयं रानी। कर्नल—सुंदर, मुंदर और काशीबाई। तोपखाने का प्रधान गुलाम गौस खाँ, नायब दीवान दूल्हाजू। न्यायाधीश नाना भोपटकर। मोरोपंत कमठाने के प्रधान। जासूसी विभाग मोतीबाई के हाथ में, नायब जूही।

पुलिस, माल विभाग, दान-धर्म विभाग इत्यादि के भी कर्मचारी नियुक्त कर दिए गए। तहसीलों के तहसीलदार भी। मऊ का परगना काशीनाथ भैया नामक एक मराठे और आनंदराय के हाथ में दिया गया।

उस दिन खूब लू चली, काफी गरमी पड़ी, परंतु किसी ने यह न जाना कि दिन कैसे निकल गया। जब सब काम अच्छी तरह से निबटा लिया तब रानी ने सभा विसर्जित की।

: ५१ :

सब कर्मचारियों को अपने-अपने विभागों को दृढ़ता और सावधानी के साथ सँभालने और चलाने का आदेश रानी ने कर दिया!

सवेरे से ही रिसाले और पैदल पल्टनों की कवायद और निशानेबाजी शुरू हो गई। समय पर बिगुल बजा और ठीक समय पर सब काम हुआ और होता रहा। सेना में लगभग सब पुराने सिपाही आ गए। नई भरती भी बहुत हुई। सब जातियों और वर्गों के आदमी लिए गए। रानी की हिदायत थी कि सेना को सारे राज्य की जनता अपना समझे और यह तभी हो सकता था जब सेना में सब जातियों के लोग रखे जाते।

झाँसी का राज्य लेने पर अंग्रेजों ने लगभग सब पुरानी तोपों को कीलें ठोककर, बेकार कर दिया था। तोपों के ढालने के कारखानों को चालू करने का कार्य तुरंत शुरू कर दिया गया। गोले-गोलियाँ बनाने का, तलवारें, बंदूकें, पिस्तौलें इत्यादि तैयार करने का भी काम जारी हो गया। परंतु नए हथियारों का कारखानों से बनकर निकलना शीघ्र संपादित नहीं हो सकता था। इसलिए रानी ने, जहाँ मिले, पुराने हथियार इकट्ठे किए। जनता ने जी खोलकर रुपया दिया।

गुलाम गौसखाँ ने दो दिन में तोपों को ठीक कर लिया। कुछ तोपें गड़ी हुई पड़ी थीं। उनको भी सँभाल लिया।

यह अच्छा हुआ क्योंकि राज्य को हाथ में लेने के ठीक पाँच दिन बाद (१३ जून की रात को) रानी को मोतीबाई ने खबर दी कि करेरा के किले पर सदाशिवराव नेवालकर ने हमला किया है और काफी सेना इकट्ठी कर ली है।

सदाशिवराव झाँसी की गद्दी का दावेदार था। झाँसी में ही रहता था। ३१ मई की हलचल की उसको खबर थी। वह अपनी लुढ़िया मारने के लिए झाँसी से निकल गया। गाँवों में लोग क्रांति के लिए तैयार थे ही, बहुत से मनचले नौजवान हथियार बाँधकर सदाशिव के साथ हो गए।

करेरा में थानेदार और तहसीलदार अंग्रेजों की ओर से नियुक्त थे। उनको सदाशिव ने मार भगाया। तुरंत अड़ोस-पड़ोस के जागीरदारों से रुपया वसूल किया और दो-एक दिन के भीतर ही अभिषेक करवा लिया। पदवी धारण की—महाराज श्री सदाशिव नारायण! और प्रसिद्ध किया कि मैं ही झाँसी राज्य का सच्चा और सही अधिकारी हूँ। गाँव-गाँव में अपने 'महाराज' होने के घोषणा-पत्र भिजवाए। जिसने उसको झाँसी का राजा न माना उसकी तुरंत जायदाद जब्त कर ली। ऐसे सपाटे के साथ कदम बढ़ाया मानो दो-चार हफ्ते में ही सारे हिंदुस्थान का चक्रवर्ती हो जाएगा।

उसने समझा, झाँसी अनाथ है—महज एक अल्पवयस्क स्त्री के हाथ में है।

खबर पाते ही रानी ने तैयारी कर दी। नगर का प्रबंध मजबूत था ही। उत्तर, पूर्व और दक्षिण के भागों का शीघ्र संतोषजनक प्रबंध कर लिया। करेरा पश्चिम दिशा में था। गड़बड़ केवल इसी दिशा में 'महाराज' सदाशिव के कारण थी।

झाँसी की सेना अधकचरी थी परंतु सेनापति चतुर और उत्साही थे। करेरा कूच करने के पहले तीनों सहेलियों से मुसकराकर रानी ने कहा, 'तुम तीनों कर्नलों की परीक्षा महाराज सदाशिव नारायण के सामने होगी।'

मुंदर बोली, 'यदि महाराजा साहब हमारे जनरल का नाम सुनते ही भाग गए तो?'

रानी हँसीं। जैसे मोतियों ने आभा बरसाई हो। काशी शांत प्रकृति की होते हुए भी बहुत हँसी।

रानी ने कहा, 'काशी, मैं बिलकुल पीछे रहूँगी। तुमको आगे जाकर लोहा लेना पड़ेगा।'

काशी बोली, 'बाईसाहब, उस समय या तो आपका घोड़ा न मानेगा या आप न मानेंगी।'

रानी ने काशी के कंधे की चुटकी भरी और कहा, 'तेरी एक बात तो सच्ची हो गई। उस दिन तूने कहा था—जवाहरसिंह सेनापति होगा। सो हो गया। अब देखूँ करेरा के संबंध में मुंदर की बात ठीक निकलती है या नहीं। युद्ध होगा।'

'सरकार,' मुंदर उत्साह के साथ बोली, 'अब की बार मेरी वाणी सच्ची होगी।'

'तो अपने हाथ से लड्डू बनाकर खिलाऊँगी,' रानी ने कहा।

मुंदर को उन थाल-भर लड्डुओं की याद आ गई जो रानी ने अपने हाथ से उस दिन बनाए थे और रघुनाथसिंह इत्यादि को खिला दिए थे।

रानी ने कूच कर दिया।

वे इतने वेग के साथ अपने घुड़सवारों को लेकर करेरा पहुँचीं कि 'महाराज' सदाशिवराव को लड़ने तक का मौका नहीं दिया!

रानी ने पहुँचते ही करेरा के किले को ऐसा घेरा कि सदाशिव ने मुश्किल से भागकर अपनी जान बचाई। सिंधिया के राज्य में, नरवर में, जाकर दम लिया।

वहाँ से सदाशिव ने सिंधिया से सहायता की याचना की। ग्वालियर से थोड़ी-सी सहायता आई थी। परंतु रानी ने सदाशिव को नरवर में घेर लिया और उसे पकड़कर झाँसी ले आईं और झाँसी के किले में कैद कर दिया।

मुंदर ने कहा, 'बाईसाहब, मेरी भविष्यवाणी कैसी अक्षर-अक्षर सत्य निकली?'

काशी बोली, 'और मेरी भी। मैंने कहा था न कि बाईसाहब सबसे आगे होंगी।'

रानी ने कहा, 'मेरे दोनों कर्नल सच्चे।' सुंदर ने अपनी सुंदर आँखों से जरा तृष्णा प्रकट की।

रानी बोलीं, 'तू भी नाम करेगी सुंदर। अब की तेरी बारी है।'

: ५२ :

कानपुर की सेना के जनरल व्हीलर ने किलेबंदी की और उसके अंदर सब अंग्रेजों को बाल-बच्चों सहित ले गया।

नाना ने व्हीलर को चेतावनी दी कि शाम तक आत्मसमर्पण कर दो वरना किले पर हमला किया जाएगा। व्हीलर नहीं माना। किलेबंदी का मुहासिरा कर दिया गया और गोले बरसाए जाने लगे। व्हीलर भी खूब लड़ा। ११ दिन युद्ध हुआ।

इलाहाबाद में भी विप्लव हो गया था। बंगाल की ओर से जनरल नील फौज लेकर आया। उसने अत्यंत निर्दयता के साथ मार्ग में पड़ते हुए ग्रामों को जलाया, अपराधी और निरपराध ग्रामीणों की हत्याएँ कीं। जब इलाहाबाद के विजन से घबराकर हिंदुस्थानी पुरुष-स्त्री और बालक नावों में बैठकर भागे, उसके सैनिकों ने गोलीबारी की और उनमें से अधिकांश को मार दिया। इतना अन्याय और ऐसा नरसंहार किया कि सर्वत्र सनसनी, भय और क्रोध फैल गया। कानपुर में भी नील और उसके सहयोगियों के नृशंस कुकृत्यों के समाचार पहुँचे। आग-सी लग गई।

हिंदू-मुसलमान स्त्रियों के भी कलेजे दहक उठे। अजीजन नाम की एक वेश्या घोड़े पर सवार, तलवार बाँधकर शहर की गलियों और छावनी में उत्तेजना और प्रोत्साहन देने के लिए दौड़-धूप करने लगी!

व्हीलर ने लखनऊ से सहायता माँगी। लखनऊ खुद घिरी हुई थी। सहायता न आई। व्हीलर ने अपनी किलेबंदी पर सुलह का सफेद झंडा गाड़ दिया।

इसी समय इलाहाबाद के आसपास से नील की पल्टन के वीभत्स अत्याचारों के समाचार आए। हिंदुस्थानी सेना क्रोध में और भी पागल हो गई।

कानपुर की घिरी हुई अंग्रेज सेना ने आत्मसमर्पण कर दिया। उनको इलाहाबाद भेज देने के लिए ४० नावें तैयार कर दी गईं। नाना अपने बिठूरवाले महल में था। सिपाहियों ने गुस्से में आकर अंग्रेज पुरुषों को मार डाला। इस क्रूर दुष्कृत्य के उपरांत उन लोगों ने स्त्रियों और बच्चों का वध करना चाहा, परंतु नाना को खबर लग गई और उसने तुरंत प्रयत्न करके इनको बचा लिया। फिर कुछ समय उपरांत जब इनको नावों में बैठाकर इलाहाबाद की ओर भेजा जा रहा था, सिपाहियों ने, नाना की आज्ञा बिना, बल्कि उसकी आज्ञा के प्रतिकूल, कत्ल करके अपने को कलंकित किया।

कानपुर के कुल अंग्रेजों में से एक स्त्री और चार पुरुष बचकर निकल पाए थे।

इन घटनाओं ने अंग्रेज और हिंदुस्थानियों की परस्पर हिंसा को बेहद बढ़ा दिया।

लखनऊ में विप्लव ३० मई को आरंभ हुआ था। अवध-भर में विप्लव की आग फैल गई। तो भी कई स्थानों में विप्लवकारियों ने अंग्रेज स्त्री-बच्चों की प्राणपण से रक्षा की।

इलाहाबाद को कब्जे में करके नील लखनऊ की ओर बढ़ा और जनरल हैवलाक कानपुर की ओर।

अवध अदम्य जान पड़ता था।

पंजाब की छावनियों में भी गड़बड़ हुई, लेकिन उसको दबाने में अंग्रेजों को ज्यादा मुश्किल का सामना नहीं करना पड़ा।

झाँसी के विप्लव का समाचार सागर और बुंदेलखंड के अन्य जिलों में पहुँचा। गार्डन के सरिश्तेदार ने सागर चिट्ठी भेजी, जिसमें अंग्रेजों की ओर से रानी द्वारा झाँसी का प्रबंध किए जाने की ओर संकेत था। सागर के अंग्रेजों को यह भी विदित कर दिया कि झाँसी के अंग्रेज स्त्री-पुरुषों और बालकों की हत्या में रानी का बिलकुल भी हाथ नहीं था। इस चिट्ठी के पहुँचने पर सागर के अंग्रेज सावधान हुए, परंतु वे विप्लव को थोड़े समय तक ही रोकने में सफल हो पाए। सागर की एक हिंदुस्थानी पल्टन विप्लव में शामिल हो गई। दूसरी पल्टन सरकार-भक्त बनी रही।

: ५३ :

विंध्यखंड की समग्र जनता में सनसनी फैली हुई थी। यहाँ की जनता ने कभी किसी अत्याचारी का शासन आसानी के साथ नहीं माना। स्वाभिमान को आघात पहुँचा कि व्यक्ति ने सिर उठाया और हथियार हाथ में लिया। शायद भारत का यही एक खंड ऐसा है जहाँ डाकू को 'बागी' कहते हैं।

विंध्यखंड छोटी-बड़ी रियासतों में बिखरा हुआ था। सब बड़ी रियासतें सरकार का साथ दे रही थीं। बानपुर और शाहगढ़ साधारण राज्य थे। ये राज्य विप्लव में शामिल हुए।

रानी को इन दोनों राजाओं के स्वाधीनता-प्रिय विचारों का पता था। इन दोनों को उन्होंने स्वराज्य-स्थापना के संग्राम में भाग लेने के लिए पत्र भेजे। वे दोनों लड़ने के लिए उद्यत हो गए।

बानपुर राज्य के राजा मर्दनसिंह ने अपनी सेना लेकर सागर जिले में प्रवेश किया और खुरई तहसील तथा नरयावली के परगने पर अधिकार कर लिया। इसके उपरांत वह झाँसी जिले के दक्षिण में ललितपुर आया और चंदेरी की ओर बढ़ा। चंदेरी अंग्रेजों के अधिकार में थी। वहाँ विप्लव नहीं हुआ था।

वहाँ के हाकिम परगना को राजा मर्दनसिंह के आने की खबर एक चंदेरी निवासी ने दी। वह कचहरी में था। रैडटेपिज्म (लाल फीता जाब्ता) का पुजारी था।

खबर देनेवाले ने कहा, 'साहब, बलवा हो गया है। फौज चढ़ी चली आ रही है।'

साहब उपेक्षा के साथ बोला, 'अर्जी लिखवाकर लाओ। जबानी नहीं सुना जाएगा।'

थोड़ी देर में राजा मर्दनसिंह आ गया। उसने बिना किसी अर्जी-दरख्वास्त के चंदेरी को घेर लिया और बिना किसी अर्जी-पुर्जी के चंदेरी में अंग्रेजी शासन को खत्म कर दिया।

शाहगढ़ का राजा बखतवली था, उसने भी विप्लव किया।

सागर, दमोह, जबलपुर के जिले में विद्रोहियों की संख्या बहुत बढ़ गई। दमोह जिले के तो समस्त लोधी क्रांति में सम्मिलित हो गए। ये सब शाहगढ़ के राजा के साथ थे। उससे लड़ने के लिए सागर से पल्टन आई, पर राजा बखतवली ने उसको आसानी से हरा दिया। इस राजा के एक सरदार बोधन दौआ ने गढ़ाकोटा पर चढ़ाई की और उस पर अधिकार कर लिया। राजा मर्दनसिंह चंदेरी को अधिकृत करके सागर लौटा। उसी समय जबलपुर की हिंदुस्थानी पल्टन ने भी विप्लव कर दिया। अंग्रेजों ने सहायता के लिए अपनी काफी सेना भेजी। पन्ना की सेना ने विप्लवकारियों को दमोह जिले में पराजित किया और अंग्रेजों की ओर से दमोह का शासन किया। पन्ना की सेना जबलपुर की विप्लवकारिणी पल्टन से भी लड़ी और उसको भी हरा दिया।

झाँसी के चारों ओर, दूर और पास, इसी प्रकार की परिस्थिति थी। इस परिस्थिति में रानी लक्ष्मीबाई झाँसी में एक सुदृढ़ स्फटिक-सी थीं। झाँसी जिले में उन्होंने प्रबलता के साथ शांति स्थापित की।

उनकी दिनचर्या वैसे ही नियम-संयम के साथ चली जा रही थी। उनकी चर्या में केवल दो अंतर आए। एक तो वे सुबह के नित्य कृत्यों और पूजा-ध्यान के उपरांत राज्य

के कर्मचारियों को मिलने और उनकी समस्याओं को सुनने के लिए समय देने लगीं, दूसरे, ठीक तीन बजे के पश्चात् वे कचहरी करने लगीं। बड़े और महत्त्वपूर्ण मुकद्दमे वे स्वयं सुनती थीं और तुरंत निर्णय कर देती थीं। कभी-कभी दंड भी स्वयं अपने हाथ से वे देती थीं, परंतु केवल उन मामलों में जिनमें किसी ने बालक या स्त्री को सताया हो।

वे कचहरी में टोपी लगाकर बैठती थीं। भीतर लोहा, ऊपर लाल रेशम। टोपी झालरदार मोतियों और जवाहरों की। कंठ में हीरों की माला। सुडौल और भरे हुए वक्षस्थल पर कंचुकी, जो सुनहरी जरीदार कमरपेटी से कसी रहती थी। कभी साड़ी और कभी ढीला पैजामा पहनती थीं।

रानी के आसन के पास ही दीवान लक्ष्मणराव कागज, कलम, दवात लिए बैठता था।

यद्यपि वह पढ़ा-लिखा बहुत कम था, परंतु वह अपनी निरक्षरता को खूबी के साथ छिपाए रहता था। कभी-कभी रानी अपने हाथ से फैसला लिखती थीं और कभी बोल देती थीं। लक्ष्मणराव लिखने का बहाना करता था और नीचे बैठे हुए मुसद्दियों से लिखवाकर झटपट मुहर लगा देता था।

आए-गए की उनको जबरदस्त याद रहती थी। नित्य का आनेवाला यदि एक दिन भी चूक जाए तो वह उसके आते ही गैरहाजिरी का कारण पूछती थीं, और समय की वे कठोर पाबंद थीं।

वर्षा का आरंभ विलंब से हुआ, परंतु प्रचंडता के साथ। फिर भी उनके कार्यों में शिथिलता न आई—घोड़े की सवारी करने से जरूर विवश थीं।

ऐसी ऋतु में प्रायः डकैती-बटमारी बंद हो जाती हैं, परंतु इन्हीं दिनों उनको सूचना मिली कि बरुआसागर के पास सागरसिंह—कुँवर सागरसिंह—डाकू ने लगातार कई डाके डाले हैं और बरुआसागर का थानेदार उसका कुछ नहीं कर पा रहा है। रानी ने तुरंत निश्चय किया। मोतीबाई द्वारा खुदाबख्श को बुलवाया।

आने पर खुदाबख्श से कहा, 'सागरसिंह का शीघ्र दमन किया जाना चाहिए।'

खुदाबख्श ने हाथ जोड़कर स्वीकार किया।

रानी—'तुम इसी समय २५ सिपाही लेकर बरुआसागर जाओ और सागरसिंह को मृत या जीवित ले आओ। उसकी दुष्टता के कारण बरुआसागर का पड़ोस त्रस्त और संतप्त हो उठा है। इस काम को कितने दिन में पूरा कर सकोगे?—एक महीने में?'

खुदाबख्श—'श्रीमंत सरकार, जितना जल्दी हो सकेगा उतनी जल्दी। केवल वर्षा की कठिनाई है।'

रानी—'परंतु सागरसिंह को वर्षा कोई विघ्न-बाधा नहीं पहुँचाती!'

खुदाबख्श—'सरकार—'

रानी—'कहो, कहो।'

खुदाबख्श–'सरकार, ये लोग कुछ ग्रामीणों से मिलकर बनियों-महाजनों को लूटते हैं और सघन जंगलों में भागकर छिप जाते हैं।'

रानी–'पानी बरसते घने जंगलों में वे सोते-खाते कहाँ होंगे? यदि तुम उन्हें उनके अड्डों पर ढूँढ़ो तो वे जंगलों में नहीं बल्कि अपने अड्डों पर मिलेंगे। कुछ और सिपाही चाहिए हों तो ले जाओ–'

खुदाबख्श–'नहीं सरकार, इतने ही बहुत हैं। यदि अटक पड़ेगी तो समाचार दूँगा।'

खुदाबख्श चला गया।

रानी ने अपनी सहेलियों से एकांत में सलाह की।

रानी ने प्रश्न किया, 'खूब बरसते पानी में घोड़ा दौड़ा सकोगी?'

मुंदर ने उत्तर दिया, 'दौड़ा लूँगी। अभ्यास तो किया है।'

'तुम, सुंदर और काशीबाई?' रानी ने पूछा।

उन दोनों ने भी हाँ भरी परंतु काशीबाई की हाँ में कुछ दुर्बलता थी।

रानी ने मुसकराकर कहा, 'काशी हाल में कुछ अस्वस्थ रही है, इसलिए यह महल में ही रहेगी और यहाँ का काम-काज देखेगी। मेरी अनुपस्थिति का समाचार झाँसी से बाहर न जाने पावे। खुदाबख्श के बरुआसागर पहुँचने के बाद किसी दिन हम लोग यहाँ से चलेंगे।'

खुदाबख्श उसी दिन चला गया। संध्या तक बरुआसागर पहुँचा। भीगा हुआ और भूखा। परंतु उसको मानसिक क्लेश कुछ न था।

जरा सुस्ताकर भोजन किया। थाने से सागरसिंह की गतिविधि पर बातचीत की। खुदाबख्श झाँसी से यह खयाल लेकर आया था कि बरुआसागर का थानेदार किंकर्तव्यविमूढ़ हो गया है; परंतु उसका यह भ्रम निकला। सागरसिंह बहुत चालाक और बड़ा साहसी था। उसके साथ उत्पातियों का काफी बड़ा गिरोह था। बरुआसागर का थाना प्रयास करने पर भी उसके कार्यक्रम में बहुत कम बाधा डाल सकता था।

सागरसिंह का घर रावली ग्राम में, बरुआसागर से पाँच-छः कोस की दूरी पर था; परंतु वह घर रहता बहुत कम था।

खुदाबख्श को बरुआसागर आकर अपने आसामी की विकटता का पता लगा। और अधिक सिपाही मँगाने में नाक-सी कटती थी। समय केवल एक महीने का था। मोतीबाई की याद आई। अपने जादू से शायद वह कुछ कर डालती। तुरंत उसके मन ने इस कल्पना को धिक्कारा।

दूसरे दिन बादल जरा खुला। भरे-भरे साँवले-धूँधरे बादल आते और चले जाते थे। एकाध फुहार छोड़ जाते। नदियाँ-नाले भरे, इठलाए हुए और सवेगा। खुदाबख्श ने बरुआसागर के थानेदार, उसके सिपाहियों और अपने सिपाहियों को लेकर सवेरे ही

रावली की ओर दौड़ कर दी! लुके-छिपे, भीगे और कीचड़ में लथपथ, बंदूकों को कपड़ों से ढँके, जेबों में भुने चने और प्याज भरे, ये लोग दुपहरी में रावली के गेंबड़े पहुँच गए। खेतों में कोई काम नहीं हो रहा था, इसलिए मार्ग में किसी से भेंट नहीं हुई। सब लोग गाँव में थे और पानी के खुलने की मना रहे थे। सागरसिंह भी घर पर था।

सागरसिंह का मकान ऊँची टौरिया पर था। सागरसिंह खाना खाने के बाद झपकी ले रहा था। झकोरों हवा चल रही थी और कभी-कभी फुहार पड़ जाती थी, इसलिए खुदाबख्श के दल-बल का शब्द नहीं सुनाई पड़ा।

जब तक गाँववाले सागरसिंह को सचेत करें कि खुदाबख्श ने सागरसिंह की हवेली घेर ली। उसको फाटक लगवा लेने का अवसर मिल गया। हवेली में उसके कुछ आदमी थे। वे सब जल्दी-जल्दी तैयार हो गए।

सागरसिंह को आश्चर्य था कि कुऋतु और कुसमय पर किसने घेरा डालने की हिम्मत की। दीवारों के तीरकशों में होकर उसने परख लिया कि घेरनेवालों के साथ तोपें नहीं हैं और वे केवल घर में घुसकर ही नुकसान पहुँचा सकते हैं। सोचा, शाम तक यों ही पड़ा रहने दूँ और देखता रहूँ। फिर उसको खयाल आया कि घेरनेवाले रानी के सिपाही होंगे और इनकी पीठ पर कुछ बल कहीं और लगा हो। इसलिए उसने तुरंत लड़ डालने की ठानी। वह जानता था कि घेरनेवाले अधिक समय तक बंदूक नहीं चला सकेंगे और वह स्वयं सूखी जगह में बैठकर बहुत अच्छा और बड़ी देर तक लड़ सकेगा।

हवेली टौरिया की ठीक चोटी पर न थी किंतु अधवारी से जरा ऊपर। खुदाबख्श ने इस स्थिति से लाभ उठाने का प्रयत्न किया परंतु सागरसिंह की पहली बाढ़ ने ही खुदाबख्श के कई सिपाहियों को घायल कर दिया। खुदाबख्श ने तुरंत हवेली पर चढ़ जाने की आज्ञा दी। स्वयं आगे हो गया। जब तक सागरसिंह फिर बंदूक को भरे, खुदाबख्श हवेली पर चढ़ गया, और उसके कई साथी भी। सागरसिंह ने फिर बाढ़ दागी; परंतु खाली गई।

सागरसिंह ने समझ लिया कि अब गए। उसने तलवार हाथ में ली। खुदाबख्श और उसके साथी आँगन में कूद पड़े।

सागरसिंह का मुकाबला न हो सका। खुदाबख्श घायल होकर गिर पड़ा और सागरसिंह उसके साथियों को चीरता हुआ बाहर निकल गया—तब खुदाबख्श के अन्य सिपाही फाटक से होकर भीतर आ गए।

खुदाबख्श और उसके साथियों ने गाँव में टिकना ठीक नहीं समझा। खुदाबख्श बैलगाड़ी से रात होते बरुआसागर आ गया।

घाव बहुत गहरे न थे परंतु थे कई, और खून काफी निकल चुका था। उसकी और उसके सिपाहियों की मरहम-पट्टी की गई। रात में खुदाबख्श को बेहोशी रही।

सवेरे रानी के पास समाचार भेज दिया गया।

: ५४ :

मेघ छाए हुए थे। हवा सन्न थी। पानी रिमझिम-रिमझिम बरस रहा था। महल के ऊपरी खंड के हवाई कमरे में रानी आँखें मूँदे हुए मोतीबाई का भजन सुन रही थीं। मुंदर जमुहा रही थी। सुंदर बैठे-बैठे सावधानी के साथ निद्रामग्न हो गई थी। काशी सचेत थी।

भजन की समाप्ति पर रानी का ध्यान टूटा, मुंदर की जमुहाई हटी। परंतु सुंदर की निद्रा-समाधि भंग न हुई।

रानी ने हँसकर कहा, 'सुंदर, देख यह भालू कहाँ से आ रहा है।'

सुंदर हड़बड़ा गई। भौंचक्की होकर बोली, 'कहाँ है बाईसाहब?'

'ढूँढ़ तो पता लग जाएगा।' रानी ने कहा, 'साधारण भालू तो है नहीं।'

सुंदर लज्जित हो गई।

हाथ जोड़कर बोली, 'सरकार, दिन-भर की थकी थी, इसलिए अभी-अभी थोड़ी-सी नींद आ गई।'

काशीबाई—'सरकार, वह आज दिन-भर चक्की चलाती रही है, इसलिए बहुत थक गई।'

सुंदर—'नहीं काशीबाई, चक्की नहीं चलाई तो और काम तो बहुत किया है।'

मुंदर—'तुम अकेली ने!'

उसी समय पहरेवाले ने निवेदन किया, 'बरुआसागर से एक सिपाही आवश्यक समाचार लाया है।'

रानी ने दूसरे कमरे में उसको बुलवाया। उनका आदेश था कि आवश्यक समाचार के लिए समय-कुसमय न देखा जाए और उनको तुरंत सूचना दी जाया करे।

रानी सहेलियों के साथ दूसरे कमरे में गईं।

समाचार-वाहक ने कहा, 'सरकार, रावली के बागियों से सरदार खुदाबख्श की लड़ाई हुई। वे घायल हो गए हैं। सात सिपाही भी घायल हुए हैं। सरदार को तलवार के घाव लगे हैं और सिपाहियों को गोलियों के। भगवान् की कृपा से मरे कोई नहीं हैं। और, न किसी के लिए इस तरह का भय है। सागरसिंह भाग गया है। लड़ाई रावली में सागरसिंह के घर पर हुई थी।'

मोतीबाई का चेहरा पीला पड़ गया।

रानी ने पूछा, 'रावली बरुआसागर से कितनी दूर है?'

उसने उत्तर दिया. 'पाँच-छः कोस है. सरकार। जासूस ने पता दिया कि सागरसिंह

अपने घर है। सरदार ने धावा बोल दिया।'

रानी–'खुदाबख्श को कहाँ चोट आई है और अब क्या हाल है? लड़ाई को कितने दिन हो गए?'

उत्तर–'लड़ाई को आज चौथा दिन है। घाव बाँहों और जाँघों में अलबत्ता ज्यादा गहरे हैं।'

रानी–'तुमको समाचार लाने में इतना विलंब क्यों हुआ?'

उत्तर–'बेतवा इतनी चढ़ी हुई है कि नाव नहीं लग सकी। सरकार, आज दोपहर कुछ उतरी तब आ पाया हूँ।'

रानी–'प्रबंध करती हूँ। तुम जाओ।'

रानी अपने कक्ष में लौट आईं।

रानी ने कहा, 'कल बरुआसागर चलना चाहिए।'

काशी बोली, 'सरकार न जाएँ। कुछ ठीक नहीं, किस समय जोर से पानी बरस पड़े, नदी चढ़ आवे। उस दिन जब आपने बरुआसागर जाने का निश्चय किया, मैं कुछ न कह सकी थी, परंतु आज तो मैं हठ करूँगी।'

रानी सोचने लगीं। उन्होंने मोतीबाई की उदासी देख ली, और पहचान ली। रानी–'तुम ठीक कहती हो काशी। परंतु स्थिति की माँग हम पर प्रबल है। यदि कल पानी न बरसा तो अच्छे घोड़ों पर चल देंगे। हाथी भी जा सकता है, परंतु मैं इस समय प्रदर्शन बचाना चाहती हूँ और वह सवारी बहुत धीमी भी है।'

मोतीबाई–'सरकार को कुछ घुड़सवार साथ ले लेने चाहिए।'

रानी–'लूँगी। दीवान रघुनाथसिंह को सवेरे सूचना दे देना।।'

काशीबाई–'मैं भी चलूँगी।'

रानी–'चलना, मैं क्या रोकती हूँ?'

मोतीबाई–'आज्ञा हो तो मैं भी चलूँ।'

रानी–'नाव न लगी तो घोड़े पर नदी पार कर लेगी?'

मोतीबाई–'सरकार की सेवा में रहते, मुझको आग-पानी किसी का भी डर नहीं रहा।'

रानी ने स्वीकृत किया।

रात में पानी थोड़ा-थोड़ा बरसता रहा। सवेरे बादल खुला-सा दिखाई दिया। रानी सहेलियों समेत बरुआसागर की ओर चल दीं। पच्चीस घुड़सवार साथ में ले लिए। दीवान रघुनाथसिंह संग में। शीघ्र ही घाट पर दस्ता पहुँच गया। देखें तो बेतवा दोनों पाट दावे वेग से चली जा रही है।

ऊपर ज्यादा पानी बरस गया था, इसलिए बेतवा बेतहासा इठला गई। हवा आँधी के

रूप में चल रही थी। मल्लाहों के लिए नाव का लगाना असंभव था। अनेक घुड़सवारों के दिल टूटने लगे।

उस पार की पहाड़ियों का लहरियादार सिलसिला हरियाली से ढका हुआ था। बादल के सफेद-धूमरे टुकड़े पहाड़ियों की चोटी और हरियाली को चूमने के लिए नभ से उतर-उतरकर टकराते चले जा रहे थे। बेतवा का शोर आँधी का साथ पाकर तुमुल हो उठा।

रानी ने मुड़कर मोतीबाई की ओर देखा। वह उस पार की पहाड़ियों से टकराते मेघ खंडों पर दृष्टि जमाए थी।

रानी ने आज्ञा दी, 'कूद पड़ो।' और वे सबसे आगे घोड़े पर पानी में घुस गईं।

फिर क्या था, उनकी सहेलियाँ और सब घुड़सवार धार को चीरते दिखाई पड़ने लगे। रानी सबसे आगे।

बेतवा की धार पुंज के ऊपर पुंज-सी दिखाई पड़ती थी। क्रम अभंग और अनंत-सा। जब एक क्षण में ही अनेक बार एक जलपुंज दूसरे में संघर्ष खाता और एक दूसरे से आगे निकल जाने का अनवरत, अथक, अटूट प्रयास करता तब इतना फेनिल हो जाता कि सारी नदी में फेन ही फेन दिखाई पड़ता था। झाग की इतनी बड़ी निरंतर बहती और उत्पन्न होती हुई राशियाँ आड़े आ जाती थीं कि घुड़सवारों को सामने का किनारा नहीं दिखाई पड़ पाता था।

लहरों के एक पल्लड़ को चीरा, उस पर के झाग को वेधा कि दूसरा सामने। शब्दमय प्रवाह की निरर्थक भाषा मानो बार-बार कहती थी—बचो, बचो। सामने की उथल-पुथल से आगे बढ़े कि बगल से थपेड़ पड़ी। घोड़े आँखें फाड़े नथुनों से जल फुफकारते बढ़ रहे थे। वे अपना और अपने सवार का संकट समझ रहे थे। सवार के पैर घोड़े से चिपटे हुए और उनके पैरों के नीचे घोड़े की निस्तब्ध टाप। और टाप के नीचे? न जाने कितनी गहराई। सवारों के चारों ओर भँवरें पड़-पड़ जा रही थीं। एक भँवर बनी, धार की, कि दूसरी तुरंत मौजूद। परंतु अपनी रानी और उनकी सहेलियों को आगे देखकर किस सिपाही के मन में अधिक समय तक भय ठहर सकता था?

रानी के घोड़े का केवल सिर ऊपर, शेष भाग पानी और झाग में। रानी की कमर तक झाग, पानी और धार के साथ बहकर आया हुआ झाड़-झंकाड़। धार की बूँदों की झड़ी उचट-उचटकर आँखों में, बालों पर और सारे शरीर पर बरस रही थी। जब कभी सिपाहियों और सहेलियों को उत्साह देना होता तो हँस-हँसकर शाबाशी देतीं—मानो प्रचंड बेतवा की मलिन अंजलि में मुक्ता बरसा दिए हों। धूमरे बादलों के आगे एक ओर बगुलों की पाँत निकल गई। मानो पहाड़ियों और पहाड़ियों से मिलनेवाले बादलों को सफेद खौर लगा दी हो।

पहाड़ों की कंदराओं में घुसे हुए, उनको आच्छादित किए हुए बादलों में होकर वह बकुखलावलि छिपती हुई-सी मालूम पड़ी। और फिर तितर-बितर हुई। जैसे हिलती हुई साँवली-सलौनी चादर में टँके हुए सितारे। पहाड़ पर बड़े-बड़े और सघन पेड़। गहरे, हरे, श्यामल। बगुले एक पेड़ पर जा बैठे मानो वनदेवी ने प्रभा छिटका दी हो। उस विषम धार के पार थोड़ी देर में कितना दिखाई दिया।

रानी फिर हँसीं। बगुलों की सफेदी से रानी के दाँतों ने तुरंत होड़ लगा दी।

चिल्लाकर बोलीं, 'देखो किनारा आ गया! पड़ाव मार लिया!'

थोड़ी देर में पूरा दस्ता नदी पार हो गया। सब भीग गए थे। परंतु पीठ पर कसे-ढके हुए हथियार लगभग सूखे थे। घोड़े ठिठुर गए थे।

घाट पर कपड़े सुखाने, बदलने और घोड़ों को आराम देने में थोड़ा-सा समय लगा।

फिर दौड़ लगी और रानी बरुआसागर के किले में दोपहर के करीब पहुँच गईं।

बरुआसागर का किला विशाल झील के ठीक ऊपर है। झील में बरुआ नाम का बड़ा नाला गिरता है। झील को विशालता इस नाले ने ही दी है।

घायल सिपाही और खुदाबख्श इसी किले में पड़े हुए थे।

रानी ने तुरंत इन सबको देखा। किसी के सिर पर हाथ फेरा, किसी की मरहम-पट्टी की देखभाल की। सिपाही अपनी रानी के स्नेह को पाकर मुग्ध और गद्गद हो गए।

फिर खुदाबख्श के पास पहुँची। खुदाबख्श ने चारपाई से उठने का प्रयत्न किया, परंतु न उठ सका।

रानी को देखते ही उसके आँसू आ गए। चरण स्पर्श करने की कोशिश की।

रानी ने फिर सिर पर हाथ फेरा। चौकी पर बैठ गईं। सहेलियाँ खड़ी थीं। मोतीबाई सहेलियों के पीछे से खुदाबख्श को एकटक देख रही थी। खुदाबख्श ने उसको देख लिया, परंतु आँखें उसकी मोतीबाई की ओर न थीं।

खुदाबख्श ने रानी को सागरसिंह की लड़ाई का ब्योरेवार हाल सुनाया।

रानी—'कुछ पता चला सागरसिंह अब कहाँ चला गया है?'

खुदाबख्श—'सरकार, गाँववाले पता नहीं बतलाते। वे ही उसको शरण, भोजन इत्यादि सब देते हैं। इतना तो भी मालूम हो गया है कि वह पड़ोस के जंगल में है।'

रानी—'गाँववाले डाकुओं से डरते हैं। उनके पास निर्भय होने का कोई साधन नहीं है। अँगरेजी राज्य ने पंचायतों का सर्वनाश कर दिया है, इसलिए गाँवों से परस्पर सहायता की प्रणाली उठ-सी गई है और उसने डाकुओं की सहायता देने का रूप पकड़ लिया है। देखूँगी, तुम चिंता मत करो।'

खुदाबख्श—'अब सरकार स्वयं यहाँ आ गईं हैं। मुझको किस बात की चिंता है? घाव लगभग अच्छे हो गए हैं। एकाध दिन में ठीक हुआ जाता हूँ। फिर देखता हूँ

सागरसिंह को।'

रानी ने उसको विश्राम करने का हठ किया। मोतीबाई को खुदाबख्श के पास छोड़कर, किले के महलवाले हिस्से में चली गईं। स्नान-ध्यान में लग गईं।

अब मोतीबाई की आँखें तरल हुईं। रुद्ध कंठ मुखरित होने के लिए आकुल हो गया। खुदाबख्श ने देख लिया।

बोला, 'यह क्या! आँखों में आसूँ! आपको तो हर्ष और गर्व से हँसना चाहिए था। आपका कैदी—नहीं, आपकी सरकार का सिपाही, अपने मालिक के लिए कुछ तो कर सका।'

मोतीबाई ने आँखें पोंछकर कहा, 'क्या दर्द बहुत है?'

खुदाबख्श ने जवाब दिया, 'जरा भी नहीं। मालिक ने हाथ क्या फेरा, अमृत लुढ़का दिया। सच कहता हूँ, अभी उनकी आज्ञा हो तो घोड़े पर बैठकर उस अत्याचारी से दो हाथ करूँ।' फिर उसने करवट लेने की कोशिश की। जरा कष्ट हुआ।

एक आह को दबाकर बोला, 'जान पड़ता है कि श्रीमंत सरकार मेरे स्वस्थ होने तक नहीं ठहरेंगी।'

मोतीबाई ने सतृष्ण नेत्रों से कहा, 'मैं भी उनके साथ जाऊँगी।'

खुदाबख्श ने आँखें मीच लीं। बोला, 'आप भी जाओगी।'

'क्यों? मुझे क्या हुआ? उनकी छाया में आदमी आँधी बन जाता है, तो औरत क्या आदमी भी नहीं बन सकती!'

मोतीबाई को रत्नावली नाटक में रंगमंच पर रत्नावली का अभिनय करते देखा था। स्मरण हो आया। एक साथ कोमलता और प्रसूनों के चित्र आँखों में घूम गए। खुदाबख्श ने एक निश्वास लिया।

आँखें मूँदे ही बोला, 'मेरी मरहम-पट्टी के लिए रह जाना।'

मोतीबाई ने सस्नेह कहा, 'सरकार से कह देना। मैं खुशी से रह जाऊँगी।'

खुदाबख्श ने आँखें खोलीं। भ्रकुटि भंगि की। जरा रुखाई के साथ बोला,'श्रीमंत सरकार से भिक्षा माँगूंगा कि रत्नावली को सेवा-टहल के लिए दे दीजिए।'

मोतीबाई ने उसकी रुखाई की उपेक्षा की। कहा, 'रत्नावली कौन?'

खुदाबख्श को आश्चर्य हुआ। बोला, 'क्या मैंने रत्नावली कहा?'

मोतीबाई हँसी। उसकी हँसी में चमत्कार था। परंतु खुदाबख्श पर कोई प्रभाव नहीं पड़ा।

मोतीबाई—'रत्नावली ही तो कहा। क्या कोई सपना देख रहे थे?'

खदाबख्श—'वह सपना था। अब मीठा जागरण सामने है।'

मोतीबाई ने खुदाबख्श की आँखों में स्नेह को पकड़ने का प्रयत्न किया।

बोली, 'तब मैं खुद तो उनसे नहीं कह सकूँगी। वह सोचेंगी, मैं बहुत टुच्ची हूँ।'

'जी हाँ,' खुदाबख्श ने जरा-सा सिर उठाकर कहा, 'आप चाहती हैं, वह आपको बहादुर समझें और मुझे टुच्चा और निकम्मा।'

'मैंने यह तो नहीं कहा,' मोतीबाई बोली, 'खुदा करे आप जल्दी अच्छे हो जावें,' और वहाँ से चली गई।

ऊपर की छत को घेरे हुए किले की दीवार थी। दीवार में मुड़ेरदार खिड़की। उसमें होकर मोतीबाई झील की लहरों को परखने लगी और रोने लगी। जब उसने रत्नावली का अभिनय किया था, इतनी नहीं रोई थी।

नियंत्रण करके वह अपने काम में लग गई।

: ५५ :

संध्या के पहले बरुआसागर के मुखिया और पंच रानी से मिलने के लिए आए। नजर न्योछावर हुई। रानी ने सबसे कुशल-क्षेम की वार्त्ता की।

जब एकांत पाया, थानेदार ने रानी को सागरसिंह के विषय में सूचना दी। मालूम हुआ कि खिसनी के जंगल में आश्रय पाए हुए है। खिसनी का जंगल बरुआसागर से बारह मील था। थानेदार को उन्होंने आदेश दिया।

'सवेरे आठ बजे तैयार रहना। किसी को मालूम न होने पावे।'

सवेरे सब तैयार हो गए।

ठीक समय उन्होंने मोतीबाई को बुलाकर कहा, 'तुम यहीं रहो। खुदाबख्श की मरहम-पट्टी और देख-भाल करना।'

मोतीबाई ने पलकें नीची कीं। बोली, 'मैं तो सरकार की सेवा में चलूँगी। क्या किसी ने प्रार्थना की है?'

'नहीं, मैं ही कह रही हूँ,' रानी ने उत्तर दिया।

मोतीबाई ने चलने का हठ किया। उसकी अन्य सहेलियों ने भी अनुरोध किया। रानी मान गईं।

रानी अपनी बरुआसागर के थाने की टुकड़ी को लिए हुए चल दीं। उन्होंने इस टुकड़ी के दो भाग किए। एक को दीवान रघुनाथसिंह की अधीनता में रावली की ओर रवाना किया और दूसरी को स्वयं लेकर खिसनी के जंगल की ओर चल दीं।

दीवान रघुनाथसिंह ने सागरसिंह की हवेली घेर ली। एक गाँववाले से कहलवा भेजा, 'हथियार डालकर मेरे पास आ जाओ। रानी साहब कुछ रियायत कर देंगी, नहीं तो हवेली की ईंट से ईंट बजा दूँगा।'

गाँववाले ने कहा, 'कुँवर सागरसिंह हवेली में नहीं हैं।'

रघुनाथसिंह–'तब तो हवेली को पटक देने में और भी सुभीता रहेगा।'

परंतु जब उसको निश्चय हो गया कि सागरसिंह हवेली में नहीं है, उसने रानी के पास संदेशा खिसनी की ओर भेज दिया। खुद हवेली का घेरा डाले रहा।

रानी जब जंगल को घेरने की योजना तैयार कर रही थीं तब उनको यह संदेशा मिला। उनका मन कह रहा था कि सागरसिंह इसी डाँग में है।

जासूस ने घंटे-भर के भीतर सूचना दी, 'दो पहाड़ियों की दून के सिरे पर एक बड़ी-सी पर्णकुटी में बागी खाने-पीने की तार में लगे हुए हैं। उनके पास घोड़े हैं।'

रानी ने दोनों पहाड़ों की ऊँचाइयाँ बंदूकवालों से घिरवा लीं और दून के सिरे पर भी कुछ आदमी भेज दिए। स्वयं तीनों सहेलियों और मोतीबाई के साथ दून के निकास पर दो कतारों में ओट लेकर घोड़ों समेत ठहर गईं।

उनकी आज्ञा थी कि ऊपरवाले सिपाही धीरे-धीरे दून के ढाल की ओर बढ़ें और जब डाकुओं के जरा निकट आ जाएँ तब बंदूकों की बाढ़ दागें।

ऐसा ही किया गया।

डाकू बेहद हड़बड़ा गए। खाना-पीना और साज-सामान छोड़कर, घोड़ों की नंगी पीठ पर सवार हुए और दून के निकास की ओर भागे।

ऊपर तीनों ओर से बंदूकें चल रही थीं, परंतु डाकुओं का एक आदमी भी घायल तक नहीं हुआ।

निकास पर पहुँचते ही उनके ऊपर सामने से पाँच बंदूकें चलीं। घोड़े मरे, डाकू घायल हुए। उन लोगों ने बंदूकों से जवाब दिया, परंतु रानी का दल आड़ लिए हुए था, इसलिए कोई प्रभाव नहीं पड़ा।

डाकू सिर पर पैर रखकर इधर-उधर भागे।

काशी, सुंदर और मोतीबाई ने अलग पीछा किया।

रानी और मुंदर के पास से जो डाकू घोड़े पर सवार, जरा पीछे निकला, वह सतर्क था। नंगी तलवार हाथ में, गले में सोने का जेवर। वस्त्र भी उसके अच्छे थे। जो वर्णन उनको सागरसिंह का मिला था, उससे इस डाकू-सवार की हुलिया मिलती थी। रानी ने निर्णय किया कि यही सागरसिंह है। रानी ने मुंदर को मुसकराकर इशारा किया। मुंदर ने होंठ दाबे और सपाटे के साथ उस पर टूटी। रानी दूसरी बगल से। सागरसिंह ने घोड़ा तेज किया। इन दोनों ने पीछा किया। तब तक मार्ग ऊबड़-खाबड़ रहा, सागरसिंह बचता हुआ चला गया। जब मार्ग कुछ समतल आया, जमीन मुलायम और कीचड़ मिली, सागरसिंह का घोड़ा अटकने लगा। रानी और मुंदर के घोड़े बहुत प्रबल थे–दोनों काठियावाड़ी। सागरसिंह को एक ओर से मुंदर ने दबाया और दूसरी ओर से रानी ने।

रानी गले में हीरों का दमदमाता हुआ कंठा डाले थीं। उनको देखते ही सागरसिंह समझ गया कि जिस रानी के विषय में बहुत सुना करते थे, वह स्वयं आज, इसी क्षण उसके प्राणों की ग्राहक बनकर आ कूदी है।

आत्म-रक्षा के भाव से प्रेरित होकर उसने रानी पर वार किया। तुरंत मुंदर ने चपल गति से अपनी तलवार उस पर ढाई। वार ओछा पड़ा, घोड़े की पीठ पर। उधर रानी ने घोड़े को फुर्ती के साथ जरा-सा रोका। वह कुछ अंगुल पीछे हुईं और सागरसिंह का वार उनसे आगे खिच गया। रानी ने अपनी तलवार ऐसी कसी कि सागरसिंह की तलवार के दो टुकड़े हो गए। उसने अपने घोड़े को बहुत खींचा-दाबा, परंतु उसकी पीठ कट चुकी थी। मुंदर ने, सागरसिंह की गरदन को ताककर तलवार उबारी कि रानी ने तुरंत कहा, 'जीवित पकड़ना है,' और रानी ने इस तरकीब से अपना घोड़ा सागरसिंह की बराबरी पर किया कि वह सट गया। रानी ने सागरसिंह की कमर में अपना हाथ डाला। मुंदर समझ गई कि क्या करना है। दूसरी ओर से अपना हाथ उसकी कमर में लपेट दिया और झटका देकर घोड़े पर से उठा लिया। घोड़ा पीछे रह गया। सागरसिंह ने इस वज्रपाश में से निकलने, खिसकने की बहुत कोशिश की, परंतु वह सफल न हो सका। उसने अपने दाँतों को काम में लाने का प्रयत्न किया। रानी ने तुरंत कहा, 'सावधान! यदि मुँह खोला तो तलवार ठूँस दूँगी।'

सागरसिंह को रानी और मुंदर के बल की प्रतीति हो गई और उसने अपनी रक्षा को अपने भाग्य के हवाले कर दिया। थोड़ी दूर चलने पर रानी के दस्ते के लोग सिमट आए। सागरसिंह उस वज्रपाश में से निकला और रस्सियों से बाँध लिया गया। घोड़े पर लादकर यह टुकड़ी एक जगह ठहर गई। मोतीबाई, काशी और सुंदर की बाट देखने लगी। रानी ने बिगुल बजवाया। वे तीनों थोड़ी देर में उस स्थल पर आ गईं। मालूम हुआ कि बाकी डाकू निकल भागे। दीवान रघुनाथसिंह को समाचार देकर रानी बरुआसागर चली आईं। उन्होंने कहा, 'ये भागे हुए डाकू इस समय हाथ नहीं लगेंगे। समय काफी हो चुका है। बरुआसागर संध्या के पहले पहुँच जाना चाहिए।

रानी संध्या के पहले ही बरुआसागर पहुँच गईं। सागरसिंह सख्त पहरे में रख दिया गया। रात होने के पहले रघुनाथसिंह अपने दल समेत आ गया।

रानी की बुद्धि और विकट वीरता की घर-घर महिमा बखानी जाने लगी। दूसरे दिन गाँव-गाँव में चर्चा फैल गई।

समय पर सागरसिंह रानी के सामने पेश किया गया। उसने प्रणाम किया और पैर छुने के लिए हाथ बढ़ाने चाहे। पहरेवालों ने रोक लिया।

रानी ने पूछा, 'तुम्हारा नाम?'

उसने उत्तर दिया, 'कुँवर सागरसिंह, श्रीमंत सरकार।'

रानी मुसकराईं। सागरसिंह उस मुसकराहट से काँप गया। रानी ने कहा, 'कुँवर होकर यह निकृष्ट आचरण कैसा?'

सागरसिंह बोला, 'सरकार, हमारा वंश सदा लड़ाइयों में भाग लेता रहा है। महाराज ओरछा की सेवा में लड़ा। महाराज छत्रसाल की सेवा में रहकर युद्ध किए। जब अँगरेज आए तब उनकी अधीनता जिन ठाकुरों ने स्वीकार नहीं की, उनमें हम लोग भी थे। हमको जब दबाया गया, हम लोग बिगड़ खड़े हुए और डाके डालने लगे। मैं अपने लिए और अपने साथियों के लिए गंगाजी की शपथ लेकर कह सकता हूँ कि हम लोगों ने स्त्रियों और दीन-दरिद्रों को कभी नहीं सताया।'

रानी ने कहा, 'इन दिनों जिन लोगों पर तुमने डाके डाले, वे सब मेरी प्रजा हैं, अँगरेजों की नहीं। डाके के लिए दंड प्राणों का है। तैयार हो जाओ। तुम्हारे साथी भी न बचेंगे, और न तुम्हारे और उनके घर। मिट्टी में मिलवा दूँगी।'

सागरसिंह ने कनखियों रानी को देखा। उसने इतनी बड़ी, ऐसी करारी और प्रभापूर्ण आँखें न देखी थीं। उसको ऐसा लगा मानो साक्षात् दुर्गा सामने खड़ी है।

सागरसिंह बोला, 'सरकार, मैं कुछ प्रार्थना कर सकता हूँ?'

रानी ने अनुमति दी।

सागरसिंह ने प्रार्थना की, 'मुझको प्राणदंड गोली या तलवार से दिया जाए, फाँसी से नहीं। यदि फाँसी दी गई तो मेरा और जाति-भर का अपमान होगा। बागी बढ़ जावेंगे। घटेंगे नहीं सरकार।'

रानी—'तुमको यदि छोड़ दूँ तो क्या करोगे?'

सागरसिंह—'श्रीमंत सरकार के सामने झूठ नहीं बोलूँगा। यदि काम न मिला तो फिर डाके डालूँगा, परंतु सरकार के राज्य में नहीं।'

रानी—'यदि मैं कहूँ कि तुम डाके बिलकुल न डालो तो इसके बदले में क्या चाहोगे?'

सागरसिंह—'सरकार के चरणों की नौकरी, जहाँ रहकर लड़ाई में कल की अपेक्षा अधिक पराक्रम दिखला सकूँगा।'

रानी—'तुम्हारे साथी कितने हैं?'

सागरसिंह—'जंगल में पंद्रह-सोलह थे। गाँव में साठ-पैंसठ हैं, और अदृष्ट सहायक मेरे सब नातेदार।'

रानी—'वे लोग क्या करेंगे?'

सागरसिंह—'सरकार की आज्ञा हुई तो सरकार की सेना में मेरे साथ नौकरी।'

रानी—'यदि मैंने आज्ञा न दी तो?'

सागरसिंह—'सरकार के राज्य के सिवाय और सब जगह उनकी बगावत का अधिकार-क्षेत्र चाहूँगा।'

रानी–'तुमको मैं इसी समय छोड़ दूँ तो सीधे कहाँ जाओगे?'

सागरसिंह–'सरकार, झाँसी।'

रानी–'तुम सबसे बड़ी सौगंध किसकी मानते हो?'

सागरसिंह–'गंगाजी की, सरकार के चरणों की और अपनी तलवार की।'

रानी–'मैं तुमको छोड़ती हूँ सागरसिंह। सौगंध खाओ और अपने साथियों सहित झाँसी की सेना में भरती हो जाओ।'

सागरसिंह ने सौगंध खाई। रानी ने उसको छोड़ दिया। वह उनके पैरों में गिर पड़ा। हाथ जोड़कर बोला, 'सरकार, मैं झाँसी चलूँगा। वहाँ सेना में भरती होने के उपरांत घर लौटूँगा और अपने साथियों को बटोरकर झाँसी ले आऊँगा। और उन सबको भरती कराऊँगा।'

'नहीं सागरसिंह,' रानी ने कहा, 'मैं बरुआसागर तब छोड़ूँगी जब तुम्हारे सब साथी मेरे सामने आ जाएँ और सौगंध खा जाएँ। नहीं तो मैं उनको पकड़ूँगी और दंड दूँगी।'

'मेरा नाम कुँवर सागरसिंह नहीं जो मैंने सरकार के सामने सब को पेश न किया।' सागरसिंह ने दंभ को दबाते हुए कहा।

आँखों में झेंप थी।

रानी जरा हँसीं। सोचने लगीं। बोलीं, 'तुमको कुँवर शब्द से संबोधन करने के पहले, मेरा एक और सामंत इस पदवी के पाने का पात्र है। वही जो तुमको पकड़ने के लिए तुम्हारी हवेली में पहुँच गया था और जिसको तुमने घायल कर दिया था।'

'सरकार,' सागरसिंह बोला, 'उस दिन यदि मैं उस सामंत को घायल न कर पाया होता तो मैं किसी प्रकार भी न बच पाता।'

रानी–'वह यहीं है। अभी अस्वस्थ है।'

सागरसिंह–'मैं उसके दर्शन करना चाहता हूँ। क्षमा माँगूँगा।'

रानी ने खुदाबख्श की कुशल-वार्त्ता मँगवाई। वह एक सिपाही का सहारा लेकर आ गया। सागरसिंह ने उसको अभिवादन किया।

रानी ने कहा, 'क्या हाल है?'

खुदाबख्श ने उत्तर दिया, 'इतने बड़े स्वामी की रक्षा होते हुए हाल बुरा हो ही नहीं सकता। जिस समय सरकार के पराक्रम की बात मालूम हुई, उसी समय दुख-दर्द एक स्वप्न-सा हो गया।'

रानी ने कहा, 'तुमने सुन लिया होगा कि मैंने अपराधी को छोड़ दिया।'

खुदाबख्श बोला, 'मैंने सरकार की दया का सब हाल सुन लिया।'

रानी ने कहा, 'आज से तुम कुँवर खुदाबख्श कहलाओगे और यह कुँवर सागरसिंह। जितने लोग अनोखी शूरवीरी के काम करेंगे, वे सब कुँवर कहलावेंगे और उनका वर्ग

कुँवर मंडली के नाम से राज्य के कागज-पत्रों में संबोधित होगा।'

खुदाबख्श गद्गद हो गया। पैर छुए और बोला, 'सरकार, कुँवर मंडली का नाम सच्चा तब होगा जब कदमों की सेवा करते हुए हम सबके सिर कटें।'

रानी ने कहा, 'जाओ कुँवर खुदाबख्श, आराम करो।'

खुदाबख्श बोला, 'माता का आशीर्वाद मिल गया, अब आराम ही आराम है।''

'सागरसिंह,' रानी ने कहा, 'तुम्हारा नाम हमारे कागजों में कुँवर युक्त लिखा जाएगा, परंतु मुझको बराबर कुँवर, रांव, दीवान इत्यादि कहने में अड़चन जान पड़ती है। क्या बुरा मानोगे?'

सागरसिंह का गला रुद्ध हो गया। जिस मनुष्य ने एक दीर्घ समय डकैती और बटमारी में बिताया था, उसको जान पड़ा, मेरे भीतर कुछ पवित्र भी है।

हाथ जोड़कर बोला, 'नहीं सरकार, कभी नहीं। यदि मेरा आधा नाम ही लिया जाएगा तो बहुत है। मुझको क्षमा किया जाए।'

कुँवर रघुनाथसिंह ने कहा, 'जब हम लोग पूरे कुँवर की पदवी पर पहुँच जावेंगे तब हमारा नाम आधा लिया जावेगा।'

: ५६ :

बरुआसागर में रानी कुल पंद्रह दिन रहीं। सागरसिंह का पूरा गिरोह हथियार डालकर उनकी शरण में आ गया और सेना में भरती हो गया। खुदाबख्श चंगा तो उसी दिन से हो चला था, अब स्वस्थ हो गया। रानी ससैन्य झाँसी लौट आईं। लोगों की छाती रानी के पराक्रम से उमग उठी।

नवाब अलीबहादुर रानी को बधाई देने आए। इत्र-पान लेकर चले गए। कम-से-कम मोतीबाई को उनकी बधाई की सचाई में विश्वास नहीं था।

अलीबहादुर और पीरअली में सलाह हुई।

अलीबहादुर—'पीरअली, यह वही सागरसिंह हैं, जो झाँसी की जेल तोड़कर भागा था। रानी ने उसी को नहीं बल्कि उसके सारे गिरोही डाकुओं को, फौज में भरती कर लिया है। यह सब सरकार बहादुर के खिलाफ तैयारी का सबूत है।'

पीरअली—'और हुजूर, बुरा यह कि उनके नए-पुराने कामदार, अँगरेज सरकार को इस धोखे में रखना चाहते हैं कि झाँसी का राज नवाब गवर्नर जनरल बहादुर की तरफ से किया जा रहा है और रानी साहब तो केवल मुंतजिम हैं।'

अलीबहादुर—'असली बात की इत्तिला जबलपुर पहुँचनी चाहिए, जैसे हो तैसे।'

पीरअली—'हुजूर का हुकुम हो तो मैं चला जाऊँ। मगर मेरे जाने से शक हो जावेगा।'

अलीबहादुर–'माल का सरिश्तेदार रानी के बुरे सलूक की वजह से नाराज है। वह इस काम को करने के लिए तैयार हो जावेगा। अगर जाए तो खर्चा मैं दे दूँगा।'

पीरअली–'मैं कहूँगा। वे मान जाएँगे। उनको टीकमगढ़ होकर भेजा जाए। वहाँ से दीवान नत्थेखाँ की चिट्ठी और उनके कुछ आदमियों को साथ लेते जावें, क्योंकि रास्ते में खतरा है।'

अलीबहादुर–'बिलकुल ठीक। तुमने इस बात को तलाश किया कि झाँसी खास में रानी के खिलाफ कितने आदमी हैं?'

पीरअली–'ऐसे किसी खास आदमी का नाम नहीं ले सकता। मगर औरतों में रानी साहब ने जो इतनी आजादी फैला रखी है, वह जरूर बहुत लोगों को खटकी है।'

अलीबहादुर–'रानी के खिलाफ बहुत लोग होंगे, मगर मुझको वे लोग रानी का आदमी समझने लगे हैं, इसलिए अपने मन की बात नहीं बतलाते।'

पीरअली–'ऐसी हालत में कम-से-कम कुछ ऐसे आदमी हुजूर के पास तो जरूर आते; जो रानी से वैर मानते हों।'

अलीबहादुर–'हो सकता है। संभव है। कम-से-कम सरिश्तेदार वगैरह उनके बहुत खिलाफ हैं।'

नवाब अलीबहादुर ने सरिश्तेदार को इस प्रपंच के लिए राजी कर लिया। अपनी चिट्ठी दी। वह पहले टीकमगढ़ गया। टीकमगढ़ से उसने आदमी लिए और रुपया भी। दीवान नत्थेखाँ को अलीबहादुर की योजना पसंद आई। उसने अलीबहादुर के पास अपना एक विश्वस्त आदमी भेजा। उसके द्वारा परस्पर सहायता देने की बात निश्चित हो गई। नवाब साहब को आशा हो गई कि किसी दिन नत्थेखाँ झाँसी पर आक्रमण करेगा। वे उस दिन की बाट जोहने लगे।

ओरछा के राजा मारतीचंद के पीछे सन् १७७६ में विक्रमाजीत राजा हुए। राज्य की बहुत हीन व्यवस्था हो गई थी। राजा के पास केवल पचास सैनिक, एक हाथी और दो घोड़े रह गए। छः-सात बरस में इन्होंने अपने राज्य का विस्तार कर लिया। राजधानी टीकमगढ़ में कायम की। सन् १८१२ में अंग्रेजों से संधि हुई। इन्होंने अपने जीवनकाल में अपने लड़के धर्मपाल को गद्दी दे दी, परंतु उसका देहांत हो गया और फिर वह बहुत वृद्धावस्था में मर गए। इनके भाई ने सात वर्ष राज्य किया। सन् १८१४ में गद्दी खाली थी। धर्मपाल की विधवा रानी लड़ई दावेदार हुई। सुजानसिंह उक्त वृद्ध राजा के भतीजे थे। उनका रानी लड़ई से झगड़ा था। वे झाँसी चले आए। राजा रघुनाथराववाले महलों में, नई बस्ती में, गंगाधरराव ने इनको ठहराया था। अलीबहादुर को अपना ठौर छोड़ना पड़ा था, इसलिए उनके मन में झाँसी के राजा के प्रति क्षोभ और भी सघन हो गया। सुजानसिंह के देहांत के बाद सन् १८५४ में रानी लड़ई को गोद लेने की अनुमति

मिल गई और उन्होंने हमीरसिंह को गोद ले लिया। सन् १८५७ के विप्लव के समय रानी लड़ई हमीरसिंह की ओर से अभिभावक थी और नत्थेखाँ मंत्री था। इधर-उधर से कुछ अंग्रेज अफसर भागकर ओरछा की राजधानी टीकमगढ़ आए थे और राज्य ने उनको शरण दे दी थी।

इन लोगों की सलाह से अलीबहादुर की चिट्ठी जबलपुर भेज दी गई और एक खास दूत द्वारा इनको कहला भेजा कि झाँसी में अपनी अनुकूल गिरोहबंदी कर लो, एकाध झगड़ा-बखेड़ा हो जाए तो और भी अच्छा, हम ठीक मौके पर टीकमगढ़ से सेना लेकर आते हैं। नत्थेखाँ ने तैयारी शुरू कर दी।

अलीबहादुर को खुशी हुई। मुहर्रम आनेवाला था। उपयुक्त अवसर की कमी न थी। पानी खूब बरसकर यकायक रुक गया। बादल खुल गए। दिन की कड़ी धूप, रात को धुले हुए निर्मल तारे और शीतल पवन। जनता दिन में परिश्रम करती, संध्या समय आमोद-प्रमोद। रात को गहरी नींद में सो जाती।

उसके नीचे जो सुरंग तैयार की जा रही थी, उसका बेचारी जनता को पता न था। हिंदू रियासतों में एक जमाने से शिया मुसलमान काफी संख्या में आ बसे थे; कोई नौकर थे, कोई कारीगर, हकीम-जर्राह इत्यादि। परंतु संख्या सुन्नी मुसलमानों की अधिक थी। इनमें भी उन्नाव दरवाजे की तरफ मेवाती और बड़ागाँव दरवाजे के निकट पठान। इन मुहल्लों में केवल मुसलमान ही न बसते थे—मराठे, ठाकुर, तेली, काछी इत्यादि हिंदू बीच-बीच में थे। बड़ेगाँव दरवाजे मसजिद थी और थोड़ी दूर पर बिहारीजी का मंदिर। हिंदू और मुसलमान, सब अपने-अपने विश्वास के अनुसार परंपरा क्रमागत त्योहारों को मनाते आए थे। कभी कोई झंझट खड़ा नहीं हुआ।

उस साल डोल एकादशी और मुहर्रम एक ही दिन सोमवार को पड़े। सुन्नी मुसलमान नौ-दस दिन पहले से ताजियों की तैयारी में लगे—अब की साल उनको ताजिए और भी अधिक धूमधाम के साथ निकालने थे क्योंकि उनकी झाँसी स्वतंत्र हो गई थी, उनकी रानी राज्य कर रही थीं। मंदिरों में भी खूब नाच और गानों के साथ मन की ओज प्रस्फुटित हो रही थी। इन दिनों भी झाँसी के मंदिरों में जो नित्य नई सजावट की जाती है उनको 'घटा' कहते हैं। किसी दिन नीली घटा, किसी दिन पीली घटा, किसी दिन कोई और। सारे मंदिरों में एक ही प्रकार के रंग के वस्त्र और फूल। यह सब कई दिन एकादशी तक चलता रहा। सोमवार के रोज शाम के समय ताजिए दफनाए जाने को थे और उसी समय विमानों का जलविहार होना था। यदि दोनों धर्मवालों में मेल-जोल हो तो मजे में सब रस्में निभाली जाएँ, और यदि एक-दूसरे से अनमने हों तो एक डग भी रखने को जगह नहीं।

मोतीबाई और जूही जैसे दीपावली मानती थीं वैसे ही ताजियादारी भी करती थीं।

और उसी उत्साह के साथ वे 'मुरली मनोहर' के मंदिर में, जिस समय रानी दर्शन के लिए जाती थीं, नृत्य और गान भी करती थीं,–उन्हीं दिनों मुहर्रम के जमाने में! परंतु उनके इस कार्य पर मुसलमान किसी प्रकार का आक्षेप नहीं कर रहे थे, क्योंकि वे प्रायः रानी के साथ रहा करती थीं।

दुर्गाबाई सुन्नी मुसलमान थी। वह भी ताजियादारी करती थी और नाचना उसका पेशा था। मंदिरों में उसके नृत्य की माँग थी। वह मंदिरों में नृत्य के लिए जाने लगी।

कुछ मुसलमानों को असंगत लगा। चर्चा शुरू हो गई। इस चर्चा में पीरअली ने प्रधान भाग लिया।

सवेरे का समय था। ठंडी हवा चल रही थी। धूप में तेजी न आई थी। हलवाइयों की दूकान पर ताजी मिठाइयाँ थालों में सजती और बिकती चली जा रही थीं। दूसरी ओर मालिनों की फूलों से भरी हुई डलियाँ थोड़ी ही देर में खाली होने को थीं।

दुर्गा नर्तकी ने हलवाई के यहाँ से मिठाई ली और मालिन के यहाँ से फूल। मार्ग में एक जगह ठेवा लगा। पैर में जरा-सी चोट आई। साथ ही मिठाई के दोने में से कुछ सामान नीचे जा गिरा। उसका मुँह बिदरा। पास से जानेवाला एक आदमी हँस पड़ा। दूसरे का कष्ट उसका विनोद बना। और भी कुछ लोग हँसे। एक ने कहा, 'उठा लो दुर्गा नीचे पड़ा हुआ सामान, वह भी एक अदा ही होगी।'

'अरे रे, मुझको तो लग गई, तुम हँसते हो।' दुर्गा हँसती हुई बोली।

वहीं पीरअली भी था। वह भी हँसा था।

'अभी क्या हुआ दुर्गाबाईजी।' पीरअली ने कहा, 'जैसा करोगी, वैसा पाओगी।'

बात कुछ नहीं थी, परंतु दुर्गाबाई को आग-सी लग गई। पीरअली शिया था। उसकी व्यर्थ बात में कोई गूढ़ प्रच्छन्न व्यंग्य अवगत करके बोली, 'तुम कहाँ के दूध के धूले हो मियाँ। किसी दिन तुमको भी खुदा ऐसा समझेगा कि याद करोगे।'

पीरअली–'मैं तुम सरीखी औरतों को मुँह नहीं लगाना चाहता, अपनी राह देखो।'

दुर्गा–'तुम्हीं मुँह लगने को फिरते हो। मैं तो ऐसों पर लानत भेजती हूँ।'

पीरअली–'खबरदार जो बदजबानी की, जीभ काटकर फेंक दूँगा।'

दुर्गा–'हाँ, बल-पौरुष औरतों पर ही चलाने आए हो, पर मेरी जबान काटने आओगे तो मैं कौन तुम्हारी जीभ की पूजा करने बैठ जाऊँगी। जानते हो किसका राज है?'

पीरअली दाँत पीसकर रह गया।

कई लोगों ने 'जाओ-जाओ, रहने दो' कहा।

ऊपर से झगड़ा रफा-दफा हो गया, लेकिन भीतर-भीतर आग सुलग उठी।

'एक सुन्नी औरत ने, सो भी नर्तकी वेश्या ने, एक शिया मर्द पर मुहर्रम के दिनों में लानत भेजी!'

शिया-सुन्नियों के झगड़े का इस अत्यंत क्षुद्र घटना के कारण सूत्रपात हुआ।

शिया लोग घरों में चुपचाप मातम मनाते हैं। सुन्नियों में भी मातम मनाया जाता है। परंतु ताजिया इत्यादि बनाने की कोई पाबंदी नहीं। तब तो भी बनाए जाते थे और धूमधाम के साथ निकाले जाते थे।

रघुनाथराव के समय में अलीबहादुर का बहुत प्रभाव था। शिया थे। कदाचित् इसलिए भी राज्य की ओर से ताजियों की कोई धूमधाम नहीं की जाती थी। अलीबहादुर का प्रभाव उठ गया था, परंतु ताजिया संबंधी परंपरा अवशिष्ट थी। शिया अपने ताजिए चुपचाप निकाल ले जाते थे और उनका समय भी सुन्नियों के ताजिए निकालने के समय से टक्कर न खाता था। परंतु एकादशी के दिन डोल भी निकालने थे। दिन में। दिन में ही शिया-सुन्नियों के ताजिए भी निकलने थे। दोपहर तक दोनों फिर्कों के ताजिए निकल जाएँ और दो बजे से विमान निकलें, यही योजना संभव जान पड़ती थी। पर शिया-सुन्नी इस पर राजी नहीं दिखाई पड़ते थे। दीवान ने समझाने-बुझाने और मनाने की कोशिश की। विफल हुआ।

ताजियादार कहते थे–

'हमारा ताजिया तीसरे नंबर पर उठा करता है। पहले नंबरवाला पहले उठे और चल पड़े और उसके पीछे दूसरावाला, हम तुरंत उसके पीछे हो जाएँगे।'

'हमारा पहला नंबर जरूर है, परंतु ताजिया हमारा हमेशा तब उठा है जब शियों के ताजिए निकल गए। आप कहते हैं कि नौ बजे से ताजिए निकालना शुरू कर दो। हम तैयार हैं, परंतु शियों के ताजिए पहले निकलवा दीजिए।'

शियों के ताजिए उतने सवेरे निकल नहीं सकते थे। विवश कोई किसी को कर नहीं सकता था। धर्म का मामला ठहरा!

अच्छा यही था कि झंझट दो दिन पहले खड़ा हो गया था।

शिया लोग अपने ताजिए यदि आतुरता के साथ बड़े भोर निकाल भी ले जाते तो इसमें संदेह था कि सुन्नी अपने ताजिए हर साल के समय के प्रतिकूल दफना देते या नहीं।

पीरअली इस झंझट में कहीं भी ऊपर दिखाई नहीं पड़ता था, परंतु भीतर-भीतर उसकी उत्प्रेरणा मौजूद थी।

जब दीवान समस्या को न हल कर सका तब उसने कोतवाली से पुराने कागज मँगवाए। परंतु पुराने कागज विप्लव के आरंभ में ही भस्मीभूत हो चुके थे–और उनसे कुछ सहायता मिल भी नहीं सकती थी। दीवान हैरान था।

निदान मामला रानी के सामने पहुँचा।

हिंदू-मुसलमानों की भीड़ इकट्ठी हो गई।

रानी ने समझाने का यत्न किया। लड़ाना-भिड़ाना चाहतीं तो सहज ही ऐसा कर सकती थीं, परंतु वे तो मेल कराने पर तुली हुई थीं।

जब वे कोई सुझाव देतीं तो सब 'बहुत ठीक सरकार,' 'बहुत ठीक सरकार' कह देते, और थोड़ी देर चुप रहने के बाद 'किंतु' 'परंतु' करने लगते।

रानी ने यकायक कहा, 'क्या इतने हिंदू-मुसलमानों में कोई ऐसा नहीं जो इस कठिनाई को हल कर दे?'

महल के पड़ोस में एक बढ़ई रहता था। वह आगे आया। उसने विनय की, 'सरकार, मैं कुछ निवेदन करना चाहता हूँ।'

रानी—'कहो।'

बढ़ई—'सरकार, राम और रहीम सबसे बड़े हैं। उसी तरह उनका मंदिर विमान से बड़ा और इनकी मसजिद ताजिया से बड़ी। मसजिद में रहीम की पूजा की जाती है। मैं मसजिद बनाकर ठीक समय पर निकाल दूँगा। सब ताजिए उसके साथ निकल जाने चाहिए, आगे-पीछे का कोई सवाल नहीं खड़ा होता।'

सुन्नी ताजिएदार सहमत हो गए।

'मसजिद बेशक सबसे बड़ी।'

'मसजिद के पीछे-पीछे हम सबके ताजिए चलेंगे।'

उस बढ़ई ने दो दिन के भीतर कागज और भोड़र की एक सुंदर मसजिद बनाई। एकादशी के दिन ठीक समय पर सब ताजिए निकल गए। सबसे आगे बढ़ई की मसजिद थी। हिंदुओं के विमानों को निकलने में कुछ विलंब हो गया, परंतु इसका किसी ने बुरा न माना। इस प्रकार वह उठता हुआ तूफान बिना प्रयास के ठंडा हो गया।

परंतु दूसरा तूफान जो उठ खड़ा हुआ था, वह न बैठ सका।

नत्थेखाँ ने तैयारी कर ली थी। झाँसी में झगड़ा खड़ा हो जाता तो अच्छा ही था, नहीं खड़ा हुआ तो भी उसको प्रहार करना ही था। वह एकादशी के दो दिन बाद ओरछा में ससैन्य आ गया। कहते हैं कि वह बीस सहस्र सेना लेकर आया था। तीसरे दिन अनंत चतुर्दशी थी। (अनंत चतुर्दशी उस समय सितंबर में थी।)

अनंत चतुर्दशी के दिन भोर होते ही नत्थेखाँ का दूत दीवान के पास आया।

: ५७ :

नत्थेखाँ के दूत ने जो संदेशा दिया, उसका सार यह था कि झाँसी पहले ओरछा का अंश था, वह अनुचित प्रकार से ओरछा से काट दिया गया, अब ओरछा को वापस मिलना चाहिए। अंग्रेज जो पाँच सहस्र मासिक वृत्ति साहब को देते थे, उन्हें ज्यों-की-त्यों मिलती रहेगी। किला, नगर और शस्त्र हमारे हवाले कर दो।

नगर में समाचार फैलते देर न लगी। नई बस्ती से, जहाँ अलीबहादुर का निवास था, खबर फैली कि नत्थेखाँ फौज लेकर आ भी गया है और शहर के चारों ओर घेरा पड़ गया है। लोग घबरा गए।

मोतीबाई ने रानी को समाचार दिया, 'नत्थेखाँ बीस सहस्र सेना और अनेक तोपें लेकर ओरछा से कूच करनेवाला है।'

रानी ने पूछा, 'यह ओरछा में आया कब?'

'कल आया था,' मोतीबाई ने उत्तर दिया।

रानी ने कर्मचारियों से विचार-विमर्श किया। झाँसी में अच्छी तैयारी न थी। कर्मचारी सब घबराहट में थे।

अकेली रानी धैर्य धारण किए थीं। उन्होंने कहा, 'राजनीति की आप लोग जानो। युद्ध का संचालन मैं करती हूँ। नत्थेखाँ को भागने के लिए कठिनता से गली मिलेगी।'

नाना भोपटकर ने अनुरोध किया, 'सरकार विजय की मूर्ति हैं। हमको युद्ध के अंतिम परिणाम के विषय में कोई संदेह नहीं। यदि सरकार को मेरी राजनीति में विश्वास है, तो मेरी एक प्रार्थना मानी जाए।'

रानी ने स्वीकार किया।

भोपटकर ने कहा, 'हमारे यहाँ अँगरेजों का झंडा, यूनियन जैक रखा हुआ है। अपने झंडे के साथ हम उसको भी खड़ा करेंगे। किले में जो अँगरेज बंद हो गए थे, उनमें से मार्टिन नाम का व्यक्ति, फौजवालों के हाथ से भाग निकला था। यह आगरा में है। एक चिट्ठी मैं उसको इस प्रकार की लिखूँगा कि हम लोग नत्थेखाँ के विरुद्ध अँगरेजों की ओर से लड़ रहे हैं। मेरी राजनीति को इस चिट्ठी से सहायता मिलेगी।'

रानी बोलीं, 'परंतु यह राजनीति चलेगी कितने दिनों? हमको अंत में, सारे देश में स्वराज्य स्थापित करना है। यूनियन जैक झंडे के नीचे स्वराज्य की स्थापना असंभव है। चिट्ठी चाहे जिसको मनमानी लिखो, परंतु झंडा तो चिट्ठी से बहुत बड़ा होता है।'

'सरकार,' भोपटकर ने कहा, 'चिट्ठी और झंडे का सामंजस्य है। हम कुछ समय तक अपने आदर्श को ढका-मुँदा रखना चाहते हैं। यदि स्वराज का प्रयत्न देश-भर में ३१ मई को एक साथ ही हो गया होता, तो राजनीति की दिशा कुछ और होती, परंतु अब उसमें परिवर्तन आवश्यक है।'

लालाभाऊ बख्शी बोला, 'सरकार, दीखने के दाँत कुछ और खाने के कुछ और। भोपटकर साहब का यही तात्पर्य है।'

रानी मुसकराईं। दरबारियों ने समझ लिया कि उन्होंने कोई दृढ़ निश्चय कर लिया है।

'नाना की बात को मैं नहीं टाल सकती हूँ,' रानी ने कहा, 'परंतु गेरुआ झंडा सबसे

ऊपर की बुर्ज पर रहेगा और अँगरेजों का झंडा चाहे जहाँ, नीचे की बुर्ज पर लगा लो।'

मंत्रिमंडल ने स्वीकार किया।

रानी बोलीं, 'लालाभाऊ, तोपों का तुरंत प्रबंध करो। जवाहरसिंह, रघुनाथसिंह इत्यादि को सावधान करो। सब फाटक बंद करके फाटकों की बुर्जों पर गोला-बारूद इसी समय जमा करो। नत्थेखाँ कई ओर से आक्रमण करेगा। और किले पर बड़ी तोपें चढ़ीं हैं?'

भाऊ ने उत्तर दिया, 'सरकार, केवल कड़क बिजली नीचे रखी है। उसको अभी चढ़वाता हूँ और सरकार की अन्य आज्ञाओं का पालन करता हूँ। दीवान जवाहरसिंह यहीं हैं, परंतु दीवान रघुनाथसिंह उन्नाव की ओर गए हैं!'

रानी—'तुरंत बुलाओ।'

भाऊ—'जो आज्ञा सरकार।'

रानी—'बरुआसागरवाला सागरसिंह कहाँ है?'

भाऊ—'मऊवाले काशीनाथ भैया के साथ करेरा की ओर गए हुए हैं।'

रानी—'दोनों को वहाँ से बुलाओ। सेना हमारे पास बहुत थोड़ी है। यदि नत्थेखाँ वास्तव में बीस सहस्र सेना लेकर आ रहा है, तो कर्रा सामना पड़ेगा, परंतु चिंता मत करो। हमारे पास किला है। बुर्ज और तोपें हैं। और गोलंदाज अच्छे हैं।'

भाऊ—'गोलंदाज हमारे पास कुछ कम हैं, परंतु सरकार का जैसा आदेश होगा, उनकी वैसी ही नियुक्ति कर ली जाएगी।'

रानी—'मैं कुछ स्त्रियों को तोपची का काम सिखाना चाहती थी, अभी उनकी शिक्षा पूरी नहीं हो पाई है, इसलिए गुलाम गौसखाँ को ओरछे दरवाजे के लिए तैयार रखो और तुम स्वयं किले की दक्षिणी बुर्ज पर कड़क बिजली चढ़ाकर काम करो। मैं अपनी स्त्री सेना को लेकर सब मोर्चों पर जवाहरसिंह की और गौस की सहायता करूँगी। बस्तीवालों से कह दो कि निश्चिंत रहें, परंतु भीड़ बाँधकर बाहर न चलें-फिरें।'

भोपटकर ने मार्टिन के नाम एक पत्र आगरा भेजा और नीचेवाली बुर्ज पर यूनियन जैक झंडा चढ़ा दिया।

ओरछा के दूत को नत्थेखाँ के संदेशे का उत्तर दिया कि लक्ष्मीबाई एक स्त्री हैं, खाँ साहब को अबला की रक्षा करनी चाहिए न कि उसके साथ इस प्रकार का व्यवहार। रानी अंग्रेजों की ओर से झाँसी का प्रबंध कर रही हैं। ओरछा अंग्रेजों का मित्र राज्य है, इसलिए ओरछा की ओर से झाँसी पर आक्रमण होना बिलकुल अनुचित है। यदि आक्रमण हुआ तो झाँसी अपनी रक्षा करेगी।

दूत संदेश का उत्तर लेकर तुरंत चला गया।

रानी ने दीवान से कहा, 'मुझे खेद है कि झाँसी के समग्र निवासी युद्धविद्या में निपुण

नहीं किए जा सके हैं। मैं नत्थेखाँ से निबट लूँ तब अवश्य इस ओर अधिक ध्यान दूँगी।'

इसके उपरांत वह अनंत चतुर्दशी की पूजा के उपकरणों में संलग्न हो गईं।

जवाहरसिंह, कर्नल जमाखाँ, भाऊ बख्शी, गुलाम गौसखाँ इत्यादि अपने काम में जोर के साथ जुट पड़े। उनके लिए एक-एक क्षण महत्त्व का था।

भाऊ बख्शी ने कड़क बिजली दक्षिण की ऊँची बुर्ज पर चढ़ा दी। गुलाम गौसखाँ एक बड़ी तोप और कई छोटी तोपें लेकर ओरछे दरवाजे पर पहुँच गया। सब फाटकों की बुर्जों पर तोपें रख दी गईं। उनका मसाला तथा गोलंदाज भी यथा-स्थान नियुक्त कर दिए गए। जवाहरसिंह की सेना फाटकों और परकोटे की दीवारों के छेदों के पास बंदूकें लेकर डट गई। उन सबके भोजन और शयन का वहीं प्रबंध हो गया। चार-पाँच घंटे के भीतर झाँसी ने रणक्षेत्र का रूप धारण कर लिया।

तीसरे पहर लगभग तीन बजे रानी अनंत चतुर्दशी का पूजन समाप्त करने को ही थीं, अचानक एक धड़ाका हुआ। रानी दामोदरराव को अनंत रक्षा का गंडा बँधवाकर बाहर हुई थीं कि समाचार मिला, 'नत्थेखाँ ने चढ़ाई कर दी है और गोला शायद शहर में गिरा है।'

रानी ने दिन-भर उपवास किया था। थोड़ा-सा फलाहार किया। इतने में समाचार आया कि टकसाल के पीछे एक सेठ के मकान में गोला गिरा है। रानी ने कल्पना की कि या तो नत्थेखाँ का गोलंदाज अजान है, इतने बड़े किले को उसने अनी पर नहीं साध पाया या काफी चतुर है—अनुमान से महल को निशाना बनाया, परंतु गोले ने करवट ले ली और महल को बचा गया।

रानी योद्धा वेश में तुरंत घोड़े पर सवार हुईं और अपनी तीनों सहेलियों को लेकर ओरछे दरवाजे पहुँचीं। गुलाम गौस खाँ को आज्ञा दी, 'शत्रु इसी ओर है। गोलों की लगातार वर्षा करो।'

काशीबाई से कहा, 'तू तुरंत किले पर जा। बख्शी से कहना कि जैसे ही नत्थेखाँ की सेना टौरियों पर आश्रय लेने के लिए पश्चिम में सैंयर फाटक की ओर बढ़े, कड़कबिजली की मार करें। जब तक उसकी सेना ओरछा फाटक से पश्चिम की ओर न बढ़े, कड़कबिजली चुप बनी रहे।'

काशीबाई तुरंत गई।

गौस ने अपने तोपखाने को सँभाला। एक के बाद दूसरी तोप पर पलीता पड़ना शुरू हुआ। ग्यारह तोपें थीं। जब तक अंतिम तोप गोला उगलती तब तक पहली विनाश-वमन के लिए तैयार हो जाती।

गोला, बारूद और काम करनेवाले सुव्यवस्थित।

ओरछा फाटक से पूर्व-उत्तर की ओर थोड़ी दूर पर सागर खिड़की और उससे कुछ

अधिक दूरी पर लक्ष्मी फाटक था। सुंदर और मुंदर के साथ रानी सागर खिड़की पर आईं। इस खिड़की से पश्चिम की ओर ओरछा फाटक की तरफ कुछ ही डग के फासले पर एक मुहरी थी। नगर के दक्षिणी भाग के पानी का बहाव इसी में होकर था। यह मुहरी इतनी बड़ी थी कि नाटे कद का आदमी आसानी से इसमें होकर निकल सकता था। सागर खिड़की के ऊपर जो तोपें थीं, उनमें से एक को रानी ने, इस मुहरी के ऊपर दीवार के पीछे लगा दिया। एक से अधिक तोपें वहाँ रखी भी नहीं जा सकती थीं।

सागर खिड़की पर दीवान दूल्हाजू गोलंदाज था। उसको रानी ने आदेश दिया, 'तुम पश्चिम-दक्षिण की ओर कुछ अंतर से तोप दागो। कोई दिखलाई पड़े या नहीं, परंतु जब तक मेरा निषेध न मिले, ऐसा ही करते जाना।'

दूल्हाजू जरा ठमठमाया।

रानी ने समझाया, 'मैं चाहती हूँ कि नत्थेखाँ की सेना और तोपें दक्षिण की ओर ओरछा फाटक और सैंयर फाटक के बीच में ही बनी रहें। तुम्हारे पास से होकर पूर्व और उत्तर की ओर न बढ़ने पावें। मैं जहाँ चाहती हूँ, युद्ध वहीं हो। समझ गए?'

दूल्हाजू ने कहा, 'हाँ, सरकार।'

इसी प्रकार सब फाटकों पर आवश्यक आज्ञा देकर रानी ओरछा फाटक पर फिर गईं। नत्थेखाँ की सेना मार खाकर पीछे हटी परंतु टौरिया पर नहीं चढ़ी। उनके बीच में जो खाइयाँ थीं, उनमें रक्षा का यत्न करने लगी।

इतने में रात हो गई। रानी मुंदर को वहीं छोड़कर महल चली आईं। गीता के अठारहवें अध्याय का पारायण या श्रवण वह यथासंभव नित्य करती थीं। पाठ समाप्त करके आधी घड़ी विश्राम किया था कि मुंदर ने समाचार दिया–'नत्थेखाँ ने नगरकोट पर चारों ओर से आक्रमण किया है, ओरछा फाटक पर आक्रमण सबसे अधिक भयंकर है।'

रानी सहेलियों सहित सवार होकर तुरंत ओरछा फाटक पर पहुँचीं।

चाँदनी रात। आकाश निर्मल। पास का काफी अच्छा दिखाई पड़ रहा था और दूर का धूमरा। सागर खिड़की पर गोले बरस रहे थे और ओरछा फाटक तो ऐसा जान पड़ता था कि अब गया, अब गया।

रानी ने गुलाम गौस और उसके तोपचियों को समझाया, 'दो बाढ़ें जल्दी-जल्दी दागकर बिलकुल चुप हो जाओ। वैरी समझेगा कि तोपें बंद कर लीं। बढ़ेगा। बढ़ते ही दीवार के छेदों में से बंदूकों की बाढ़ दागी जाय। बैरी अपनी तोपें ऊँची टौरिया चढ़ाकर ले जाएगा और वहाँ से फाटक और बुर्ज को धुस्स करने का उपाय करेगा। उस समय तोपें दागना।'

काशीबाई से कहा, 'तुम भाऊ बख्शी से किले में जाकर कहो कि कड़क बिजली के

प्रयोग का समय आ गया। जैसे ही ओरछा फाटक की हमारी तोपें बंद हों और अपनी बंदूकों की बाढ़ के उपरांत शत्रु के तोपखाने से बाढ़ दगे, वह कड़क बिजली और उसी बुर्ज के तोपखाने से ओरछा फाटक के बाहर की दाईं ओरवाली ऊँची टौरिया को अपना अचूक निशाना बनाए और अनवरत गोलाबारी करे।'

काशीबाई संवाद लेकर गई।

रानी ने मुंदर और सुंदर को कुछ हिदायतें देकर दूसरी दिशाओं में भेजा।

गुलाम गौस ने अपनी तोपों से जल्दी-जल्दी दो बाढ़ें छोड़ीं। नत्थेखाँ की सेना ने जवाब दिया। गौस की तोपें बिलकुल बंद हो गईं। नत्थे खाँ ने सोचा, तोपची मारे गए। उसके सिपाही दीवार पर चढ़ने के लिए बढ़े। इधर से बंदूकों की बाढ़ दगी। उसका कोई बड़ा असर नहीं हुआ। जब बाढ़ों पर बाढ़ें दगीं तब उसके सिपाही पीछे हटे। नत्थेखाँ ने निश्चय किया कि ऊँची टौरिया पर तोपखाना चढ़ाकर ओरछा फाटक और अगल-बगल की दीवारों पर गोलाबारी करने से शहर के लिए मार्ग मिल जाएगा और फिर किले को अधिकृत कर लेना सहज हो जाएगा। सागर खिड़की की ओर से बराबर गोलाबारी हो रही थी और उसका एक तोपखाना उस ओर मोर्चा लगाए था। ओरछा फाटक की तोपें बंद थीं, इसीलिए उसको अपना यही उपाय महाफलदायक जान पड़ा।

उनसे ऊँची टौरिया पर अपनी तोपें चढ़ा दीं और फाटक पर बाढ़ दागी। दीवारों पर उस बाढ़ का विनाशकारी प्रभाव पड़ा। तोपची उकता उठे। रानी ने वर्जित किया।

नत्थेखाँ की तोपों से दूसरी बाढ़ नहीं दगने पाई। टौरिया पर धमधम हुआ और वेकट चीत्कार और तुरंत किले से चली हुई तोपों का भयंकर गर्जन-तर्जन सुनाई पड़ा। भाऊ का निशाना अचूक बैठा। फिर बाढ़ आई। इधर रानी ने गुलाम गौस को अपनी तोपों पर पलीता देने की आज्ञा दी।

अब नत्थेखाँ को मालूम हुआ कि किसका सामना कर रहा है।

उसने स्थिति को सँभालने का प्रयत्न किया, परंतु कुछ न बन पड़ा। तोपों और सामान को छोड़कर नत्थेखाँ भागा। वह केवल एक दाग लगा गया—लक्ष्मी फाटक पर कर्नल जमाखाँ मारा गया।

रात को लड़ाई बहुत धीमी गति से चली। परंतु रानी की सावधानी में रत्ती-भर भी अंतर नहीं आया।

दूसरे दिन लड़ाई चली, परंतु शहर से जरा हटकर। नत्थेखाँ की सेना का एक बड़ा भाग झाँसी के उत्तर में जाकर प्रताप मिश्र के परकोटे की आड़ पा गया, परंतु यही उसके नाश का भी कारण हुआ।

दीवान रघुनाथसिंह एक दूर गाँव में था, इसलिए विलंब से समाचार मिला था। वह लड़ाई के दूसरे दिन उन्नाव की ओर से, जो झाँसी के उत्तर में है, आ गया। फाटक सब

बंद थे। खुलवाने की जरूरत भी न थी। उसने नत्थेखाँ की सेना की उस टुकड़ी पर जोर के साथ हमला किया, जो प्रताप मिश्र के परकोटे से झाँसी के उत्तरी भाग को परेशानी में डाले थी। इस परकोटे के करीब एक पहाड़ी है। इस पहाड़ी की ओट से रघुनाथसिंह और नगर-कोट के पीछे से झाँसी की सेना की बंदूकों ने नत्थेखाँ की सेना को छलनी कर दिया। ठीक अवसर पाकर रघुनाथसिंह ने प्रचंड वेग के साथ प्रहार किया और उस टुकड़ी को तहस-नहस कर डाला। दक्षिण-पश्चिम की ओर से काशीनाथ भैया आ पहुँचा। सर्वनाश में जो कसर रह गई थी, वह उसने पूरी कर दी।

फिर कई दिन तक झाँसी से जरा दूर नत्थेखाँ की सेना की छोटी-बड़ी टुकड़ियाँ भागते-भागते लड़ती रहीं। परंतु तोपें और बहुत-सी युद्ध सामग्री छोड़कर नत्थेखाँ को पराजित होकर भागना पड़ा।

नत्थेखाँ एक टुकड़ी समेत नवाब अलीबहादुर के नई बस्तीवाले महल में आ गया था। नवाब अलीबहादुर नहीं चाहते थे, परंतु विवश थे।

नत्थेखाँ के भागने पर उनके महल पर काशीनाथ भैया के दस्ते ने आक्रमण किया। अलीबहादुर ने समझ लिया कि सब गया। बच निकलने का प्रयत्न किया। उनके महल के पीछे बहुत निचाई पर मेहँदी बाग का उद्यान था। एक सुरंग में होकर इस बगीचे से निकल जाने का मार्ग था। जवाहर इत्यादि, जितना सामान बना, लेकर, पीरअली के साथ बाहर निकल आए। बाल-बच्चे और एक नौकर भी।

सुरक्षित स्थान में पहुँचने पर पीरअली ने कहा, 'आप अकेले भांडेर चले जाइए। मैं यहीं रहूँगा। रानी की सेना के साथ मिलकर महल पर मैं भी हमला करूँगा। उनका भला बन जाऊँगा और महल में जो कुछ बचाने योग्य है, बचाने की कोशिश करूँगा। यहाँ रहकर आपकी अधिक सेवा कर सकूँगा।'

'किस तरह?' अलीबहादुर ने आतुरता के साथ पूछा।

पीरअली ने उत्तर दिया, 'आपको समय-समय पर समाचार मिलता रहेगा और जब अँगरेज यहाँ रानी से लड़ने के लिए आएँगे तब उनको आपके सेवक द्वारा बड़ी सहायता मिलेगी। आप फिर झाँसी आएँगे। फिर महल आपके होंगे और कोई बड़ी जागीर भी कंपनी सरकार की तरफ से आपको मिलेगी, क्योंकि रानी का राज थोड़े दिन ही और टिकेगा। इस वक्त तो खून का-सा घूँट पीकर रह जाइए। अपमान का बदला लिया जाएगा, आप प्रतीति रखिए।'

अलीबहादुर चले गए। पीरअली रानी के सैनिकों की ओर लौट पड़ा। उसको सैनिक पहचानते थे। वे मारने-पकड़ने को दौड़े। सागरसिंह उस भीड़ में था।

पीरअली ने कहा, 'क्या करते हो, मैं तुम्हारा मित्र हूँ। महारानी साहब का शुभचिंतक। बस्ती-भर जानती है! नौकरी नवाब साहब की जरूर करता रहा हूँ परंतु

सदा उनको समझाता रहा कि सीधे रास्ते पर चलो। वे नहीं माने, उन्होंने भुगता। मैं तुम्हारी सहायता करने आया हूँ। यह महल गोला-गोली लायक नहीं है, इसमें आग लगाओ।'

सैनिकों को कुछ आश्वासन हुआ।

सागरसिंह ने पूछा, 'किधर से आग लगाएँ? नवाब साहब कहाँ हैं?'

'भीतर,' पीरअली ने उत्तर दिया, 'आग फाटक से लगाना शुरू करो। दरवाजा अपने आप खुल जाएगा। भीतर काफी माल है। मुझको सब पता है। राई-रत्ती बतलाऊँगा।'

सिपाहियों ने फाटक में आग लगा दी। जल जाने पर घुसने का मार्ग मिल गया। फिर भीतर फाटकों में आग लगाई। एक-दो जगह और पीरअली ने स्वयं कई जगह अग्नि प्रज्वलित की। जब भीतर पहुँचे तो वहाँ कोई न मिला।

'मालूम होता है गड़बड़ में नवाब साहब निकल भागे। मगर असबाब सामान तो मौजूद है।'

पीरअली ने उनकी साधारण धन-संपत्ति लुटवा दी। थोड़ी देर में आग शांत हो गई परंतु काफी क्षति हो गई थी।

पीरअली का नाम हो गया कि रानी की सेना के साथ वह नवाब साहब और नत्थेखाँ की फौज के खिलाफ लड़ा। काशीनाथ और सागरसिंह ने विश्वास दिलाया। मोतीबाई को आश्चर्य था। परंतु विजय के हर्ष में अपने हितचिंतक पर संदेह करना ईश्वर के प्रति कृतज्ञता की मात्रा को कम करना था। इसलिए पीरअली शीघ्र विश्वासपात्र लोगों की गिनती में मान लिया गया।

रानी ने गुलाम गौस खाँ, रघुनाथसिंह और भाऊ बख्शी को विशेष तौर पर पुरस्कृत किया।

दीवान खास में जब रघुनाथसिंह अकेला रह गया तब उसने रानी से प्रार्थना की—

'सरकार, मुझको सब मिल गया, केवल लड्डू रह गए।'

रानी हँसीं। मुंदर पास खड़ी थी। उससे कहा, 'उस दिन तू ही थाल उठा लाई थी। आज भी तू ही ला।'

मुंदर थाल ले आई। बहुत प्रसन्न थी।

रानी ने आदेश दिया, 'अब तू ही खिला भी दे।'

मुंदर ने रघुनाथसिंह को लड्डू खिलाए। हँस-हँसकर लड्डू खिलाने में सचेष्ट थी, परंतु रघुनाथसिंह अधिक नहीं खा सका। उसके गले में कुछ अटक-अटक जाता था।

: ५८ :

रात में मोतीबाई आई। रानी ने भजन सुना। समाप्ति पर काशीबाई ने कहा,

'सरकार, मैं बड़ी तोप चलाने का काम सीखना चाहती हूँ। जब बख्शीजी कड़क बिजली चला रहे थे, मैं उनके पास थी। निशाना मिलाना, ध्यान के साथ बाहर की स्थिति को परखकर तोप का रुख बदलना और पलीता छुलाकर बैरी की बड़ी सेना में भी अकेले खलबली उत्पन्न कर देना, मुझको बहुत अच्छा लगा।'

रानी बोलीं, 'मैंने निश्चय कर लिया है। तुम सबको तोप का काम सिखवाऊँगी। परंतु पूरी शिक्षा के लिए कुछ समय लगेगा।'

सुंदर ने कहा, 'अपने यहाँ गुलाम गौस तो बहुत चतुर तोपची हैं ही, अँगरेजी सेना से आया हुआ एक लालता ब्राह्मण भी बहुत अच्छा जानकार है। उसके ज्ञान का भी लाभ उठाया जाए।'

'दीवान रघुनाथसिंह भी इस काम को बहुत अच्छा जानते हैं।' मुंदर ने उत्साह के साथ कहा।

एक पल बहुत छोटे अंश के लिए रानी की आँख असाधारण सजग हुई, और तुरंत ही शांत। मुंदर ने लक्ष्य नहीं किया।

रानी ने मोतीबाई से पूछा, 'तू नाटक खेलना भूल गई कि अभी आता है?'

मोतीबाई–'सरकार, जो एक बार पानी में तैरना सीख लेता है, वह फिर कभी नहीं भूल सकता। आज्ञा हो तो किसी दिन कोई अच्छा खेल दिखलाऊँ?'

रानी–'सुचित्त हो जाऊँ तो किसी दिन अवश्य देखूँगी। तू किस खेल को सबसे अच्छा समझती है?'

मोतीबाई–'रत्नावली को। वैसे शकुंतला, हरिश्चंद्र, प्रबोध-चंद्रोदय भी बहुत अच्छे हैं।'

रानी–'मैंने सुना है कि ग्वालियर में एक मंडली हरिश्चंद्र नाटक बहुत अच्छा खेलती है।'

मोतीबाई–'हम लोगों का और ग्वालियर की मंडली का भी अभिनय देखा जावे। फिर सरकार तुलना करें। मुझको विश्वास है कि झाँसी की बात सिरे पर रहेगी।'

रानी–'मोती, मैं झाँसी को हर बात में आगे देखना चाहती हूँ। अश्वारोहण और असि-विद्या में उस्ताद वजीरखाँ, अमीरखाँ, गोलंदाजी में गुलाम गौस, सैन्य संचालन में जवाहरसिंह, रघुनाथसिंह, गायन में मुगलखाँ, शस्त्र बनाने में भाऊ बख्शी, कपड़े सीने में बल्देव दर्जी, नृत्य में दुर्गा। ये सब झाँसी के गौरव हैं। मैं चाहती हूँ कि प्रत्येक विद्या में झाँसी देश-भर में सबसे आगे रहे, परंतु होगा यह तभी जब देश को अँगरेजों के पंजे से छुटकारा मिल जाए।'

मोतीबाई–'सरकार ने जिस यज्ञ का प्रारंभ किया है, वह किसी-न-किसी दिन वरदान देगा।'

मुंदर—'सरकार, ब्राह्मण लोग कहते हैं कि एक यज्ञ भी होना चाहिए।'

रानी—'ब्राह्मणों को यज्ञ और मिष्ट-भोज चाहिए। करा दूँगी, परंतु युद्ध के देवता कार्तिकेय, इस युद्ध में बारूद और गोले का होम अधिक पसंद करने लगे हैं। और ब्राह्मणों को कलयुग की बात कम मालूम है।

मुंदर—'अपने यहाँ के भट्ट और शास्त्री लोग अनुष्ठान के लिए बहुत आग्रह कर रहे हैं। कहते हैं कि सब काम छोड़कर पहले उनके विधान का पालन होना चाहिए।'

रानी—'सब काम छोड़कर तो ऐसा न होगा, परंतु और सब कार्यों के साथ-साथ अवश्य हो जाएगा। तो पहला काम यह है कि कल से तोप चलाना मोतीबाई गौस से, काशीबाई भाऊ बख्शी से, मुंदर रघुनाथसिंह से, और सुंदर…'

मुंदर—'सरकार, दीवान दूल्हाजू भी अच्छे जानकार हैं।'

रानी—'उस पर ध्यान नहीं जम रहा था। उस दिन वह ठमठमा गया था, परंतु तोप अच्छी चलाता है। ठीक है। उससे सुंदर सीखे।'

काशीबाई—'उस रात भाऊ बख्शी ने ऐसा प्रहार किया कि नत्थेखाँ इस जन्म में तो भूलेगा नहीं। मेरे कान तो आज तक सनसना रहे हैं।'

रानी—'अब की बार दिखता है कि गोरों का सामना होगा। तुम सबकी उस समय परीक्षा होगी।'

काशीबाई—'सरकार, हम लोगों की परीक्षा के फल से निराश न होंगी।'

मोतीबाई को एक बात कसक रही थी। उसने प्रसंग विक्षेप-सा करते हुए कहा, 'सरकार ने कहा था कि सब कार्य साथ चलेंगे, तो नाटकशाला का भी काम चालू कर दूँ?'

'तुमको उसके लिए विशेष प्रयत्न करना ही क्या पड़ेगा?' रानी बोलीं, 'नृत्य-गान जानती ही हो। अवसर आने पर बतला दूँगी।'

मोतीबाई—'सरकार ने दुर्गा के नृत्य के विषय में कहा था। वह कत्थक नृत्य बहुत अच्छा करती है, परंतु प्राचीन नृत्यकला को बिलकुल नहीं जानती।'

रानी मुसकराईं।

रानी—'मैं भूल गई थी मोती। नृत्य के विषय में झाँसी का गौरव वास्तव में तुम हो, परंतु बैरियों को तो गोलों से रिझाना होगा।'

मोतीबाई ने दृढ़तापूर्वक कहा, 'सरकार, उनको ऐसा रिझाया जावेगा कि अनंत काल तक उनकी चर्चा होगी।'

मुंदर ने अनुरोध किया, 'सरकार, नाटक भी किसी दिन खिलवाया जाए।'

'अच्छा मुंदर,' रानी ने कहा, 'मोतीबाई उसकी भी तैयारी करेगी। यज्ञ की जिस दिन पूर्णाहुति होगी, उसी रात नाटक होगा। मोती, नाटक के संबंध में, मैं तुझसे कुछ पूछना

चाहती हूँ।'

मोतीबाई—'आज्ञा हो सरकार।'

रानी—'तू जब अभिनय करती है, तब क्या अपने को बिलकुल भूल जाती है?'

मोतीबाई—'बिलकुल तो नहीं भूल सकती सरकार।'

रानी—'क्या याद रहता है?'

मोतीबाई—'अपना निजत्व, दर्शक और अभिनय।'

रानी—'क्या सब दर्शक?'

मोतीबाई—'नहीं सरकार। जो दर्शक विशेष रुचि दिखलाते हैं, उनके ऊपर प्रायः ध्यान जाता है। तभी अभिनय हो सकता है।'

रानी—'तुमको अपने दर्शक याद रहते हैं?'

मोतीबाई—'यदि वे बार-बार नाटकशाला में आवें तो।'

रानी—'तुम्हें अपने कुछ दर्शकों का अब भी स्मरण है?'

मोतीबाई की आँख जरा लजीली हुई, परंतु उसने तुरंत सँभलकर कहा, 'हाँ सरकार, कोई याद रह जाते हैं।'

रानी ने पूछा, 'तुझे कौन सबसे अधिक याद हैं?'

क्षण के दशांश के लिए सहेलियों ने एक दूसरे के प्रति दृष्टिपात किया। मोतीबाई की आँख परवश नीची पड़ गई। सिर उठाया। कहने को हुई। जरा-सा हँसी। फिर गंभीर हो गई। खाँसी।

बोली, 'कोई नाम याद नहीं आता सरकार।' और हँसी।

रानी को हँसी आ गई।

'अच्छा, जब याद आ जावे, तब बतलाना,' रानी ने कहा, 'अभी कोई जल्दी नहीं।'

मोतीबाई ने निष्कृति की साँस ली।

काशीबाई—'सरकार, इनके साथ जूही भी अभिनय किया करती थी।'

रानी—'वह भी अब अपना काम कर रही है।'

मोतीबाई—'उसने खूब काम किया और करेगी।'

रानी—'उसको भी गुलाम गौस से तोप चलाना खिसलाओ। हमको बहुत तोपचियों की आवश्यकता पड़ेगी। जिसके पास तोपें और तोपची, उसी के हाथ विजय।'

काशीबाई—'जहाँ हमारी श्रीमंत सरकार होंगी, वहीं विजय होगी।'

: ५९ :

झाँसी के दक्षिण में सागर का जिला और सागर के दक्षिण-पश्चिम में भोपाल रियासत। भोपाल रियासत में आमापानी नाम की गढ़ी थी। थोड़ी दूर पर राहतगढ़ का

किला था। आमापानी के अधिकारी ने राहतगढ़ पर कब्जा कर लिया। राहतगढ़ में बहुत से पठान इकट्ठे हो गए।

सागर की सेना ने विद्रोह किया और सागर को लूट लिया। जबलपुर में विप्लव हुआ। सारे विंध्यखंड में विप्लव की लपटें बढ़ीं।

सन् १८५८ के मध्य सितंबर में जनरल सर ह्यूरोज ससैन्य इंग्लैंड से बंबई उतरा। विप्लवकारियों से बदला लेना और विप्लव दमन करना उसका दृढ़ निश्चय था।

उसी महीने में दिल्ली का पतन हुआ। बहादुरशाह कैद कर लिया गया और उसके दो शहजादे मार डाले गए। लखनऊ का मुहासिरा समाप्त हुआ। कानपुर में तात्या टोपे ने अंग्रेजों के कम-से-कम तीन जनरलों को लड़ाई में हराया। परंतु दिल्ली के पतन का विप्लवकारियों पर बुरा प्रभाव पड़ा।

लखनऊ के प्रथम पतन पर भी अवध में जनता ने युद्ध जारी रखा। अंग्रेजों ने इलाहाबाद, फतेहपुर इत्यादि में प्रचंड हिंसा वृत्ति से प्रेरित होकर भीषण और वीभत्स क्रूर कृत्य किए। इनके समाचार झाँसी में आए। बिठूर का पतन हुआ। नाना साहब कठिनाई से रात के समय अपनी पत्नियों और विमाता को नाव में बैठाकर निकल पाए और लखनऊ की बेगम के पास पहुँच पाए। झाँसीवालों के संसर्ग में फिर कभी नहीं आए। रावसाहब और तात्या टोपे अपनी सेना लेकर कालपी आ गए और यहाँ से योजनाएँ प्रयुक्त करने लगे। यह समाचार भी झाँसी आ गया।

झाँसी में हार खाकर नत्थेखाँ टीकमगढ़ में शांति के साथ नहीं बैठा, वरन् झाँसी के पूर्वीय परगनों में डेढ़ महीने तक लूटमार करता रहा। उसकी पंडवाहा, गरौठा और नौटा की लूटमार विख्यात हैं। परंतु रानी ने थोड़े समय में ही यह सब लूटमार कुचल दी और नत्थेखाँ को बिलकुल हट जाना पड़ा।

रानी की छोटी-सी सेना को दहलाने और हैरान करने के लिए यह सब काफी था, परंतु रानी को घबराया हुआ या चिंतित कभी किसी ने नहीं देखा। उनका कार्य सतत, अनवरत जारी था।

वही कार्यक्रम, वही दिनचर्या। वही सद्भावना और जनता की रक्षा तथा जनता के नायकत्व का वही दृढ़ संकल्प। 'यदि अकेले ही स्वराज्य की लड़ाई लड़नी पड़े तो लड़ी जाएगी'—यह रानी का अटल निश्चय था! और उनका अचल विश्वास था कि एक युद्ध और एक जन्म से ही कार्य पूरी तौर पर संपन्न नहीं होता।

'संभवामि युगे युगे!'

उन्होंने पढ़ा था, उनको याद था और उनके कण-कण में व्याप्त था।

वे अपने युग के उपकरण और साधन काम में लाती थीं। जिस समाज में उनका जन्म हुआ था, उसी में होकर उनको काम करना था, परंतु उस समाज की हथकड़ियों और

बेड़ियों की उन्होंने पूजा नहीं की। वे अपने युग से आगे निकल गई थीं, किंतु उन्होंने अपने युग और समाज को साथ ले चलने का भरसक प्रयत्न किया। झाँसी में और विशेषतः विंध्यखंड में साधारणतया, स्त्री की अपेक्षाकृत स्वतंत्रता और नारीत्व की स्वस्थता लक्ष्मीबाई के नाम के साथ बहुत संबद्ध है।

मंगल और शुक्र के दिन रानी महालक्ष्मी के मंदिर में जाया करती थीं जो लक्ष्मी फाटक के बाहर लक्ष्मीताल के ऊपर है। कभी पालकी में, कभी घोड़े पर। कभी पालकी पर चिक डालकर, कभी बिना चिक के। कभी साड़ी पहनकर, कभी पुरुष वेष में सुंदर साफा बाँधे हुए। कभी बिलकुल अकेली और कभी धूमधाम के साथ। जब पालकी पर जातीं, कुछ स्त्रियाँ अलंकारों से लदी, लाल मखमली जूते पहने परतले में पिस्तौल लटकाए पालकी का पाया पकड़े साथ दौड़ती हुई जाती थीं। पालकी के आगे सवार गेरुआ झंडा फहराता हुआ चलता था। उसके आगे सौ घुड़सवार। साथ में रणवाद्य, नौवत। पीछे पठानों, मेवातियों और बुंदेलखंडियों का रिसाला। बगल में प्रायः भाऊ बख्शी घोड़े पर सवार।

मार्ग में विनती भी सुनती थीं।

एक दिन भिक्षुक ब्राह्मण आ खड़ा हुआ। काशी से आया था। पत्नी मर गई थी। दूसरा विवाह करना चाहता था। दरिद्र होने के कारण लड़कीवाला विवाह करने को तैयार न था। चार सौ रुपए की अटक थी।

उन्हीं दिनों कुँवर मंडली में एक नया व्यक्ति भरती हुआ था। नाम था रामचंद्र देशमुख। देशमुख को आज्ञा दी, खजाने से इस ब्राह्मण को पाँच सौ रुपया निकलवा दो।

देशमुख ने कहा, 'जो हुकुम।'

ब्राह्मण ने आशीर्वाद दिया।

रानी ने ब्राह्मण से मुसकराकर कहा, 'विवाह के समय मुझको न्यौता देना न भूल जाना।'

ब्राह्मण गद्गद हो गया। आँखों से आँसू बह पड़े। मुँह से एक शब्द न निकला। साथियों में, सहेलियों में, जनता में, सेना में, ब्राह्मणों में, अब्राह्मणों में विद्युत् वेग के साथ यह बात फैल गई।

ऐसी रानी के लिए, ऐसी रानी की बात के लिए, ऐसी स्त्री के सिद्धांत के लिए, क्यों न लोग सहज ही प्राण दे डालने को सन्नद्ध होते?

कुआर का महीना आया। रानी ने श्राद्ध किया। नवरात में यज्ञ का अनुष्ठान। महल के सामने पुस्तकालय था। निकटवर्ती मैदान में यज्ञमंडप खड़ा किया गया। सौ ब्राह्मण हवन करने के लिए नियुक्त किए गए। अन्य ब्राह्मण विधि-विधान के लिए।

गणेश मंदिर में अथर्व का आवर्तन अलग हो रहा था। सप्तशती के पाठ के लिए १४ ब्राह्मण दुर्गा के मंदिर में चाँदी के शमइयों में घी के दिए जलाए पाठ करने पर नियुक्त। जब यज्ञ समाप्त हुआ, मुख्य संकल्प रानी के नाम से और नांदी श्राद्ध दामोदरराव के हाथ से कराया गया। पूना की तरफ से एक ब्राह्मण ने आक्षेप किया और शास्त्रों के वचन उद्धृत करने आरंभ किए। उसकी बात मानी गई। वह विजयगर्व से फूल गया।*

रानी को यह दुस्सह हुआ।

रानी ने काशीबाई से कहा, 'काशी, तू शांति के साथ सोच-विचार किया करती है। ब्राह्मणों का यह विवाद तुमको कैसा लगा?'

काशी ने उत्तर दिया, 'सरकार, इन लोगों का वितंडावाद कभी न झुका, देश का दुर्भाग्य कभी न रुका—ये लोग सदा इसी में मस्त रहे। मालूम नहीं, भगवान् ने इतनी नासमझी क्यों इन शास्त्रज्ञों के ही पल्ले में परसी है।'

रानी ने कहा, 'कर्म अच्छा है, परंतु उसके करानेवाले अकर्मण्य हैं।'

'बड़ी बात यह है कि राज्य का भार इन लोगों पर नहीं है, नहीं तो हम सब डूब जाते,' काशी बोली, 'राजकीय समस्याओं को सुलझाने में यदि ये लोग इतना विवेक खर्च करें तो कितना बड़ा काम हो।'

'काशी,' रानी ने कहा, 'जब ये लोग राजनीति का व्यायाम करते हैं तब वितंडा नहीं करते। धर्म से ही न जाने ये लोग क्यों ऐसे रूठे हैं।'

विजयादशी के दिन दरबार हुआ। अंग्रेजों ने जो जागीरें जब्त कर ली थीं, वे वापस कर दी गईं। नत्थेखाँवाली लड़ाई में जिन लोगों ने बड़े काम किए थे, उनको या उनके वारिशों को, जो पहले ही पुरस्कृत नहीं हो चुके थे, पारितोषिक दिए गए। सागरसिंह और पीरअली भी खाली हाथ न लौटे।

जब सागरसिंह सामने आया, रानी ने कहा, 'तुमको नवाब की हवेली में कितना माल मिला?'

सागरसिंह ने उत्तर दिया, 'बहुत कम सरकार। पीरअली मेरे गवाह हैं। वे साथ थे। नवाब साहब की हवेली में आग लगानेवालों में ये सबसे आगे थे।' पीरअली आगे बढ़ा।

बोला, 'श्रीमंत सरकार, मैंने नवाब साहब का बहुत दिनों नमक अदा किया, परंतु जब देखा कि वे श्रीमंत सरकार के विरुद्ध हैं, तब उनसे अलग हो गया। बेबस मुझको लड़ना भी पड़ा। आग मैंने सबसे पहले नहीं लगाई। आग लग चुकी थी। माल अवश्य मैंने सिपाहियों को बतलाया, क्योंकि यह उचित था। थोड़ा ही मिला। नवाब साहब

---

* देखिये परिशिष्ट।

पहले ही निकाल ले गए।'

रानी को अच्छा नहीं लगा, परंतु उन्होंने कहा कुछ नहीं।

रात को नाटक हुआ। पुरुष और स्त्रियों का—दोनों का—अभिनय, स्त्रियों ने ही किया। नाटकशाला में भी स्त्रियों के सिवाय पुरुष एक भी न था। खेल शकुंतला का था। जूही ने शकुंतला का अभिनय किया, मोती ने उसकी सहेली का और काशी ने दुष्यंत का।

नाटक की समाप्ति पर रानी ने मोतीबाई से पूछा, 'पहले भी ऐसा ही अभिनय किया करती थी?'

मोतीबाई—'आज, सरकार, हम लोगों ने अच्छे से अच्छा प्रयत्न किया।'

रानी—'जूही तो शकुंतला जैसी जँची, परंतु इसका दुष्यंत रद्दी था।'

जूही—'नहीं सरकार।'

रानी को कुछ स्मरण हो आया।

बोलीं, 'ठीक कहती है जूही। तेरा और तेरे दुष्यंत का जौहर युद्ध में देखूँगी।'

जूही ने निस्संकोच कहा, 'सरकार, मेरा और मेरे दुष्यंत का जौहर देखकर पुरस्कार देंगी।'

काशीबाई हँसकर बोली, 'मुझको तो आगे कभी दुष्यंत बनना नहीं।'

रानी ने चुटकी काटी। कहा, 'तब और कोई दुष्यंत बनेगा।' और मोतीबाई की ओर देखा। मोतीबाई ने गरदन मोड़ी। जूही झेंपकर पीछे हट गई।

सहेलियों में विनोद छा गया।

जाते-जाते रानी ने मोतीबाई से अकेले में कहा, 'खुदाबख्श से कहना कि बारूद के कारखाने का ध्यान रखें। हमको इतनी बारूद चाहिए कि हम किले में बैठकर महीनों लड़ सकें।'

मोतीबाई ने नीचा सिर किए हुए पूछा, 'सरकार की इस आज्ञा का कथन मैं ही करूँ?'

'और कौन करेगा पगली,' रानी ने हँसकर कहा, 'तात्या टोपे का भी समाचार मँगवाया। देख, क्या वे अब कालपी में हैं? उनका झाँसी आना-जाना बना रहना चाहिए। न मालूम अँगरेज कब आ जावें। हम लोग झाँसी में घिरे हुए अनंत काल तक तो लड़ नहीं सकते। उनको इतना समीप रहना चाहिए कि अटक पड़ने पर सहायता लेकर शीघ्र आ सकें।'

दूसरे दिन रानी ने दीवान खास में जवाहरसिंह और रघुनाथसिंह को बुलाया। रानी कार्य की प्रगति को और तेज करना चाहती थीं।

रानी—'तोपें ऐसी ढल रही हैं न, जो पीछे धक्का न दें और जल्दी गरम न हों?'

जवाहरसिंह—'हाँ सरकार, बख्शीजी और उनके कारीगर इस विद्या में निपुण हैं।'

रानी—'बारूद?'

रघुनाथसिंह—'तीन महीने की लड़ाई के लिए तैयार है। आज से कुँवर खुदाबख्श ने तेजी पकड़ी है।'

रानी—'अच्छी बंदूकें और तलवारें भी बहुत संख्या में चाहिए।'

जवाहरसिंह—'बन गई हैं और बन रही हैं।'

रानी—'गोले?'

जवाहरसिंह—'भाऊ बख्शी आध सेर से लेकर पैंसठ सेर तक के गोले तैयार कर रहे हैं। ठोस और पोले फटनेवाले भी।'

रानी—'मैं चाहती हूँ कि इन सब हथियारों के चलानेवाले भी अधिकता से तैयार किए जावें।'

जवाहरसिंह—'जनता में बहुत उत्साह है। ऊँची-नीची सब जातियाँ युद्ध की उमंग से उमड़ रही हैं।'

रानी—'सबसे अधिक किन लोगों में उत्साह है?'

जवाहरसिंह—'सरकार, यह बतलाना कठिन है। ठाकुरों और पठानों में तो स्वाभाविक ही है। कोरियों, तेलियों और काछियों में भी बहुत उमंग है। बनिए और ब्राह्मण भी पीछे नहीं हैं।'

रानी—'क्या शास्त्रियों में भी?'

जवाहरसिंह—'वे भी तो झाँसी के ही हैं, परंतु जब उनको शास्त्र और पूजन से अवकाश मिलता है तब।'

रानी—'हमारे देश में ऊँच-नीच का भेद न होता तो कितना अच्छा होता।'

जवाहरसिंह—'भेद तो भगवान् ने ही बनाया है, सरकार।'

रानी चुप रहीं। थोड़ी देर बाद बोलीं, 'मैं चाहती हूँ कि सब जातियों के चुने हुए लोगों को, तोप का चलाना सिखलाया जावे।'

जवाहरसिंह ने बिना बहुत उत्साह दिखाए कहा, 'यह काम जारी है सरकार।'

रानी—'मैं अपनी सहेलियों और कुछ स्त्रियों को, बहुत अच्छा गोलंदाज बनाना चाहती हूँ।'

रघुनाथसिंह—'आज्ञा मिल गई है। उसके अनुसार काम किया जाएगा। अवश्य।'

रानी—'किले में अन्न इत्यादि भी काफी जमा कर लो। कुछ ठीक नहीं कब घेरा पड़ जाए।'

जवाहरसिंह—'काफी अन्न एकत्र किया जा रहा है। और शीघ्र ही किले के कमठाने में जमा कर लिया जावेगा।'

रानी—'चूना, ईंट, पत्थर भी इकट्ठा कर रखना। कारीगर भी हाथ में रहें।'

जवाहरसिंह–'जो आज्ञा।'

रानी–'सेना का और युद्ध का कोई अंग निर्बल न रहने पावे।'

: ६० :

उत्तर और पूर्व में अंग्रेजों की विजय-पराजय का क्रम चालू था। लखनऊ के पतन के उपरांत उसका फिर उत्थान हुआ। शहर में, बगीचों-बारहदरियों में, महलों में युद्ध होता रहा। कानपुर के सूत्र को तात्या टोपे ने फिर पकड़ा। वह ग्वालियर गया और वहाँ की अंग्रेजी-हिंदुस्थानी सेना को फोड़कर अपने साथ ले आया और उसने अंग्रेजों के जनरल विंढम को हराया। परंतु अंग्रेज सत्तर सहस्र गोरी सेना, नौ सहस्र गोरखों और बहुसंख्यक सिक्खों का दल लेकर लखनऊ पर पहुँच गए। विप्लवकारियों ने बहुत करारे युद्ध किए। उत्तर और पूर्व के युद्धों में तात्या टोपे ने बहुत भाग लिया। अंत में जब बिठूर मिट गया और कानपुर अंतिम बार अंग्रेजों की अधीनता में चला गया, तब तात्या कालपी के आसपास से युद्ध करने लगा।

शीतकाल आ चुका था। बिहार और अवध में घोर लड़ाई जारी थी, परंतु विप्लवकारियों में व्यवस्था न थी। बड़े सरदार या राजा के निधन पर छोटी स्थितिवाले नायक का नेतृत्व मान्य न होता था, इसलिए अंग्रेज धीरे-धीरे एक स्थान के बाद दूसरे स्थान को और एक भूखंड के उपरांत दूसरे भूखंड को अधिकृत करते चले जा रहे थे। अंग्रेजों की क्रूरताओं ने भी विप्लव को नहीं दबा पाया था और न गोरखों और सिक्खों की सहायता से वे इस देश को पुनः प्राप्त कर सकते थे। विप्लवकारियों में सामंत नेता के देहांत के पश्चात् ही अनुशासन की कमी उत्पन्न हो जाती थी और इसी कारण उनको हार पर हार खानी पड़ी। नहीं तो तात्या टोपे इत्यादि सेनापतियों के होते हुए बड़े-बड़े अंग्रेज जनरल भी मात खा जाते।

यही कारण दक्षिण में काम कर रहा था। जनरल रोज ने अपनी सेना के दो भाग किए। एक को उसने मऊ छावनी की ओर भेजा और दूसरे को लेकर वह सागर की ओर बढ़ा। राहतगढ़ सागर से चौबीस मील के फासले पर था। यहाँ से पठान जनरल रोज का मुकाबला कर रहे थे। चार दिन घनघोर युद्ध करने के बाद पठानों को किला छोड़ना पड़ा। राहतगढ़ से पंद्रह मील पर बरोदिया का किला था। यहाँ बानपुर के राजा मर्दनसिंह के आश्रय में अंग्रेजी फौज के कुछ विद्रोही थे, रोज ने इनको भी हरा दिया और फिर वह सागर की ओर बढ़ा। पूर्व की ओर गढ़ाकोटा का किला पड़ता था। वह विप्लवकारियों के हाथ में था। उसको लेने के पहले रोज ने सागर पर चढ़ाई की।

नर्मदा के उत्तरी किनारे का अधिकांश भूखंड विप्लवकारियों के हाथ में था। इसको अपने हाथ में किए बिना जनरल रोज झाँसी की ओर नहीं बढ़ सकता था। सागर और

झाँसी के बीच में बानपुर का राजा मर्दनसिंह और शाहगढ़ का राजा बखतबली लोहा लेने को तैयार थे।

अंग्रेजों का प्रधान सेनापति सरकालिन कैंबेल था। वह उत्तराखंड के विप्लव के दमन में संलग्न था। उसका मत था कि जब तक झाँसी नहीं कुचली जाती, तब तक उत्तराखंड हाथ नहीं आता। इसलिए रोज सागर के द्वार से झाँसी की ओर आ रहा था। बीच में ऊबड़-खाबड़ भूमि और ऊबड़-खाबड़ लड़ाकू जन-समूह। परंतु रोज इत्यादि अंग्रेज जनरलों का विश्वास था—जहाँ विप्लवकारियों के नेता, राजा, नवाब, जागीरदार मारे गए वहीं विप्लव समाप्त हो जाएगा।

: ६१ :

विकट ठंड। ऊपर से हड्डी कँपानेवाली हवा। कुछ ही दिन पहले पानी बरस चुका था। ठिठुरी हुई घास के ऊपर बड़े-बड़े ओसकण। मृदुल बाल-रवि की रश्मियाँ उनके ऊपर सरकती हुई। झलकारी कोरिन कंधे पर बंदूक रखे, बगल में बारूद और गोलियों का झोला लटकाए उन्नाव फाटक से बाहर हुई। जब हाथ ठिठुर जाते तब बंदूक को बगल में दाब लेती और दोनों हाथ ओढ़नी में छिपा लेती। उन्नाव फाटक के उत्तर में एक टौरिया है जिसको अंजनी की टौरिया कहते हैं। उसके दक्षिणी सिरे पर अंजनी और हनुमान का एक छोटा-सा चबूतरा है। थोड़ी देर में झलकारी इसी चबूतरे के पास पहुँची और धूप लेने लगी। ठंडी हवा और सूर्य की कोमल किरणें उसकी बड़ी-बड़ी आँखों को सुरमा-सा लगाने लगीं।

जब दिन चढ़ आया तब वहाँ से जरा हटकर निशानेबाजी करने लगी। काफी समय तक करती रही।

अंजनी की टौरिया की उपत्यका विषम थी। वहाँ ऐसे समय कोई आता-जाता न था। लेकिन भेड़-बकरी और ढोर चरने के लिए आ निकलते थे। अकस्मात् झलकारी की गोली एक पशु को लगी। उसने ठीक तौर पर नहीं देख पाया कि गोली भेड़ को लगी या बछिया को। संदेह था गोली बछिया को लगी, परंतु मन कहता था कि भेड़ को लगी होगी।

वह बेतहाशा घर आई। पूरन घरू काम कर रहा था। झलकारी ने उसको अपनी घबराहट का कारण बताया। पूरन को हद दर्जे की खीझ हुई। बोली, 'तुमने जा तक न देखी कै बछिया हती कै भेड़ और न काऊ सें जा पूँछी कै कीकौ ढोर हतौ?'

झलकारी ने खिसियाकर कहा, 'मैं उतै कौनसें पूछती? उतै बरेदी तो हतौइ नईं। बरेदी होतौ तो ढोर उतै कैसें आ जाते?'

पूरन चिंतित था। खोज करने के लिए निकला। यदि भेड़ मरी है तो उसका दाम दे

दिया जाएगा, जाति में कुछ दंड लगेगा वह भुगत लेगा, परंतु यदि बछिया मरी है या घायल हो गई है तो आई महान् विपद। पूरन सोच रहा था।

निशाने से उचटकर एक बछिया के पैर में गोली लगी थी। वह घायल हुई और गिर पड़ी। बछिया एक ब्राह्मण की थी। मशहूर हुआ कि बछिया मर गई—झलकारी ने मार डाली। बरेदी अपनी अनुपस्थिति अस्वीकृत करता था। उसने कहा, 'मैंने झलकारी को गोली मारते अपनी आँखों देखा है।'

शहर में रौरा मच गया। झलकारी कभी-कभी रानी के पास जाती थी। रानी ने स्त्रियों की जो सेना बनाई थी, उसकी एक सिपाही झलकारी भी थी। संध्या समय साफ-सुथरे और रंगीन कपड़े पहनकर, थाली में दिए सँवारकर, फूल सजाकर वह मंदिर में पूजन के लिए आया करती थी और अपने गले में फूलों का हार डाले भी दिखाई देती थी। अन्य जाति की स्त्रियाँ भी इसी प्रकार की स्वतंत्रता पाए हुई थीं, परंतु झलकारी की स्वतंत्रता में एक ओज था—और वह ऊँची जातिवाले अनेक लोगों को खटकता था।

'झलकारी ने एक गरीब ब्राह्मण की बछिया मार डाली।'

'अरे वह इतनी मस्ता गई है कि अपने पति तक की मारपीट करती है।'

'वह अच्छों-अच्छों को किसी गिनती में नहीं लेखती।'

'इस प्रकार की स्त्रियाँ रानी साहब को बदनाम कर रही हैं।' इत्यादि उद्‌गार बाजार में निःसृत हो रहे थे।

'प्रायश्चित कराओ।'

'गधे पर बिठलाकर काला मुँह करो।'

'जब तक प्रायश्चित न हो जाए तब तक कुआँ, बाजार, पड़ोस सब बंद रहें।'

'खाना पकाने के लिए कोई पूरन को आगी तक न दे।'

'कोई उसको छुए नहीं।' इत्यादि व्यवस्थाएँ भी दे डाली गईं।

पूरन ने खोजकर पता लगा लिया कि बछिया मरी नहीं है। परंतु लोगों को अपनी बात और व्यवस्था वापस नहीं लेनी थी, इसलिए ब्राह्मण को फोड़ लिया और उसने घायल बछिया को छिपा लिया। कह दिया कि जाने कहाँ गई—मर गई।

कोरियों ने पंचायत की। बहिष्कार का दंड दिया। उस युग के हिंदू के लिए रौरव नरक से बढ़कर।

काला मुँह करके गधे पर चढ़ाकर बाजार में जुलूस निकालने की बात तय की। पूरन के बहुत घिघयाने-पतियाने और कुछ और स्त्रियों के आड़े आ जाने के कारण, काला मुँह करना तो निर्णय में से कम कर दिया गया। बाकी सजा बहाल रही।

जिस दिन प्रायश्चित का रूप प्रकट होना था, उस दिन शुक्रवार था। संध्या का समय

निश्चित था।

उसी दिन रानी महालक्ष्मी के मंदिर को जानेवाली थीं। वे हलवाईपुरे के पश्चिमी सिरे पर उस दिन अकेली सवार आ रही थीं। थोड़ी दूर पीछे एक अंगरक्षक था।

कुछ अधनंगे मंगतों ने घेरा।

रानी ने पूछा, 'क्या है?'

उत्तर मिला—'ठंडक के मारे मर रहे हैं, कपड़ा नहीं है।'

रानी ने अंगरक्षक को बुलाकर आज्ञा दी, 'दीवान से कहो कि शहर में जितने मंगते, भिखारी, साधु, फकीर हों, उन सबको एक-एक कुर्ती बनवा दें और एक-एक कंबल दें।'

मंगतों को विश्वास हो गया कि आज्ञा का पालन होगा।

हलवाईपुरा के मध्य में पहुँचीं कि पूरन घोड़े के सामने जा गिरा।

रानी के पूछने पर उसने अपनी विपत्ति सुनाई। रानी सोच-विचार में पड़ गईं।

'पंचायत के निर्णय का कैसे उल्लंघन करूँ?'

'सरकार, बछिया मरी नइयाँ।'

'ब्राह्मण को बुलाओ जिसकी बछिया थी।'

जब तक ब्राह्मण आया, तब तक रानी बाजारवालों से, उनके बाल-बच्चों की कुशल-वार्त्ता पूछती रहीं।

ब्राह्मण के आने पर रानी ने अपनी सौगंध धराकर सच्चा हाल कहने का आग्रह किया। कोई गुंजाइश झूठ बोलने के लिए न रही।

ब्राह्मण ने कहा, 'महाराज, चाहे मारें चाहे पालें, सच बात यह है कि बछिया मरी नहीं है, वह मेरे एक नातेदार के यहाँ दतिया राज्य में भेज दी गई है।'

रानी ब्राह्मण को उसके फरेब के लिए कुछ दंड देना चाहती थीं। परंतु बाजार के मुखिया-चौधरी आड़े आ गए। ब्राह्मण छोड़ दिया गया।

परंतु बाजारवाले भौंचक्के-से रह गए। जो लोग झलकारी की गधा-सवारी का जुलूस देखने के आकांक्षी थे, बहुत निराश हुए। पंचों को अपना निर्णय वापस लेने में असुविधा हुई। वापस लेना पड़ा, परंतु पूरन को एक पंगत बछिया के घायल होने के कारण तो भी देनी पड़ी। प्रायश्चित की ऐसी पंगतों में कुछ ब्राह्मण और कुछ अन्य जातियों के सरपंच बुलाए जाते थे। पूरन ने कुछ ब्राह्मण तो न्योत लिए परंतु बाजार के सरपंच श्याम चौधरी और मगन गंधी को नहीं बुलाया। ये दोनों बिना निमंत्रण पूरन के यहाँ पहुँच गए। पूरन को आश्चर्य और परिताप हुआ।

श्याम चौधरी ने कहा, 'तुम न्योतना भूल गए तो हम पंगत में आना तो नहीं भूले।

ऐसे लोगों के लिए भोजन ब्राह्मण बनाता था। और ये लोग भोज में शरीक होते थे

इसी प्रकार के सहयोग के कारण तत्कालीन समाज के वे दुखदायक पहलू किसी प्रकार भुगत लिए जाते थे।

: ६५ :

जब जनरल रोज ने सागर पर आक्रमण करके कैदी अंग्रेजों को मुक्त किया, उनको इतना हर्ष हुआ कि उन्होंने तोपों की सलामी दागी! सागर को अधिकार में कर लेने के बाद रोज ने गढ़ाकोटा को हाथ में लिया। परंतु जगह-जगह विप्लवकारियों के सशस्त्र दल बिखरे हुए थे। इनका दमन करने के लिए रोज ने अपनी सेना के कई भाग किए और उनको भिन्न-भिन्न दिशाओं में भेजा। वह स्वयं सेना के एक बड़े भाग के साथ झाँसी के लिए नारहट घाटी की ओर आया। उसकी सेना का एक भाग शाहगढ़ के राजा बखतबली का मुकाबला करने के लिए गया था। वहाँ देखा तो बखतबली काफी बड़ी सेना लिए हुए मौजूद है। नारहट घाटी पर मर्दनसिंह की भी सेना बहुसंख्यक थी। रोज अपनी सेना लेकर मदनपुर घाटी की ओर बढ़ा। मर्दनसिंह ने भी उसी ओर बाग मोड़ी। रोज चाहता था कि बखतबली और मर्दनसिंह मिलने न पाएँ, इसलिए उसने सेना का एक भाग मर्दनसिंह को अटकाने के लिए नारहट घाटी की ओर लौटाया और स्वयं मदनपुर की ओर चल दिया। मदनपुर उस स्थल से पूर्व-दक्षिण की ओर लगभग बीस मील था।

मर्दनसिंह रोज की इस चाल को न समझ सका और वह मदनपुर की ओर बढ़कर नारहट घाटी पर लौट आया।

बखतबली के साथ रोज का घोर युद्ध हुआ। दो पहाड़ों के बीच में मदनपुर का गाँव और झील है। इस सुहावनी झील के पास ही वह भयंकर संग्राम हुआ था। बहुत अंग्रेजी सेना मारी गई। खुद रोज घायल हुआ। परंतु वह लड़ाई जीत गया। यदि मर्दनसिंह और बखतबली की सेनाओं का मेल हो गया होता तो रोज की पराजय निश्चित थी—मदनपुर की झील में रोज के सेनापतित्व का अंतिम इतिहास उसी दिन लिख गया होता।

बखतबली के अनेक सरदार पकड़े गए और मार डाले गए। बखतबली की पराजय का हाल सुनकर मर्दनसिंह घाटी को छोड़कर भागा। रोज ने अपनी सेना के भिन्न-भिन्न टुकड़ों को आदेश दिया कि विप्लवकारियों का पीछा करते हुए वे उसको झाँसी के निकट मिलें।

बानपुर के राजा मर्दनसिंह ने मदनपुर की पराजय और नरसंहार का वृत्तांत झाँसी भेजा। झाँसी में और राज्य के बड़े-बड़े नगरों और ग्रामों में, जहाँ-जहाँ गढ़ और किले थे, तैयारी शुरू हो गई।

उन्हीं दिनों ग्वालियर से झाँसी में एक नाटक मंडली आई।

मुंदर ने अनुनयपूर्वक कहा, 'सरकार, लड़ाई के आरंभ होने के पहले एकाध खेल अपनी नाटकशाला में भी हो जाने की अनुमति दी जाए।'

'यह समय नाटक और तमाशों का नहीं है।' रानी मिठास के साथ बोलीं।

मुंदर ने अनुरोध किया, 'मैं लड़ाई में मारी गई तो फिर कब नाटक देखूँगी?'

रानी ने हँसकर कहा, 'दूसरे जन्म में। उस समय तुझको स्वराज्य स्थापित किया हुआ मिलेगा।'

काशीबाई ने आग्रह किया, 'केवल एक खेल, सरकार, और फिर हम लोग जो खेल खेलेंगी उसको स्वराज्यवाले सदा स्मरण किया करेंगे।'

'युद्ध वास्तव में है ही किस निमित्त?' रानी मुसकराकर बोलीं, 'अपने जीवन और धर्म की रक्षा के लिए, अपनी संस्कृति और अपनी कला को बचाने के लिए। नहीं तो युद्ध एक व्यर्थ का रक्तपात ही है। यह खेल जल्दी हो जाए और फिर उस खेलों को ऐसा खेलो कि अँगरेजों के छक्के छूट जाएँ और यह देश उनकी फाँस से मुक्त हो जाए।'

मुंदर ने हर्ष में कहा, 'सरकार, खेल मराठी में होगा।'

रानी बोलीं—'झाँसी में मराठी! महाराष्ट्रीयन यहाँ बड़ी संख्या में हैं, यह ठीक है और वे लोग अपने मनोरंजन के लिए मराठी में नाटक खिलवावें; परंतु वह नाटकमंडली राज्य का आश्रय तभी पावेगी जब नाटक हिंदी में खेलें। अवश्य मेरा जन्म महाराष्ट्र कुल में हुआ है, परंतु मैं अपने को महाराष्ट्रीयन न समझकर विंध्यखंडी समझती हूँ। मेरी झाँसी की भाषा हिंदी है। नाटक यदि हिंदी में हो, तो हो, नहीं तो मुझसे कोई सरोकार न होगा। मेरा निश्चय है।'

सहेलियों ने स्वीकार कर लिया।

नाटक मंडलीवालों से कहा गया। उनमें थोड़े अभिनेता ही हिंदी जानते थे। उनकी यह कठिनाई दूर कर दी गई। झाँसी के हिंदी जाननेवाले अभिनेता शामिल कर लिए गए। उस मंडली ने हरिश्चंद्र का अभिनय उत्कृष्टता के साथ किया। मोतीबाई इत्यादि जानकारों तक ने सराहना की। रानी ने मंडली के प्रबंधक को चार सहस्र रुपया पुरस्कार दिया। मंडली ग्वालियर चली गई।*

रानी ललित कलाओं की प्रबल पोषक थीं। उस कठिन और चिंताकुल समय में भी रानी प्रत्येक नवागंतुक गायक, वीणाकार, सितारिए इत्यादि को सुनने के लिए थोड़ा-बहुत समय दिया करती थीं और उचित पुरस्कार भी। कवि, चित्रकार, शिल्पी कोई भी उन्मुख नहीं जाता था। शास्त्री, याज्ञिक, ज्योतिषी, वैद्य, हकीम इत्यादि भी

* देखिए परिशिष्ट।

पोषण पाते थे। अपनी इसी वृत्ति को वे स्वराज्य में विकसित और प्रसरित देखना चाहती थीं।

पीरअली देर-सवेर सब महत्त्वपूर्ण समाचार नवाब अलीबहादुर के पास बड़ी सावधानी के साथ भेजता रहता था। झाँसी छोड़ने के कुछ दिनों बाद वे घूमते-घामते दतिया पहुँचे। वहाँ थोड़े समय रहकर भाँडेर पहुँच गए। झाँसी से दतिया सत्रह मील और भाँडेर चौबीस मील है।

नवाब अलीबहादुर उन्हीं स्थानों से अंग्रेजों को काम के समाचार भेजते रहते थे। रोज इत्यादि अंग्रेज जनरल झाँसी को अधिकृत करने के महत्त्व को जानते थे। उन लोगों को नवाब से निरर्थक और सार्थक सभी तरह के हाल समय पर मिलते रहते थे। मदनपुर युद्ध के पश्चात् झाँसी रोज का प्रथम लक्ष्य और पहला कर्तव्य बनी।

अस्त

[क्या सचमुच?]

: ६३ :

मदनपुर की लड़ाई जीतने के बाद रोज की सेना ने शाहगढ़ को अधिकार में किया। फिर मड़ावरा की गढ़ी को कब्जे में करने के उपरांत बानपुर राज्य को अंग्रेजी राज्य में मिला लिया। बानपुर के महल के कुछ भाग को तोप से उड़ा दिया, बाकी को जला दिया और इन दोनों राज्यों के बड़े कर्मचारियों को फाँसी पर चढ़ा दिया। इन महलों में पुस्तकों और चित्रों का भी संग्रह था, परंतु विप्लवकारियों की संपत्ति होने के कारण वे अस्पृश्य हो गए थे।

वध और अग्नि बरसाती हुई रोज की सेना १२ मार्च, सन् १८५९ को तालबेहट आ पहुँची। तालबेहट का प्राचीन दृढ़ किला लड़ाई के लिए उपयुक्त था, परंतु उसमें विप्लवकारी बहुत थोड़ी संख्या में थे; पर उनका नायक कोई बड़ा आदमी न था। मुकाबले में रोज सरीखा चतुर और विजय प्राप्त सेनापति तथा अंग्रेजों की विशाल सेना और तोपें। विप्लवकारी भाग गए और रोज ने तालबेहट का किला सहज ही अधिकार में कर लिया। चंदेरी में बानुपर के राजा का एक दस्ता था। रोज ने सोचा, बगल के इस काँटे को पहले निकाल डालना चाहिए। उसने चंदेरी पर हमला करने के लिए अपने एक अफसर ब्रिगेडियर स्टुअर्ट को भेजा। स्टुअर्ट ने बिना किसी कठिनाई के चंदेरी को पराजित कर दिया।

झाँसी की पूर्वी तहसील मऊ में एक छोटा-सा गढ़ था। इस गढ़ में रानी की ओर से काशीनाथ भैया और आनंदराय इत्यादि छोटे-छोटे जागीरदार तैयारी कर चुके थे। मऊ के दमन के लिए रोज ने बानपुर विध्वंस के बाद अपना एक दस्ता सीधा भेज दिया

था। रोज ने झाँसी पर चढ़ाई करने के पहले रानी लक्ष्मीबाई के पास संवाद भेजा।

'आप अपने दीवान लक्ष्मणराव, लाला भाऊ बख्शी, मोरोपंत तांबे (आपके पिता), नाना भोपटकर, दीवान जवाहरसिंह, दीवान रघुनाथसिंह, कुँवर खुदाबख्श और मोतीसाईं के साथ निश्शस्त्र चली आएँ, अन्यथा कठोर और भयंकर फल के लिए तैयार रहें।'

इस प्रकार के संवाद के लिए रानी तैयार थीं, परंतु जिस मोतीसाईं को जनरल रोज चाहते थे, उसके स्मरण से रानी के दीवान खास में हँसी का तूफान खड़ा हो गया।

'नाना साहब,' रानी ने हँसी को रोककर कहा, 'इस मोतीसाईं को कहाँ से पकड़ बुलाऊँ?'

नाना भोपटकर ने कहा, 'सरकार के यहाँ यदि बनावट चलती होती और जाली सिक्के ढलते होते तो किसी-न-किसी को साईं का चोगा पहना दिया जाता।'

मोतीबाई दीवान खास में मौजूद थी। झुँझलाई हुई सूरत बनाकर बोली, 'सरकार, दूत को बुलाकर पूछा जाए कि मोतीसाईं किस हुलिया का आदमी है।'

मोरोपंत ने कहा, 'उसके लंबी दाढ़ी होगी, बड़े-बड़े केश और खूनी आँखें। साँइयों और साधुओं ने अँगरेजी फौज के भड़काने में ज्यादा भाग लिया है, इसीलिए रोज को एक साईं भी चाहिए।'

दीवान लक्ष्मणराव गंभीर होकर बोला, 'सरकार, उत्तर जल्दी भेज दिया जाना चाहिए। दूत को शीघ्र लौटना है, क्योंकि उसको कोई भी अपने घर नहीं ठहराना चाहेगा।'

भाऊ बख्शी ने कहा, 'और रोज यहाँ से बहुत दूर भी नहीं है। शायद दूत के पीछे-पीछे आ रहा हो।'

मोतीबाई ने पूछा, 'और यह मोतीसाईं कौन-सी बला है? इसका क्या उत्तर होगा।'

रानी ने हँसी को दबाकर कहा, 'मैं बतलाऊँगी।'

लक्ष्मणराव फिर बोला, 'क्या उत्तर दिया जाए?'

रानी ने और भी अधिक गंभीर होकर कहा, 'मैं अकेली उत्तर देनेवाली कौन होती हूँ? झाँसी के समग्र मुखियों को, सब जातियों के पंचों को जोड़ो। अपने सब सरदार इस समय झाँसी में ही हैं। वे सब और आप लोग एकमत होकर कह दें तो मैं अकेली निश्शस्त्र चली जाऊँगी।'

वाक्य समाप्त होते-होते रानी ने श्वास और उच्छ्वास लिए और किसी उखड़ते हुए भाव का कठिनता के साथ, कठोरता के साथ नियंत्रण किया। तुरंत झाँसी के मुखिया, पंच, सरदार इत्यादि इकट्ठे किए गए। जो कुछ उन लोगों ने कहा, उसमें महत्त्व की बातें ये थीं—

'लड़ेंगे। अपनी झाँसी के लिए, अपनी रानी के लिए, मरेंगे।'

'हमारे पास जितना रुपया और आभूषण है, सब स्वराज्य की लड़ाई के लिए रानी के हाथ संकल्प है।'

'हम दिखलाएँगे कि झाँसी का पानी कितना स्वच्छ और कितना गहरा है।'

'आप अँगरेजों को उत्तर दीजिए कि झाँसी उन लोगों को माँ की छठी के दूध की याद दिलावेगी।'

जनमत रानी के मत से मिला हुआ था ही, इस समय बहुत प्रबल हो गया। परंतु रानी ने झाँसी की हुंकार को, वीणा की टंकार में परिवर्तित करके भेजा। उन्होंने लिखा–

'मिलने के लिए क्यों बुलाया–इसका ब्योरा आपने कुछ न दिया। मिलाप के परदे में मुझे धोखा दिखलाई पड़ता है। मैं स्त्री हूँ। निशशस्त्र कैसे आ सकती हूँ? राज्य के दीवान और बख्शी ससैन्य आ सकते हैं।' रानी ने इस चिट्ठी पर अपने हस्ताक्षर किए।

भोपटकर से कहा, 'आपकी नीति का क्या फल हुआ?'

उसने उत्तर दिया, 'यही कि अँगरेज लोग बिना सूचना के झाँसी पर नहीं चढ़ दौड़ें।'

'मार्टिन को चिट्ठी लिखी थी?'

'हाँ सरकार। उसने जबलपुर के कमिश्नर को और इस जनरल को अवश्य कुछ लिखा होगा।'

'फल?'

'कुछ समय मिल गया, यही बहुत है।'

दूत को रानी की चिट्ठी दे दी गई। दूत गया। वह प्रस्थान न कर पाया होगा कि पीरअली ने रानी के पास संदेशा भेजा, 'सरकार की आज्ञा हो तो मैं अँगरेजी छावनी की खबर ले आऊँ कि कितनी और कैसी सेना है तथा कितनी तोपें हैं और वे लोग किस ढंग से झाँसी पर आक्रमण करेंगे।'

मोतीबाई ने इन बातों का पता लगाने का सामर्थ्य तो प्रकट किया, परंतु पीरअली के भेजे जाने पर आक्षेप नहीं किया। पीरअली को अनुमति मिल गई।

रानी ने मोतीबाई से कहा, 'तेरा नाम कैसे सुंदर रूप में अँगरेजों के पास पहुँचा है। मुझको कोई संदेह नहीं, मेरे जासूसी विभाग के सरदार को ही साईं बना लिया गया है।'

मोतीबाई बोली, 'सरकार के सामने गाली नहीं निकलती, परंतु यदि उस मुँहझोंसे रोज को पा गई तो तोप, बंदूक या तलवार से सच्चा नाम बतलाए बिना न मानूँगी।'

'मैंने तो दरबार में,' रानी ने कहा, 'बड़ी कठिनाई से हँसी को रोक पाया। मोतीसाईं! मोतीसाईं कितना बढ़िया नाम है।' और वह खिलखिलाकर हँस पड़ीं।

मोतीबाई भी हँसते-हँसते बोली, 'सरकार, मेरी चल नहीं सकती थी, नहीं तो मैं चिट्ठी के सिरनामे पर लिखवाती–'मेमसाहब रोज को मोतीसाईं का सलाम। चुपचाप

हिंदुस्थान को पीठ दिखाओ और अपनी विलायत में झख मारो।' जब यह चिट्ठी उसकी फौज में चर्चा पाती तब उस मुँहजले को मुँह दिखलाने में लाज आती।'

रानी गंभीर हो गईं।

'पीरअली कल तो लौट आवेगा?'

'यदि उसको किसी ने मार्ग में ही समाप्त न कर दिया तो।'

'आदमी तो चतुर है।'

'बहुत काइयाँ। मुझको उस पर कभी-कभी अविश्वास हो जाता था, कुछ दिनों से वह ऐसा जी लगाकर काम करता है कि संदेह निवृत्त हो गया।'

'अँगरेजों के साथ हिंदुस्थानी सिपाही हैं।'

'मैंने भी सुना है। भोपाल और हैदराबाद की रियासतों के दस्ते हैं। कुछ तिलंगा पल्टन है, बाकी गोरे।'

'सब कितने होंगे?'

'सरकार, ठीक-ठीक पता तो नहीं। कई हजार हैं। ठीक बात पीरअली के लौटने पर मालूम होगी।'

: ६४ :

पीरअली इतनी तेजी के साथ गया कि उसको जनरल रोज का दूत मार्ग में ही मिल गया। उसने जनरल रोज के पास पहुँचने की प्रार्थना की। पीरअली को रोज के पास पहुँचा दिया गया। उसके पास नवाब अलीबहादुर का संदेशा और पीरअली का नाम पहुँच चुका था। पीरअली को पाकर रोज प्रसन्न हुआ। पीरअली ने रोज को झाँसी की पक्की और कच्ची बात सुनाई। स्त्रियों की सेना का सविस्तार वर्णन सुनकर रोज हैरान हो गया। हिंदुस्थान में स्त्रियाँ सिपाहीगिरी का काम करती हैं। उसको विश्वास न होता था; परंतु अलीबहादुर की चिट्ठियों में और उसने बंबई में आते ही, विप्लवकारियों का जो वर्णन सुना था और उस वर्णन में रानी ने जो स्थान पाया था, उससे वह इस असंभव बात को मानने के लिए तैयार हो गया।

रोज ने पूछा, 'रानी ने अंग्रेज बच्चों और स्त्रियों को कत्ल करवाया?'

'हरगिज नहीं।' पीरअली ने सच्चा उत्तर दिया।

रोज को मार्टिन की चिट्ठी की बात जबलपुर के कमिश्नर ने बताई थी, और उसने मार्टिन की चिट्ठी पर अपना विश्वास भी प्रकट किया था। परंतु रोज और उसके साथी अंग्रेज रानी की निर्दोषिता को मानने के लिए तैयार ही न थे।

झाँसी के कुछ लोगों ने उनके बाल-बच्चों का वध किया था, इसलिए उनको सारी झाँसी और सारी भूमि से बदला लेना था। रानी झाँसी का सजग चिह्न थीं, इसलिए

उनको दोषमुक्त कैसे माना जा सकता था? दूत ने रानी का जो उत्तर दिया, वह शिष्ट और मधुर होते हुए भी स्पष्ट था।

रोज ने १७ मार्च को तालबेहट से कूच करके बेतवा पार की। पीरअली आगे किस प्रकार जनरल रोज की सहायता करेगा, यह तय हो गया और वह शीघ्र झाँसी लौट आया। रोज झाँसी की ओर सावधानी के साथ बढ़ा। आसपास का प्रदेश दृढ़ता के साथ अपने अधिकार में करने में उसको दो-तीन दिन लग गए।

इसी समय रोज को प्रधान सेनापति कैंपबैल का आदेश मिला—'तात्या टोपे ने चरखारी के राजा को घेर लिया है। चरखारी की सहायता करो।'

रोज ने आदेश का उल्लंघन किया—वह झाँसी के महत्त्व को जानता था।

उसने उत्तर दिया, 'मैं आज्ञा की अवज्ञा के लिए क्षमा चाहता हूँ। चरखारी का गिर पड़ना या खड़ा रहना कुछ मूल्य नहीं रखता। मुझको पहले झाँसी से निबटना है।'

चरखारी को राजभक्ति पुरस्कार मिल गया। तात्या टोपे ने चरखारी से चौबीस तोपें और तीन लाख रुपए छीन लिए और कालपी लौट आया।

पीरअली ने रानी के पास जो समाचार भिजवाया, वह बहुत अनोखा न था, परंतु उसको महत्त्व दिया गया।

उसने बतलाया कि पल्टनें अमुक-अमुक नंबर की हैं और प्रत्येक पल्टन में इतने सिपाही हैं। तोपों की गिनती बताई और प्रबंध की खूबी को प्रकट किया। रोज की कुल सेना सात हजार कूती गई।

नाना भोपटकर तक को पीरअली का विश्वास हो गया और वह रहस्य के कार्यों में शामिल किया जाने लगा। जब मोतीबाई को ही पीरअली पर संदेह न रहा तब रानी को संदेह हो ही क्यों सकता था?

पीरअली ने नवाब साहब के पास भाँडेर समाचार भेज दिया और कहला भेजा कि अब बहुत समय तक कोई खबर न मिल सकेगी। पीरअली भयानक खेल खेल रहा था।

जिस दिन पीरअली लौटकर आया, उसी दिन राहतगढ़ के भागे हुए लगभग पाँच सौ पठान रानी के शरणार्थी हुए। रानी ने उनको नौकर रख लिया। उनके एक सरदार का नाम गुलमुहम्मद था। इन लोगों का समाचार पीरअली ने रोज को नहीं भेज पाया और इस बात का उसको खेद था।

रानी के पास जब ये पठान आए तब वे बड़ी हीन अवस्था में थे। कपड़े सब फट गए थे। न जाने कितने दिन से उनको भरपेट भोजन न मिला था। अच्छे हथियार पास न थे। कुछ के पास सिवाय लाठी या छुरी के और कुछ न था। रानी ने उनको सब प्रकार की सुविधाएँ दीं। उन्होंने प्रण किया, 'स्वराज्य के लिए रानी के कदमों में अपने सब के सिर देंगे।' इन पठानों ने अपने प्रण को जैसा निभाया, उसको इतिहास जानता है और झाँसी

की लोक-परंपरा उसको नहीं भूली और न कभी भूलेगी।

पीरअली को कुछ पठान मिले। उसने पूछा, 'तुम्हारा कौन मुल्क है खान?'

'झाँसी अमारा मुलुक है बाबा, तुमारा मुलुक?'

'मैं झाँसी का ही रहनेवाला हूँ।'

'बाईसाब का राज्य है खान।'

'बेशक है। और अमारा-तुमारा बी।'

झाँसी नगर के कोट के सब फाटकों पर बड़ी और छोटी तोपों का उचित प्रबंध कर दिया गया। बारूद और गोले फाटकों की बुर्जों में इकट्ठे कर दिए गए और निरंतर युद्ध सामग्री तथा रसद भेजने का प्रबंध कर दिया गया। फसीलों के छेदों में से बंदूकों की मार का काम जिन सिपाहियों को दिया गया, उनकी तथा उनके अफसरों की उत्कृष्ट व्यवस्था कर ली गई। सबसे बड़ी बात यह हुई कि एक स्थान से दूसरे स्थान को और सब स्थानों से रानी के पास तथा उनके पास से सब स्थानों, सब मोर्चों को तुरंत समाचार और आज्ञाएँ भेजने का बहुत अच्छा बंदोबस्त कर लिया गया।

ऐसा विश्वास था कि रोज दक्षिण की ओर से आएगा, इसलिए सागर खिड़की, ओरछा फाटक और सैंयर फाटक का खास इंतजाम किया गया।

दीवान दूल्हाजू ओरछा फाटक पर, पीरअली सागर खिड़की पर, कुँवर खुदाबख्श सैंयर फाटक पर, कुँवर सागरसिंह खंडेराव फाटक पर, पूरन कोरी उन्नाव फाटक पर नियुक्त किए गए। दीवान जवाहरसिंह के हाथ में संपूर्ण नगर और नगर के फाटकों की रक्षा का भार सौंपा गया। किले में हर बुर्ज पर सब मिलाकर इक्यावन बड़ी-बड़ी तोपें साजी सँभाली गईं। दक्षिणी बुर्ज की तोपें गुलाम गौस खाँ के संचालन में, पूर्व और उत्तर की तोपें भाऊ बख्शी के हाथ में और पश्चिम की तोपें दीवान रघुनाथसिंह के अधिकार में दी गईं। किले में पठान, चुने हुए बुंदेलखंडी सैनिक और रानी की स्त्री सेना की नियुक्ति कर दी गई। सब सैनिक लगभग चार हजार होंगे। पानी का प्रबंध बहुत अच्छा न था, परंतु संतोषप्रद था—किले के पश्चिमी भाग में शंकरगढ़ में—जहाँ महादेवजी का मंदिर है—एक कुआँ था। उसी से सारी सेना को पानी पिलाने के लिए ब्राह्मण नियुक्त कर दिए गए।

चैत की अमावस हो गई। नवरात्र का आरंभ हुआ। किले में गौर की स्थापना हुई। रानी ने धूमधाम के साथ सिंदूरोत्सव मनाया। गौर के सामने चाँदी ही चाँदी के बरतनों की तड़क-भड़क और मंदिर के बाहर सबके लिए भीगे चने और बताशों का प्रसाद। नगर की स्त्रियाँ सजधज के साथ उत्सव में शरीक हुईं।

फूलों की सुंदरता और सुगंधि से महादेवजी का मंदिर भर गया। स्त्रियाँ थोड़ी देर के लिए आनेवाली विपत्ति को भूल गईं। वे अपने किले में थीं, अपनी हँसती-मुसकराती

रानी के पास। उनकी तोपें, उनके गोलंदाज, उनके सिपाही आसपास और अपनी रक्षा का पुख्ता हौसला अपने मन में। फिर किस बात की चिंता थी?

महादेवजी के मंदिर के समीप पलाश का एक वृक्ष था। उसमें इन दिनों प्रति वर्ष बड़े-बड़े लाल फूल लगते थे और तीक्ष्ण ग्रीष्म ऋतु में उसके हरे चिकने बड़े पत्ते छाया दिया करते थे। जंगल का अवशेष और स्मारक, महादेव के मंदिर का अकेला पड़ोसी वह वृक्ष काटने से बचा दिया गया था। नवरात्रि में वह पलाश लाल फूलों से गस गया। स्त्रियाँ फूलों की एक-एक माला उसकी भी डालों में पहना दे रही थीं, मानो सौंदर्य को सुगंधि प्रदान की गई हो। लाल फूलों पर बेला, चमेली, गेंदा और जूही की रंग-बिरंगी मालाएँ ऐसी लगती थीं जैसे प्रभात के समय उषा की किरणों ने गुलाल बिखेर दी हो। वृक्ष के नीचे कुआँ था और कुएँ के ऊपर एक बारहदरी। इस बारहदरी की रक्षा के लिए ऊँचा परकोटा था। इसके पूर्व में बहुत ऊँचाई पर किले की पश्चिमी बुर्ज और उसके पीछे जरा दूर महल।

पूजन के पश्चात् स्त्रियाँ पलाश के वृक्ष के पास से सीढ़ियों द्वारा बारहदरी में इकट्ठी हो-हो जा रही थीं। रानी वहीं थीं। वहीं सिंदूरोत्सव हो रहा था—हलदी, कूँ-कूँ। रानी विधवा थीं, इसलिए वह स्वयं सिंदूर नहीं दे रही थीं, परंतु वहाँ भाऊ बख्शी की पत्नी थीं, और भी अनेक सधवाएँ थीं, जो आपस में सिंदूर दे रही थीं और किसी-किसी बहाने एक दूसरे के पति का नाम लिवाने का हँस-हँसकर प्रयत्न कर रही थीं।

मोतीबाई ने भाऊ बख्शी की पत्नी से कहा, 'तुम अपने देवर को क्या कहकर पुकारोगी?'

बख्शिन—'मेरे देवर हैं ही नहीं।'

मोतीबाई—'होता, तो बख्शिनजू कैसे पुकारतीं?'

बख्शिन—'लाला कहती।'

रानी—'और बुंदेलखंड में लाला के लिए दूसरा शब्द क्या है?'

बख्शिन—'सरकार, भउआ।'

सब हँस पड़ीं।

बख्शिन ने क्रोध की मुद्रा बनाकर कहा, 'महारानी साहब की सहायता से हरा लिया, नहीं तो मैं इतना छकाती कि सब याद करतीं।'

रानी बोलीं, 'तुम इन सबके लिए अकेली ही बहुत हो।'

बख्शिन मोतीबाई के पीछे पड़ गई। उसे पकड़कर अकेले में ले गई।

बख्शिन—'बतलाओ, भगवान् का दूसरा नाम क्या है?'

मोतीबाई—'दयासागर, परिवरदिगार, रहीम…'

बख्शिन—'मैं तुम्हारा मुँह मीड़ दूँगी। बतलाओ वह नाम जिनको मुसलमान लोग

दिन-रात जपते हैं, नहीं तो तुम्हारी गत बनाऊँगी।'

मोतीबाई ने धीरे से कहा, 'खुदा।'

बख्शिन ने उसका सिर पकड़कर कंधे से लगा लिया।

बोली, 'खुदा से दूर हो या उसके पास?'

मोतीबाई ने उत्तर दिया, 'दूर हूँ दीदी। यदि अच्छे दिन आए तो ब्याह करूँगी।'

रानी के सामने आने को थीं कि मोतीबाई ने बख्शिन से कहा, 'जूही से कुछ मत पूछना। वह सरदार तात्या टोपे को प्राण दिए बैठी है, पर उन्होंने आज तक प्यार की दो बातें उससे नहीं कीं।'

'नहीं पूछूँगी,' बख्शिन ने आश्वासन दिया। रानी ने समझ लिया। छेड़छाड़ नहीं की।

झलकारी नहीं आई थी। रानी ने उसको बुलाया। उसने आते ही रानी के पैर पकड़ लिए।

रानी ने कहा, 'मैंने इसके लिए नहीं बुलाया था। तू हर साल आती थी। इस साल अब तक क्यों नहीं आई?'

'सरकार,' झलकारी ने उत्तर दिया, 'मोसें अपराध हो गऔ हतो।'

रानी बोली, 'कोई अपराध नहीं हुआ।'

झलकारी, 'बछिया घायल तो हो गई ती।'

रानी–'हो गई होगी। मरी तो नहीं–बच गई।'

झलकारी–'सरकार ने मोय और मोरे आदमी खौं बचा लऔ, नईं तर कऊँ ठिकानों न हतो।'

रानी–'तुम्हारे आदमी का नाम भूल गई। उसको क्या कहते हैं?'

झलकारी–'ऊँ ऊँ।'

रानी–'ऊँ ऊँ भी कोई नाम होता है?'

बख्शिन ने कहा, 'सरकार, ईसें बुंदेलखंडी बोली में बोलें।'

मोतीबाई ने आग्रह किया, 'सरकार से मुँह के यहाँ की बोली बहुत अच्छी लगती है।'

जूही ने अनुरोध किया।

सुंदर, मुंदर और काशीबाई भी पीछे पड़ गईं।

मुंदर बोली, 'सरकार बुंदेलखंडी में बोलें तो वह अवश्य अपने पति का नाम बतला देगी। बतलाओगी न झलकारी? बतला देना भला, नहीं तो हम लोगों की बात बिगड़ जाएगी।'

झलकारी ने उस बारहदरी के वातावरण को परिहास, सौंदर्य, सुगंधि और आग्रह से भरा पाया–उसने हामीं का सिर झुकाया।

रानी ने कहा, 'तोरे घर बारे को का नाओ झलकारी?'

झलकारी–'हओ, ऐसें सूदऊँ बताओ जात कऊँ?'

रानी–'तो कैसें बताए पनमेसरी?'

झलकारी–'मोये कौनऊँ धोको देओ। जैसें एक बेर पूँछी हती तैसें पूँछो अपुन।'

रानी–'आज कौन मिती है?'

झलकारी–'पाँचें, महाराज।'

रानी–'दस दिन पाछैं का हुइयै?'

झलकारी–'पूनैं।'

रानी हँस पड़ीं। उन्होंने फूलों की एक माला झलकारी के गले में डाली। सिर पर हाथ फेरा।

विनोद की समाप्ति पर सब स्त्रियाँ महादेव के मंदिर के पास उतर आईं। उतरती जाती थीं और पलाश के पेड़ को हिलाती जाती थीं। उसके लाल फूल मालाओं सहित झूम-झूम जाते थे।

महादेव का मंदिर छोटा-सा है और आस-पास का आँगन भी सँकरा ही है, परंतु उसमें बहुत स्त्रियाँ इकट्ठी थीं।

चहल-पहल को बंद करके रानी ने स्त्रियों से कहा, 'दो-चार दिन के भीतर ही अपनी झाँसी के ऊपर गोरों का प्रहार होनेवाला है। तुममें से अनेक युद्धविद्या सीख गई हो। जो जिस कार्य को कर सके, वह उस कार्य को हाथ में ले। लड़नेवालों के पास गोला, बारूद, खाना, पानी इत्यादि ठीक समय पर पहुँचता रहना चाहिए। आवश्यकता पड़ने पर हथियार भी चलाना पड़ेगा। तुममें से कोई मेरी बहन के बराबर हो, कोई माता के समान। अपने बाप की, अपने ससुर की, अपने पति की, अपने भाई की लाज तुम्हारे हाथ में है। ऐसे काम करना जिनसे पुरखों को कीर्ति मिले। मैंने नगर का प्रबंध कर दिया है। तुम्हारी आवश्यकता मुझको किले में है। मेरे साथ रहना। बीच-बीच में छुट्टी मिल जाया करेगी, तब घर हो आया करो।'

झलकारी बोली, 'मैं सरकार, अपने आदमी के पासईं रैहों। अपुन ने उन्नाव फाटक की तोप उनखौं सौंपी है।'

रानी ने मुसकराकर कहा, 'ऐसौई हुइहै झलकारी। अपने आदमी के पासई रइयो, पै ऊकौ नाम तो बताओ।'

सब स्त्रियाँ हँस पड़ीं।

रानी ने कहा, 'अब एक बार सब भगवान् का नाम लो–हर हर महादेव!'

सब स्त्रियों के कंठ से ध्वनित हुआ, 'हर हर महादेव!'

उन कोमल किंतु दृढ़ कंठों का वह निनाद किले की कठोर दीवारों से जा टकराया।

उसकी झाँईं महादेव के मंदिर में लौट पड़ी। हुआ 'हर हर महादेव'! अनंत दिशाओं में, अनंतकाल में वह अनंत अमर नाद समा गया। महल के पास सिपाहियों के कोठे थे। उनमें नवागंतुक पठान भी थे। हल्ले को सुनकर हथियार लेकर बाहर निकल आए। बुंदेलखंडी सिपाहियों ने उस हल्ले का उनको सविस्तार अर्थ समझाया।

उनका अगुआ गुलमुहम्मह बोला, 'बाई जहाँ की औरत लड़ने को ऐसा तैयार है, वहाँ का मरद तो आसमान को चक्कर खिला देगा। और अम लोग—अम लोग—खुदा कसम—इस मुलुक के वास्ते सब मर मिटेगा। वकत आने दो, बाई वकत!' पठानों ने दाँत पीसकर, मन-ही-मन प्रण किया।

: ६५ :

जनरल रोज ससैन्य २० मार्च के सवेरे झाँसी के पूर्व-दक्षिण में कामासिन देवी की टौरिया के पीछे, नगर से लगभग तीन मील के फासले पर आ गया। थोड़ी देर में तंबू तन गए। इन तंबुओं को रानी ने किले के महल की छत पर से दूरबीन द्वारा देखा। झाँसी-भर में सनसनी फैल गई, परंतु यह सनसनी भय की न थी, उत्साह की थी।

किले के गोलंदाजों ने भी दूरबीन लगाई। तोपों पर पलीते डालने के लिए हाथ सुरसुरा उठे, परंतु उस समय की तोपों के लिए अच्छा निशाना मारने के प्रसंग में तीन मील का फासला बहुत था। स्त्री गोलंदाजों ने भी दूरबीन पकड़ी।

मोतीबाई ने उमंग के साथ रानी से कहा, 'सवारों का हमला कर दिया जाए तो सब तंबू-कनातें तितर-बितर हो जाएँ।'

रानी बोलीं, 'समझ से काम लो। इन तंबुओं के बीच-बीच में अलग-अलग और आगे-पीछे तोपें लगी होंगी। एक सवार भी लौटकर न आ सकेगा। लड़ाई किले और परकोटे के भीतर से लड़नी पड़ेगी। घिर जाएँगे। परंतु एक दिन तात्या टोपे रावसाहब की सेना लेकर आ जावेंगे। तब रोज की सेना पर दुहरी मार पड़ेगी।'

'रावसाहब के पास संदेश भिजवा दिया गया?'

'आज ही भेजती हूँ।'

'पीरअली के हाथ न भिजवाया जाए। न जाने मन क्यों नहीं बोलता!'

'सोचती हूँ कि किसको भेजूँ।' रानी ने कुछ क्षण सोचकर कहा, 'तू बतला मोती, किसको भेजूँ?'

मोतीबाई बोली, 'जो नाम मन में उठते हैं, वे सब किसी-न-किसी काम पर लिख लिए गए हैं। मैं सोचती हूँ, जूही को सवार के साथ भेज दिया जाए।'

'वह सुकुमार है, कोमल है,' रानी ने कहा।

मोतीबाई ने सतृष्ण नेत्रों से रानी की ओर देखा। बोली, 'सरकार, संसार की जितनी

मंजुलता है, वह हमारे मालिक में निहित है। उनसे बढ़कर कोई नहीं। इतनी मृदुल होते हुए भी वे फौलाद से भी बढ़कर कठोर हैं। तब उसकी चाकरानी क्या संवाद-वाहक का भी काम न कर सकेगी? और फिर वह दृढ़ भी काफी है। इस कार्य में उसका मन लगेगा। उसी को भेजने की अनुमति दी जाए। उसको तुरंत शहर छोड़ देना चाहिए। अँगरेज लोग शीघ्र घेरा डालेंगे। सब फाटक बंद होने ही वाले हैं। फिर कोई भी न आ-जा सकेगा।'

रानी ने स्वीकृति दे दी।

कहा, 'मैं जूही को भेजने की अनुमति देती हूँ। उसके साथ काशी को भेजना चाहती हूँ। तुमको उसके साथ कर देती; परंतु तुम्हारी यहाँ अधिक आवश्यकता पड़ेगी।'

रानी ने काशीबाई और जूही को उसी समय कालपी के लिए रवाना कर दिया। उन दोनों के घोड़े अच्छे थे। जरूरी सामान साथ था। दोनों सशस्त्र युवा वेश में गईं।

काशीबाई और जूही के चले जाने पर नगर के सब फाटक बंद कर लिए गए।

झाँसी की अनेक स्त्रियों ने उसी दिन रानी के पास सैनिक वेश में अपना निवास बनाया। ये ही स्त्रियाँ जो घर पर बात-बात में चबड़-चबड़ किया करती थीं, जरा-सा कारण पाने पर परस्पर लड़ बैठती थीं, संध्या के समय वस्त्राभूषणों और फूलों से सुसज्जित होकर, थालों में दिए रख-रखकर मंदिरों में पूजन के लिए जाती थीं, वे ही स्त्रियाँ सैनिक वेश में तलवार बाँधे और बंदूक कंधे पर साधे, चुपचाप अपना-अपना कर्तव्यपालन करने में निरत हो गईं! उनका शृंगार और वाक्-युद्ध—सब तलवार की म्यान में समा गया! लोगों की कल्पना थी कि अंग्रेज रात को झाँसी पर हमला करेंगे। झाँसी सचेत थी, परंतु रात को हमला नहीं हुआ।

२१ मार्च को जनरल रोज ने अपने मातहत दलपतियों के साथ दूर से झाँसी का चक्कर काटा और भूमि का सूक्ष्म निरीक्षण किया। आक्रमण और रक्षा के स्थानों में सेना की टुकड़ियाँ और तोपें लगा दीं। शहर और किले के भीतर के लोगों को जिन-जिन मार्गों से सहायता या रसद मिल सकती थी, उन सबको उसने अपने अधीन कर लिया। शहर के सब फाटकों की नाकेबंदी कर ली। उसी दिन चंदेरी से ब्रिगेडियर स्टुअर्ट अपने दस्ते के साथ लौट आया। रोज को और बल मिला।

जहाँ-जहाँ अंग्रेज फौज के दल लगाए गए थे, वहाँ-वहाँ उनकी रक्षा के लिए खाइयाँ खोद ली गईं। एक स्थान से दूसरे स्थान तक तार लगा दिया गया। कामासिन टौरिया पर एक बड़ी दूरबीन लगाई गई और तारघर कायम किया गया। बात की बात में युद्धक्षेत्र के एक स्थल से दूसरे स्थल को समाचार भेजने की पूरी सुविधा हो गई, और दूरबीन से देखने योग्य किले का सब हाल मालूम करना भी सुलभ कर लिया गया।

झाँसी के आसपास की सब टौरियों की आड़ से अंग्रेजी तोपखाने मृत्यु-वमन करने के

लिए वैज्ञानिक तौर पर सन्नद्ध हो गए और टौरियों के बीच-बीच में जो नीची जगह और खाइयाँ थीं, उनमें बंदूक चलाने के लिए छेद और नालियाँ बनाकर, सैनिक अपने जनरल की आज्ञा की प्रतीक्षा करने लगे। रोज जैसा योग्य सेनापति था, सेना उसकी उतनी ही सीखी-सिखाई हिंसामय और अनुभवी थी।

दूसरे दिन (२२ मार्च को) रोज के बीस-पच्चीस घुड़सवार निरीक्षण के लिए कोट के कुछ अधिक निकट आ गए। सैंयर फाटक के पास दाहिनी ओर जहाँ ऊँची मटीली टौरियाँ कोट के बाहर और भीतर हैं, यहाँ से उन घुड़सवारों के ऊपर तड़ातड़ गोलियों की वर्षा हुई। मरा तो उनमें से कोई नहीं, परंतु घायल अनेक हो गए। रोज को तुरंत समाचार मिल गया। उसने समझ लिया कि झाँसी कर्रा (कठिन) मुकाबला करने के लिए तैयार है। रोज ने उसी दिन झाँसी पर धावा नहीं बोला। अपने संपूर्ण साधनों और उपकरणों का फिर से निरीक्षण किया, जहाँ जो त्रुटि पाई, उसको सँभाला।

मंगलवार (२३ मार्च) को रोज ने हमले की आज्ञा दी। युद्ध आरंभ हो गया।

सैंयर फाटक की बाईं तरफ एक टेक पर अंग्रेजों का तोपखाना था। वहाँ से सैंयर फाटक और ओरछा फाटक पर तथा उन फाटकों के बीच की दीवार पर गोलों की बरसा हुई। चलते हुए गोलों की चादर के नीचे गोरी पल्टन संगीनी बंदूकें लिए दीमक की तरह चली। खुदाबख्श और दूल्हाजू ने उनको बढ़ने दिया। जब मार के काफी भीतर आ गए तब उन्होंने कहर को मानो उँड़ेल दिया। गोरी पल्टन धरती में बिछ गई और फिर खुदाबख्श ने टेक के तोपखाने को अपना लक्ष्य बनाया। अंग्रेज तोपची मारे गए और तोपों का मुँह बंद हो गया। तोपखाने के पीछेवाली सेना पीछे को भागी। उसके ऊपर गुलाम गौस ने 'घनगरज' की मार फेंकी। मुश्किल से कुछ आदमी बचकर रोज के पास तक पहुँच पाए। पूर्व की ओर से भी सागर खिड़की और लक्ष्मी फाटक पर हमला होता हुआ दिखा, परंतु उसकी गति धीमी थी। लक्ष्मीताल के दक्षिणी सिरे का छोटा-सा चक्कर देना पड़ा, परंतु भाऊ बख्शी की 'कड़कबिजली' ने पूर्व का मोर्चा ऐसा साध रखा था कि पूर्व की ओर से आक्रमण करने की रोज की साध मन में ही समा गई।

रोज ने किले के दक्षिण में, जीवनशाह की टौरिया के ठीक बगल में पूर्व की ओर–किले से तीन सौ गज के फासले पर–मोर्चा बनाया, परंतु इस मोर्चे के बनाने में उसको काफी समय और आदमी खर्च करने पड़े। संध्या तक वह बहुत कम काम कर पाया। रात में मोर्चा बनकर तैयार हो गया। इसके सिवाय रोज ने इस मोर्चे की सहायता के लिए तीन नए मोर्चे और बनाए।

: ६६ :

झाँसी के तोपची और सिपाही रात-भर जागते रहे। रानी ने दुहरी कुमुक का प्रबंध

किया। दिन में अपनी-अपनी जगह पर गुलाम गौस, खुदाबख्श, रघुनाथसिंह, भाऊ बख्शी, दूल्हाजू, पूरन और सागरसिंह; रात में उनके स्थानापन्न, रानी के स्त्री गोलंदाज।

परंतु यह बदली सुबह होते ही नहीं हुई। स्त्रियाँ इन गोलंदाजों के पास पहुँच गईं और काम में मदद करती रहीं। दोपहर के उपरांत बदली होनी थी।

गुलाम गौस रात-भर का जागा था। जो स्त्री उनके पास काम कर रही थी, उससे गौस का मन नहीं भर रहा था। उसने उसके बदले में लालता ब्राह्मण को माँगा। रानी ने लालता को भेज दिया। लालता के आते ही गौस की खुमारी चली गई।

गौस ने उससे कहा, 'रानी साहब की स्त्री-गोलंदाज चपल बहुत हैं, मुझको ठंडा आदमी चाहिए जो काम करने के समय गाता न हो।'

लालता हँसकर बोला, 'कभी मैं भी आल्हा गाते-गाते तो काम करता हूँ, खाँ साहब।'

'तब वह गीत याद रखना पंडितजी,' गौस ने कहा, 'जननी जनम दियो है तोखों बस आजहिं के लानें।'

लालता ने फसील के छेद में होकर देखा कि जीवनशाह की पहाड़ी की आड़ में होकर बगलवाली टौरिया के पीछे कुछ तोपें और चढ़ाई जा रही हैं। गुलाम गौस ने भी देखा।

गौस की आँख एक पल के लिए गिद्ध की तरह सधी।

बोला, 'पंडितजी, एक लोटा जल पिलाओ और मेरी घनगरज और उसकी छोटी बहिनों का काम देखो। मैं बारह बजे छुट्टी लूँगा। खुदा ने चाहा तो खाना-वाना खाने के बाद शाम को मिलूँगा। फिर रात को सोऊँगा। हाँ तो एक बार वह गीत तो मन से गा दो। एक सतर से ज्यादा नहीं।'

लालता ने स्वर में गाया, 'जननी जनम दियौ है तोखों बस आजहिं के लानें।' गीत की समाप्ति हुई कि गौस ने तोपखाने को पलीता छुलाया। 'घनगरज और उसकी छोटी बहिनों' ने इतनी जोर की गरज की कि जमीन काँप गई। दक्षिणी सिरे के सब बुर्जों से एक-एक क्षण के बाद बाढ़ दगना शुरू हो गई। तोपों के भरने का उत्कृष्ट प्रबंध था। एक तोपखाने की बाढ़ और दूसरे की बाढ़ के दागने में थोड़ा ही अंतर पड़ता था। रोज के तोपखानों ने जवाब दिया, परंतु जवाब कमजोर था। गौस के तोपखानों ने ऐसी मार बरसाई कि रोज का दम फूल उठा। उसका दक्षिणी दस्ता नष्ट-भ्रष्ट हो गया। कुछ तोपखाने बंद हो गए; परंतु एक तोपखाना कोलाहल कर रहा था। समय लगभग दोपहर का हो गया था।

गुलाम गौस ने कहा, 'मुझे भूख लग रही है और गोरों का यह तोपखाना मानता नहीं। अच्छा देखता हूँ।'

गुलाम गौस ने 'घनगरज' को एक अंगुल इधर-उधर सरकाया। निशाना बाँधा और एक फटनेवाला गोला छोड़ा।

बारूद इन तोपों की ऐसी थी कि धुआँ न होता था, इसलिए गौस ने अपने निशाने की सफलता तुरंत देख ली। उछलकर बोला, 'वह मारा।' उसके साथियों ने देखा कि गोरे तोपची मारे गए और तोप भी उलटकर बेकार हो गई।

अंग्रेजों का दक्षिणी मोर्चा बिलकुल ठंडा हो गया। गौस भोजन और आराम के लिए गया। लालता ने स्थान पकड़ा।

पूर्व की ओर से अंग्रेजी तोपों के गोले आने लगे। कुछ किले से टकराते थे और कुछ शहर में गिरकर घरों का और लोगों का नाश करते थे, भाऊ बख्शी ने कड़कबिजली का स्थान जरा-सा परिवर्तित किया और निशाना साधकर पलीता दिया। थोड़ी देर में रोज का पूर्वीय मोर्चा भी ठंडा हो गया। तोपची मारे गए और तोपें बेकार हो गईं। बख्शी अपनी पत्नी को तोपखाना सौंपकर भोजन और आराम के लिए चला गया।

सुंदर ने रघुनाथसिंह की जगह ली। मुंदर ने दूल्हाजू की, मोती ने खुदाबख्श की। दीवान जवाहरसिंह को थोड़ी देर के लिए छुट्टी दे दी गई। रानी घोड़े पर सवार होकर शहर के सब मोर्चों को देखने और सँभालने के लिए चली गईं। तीसरे पहर के अंत में लौट आईं। जवाहरसिंह फिर अपने काम पर डट गया।

चौथे पहर से लेकर संध्या तक स्त्री तोपचियों ने दृढ़तापूर्वक काम किया। रात को भी उन्हीं को काम पर रहना था। केवल खंडेराव फाटक पर सागरसिंह ने अपना नायब स्वयं चुन लिया और सागर खिड़की पर बहरामुद्दीन नाम का एक बुंदेलखंडी पठान भेज दिया गया।

इसका आना पीरअली को अच्छा नहीं लगा।

पीरअली ने कहा, 'खाँ साहब, आपको नाहक कष्ट दिया गया। मैं तो दिन-रात इस छोटी-सी खिड़की को सँभालने को तैयार हूँ।'

'मीरसाहब,' बहरामुद्दीन बोला, 'आप थोड़ा आराम कर लें, रात-भर के जागे हुए हैं।'

'गई रात को भी जागे हैं। आप सभी तो न सोए होंगे?'

'हुकुम है। पालन करना होगा।'

'ऐसा भी क्या! अरे साहब सोइए। कल रहिएगा मेरी मदद पर।'

'नहीं, जनरल साहब सुनेंगे तो नाराज होंगे। और रानी साहब सुनेंगी तो मैं अपना मुँह न दिखला सकूँगा।'

'तो रह जाइए, मगर एक बात है—किसी को मालूम न हो।'

'मुझे किस्से-कहानी कहते-फिरने से मतलब ही क्या?'

'बात यह है कि अगर फूटकर बाहर निकल जाए तो मेरे टुकड़े हो जाएँगे।'

'आप कहिए। विश्वास करिए।'

'अँगरेजी छावनी में क्या हो रहा है, क्या होनेवाला है, कहाँ-कहाँ नए मोर्चे बनाए और किस तरफ से हमला जोर का होगा इन बातों का जासूसी करने का भार मेरे सिर है। अँगरेजी छावनी में भोपाल रियासत के भी सिपाही हैं। उनमें से एक मेरा रिश्तेदार है। जब मैं थोड़े दिन हुए तालबेहट की ओर गया था तब उसको मैंने मिला लिया था। वह कुछ और लोगों से मिला हुआ है, इसलिए ठीक-ठीक खबर मिल जाएगी। यह खबर अपने बड़े काम की होगी। इस खबर के लाने के लिए मैं रात को चुपचाप बाहर जाऊँगा। सवेरे के बहुत पहले आ जाऊँगा। यदि अँगरेजों को खबर लग गई, तो मैं मार दिया जाऊँगा और अँगरेजी फौज में मेरा जो रिश्तेदार है, वह और उसके साथी, सब मारे जाएँगे। रानी साहब का नुकसान होगा।'

'मैं किसी से न कहूँगा, मगर मैं चला जाऊँ या सो जाऊँ तो आपका ठौर खाली हो जाएगा। फिर यदि दुश्मन यहाँ होकर रात में धावा बोल दे तो अपना कितना बड़ा नुकसान न होगा?'

'यह तो छोटी-सी खिड़की है। इसकी खबर भी अँगरेजों को न होगी'।

'जैसा आप उचित समझें। मैं सोचता हूँ, हर हालत में मेरा इस ठिए पर रहना आपके लिए लाभदायक होगा।'

'खूब। आप रहिए। मगर जब सब लोग सो जाएँगे तब मैं जाऊँगा।'

'लेकिन फाटक नहीं खोलना चाहिए।'

'फाटक पर ताले पड़े हैं। मैं मुहरी के रास्ते जाऊँगा।'

'मुहरी, कौन-सी मुहरी?'

'वही जो खिड़की के बगल में है?'

जब सब सो गए, पीरअली ने बहरामुद्दीन को मुहरी दिखाई और उसी से होकर बाहर चला गया।

आधा मील चलने के उपरांत वह अंग्रेजी छावनी के पास पहुँचा। टोका गया। उसने पूर्व निश्चित संकेत को कहा। संत्री ने आगे बढ़ने दिया। कई अड्डों पर रोका जाने और अनुमति पाने पर पीरअली रोज और उसके मातहत दलनायकों के सामने पहुँचा। दुभाषिए के द्वारा तुरंत बातचीत हुई।

रोज—'किले में से जो गोलाबारी हुई, उसका प्रधान नायक कौन है?'

पीरअली—'गुलाम गौस खाँ और भाऊ बख्शी।'

रोज ने बागियों का रजिस्टर लौटवाया-पलटवाया। उसमें ये नाम न थे।

रोज—'ये लोग कौन हैं?'

पीरअली–'रानी साहब के नौकर हैं।'

रोज–'ओरछा फाटक और सैंयर फाटक पर कौन हैं?'

पीरअली–'दीवान दूल्हाजू ओरछा फाटक पर हैं और कुँवर खुदाबख्श सैंयर फाटक पर।'

फिर रजिस्टर देखा गया। ये नाम भी न निकले।

रोज–'कोई लालता ब्राह्मण है?'

पीरअली–'है, किले में है।'

रोज ने दाँत पीसे।

बोला, 'जनरल कौन है?'

पीरअली–'खुद रानी साहब। उसके नीचे दीवान जवाहरसिंह जागीरदार काम करते हैं।'

रोज–'कुल कितने गोलंदाज हैं?'

पीरअली–'बे-हिसाब। सैकड़ों। बहुत तो औरतें गोलंदाज हैं।'

रोज–'बाई जोव! स्टुअर्ट, यह झाँसी तो महज नरक (हैल) है। औरतें गोलंदाज! कल दूरबीन से अच्छी तरह देखूँगा।'

स्टुअर्ट–'बारूद बनाने का कोई कारखाना है या पहले से बना रखी है?'

पीरअली–'पहले की बनी रखी है और बनाने का कारखाना भी है।'

रोज–'इट इज स्मोक लैस पाउडर स्टुअर्ट (धुआँ न देनेवाली बारूद है!), उत्तरी दरवाजा किसके सुपुर्द हैं?'

पीरअली–'ठाकुरों, काछियों और कोरियों के हाथ में। दतिया फाटक तेलियों के हाथ में है।'

रोज–'दी होल पीपुल एगेन्स्ट अस (पूरी जनता हमारे खिलाफ है!) अच्छा तुम किस जगह काम करते हो?'

पीरअली–'सागर खिड़की पर।'

रोज–'हमारे हवाले कर सकोगे?'

पीरअली–'खुशी से, मगर आपको फायदा कुछ न होगा। सागर खिड़की की ठीक पीठ पर खजांची की कोठी है। उस पर तोपखाना है। वह मेरे काबू का नहीं है। वहाँ पठान और ठाकुर हैं।'

रोज–'कोई औरतें हाथ में आ सकती हैं?'

पीरअली–'तोबा, तोबा, झाँसी की औरतें पूरी शैतान हैं। एक नाचनेवाली मेरी जान-पहचान की है, मगर वह जासूसी महकमे की प्रधान है और अब तोप चलाती है!'

रोज–'डैंसिग गर्ल ए गनर! (नाचनेवाली गोलंदाज) व्हाट एल्स हैव आई टू हियर

इन दिस डैम्ड एकरसैड प्लेस (इस सत्यानाशी पलीत जगह में मुझको अब और क्या सुनना बाकी रह गया है)?'

स्टुअर्ट–'मगर जासूसी महकमे का अफसर तो एक मोतीसाईं सुना गया था?'

पीरअली–'जी नहीं, वह अफसर यही नाचनेवाली है और उसका नाम मोतीबाई है।'

वे सब हँस पड़े।

रोज ने कहा, 'वी हैव मेड फूल्स् आव अस! (हम लोग बेवकूफ बन गए।) अच्छा, किसी एक फाटकवाले से हमको मिला दो। तुमको और उसको बहुत इनाम मिलेगा।'

पीरअली–'कोशिश करूँगा।'

रोज–'तुम बतला सकते हो, शहर और किले पर हमारी तोप का गोला कहाँ से अच्छा पड़ेगा!'

पीरअली–'जार पहाड़ी पर से।'

रोज–'ओ सिली! (मूर्ख) जार पहाड़ी से किले का बहुत कम नुकसान होगा।'

पीरअली–'जी नहीं, किले की पश्चिमी दीवार जो मटीली टौरिया पर है, बहुत कम ऊँची है। उसकी दाहिनी बगल में शंकरगढ़ किले का उत्तर-पश्चिम हिस्सा है। इसी में पानी पीने का कुआँ और रानी साहब के पूजन का मंदिर है। तमाम औरतें, जो सिपाहीगिरी का काम करती हैं, इसी जगह दुपहरी या शाम को जमा होती हैं। इस जगह के तोड़ने से किला हाथ में आ जाएगा और शहर की एक इमारत न बचेगी।'

रोज–'और उत्तर की ओर से?'

पीरअली–'उन्नाव फाटक और भाँडेरी फाटक की सीध में मटीले टेकड़े हैं, जिनकी वजह से आपका तोपखाना कामयाब न हो सकेगा।'

रोज–'अच्छा, तुम हमको दक्षिण की तरफ का कोई फाटकवाला मिला दो।'

पीरअली–'मैंने अर्ज की न–कोशिश करूँगा।'

रोज ने पीरअली को धन्यवाद देकर वापस किया।

पीरअली जब सागर खिड़की पर वापस आया, बहरामुद्दीन को सावधान पाया।

पीरअली ने कहा, 'खुदा-खुदा करके लौट आया हूँ। आज बहुत थोड़ा भेद मिल पाया है। कल मौका मिलते ही फिर जाऊँगा।'

बहरामुद्दीन ने पूछा, 'आज कुछ मालूम हो पाया या इतनी मिहनत सब बेकार गई?'

'बेकार तो नहीं गई,' पीरअली ने उत्तर दिया, 'यह मालूम कर लाया हूँ कि एक भी तोप या तोपखाना हिंदुस्थानी सिपाही के हाथ में नहीं है। सब तोपें अँगरेजों ने अपने काबू में रख छोड़ी हैं।'

'इतना तो मुझको भी मालूम है कि अँगरेजों ने हिंदुस्थानियों का भरोसा करना बिलकुल छोड़ दिया है।'

'इस पर भी गोरों के साथ भोपाल, हैदराबाद और ओरछा रियासत के दस्ते हैं और मदरास की काली पल्टन भी।'

'ओरछा रियासत का दस्ता उत्तर की ओर अंजनी की टौरिया पर तैनात है।'

'तुमको कैसे मालूम?'

'किले में चर्चा थी। रानी साहब के जासूसों ने खबर दी होगी।'

पीरअली ने सोचा, बहरामुद्दीन चतुर मालूम होता है, सावधान होकर काम करना चाहिए।

: ६७ :

उसी रात रोज ने सतर्कता के साथ जार पहाड़ी पर तोपखाने के मोर्चे बाँधे। सुबह होते ही तोपों के मुहरे ठीक किए, निशान साधे। तोपों पर पलीते पड़े और शहर का विध्वंस आरंभ हो गया। लोग बेहिसाब मरने और घायल होने लगे। जहाँ-तहाँ आग लगीं। बाजार बंद रहे। साधारण जनता भूखों-प्यासों मरने लगी। शहर में हाहाकार मच गया। झाँसी की गलियाँ वीरान दिखने लगीं। किले की पश्चिमी दीवार में सूराख हो उठे।

शहर का हाल जानकर रानी दुखी हुईं। तुरंत सवार होकर किले से उतरीं और बरसते हुए गोलों में होकर प्रत्येक मुहल्ले को उत्साह दान किया। आग बुझाने का बहुत अच्छा प्रबंध किया। अन्नक्षेत्र और सदावर्त कायम किए। तब किले को लौटीं।

लौटते ही गुलाम गौस के पास पहुँचीं। उसने भक्तिपूर्वक प्रणाम किया।

'खाँ साहब, आज पश्चिम की ओर कोई नया मोर्चा बना है। इसका निरोध होना ही चाहिए,' रानी ने कहा, 'चौथाई नगर बरबाद हो गया है। कल न जाने क्या गत होगी।'

'दक्षिणी मोर्चे का सरकार इंतजाम कर दें,' गौस ने निवेदन किया, 'मैं अँगरेजों के उस मोर्चे को देख लूँगा।'

रानी ने कहा, 'मैं मोतीबाई को भेजती हूँ।'

गौस बोला, 'वह कमाल की गोलंदाज है सरकार, मगर इस मोर्चे को न सँभाल पाएगी। अँगरेज लोग दक्षिण के सिवाय और किसी ओर से नहीं आ सकते।'

रानी ने पूछा, 'तुम्हारा ऐसा विचार क्यों है?'

'हुजूर,' गौस ने उत्तर दिया 'इसी दिशा से किला अत्यंत निकट पड़ता है।'

रानी ने कहा, 'बख्शिन को भेज दूँ?'

'भेज दीजिए सरकार,' गौस ने सहर्ष स्वीकार किया, 'वह बड़े खानदान की हैं।'

रानी की त्योरी बदली, परंतु उन्होंने तुरंत नियंत्रण किया। सोचा—'आत्मत्याग में वह वेश्या-पुत्री किस खानदानवाले से कम है। हे भगवान्, त्याग में भी ऊँच-नीच!' और चली गईं।

बख्शिन ने दक्षिण बुर्ज की 'घनगरज' और उसकी 'छोटी बहिन' को सँभाला। वह गौस के बतलाए हुए क्रम पर काम करती रही।

गुलाम गौस तुरंत पश्चिमी बुर्ज पर पहुँचा। यहाँ लालता काम कर रहा था। गौस ने बारीकी के साथ दूरबीन द्वारा निरीक्षण किया।

बोला, 'पंडितजी, अँगरेजों का मोर्चा पहचाना?'

'वह देखो, काली टोरों के पीछे है।'

'नहीं पंडितजी, काली टोरों के पीछे महज बारूद का धुआँ किया जा रहा है जिससे हम लोग धोखा खाते रहें। वे जो ताजा लाल मिट्टी के ढेर लगे हुए हैं, तोपें वहाँ हैं।'

लालता ने दूरबीन पकड़ी। देखा असहमत हुआ।

'खाँ साहब,' लालता ने कहा, 'मिट्टी और बजरी के उन ढेरों में तोपें नहीं बिठलाई जा सकतीं।'

'माफ कीजिए पंडितजी,' गौस बोला, 'तोपें खास मतलब से उन्हीं ढेरों में बिठलाई गई हैं। जरा ठहरिए।'

गौस ने तोपों पर दूरबीनें कसीं। तोपों को इधर-उधर खिसकाकर ठीक किया। निशाने बाँधे, बारूद और गोले भरे। इस कार्य में उसको अधिक समय नहीं लगा।

इसके बाद इधर गौस ने तोपों को पलीते दिए, उधर वे मिट्टी के ढेर उधड़ गए। मरे हुए तोपची नजर आए, उलटी हुई और टूटी तोपें। फिर बाड़ें की गईं।

अंग्रेजों के पश्चिमी मोर्चे का जवाब बिलकुल बंद हो गया। नगर में चैन हो गया। गौस ने जाकर रानी को प्रणाम किया। रानी ने सोने के चूड़े मँगवाकर गौस को अपने हाथ से पहनाए। रानी हर्ष में मग्न थीं और गौस का खुरदुरा चेहरा आँसुओं से तर था। तीसरे पहर के उपरांत कुमुक बदली। स्त्रियों ने हाथ में तोपें लीं और भीषण गोलाबारी शुरू कर दी।

कामासिन टौरिया पर से रोज ने दूरबीन में से देखा। बगल में उसका फौजी डॉक्टर लो था और पास ही मातहत जनरल स्टुअर्ट।

रोज ने कहा, 'ओह! स्त्रियाँ तोप चला रही हैं, स्त्रियाँ गोला-बारूद ढो रही हैं। कुछ खाना-पानी बाँट रही हैं। टूटी हुई दीवारों और कँगूरों की मरम्मत में मदद दे रही हैं। इतनी तरतीब से, इतनी तेजी से हिंदुस्थानियों को काम करते आज देखा! अचरज होता है।'

लो ने दूरबीन हाथ में ली। देखते ही बोला, 'जनरल, पेड़ों की छाया में कुछ

स्त्री-पुरुष काम कर रहे हैं। हमारा एक गोला उनके बीच में पड़ा। धूल फिंकी। फिर भी वे सब वहीं के वहीं!'

रोज ने और स्टुअर्ट ने भी निरीक्षण किया। स्टुअर्ट बोला, 'ये सब नेपोलियन हो गए क्या?'

लो ने कहा, 'तब झाँसी हमारा बाटरलू होगा।'

रोज ने मुसकराकर झिड़का, 'हिश, अभी बहुत घोर युद्ध करना पड़ेगा। यह रानी नेपोलियन नहीं, 'जौन आव आर्क' सी जान पड़ती है।'

स्टुअर्ट ने कहा, 'इसको जिंदा पकड़ सके तो कमाल होगा।'

उसी समय तार खटखटाया।

मालूम हुआ कि पश्चिमी मोर्चा सबका सब तहस-नहस हो गया। स्टुअर्ट को पश्चिमी मोर्चे को फिर सँभालने की आज्ञा दी। वह चला गया। स्टुअर्ट के ब्रिगेड का अधिकांश दक्षिणी मोर्चे पर था। उसके दलनायक को रोज ने तार द्वारा आदेश दिया, 'बहुत जोर के साथ किले की दक्षिणी बुर्ज पर गोलाबारी करो। उस व्हिसलिंग डिक को किसी तरह बंद करो।'

गौस के 'घनगरज' तोपखाने के शोर और मृत्युवमन का नाम इन लोगों ने व्हिसलिंग डिक—हल्ला करनेवाला शैतान रखा था।

आज्ञा पाते ही दक्षिण ब्रिगेड ने अत्यंत तीव्रता के साथ काम शुरू किया। उनके तोपखाने लगातार भयंकर आग और गोले उगलने लगे। बख्शिन जवाब पर जवाब दे रही थी। बारूद और धुएँ से उसका सुंदर चेहरा काला पड़ गया था। पसीने की रेखाओं से जितना चेहरा धुल गया था, केवल उतना उसके स्वर्ण वर्ण को प्रकट कर रहा था। ब्रिगेड ने तोपों की रक्षा में किले की ओर दौड़ लगाई। घनगरज के तोपखाने ने उनका संहार कर दिया। बहुत अंग्रेजी फौज मारी गई। उसको लौटना पड़ा। परंतु उनके तोपखाने ने एक काम कर लिया।

एक गोला बुर्ज के कँगूरे को तोड़कर बख्शिन के कंधे पर लगा। कंधा टूट गया, उड़ गया। वह अचेत होकर गिर पड़ी।

बख्शी को पूर्वी बुर्ज पर समाचार मिला। निर्मल होकर बख्शी ने उत्तर दिया, 'उससे बढ़कर झाँसी और झाँसी की रानी हैं। शाम को देखूँगा। तब तक दाह मत करना।'

बख्शी अपने काम पर जुट गया। एक बार आकाश की ओर उसने देखा। गीता के कृष्ण को याद किया और अपने को कठोर से कठोर संकट में डालता हुआ तोपों को दुगुनी तेजी के साथ चलाने लगा। रोज का पूर्वी मोर्चा बुझ गया।

परंतु बख्शी का पलीता सुलगता और आग देता रहा।

बख्शिन चली गई। रानी तुरंत आईं। बख्शिन के रक्तमय शव को गोद में रख

लिया। गला रुद्ध हो गया, एक शब्द भी मुँह से नहीं निकल रहा था—और न आँखों से एक आँसू। तोपखाना बंद हो गया था। अंग्रेजों के गोले धड़ाधड़ बुर्जों और दीवारों से टकरा रहे थे और उसको ढा रहे थे। मुंदर ने दूरबीन से अपनी बुर्ज पर से देखा। दौड़कर आई।

घबराकर बोली, 'बाई साहब!'

रानी के मुँह से केवल एक शब्द निकला, 'गौस'।

मुंदर समझ गई। दौड़कर पश्चिमी बुर्ज से गुलाम गौस को बुला लाई।

गौस खाँ ने देखा, झाँसी की रानी धूल में बैठी बख्शिन के शव से लिपटी हुई हैं।

गौस ने कहा, 'यह क्या सरकार, अभी न जाने कितने सरदार कुरबान होंगे! हुजूर हम लोगों को समझाती हैं कि स्वराज्य की लड़ाई किसी के मरने-जीने पर निर्भर नहीं है। और फिर बख्शिनजू तो अमर हो गईं। उठिए, देखिए उस जवाँमर्द बख्शी को। वह अपने ठिए पर अटल है। आप ऐसा मोह करेंगी तो हम लोग गोरों से कितने दिन लड़ सकेंगे? आप यहाँ से हट जाएँ और दीवान खास में बैठकर हुकुम भेजती रहें। मैं इनको मजा चखाता हूँ।'

रानी बख्शिन के शव का आवश्यक प्रबंध करके दीवान खास में चली गईं।

गौस खाँ ने 'बिसमिल्लाह' किया और घनगरज को सँभाला। तीन बाढ़ों में ही अंग्रेजी मोर्चे का तोपखाना, तोपची और तोपखाने पर काम करनेवाले, सब स्वाहा हो गए।

गौस ने अपने साथियों से कहा, 'यह तो मेरे साथी सरदार को मारने का बदला हुआ, अब कुछ प्रसाद भी देता हूँ। देखो झोकनबाग के पूर्व में गुसाइयों के मंदिरों की आड़ से ये लोग सैंयर फाटक पर गोलाबारी कर रहे हैं। बिचारा खुदाबख्श मंदिरों के लिहाज के कारण जवाब नहीं दे पाता, परंतु मंदिरों के बीच में सँध है। उसी सँध में होकर अँगरेजी तोपखाना काम कर रहा है। वह सँध खुदाबख्श की सीध में नहीं है, पर धनगरज की सीध में है।'

साथी ने अनुरोध किया, 'मंदिर पर गोला न पड़े खाँ साहब। नहीं तो बड़ा अनर्थ हो जाएगा।'

'अगर मंदिर की एक ईंट भी मेरे गोले से टूट जाए तो तलवार से मेरी गरदन कलम कर देना।'

गौस ने घनगरज का मुँह मोड़ा, परंतु वहाँ से सीध नहीं बैठती थी और न निशाना जमता था। तोप को ज्यों-का-त्यों करके वह रघुनाथसिंहवाली बुर्ज पर गया।

'दीवान साहब,' गौस ने विनय की, 'दो पल के लिए तोप मुझे बख्श दीजिए। सैंयर फाटक के सामनेवाला अँगरेजी तोपखाना बंद करना है।'

'तोप खुशी से लीजिए,' रघुनाथसिंह ने कहा, 'परंतु अँगरेजी तोपखाने पीछे मिटेंगे,

मंदिर पहले।'

गौस ने दृढ़तापूर्वक कहा, 'दूरबीन दीजिए, मुझको मंदिरों की सँध से केवल अँगरेजी तोपखाना देखना है। मंदिरों को मैं देखूँगा ही नहीं।'

रघुनाथसिंह को गुलाम गौस की गोलंदाजी का भरोसा था। दूरबीन और तोप उसके हवाले कर दी।

गौस ने तोप के ठिए को सँभाला, सुधारा और दूरबीन लगाकर निश्चितता के साथ गोला छोड़ा। उसका जो कुछ फल हुआ, उसे रघुनाथसिंह ने दूरबीन से देखा।

अंग्रेज तोपची मारे गए। तोपें नष्ट हो गईं और मंदिर बच गए।

उसी समय गुलाम गौस खाँ को रानी ने अपनी तौल-भर चाँदी का तोड़ा पुरस्कार में दिया। जब लालता ने सुना, उसका जी गिर गया।

संध्या समय बख्शिन के शव का दाह किया गया।

बख्शी हर्षोन्मत्त था, परंतु उसकी आँखों में पागलपन था।

कभी-कभी वह असंगत और अप्रासंगिक बात कहता था। 'नैनं छिंदंति शस्त्राणि नैनं दहति पावकः।' और कोई समझा हो या न समझा हो, परंतु रानी इस महावाक्य को समझती थीं।

रात हुई। लड़ाई ने कुछ शांति पकड़ी। पीरअली के पास बहरामुद्दीन पहुँच गया।

पीरअली ने तुरंत कहा, 'देखो, मेरे पता लगाने के कारण गोलंदाजों को कितना लाभ हुआ।'

बहरामुद्दीन को शक हुआ। उसको दबाकर बोला, 'बेशक हुआ होगा, मगर मैं किले से गोलंदाजी नहीं कर रहा था, इसलिए कुछ कह नहीं सकता।'

पीरअली ने शेखी मारी, 'हमारी खिड़की के सामने अँगरेजों का कोई मोर्चा नहीं पड़ता, नहीं तो दाँत खट्टे कर देता।'

बहरामुद्दीन ने खुशामद की, 'मीरसाहब कहिए, दाँत और सिर तोड़ देते।'

पीरअली ने प्रसन्न होकर कहा, 'एक ही बात है।'

जब कुछ रात बीत गई, पीरअली ने बहरामुद्दीन से धीरे से कहा, 'अब मैं जासूसी पर जाता हूँ, आप यहाँ होशियार रहना।'

बहराम ने मंजूर किया।

पीरअली मुहरी के रास्ते से बाहर हो गया और उसके पीछे-पीछे चुपचाप बहराम। आध मील चलने के बाद जब पहले छबीले के संत्री ने टोका तब पीरअली ने संकेत शब्द में उत्तर दिया। पीरअली आराम के साथ अंग्रेज छावनी में दाखिल हो गया। बहराम बहुत उदास धीरे-धीरे सागर-खिड़की को लौट आया।

जब पीरअली लौटा, बहराम ने प्रश्न किया, 'आज की क्या खबर लाए मीर साहब?'

उसने उत्तर दिया, 'ज्यादा पता नहीं लगा। सिर्फ इतना मालूम कर सका कि कल शहर पर गोलाबारी पश्चिम की तरफ से होगी।'

'आज तो सरदार गुलाम गौस ने कमाल कर दिया। जिधर की तोप सँभाली, उसी तरफ कहर बरसा दिया।'

'हमारी बारूद भी बहुत अच्छी है। धुआँ होता ही नहीं। अँगरेजों को पता नहीं लगता कि तोपखाने किधर लगे हुए हैं।

'तो भी वे लोग हमारे गोलंदाज पर गोलंदाज मार रहे हैं। खैर है कि हमारे यहाँ तोपचियों की कमी नहीं है वरना झाँसी का घंटे-भर भी बचना मुश्किल था।'

'बारूद कहाँ बनाई जाती है खाँ साहब?'

'महल के उत्तर में इमली के पेड़ों के नीचे। आपने क्या नहीं देखा?'

'नहीं तो, मैं उस तरफ नहीं गया खाँ साहब।'

'एक बात मुझको भी बतलाइए मीर साहब, आप अँगरेजी छावनी में पहुँच कैसे जाते हैं?'

'कुछ न पूछो, खाँ साहब, गड्ढों, खाइयों और झाड़-झंकाड़ की आड़ें लेता हुआ जाता हूँ। जरा चूकूँ तो गोली सिर पर पड़े। फिर वही मुहरी की मुसीबत। इतना बदबूदार कीचड़ है कि तौबा।'

बहराम के पैरों में भी कीचड़ लगा हुआ था, पीरअली ने देख लिया। उसने पूछा, 'खाँ साहब, तुम्हारे पैरों में कीचड़ कैसा?'

उसने भोलेपन के साथ उत्तर दिया, 'मैं भी मुहरी में होकर बाहर थोड़ी दूर चला गया था। देखना था कि कैसा रास्ता है। आपके जाने के बाद गया और तुरंत लौट आया।''

पीरअली को संदेह हो गया। उसने एक निश्चय किया। बहराम का संदेह जाग्रत हो गया। उसने एक संकल्प किया।

: ६८ :

सुंदर को उस रात दूल्हाजू की कुमुक सौंपी गई। उसने दूल्हाजू से गोलंदाजी सीखी थी, इसलिए वह उनका आदर करती थी। संध्या के उपरांत सुंदर ओरछा फाटक के ऊपर दूल्हाजू के पास पहुँच गई।

दूल्हाजू ने दिन में खूब तोप चलाई थी। वह प्रसन्न था और सुंदर उस दिन के काम से संतुष्ट थी, केवल बख्शिन के देहांत पर कभी-कभी मन कसक उठता था।

दूल्हाजू ने सुंदर से कहा, 'आज तो बाई मैं बहुत थक गया हूँ। सारा शरीर दुख रहा है।'

'आप विश्राम करिए। मैं रात-भर सावधान रहूँगी।'

'दिन-भर फिर वही सब करना पड़ेगा।'

'मैं दिन में भी आपकी जगह काम करती रहूँगी।'

'और कल रात?'

'रात को भी काम कर दूँगी। तब तक आप सुस्ता लेंगे। परसों दिन में आप तोपखाना सँभाल लेना। मैं सो लूँगी। रात का काम फिर पकड़ लूँगी।'

'सुंदर, तुम बहुत प्रबल हो।'

'आपकी कृपा।'

'और अत्यंत सुंदर।'

'इसका उत्तर कुछ नहीं दे सकती। भगवान् ने जैसा बनाया, वैसी हूँ।'

'तुमको देखते ही, तुम्हारे दर्शन करते ही न जाने मेरा चित्त कैसा हो जाता है। तुम तो महल की रानी होने योग्य हो।'

'रानी तो एक ही हैं—और एक ही हो सकती हैं।'

'सुंदर, मैं तुमको अपने हृदय से लगाना चाहता हूँ। क्या कहती हो?'

'यही की आप बहुत नीच हैं।'

दूल्हाजू इस उत्तर की आशा नहीं कर रहा था। उसने अपनी ठेस को मुश्किल से सँभाला। उत्तेजित हुआ।

बोला—'जानती हो, मैं ठाकुर हूँ।'

सुंदर ने दृढ़ सुहावने स्वर में कहा, 'जानते हो, मैं कुणभी हूँ, जिस जाति की सहायता से छत्रपति ने एकछत्र राज्य स्थापित किया था।'

दूल्हाजू यकायक हँस पड़ा।

बोला, 'मैं सुंदर बाई तुमसे परम प्रसन्न हुआ। मैंने तुम्हारी परीक्षा लेने के लिए ही यह सब कहा था।'

सुंदर ने स्थिरता के साथ कहा, 'हर्ष है कि आपकी परीक्षा शीघ्र समाप्त हो गई।'

दूल्हाजू की आँख में लौ छूट पड़ी, परंतु सुंदर ने नहीं देखा।

'तोपखाना सँभालो,' दूल्हाजू बोला, 'मैं सवेरे काम पर आ जाऊँगा।' और अधिक वह कुछ न कह सका। चला गया।

अब सुंदर का क्षोभ जाग्रत हुआ। खीझकर उसने अपने मन में कहा, 'दो जूते मुँह पर न लगा पाई। बड़ा सरदार बना फ़िरता है। मेरे स्त्रीत्व को इतना दुर्बल समझा!'

सवेरा होते ही दूल्हाजू अपने ठिये पर आ गया। सुंदर से कोई बात नहीं हुई। उसने ऐंठ के मारे क्षमा-प्रार्थना तक नहीं की। सुंदर ने रात का सब हाल रानी को सुनाया।

रानी ने सुंदर को वर्जित किया, 'और किसी से कुछ मत कहना। गोलंदाज बहुत मारे गए हैं। यदि मेरे पास काफी आदमी होते तो दूल्हाजू को अपने हाथ से कोड़े लगाती और

झाँसी के बाहर कर देती, परंतु इस समय जरा सह लेना चाहिए। तुझे अनुमति देती हूँ कि यदि वह फिर कोई बेहूदी बातें कहे तो अकेले में जूते लगा देना। तू उसको कुश्ती में पछाड़ सकती है।'

सुंदर को अच्छा लगा। चुप रही। रानी ने समझा कि इतने से संतुष्ट नहीं हुई। उन्होंने दूल्हाजू को बुलाया और अकेले में काफी डाँटा-फटकारा।

कहा, 'अबकी बार तुमको क्षमा किया। अपना काम करो। ऐसा ओछापन न करना।'

दूल्हाजू काम पर शीघ्र लौट गया। उसने सोचा–एक ने नीच कहा, दूसरी ने ओछा। मेरे सच्चे प्रेम को किसी ने न पहचाना। सुंदर एक छोटी जाति की स्त्री है। मैं उसको खुल्लम-खुल्ला रख लेता। ठकुराइन बन जाती। लेकिन बड़ी पाजी औरत है और रानी औरतों की तरफदार। मैंने कहा ही क्या था? विश्वास दिलाया कि उसकी परीक्षा कर रहा था परंतु रानी ने विश्वास नहीं किया। इस प्रकार का बरताव तो बड़े-बड़े महाराजा भी मेरे साथ नहीं कर सकते।

दूल्हाजू उस बरताव को अपना अपमान समझता था। उस पर भी वह अपना कर्तव्य शिथिलता और अन्यमनस्कता के साथ करता रहा। कुशल यही थी कि पिछले दिन गुसाइयों के मंदिरों के पासवाले तोपखाने के मिट जाने के कारण और रोज के पश्चिमी मोर्चे पर अधिक जोर देने के कारण, ओरछा फाटक ने अधिक गोलाबारी का आवाहन नहीं किया।

दोपहर के बाद धूप कड़ी हो गई। लू भी चल उठी। दोनों ओर के तोपखाने और सिपाही अवकाश लेने लगे।

पीरअली दूल्हाजू के पास आया। राम रहीम होने के उपरांत बातचीत होने लगी। पीरअली चाहता था कि कम-से-कम एक सरदार को अपने पक्ष में कर लूँ।

पीरअली–'दीवान साहब, आपको तो बड़ा कड़ा परिश्रम करना पड़ता है। आपकी वजह से मेरी खिड़की पर दुश्मन कोई दबाव ही नहीं डाल पाता।'

दूल्हाजू–'परिश्रम तो, सचमुच मीरसाहब, मुझको बहुत करना पड़ता है। मारे जाने पर मेरे परिश्रम का कोई मूल्य भी आँका जाएगा या नहीं, इसमें संदेह है।'

पीरअली–'रानी साहब तो इनाम खुले हाथ देती हैं। गुलाम गौस को सोने के कड़े, अपनी तौल-भर चाँदी का तोड़ा और कुँवर का खिताब बख्शा है।'

दूल्हाजू–'होगा। रानी पठानों और परदेसियों की केवल हेकड़ी पर ही प्रसन्न हो जाती हैं। खजाना उनके हाथ में है, चाहे जिसको लुटाएँ। मैं कितनी बार ओरछा फाटक के समाने से अँगरेजों को हटा चुका हूँ, कितनी बार मैंने उनके तोपखाने नष्ट किए, परंतु मुझको तो एक पैसा भी पुरस्कार में नहीं मिला। जी चाहता है कि यह लड़ाई समाप्त हो

या अवसर मिले तो अपने घर चला जाऊँ।'

पीरअली–'ये ही, देखिए दीवान साहब, जासूसी में कितनी जान खपा रहा हूँ। पता लगाने के लिए रात में इधर-उधर अकेला भटकता हूँ। एक गोली या एक तलवार का वार पड़ जाए कि बस खतम हूँ, मगर कोई पूछनेवाला नहीं कि भैया तुम्हारा क्या हाल है। मेरे साथ एक गँवार पठान को और जोड़ दिया है। उसके मारे परेशान रहता हूँ।'

दूल्हाजू–'इधर मेरी भी परेशानी है। सुंदरबाई मेरी नायबी में है। उसकी केवल परीक्षा लेने के लिए एक बात कही कि वह पाजीपन पर आ गई। मैंने डाँटा। उसने रानी से मेरी शिकायत कर दी। रानी ने मुझसे ऐसी बातें कहीं हैं आज कि दिल टूट रहा है।'

पीरअली ने प्रयत्न किया अपने को रानी का जासूस प्रकट करने का, दूल्हाजू ने प्रयास किया अपने को दुखाया-सताया निर्दोष सिद्ध करने का, दोनों के मन परस्पर निकट आए, परंतु एक-दूसरे की बात को उनमें से किसी ने नहीं समझा।

दूल्हाजू ने कहा, 'मुझे दिखता है, हम लोग अँगरेजों को हरा नहीं सकेंगे।'

पीरअली–'उन्होंने दिल्ली और लखनऊ को सहज ही तोड़ लिया। कानपुर को भी पराजित कर लिया है। सच्ची बात तो दीवान साहब यह है कि झाँसी बिचारी का कोई बिरता नहीं।'

दूल्हाजू–'जी चाहता हूँ कि आज ही इस्तीफा देकर, तुम्हारी मुहरी से घर चला जाऊँ।'

पीरअली–'इस्तीफा देने की क्या जरूरत? वैसे ही चले जाइए, परंतु चारों तरफ तार लगे हुए हैं और संत्रियों के छबीले पड़े हुए हैं। जिनमें होकर छिपकर निकलना कठिन है।'

दूल्हाजू–'आप मीरसाहब, अँगरेजी छावनी में से खबर कैसे लाते हैं?'

पीरअली–'छावनी में मेरे कुछ रिश्तेदार भोपाली दस्ते में हैं। उनकी मदद से पहुँच जाता हूँ। और वहाँ का हाल ले आता हूँ–और-और दीवान साहब, मैं अँगरेजों के बड़े जनरल रोज साहब के सामने भी हो आया हूँ।'

दूल्हाजू–'आप लड़ाई शुरू होने के पहले गए थे?'

पीरअली–'नहीं, कल रात को ही तो पहुँचा था।'

दूल्हाजू–'फिर बचे कैसे?'

पीरअली–'सीधी-सी बात। उनसे कह दिया कि मैं तो आपकी तरफ से जासूसी कर रहा हूँ।'

दूल्हाजू–'जनरल मान गया?'

पीरअली–'क्यों न मानता? दो-एक बातें बतला दीं, उसको भरोसा हो गया।'

दूल्हाजू–'मैं भी जनरल के पास चलना चाहता हूँ।'

पीरअली–'यदि रानी साहब को खबर लग गई तो?'

दूल्हाजू–'तो जो हाल आपका होगा, वही मेरा भी।'

पीरअली–'मैं तो जासूस हूँ।'

दूल्हाजू–'मुझको भी उसी रंग में रँग लीजिए।'

पीरअली–'मगर जनरल के सामने आप अपने को जासूस नहीं कह सकेंगे।'

दूल्हाजू–'तब क्या कहूँगा? जाना तो उसके सामने अवश्य चाहता हूँ। शर्त यह है कि बचकर लौट आऊँ और यहाँ भी कोई गड़बड़ न हो।'

पीरअली–'जनरल ने यदि आपसे किसी काम को करने के लिए कहा तो?'

दूल्हाजू–'हाँ करना पड़ेगा।'

पीरअली–'तो पहले हमारा-आपका ईमान हो जाए और कहीं भी, किसी प्रकार भी, बात न फूटने पाए।'

पीरअली ने दीन की और दूल्हाजू ने धर्म की पक्की सौगंध खाई।

पीरअली ने कहा, 'यदि अवसर मिला तो आज रात को, नहीं तो कल रात को चलेंगे।'

दिन-भर पश्चिमी और दक्षिणी मोर्चे पर घोर युद्ध होता रहा। उत्तर में, उन्नाव, भाँडेरी और सूजेखाँ फाटकों पर भी गोलाबारी हुई। इस दिशा में ओरछा की सेना रोज के दस्ते के साथ काम कर रही थी, परंतु इस ओर झाँसी के सैनिक और गोलंदाज ऐसी मुस्तैदी के साथ कर्तव्यपालन कर रहे थे कि रानी को इस दिशा से अंग्रेजों का कोई भय ही न था। दतिया राज्य से अंग्रेजों की सहायता के लिए कोई दस्ता नहीं आया था। इस राज्य को चरखारी पराजय का पता लग गया था। राजा विजयबहादुर का देहांत हो चुका था। उत्तराधिकारी नाबालिग था। रोज के आक्रमण से पहले दतिया को रानी का भय था और अब तात्या टोपे का। इसलिए दतिया राज्य भयग्रस्त तटस्थता में था।

झाँसी का दतिया फाटक निर्भय था। किले की पश्चिमी बुर्ज का तोपखाना इसकी काफी रक्षा किए हुए था। यही हाल खंडेराव फाटक का था। फिर भी इन फाटकों के तोपची हाथ पर हाथ धरे न बैठे थे।

संध्या हो गई। परंतु रात में गोलाबारी बंद न हुई। रात में गोले सर्राती हुई छोटी-छोटी लाल गेंदों की तरह मालूम पड़ते थे। इस गोलाबारी से शहर का थोड़ा-सा नुकसान हुआ, परंतु किले का कुछ नहीं बिगड़ा। उस रात पीरअली बाहर नहीं जा पाया। दूल्हाजू कम सोया। उसने पीरअली की बाट जोही।

दिन निकलने पर फिर जोर का युद्ध हुआ। अब तक गोरी पल्टनें आगे बढ़-बढ़कर मर रही थीं। अब अधिकांश देशी पल्टनें दिखाई पड़ीं। परंतु तोपखाने सब अंग्रेजों के हाथ में थे।

दोनों ओर से तोपची मर रहे थे और दूसरे तोपची उनकी जगह पर आ रहे थे। संध्या के समय किले के पश्चिमी मोर्चे का तोपखाना बंद हो गया, कारण था दीवार का धुस्स हो जाना।

दीवार के टूट जाने से तोपखाना दिखाई पड़ने लगा। मुश्किल से तोपों को आड़ में किया गया। जार पहाड़ी की ओर से एक दस्ता झपटा। खंडेराव फाटक पर से सागरसिंह ने देख लिया। फाटक पर ताले पड़े थे। वैसे ही फाटक खोलने की आज्ञा न थी। सागरसिंह ने तोप चलाई, परंतु वह जल्दबाज था, इसलिए निशाना ठीक न बैठता था। खीझ उठा।

अपने साथियों से बोला, 'आज बुंदेलों की नाक कटती है और कुँवर सागरसिंह की मूँछ जाती है। जो मेरे साथ इन गोरों का सामना कर सके, वह तुरंत नीचे उतरे।'

एक ने कहा, 'रानी साहब की या दीवान जवाहरसिंह की आज्ञा ले लो।'

सागरसिंह ने उत्तर दिया, 'बावले हुए हो? जब तक किसी की आज्ञा आएगी तब तक ये लोग किले में घुस आएँगे। तब आज्ञा को क्या हम चाटेंगे?'

रस्से की सीढ़ी लगाकर धड़ाधड़ सौ आदमी नीचे उतर गए। सबसे पहले सागरसिंह। ये लोग सपाटे से बगल की टौरिया की ओट में पहुँच गए। जैसे ही अंग्रेजी दस्ता आया, इन लोगों ने भी बंदूकों की बाढ़ छोड़ी। दस्ते ने भी बंदूक दागी। सागरसिंह की टुकड़ी की कोई हानि नहीं हुई, परंतु अंग्रेजी दस्ता छिन्न-भिन्न हो गया। इकट्ठा होने ही को था कि सागरसिंह अपने साथियों सहित तलवार लेकर पिल पड़ा। अंग्रेजी दस्ता सब नष्ट हो गया। कुँवर सागरसिंह भी खंडेराव फाटक के पास ही मारा गया। उसके कुछ आदमी बच गए और भीतर आ गए।

इन आदमियों की वीरता ने उस दिन झाँसी का किला बचा लिया।

रात हो गई। रानी को सागरसिंह के शौर्य का समाचार मिल गया। रानी की आँखों के सामने बरुआसागर की घटना का पूरा चित्र खिच गया। रानी ने मन में कहा—'जिस देश में सागरसिंह सरीखे लोग जन्म लेते हैं वह स्वराज्य से बहुत दिनों वंचित नहीं रह सकता।'

रानी ने दीवार की मरम्मत अपने सामने करवाई। कारीगर कंबल ओढ़कर दीवारों की मरम्मत पर चिपट गए और रात-भर में दीवार को ज्यों-का-त्यों कर लिया।

सवेरे पश्चिमी अंग्रेजी मोर्चे ने दूरबीन से देखा—जैसे दीवार का कभी कुछ बिगड़ा ही न था!

उस दिन अत्यंत भीषण युद्ध हुआ। दोनों ओर से निरंतर और तीव्र गोलाबारी हुई। इधर दीवारें टूट रही थीं। उधर अंग्रेजों के मोर्चे नष्ट हो रहे थे। इधर तोपची पर तोपची मारे जा रहे थे, उधर तोपखाने पर तोपखाने बंद हो रहे थे। तुरंत दूसरे तोपची तोपों को

सँभाल लेते थे। रानी की स्त्री सेना इस तरह काम कर रही थी जैसे देवी दुर्गा ने अनेक शरीर और अनेक रूप धारण कर लिए हों।

दीवार टूटी कि उसकी मरम्मत हुई। वह भी दिन-दहाड़े मरम्मत करने का काम पुरुष कर रहे थे और पत्थर तथा चूना इत्यादि देने का काम स्त्रियाँ। गोले बरस रहे थे, ऐसे गोले जो फटकर अपने भीतर के कील-काँटे चारों ओर सनसना देते थे, परंतु न तो झाँसी की हिम्मत टूट रही थी और न झाँसी की रानी की। जैसे-जैसे संकट बढ़ता, तैसे-तैसे इनका साहस बढ़ता जाता!

यकायक गोला किले के भीतरवाले गणेश मंदिर पर गिरा और वह ध्वस्त हो गया। केवल मूर्ति बची। दूसरा शंकर किले में गिरा। उस समय आठ-दस ब्राह्मण पानी भर रहे थे। उनमें से आधे मारे गए। बाकी भाग गए। ये गोले पश्चिमी मोर्चे से आए थे।

पानी की टूट पड़ी। तीन-चार घंटे लोगों को प्यासा रहना पड़ा। किले का पश्चिमी मोर्चा सँभाला गया। अंग्रेजी मोर्चे का मुँह बंद हुआ तब कुएँ से पानी आ पाया। फिर रात हुई और बहुत कुछ शांति। दोनों पक्ष थकावट में चूर थे।

इस रात पीरअली और दूल्हाजू को अवसर मिला।

: ६९ :

बहरामुद्दीन सागर-खिड़की की तोप पर पीरअली की जगह आ गया। पीरअली ने उससे कहा, 'आज बहुत से पते लगाने के लिए अँगरेजी छावनी में जाना है।'

'शौक से जाइए,' बहराम बोला, 'अकेले ही जाइएगा? बड़ा खतरनाक काम है।'

पीरअली ने उत्तर दिया, 'अकेले ही जाऊँगा। दो आदमी होने से खतरा बढ़ जाएगा।'

पीरअली खिड़की पर से उतरा। थोड़ी देर ही ठहरा था कि दूल्हाजू आ गया। ओरछा फाटक पर उसकी जगह सुंदर आ गई थी।

दूल्हाजू को बहरामुद्दीन ने नहीं देख पाया।

पीरअली और दूल्हाजू मुहरी में धँसे। धँसते ही दूल्हाजू ने नाक दबाई। धीरे से कहा, 'मीर साहब, यह तो बहुत सँकरा और गंदा रास्ता है।'

पीरअली धीरे से बोला, 'दीवान साहब, वहाँ पहुँचने का यही एकमात्र मार्ग है।'

उन दोनों के निकल जाने पर धीरे से बहरामुद्दीन मुहरी से उतरा और आड़-ओट लेते हुए पहले संत्री के छबीले तक चला गया।

संत्री ने टोका। पीरअली ने बँधे हुए संकेत की भाषा में जवाब दिया। वे दोनों छावनी में चले गए।

बहरामुद्दीन ने सोचा—'पीरअली अवश्य कोई घातक षड्यंत्र रच रहा है। और वह

झाँसी के लिए शुभ नहीं जान पड़ता। आज दूसरा आदमी इसके साथ कौन है?'

बहरामुद्दीन सावधानी के साथ लौट आया। हाथ-पैर धोकर मुहरी की बगल में बैठ गया और पीरअली की वाट जोहने लगा।

दूल्हाजू के साथ पीरअली रोज के सामने पेश हुआ। स्टुअर्ट पास था। पूछताछ शुरू हुई।

रोज—'तुम्हारे साथ दूसरा आदमी कौन है?'

पीरअली—'दीवान दूल्हाजू ठाकुर साहब। ओरछा फाटक का तोपखाना इन्हीं के हाथ में है।'

रोज—'मैं खुश हुआ। यह किसी राजपरिवार का पुरुष है?'

पीरअली—'जी हाँ।'

रोज—'आप क्या काम करोगे दीवान साहब?'

दूल्हाजू—'जो कहा जाए।'

पीरअली—'यह सच्चे आदमी हैं साहब। गंगाजली की सौगंध लेंगे।'

रोज समझ गया।

दूल्हाजू के पसीना छूट गया। निकल भागने को जी चाहा, परंतु वहाँ बाल बराबर भी साँस न थी।

रोज ने एक हिंदू सिपाही से लोटा भर मँगवाया।

रोज ने कहा, 'आपको गंगाजी की सौगंध खानी पड़ेगी।'

दूल्हाजू ने लोटा दोनों हाथों में ले लिया। आँखें बंद कर लीं।

रानी का कुपित चेहरा सामने फिर गया। उसने आँखें खोल लीं। रोज ने सोचा, शपथ गंभीरतापूर्वक ले रहा है।

पीरअली ने अनुरोध किया, 'सौगंध ले लीजिए दीवान साहब।'

दूल्हाजू ने शपथ ली, 'गंगाजी मुझको मारें, जो मैं बेईमानी करूँ।'

रोज—'बेईमानी किसके साथ? शपथ लो कि कंपनी सरकार के साथ, अंग्रेजों के साथ बेईमानी नहीं करूँगा।'

पीरअली—'ले लीजिए सौगंध दीवान साहब।'

दूल्हाजू ने शपथ ली, 'कंपनी सरकार के साथ, अँगरेजों के साथ बेईमानी नहीं करूँगा।' और उसने लोटा रख दिया।

रोज ने कहा, 'अभी नहीं। लोटा फिर हाथ में लीजिए और यह कहिए कि ओरछा फाटक का तोपखाना या तो बेकार कर देंगे या तोपखाने से गोला नहीं छोड़ेंगे और ओरछा फाटक हमारे हवाले कर देंगे।'

दूल्हाजू ने तदनुसार कसम खाई।

पीरअली ने विनय की, 'हुजूर को इनाम भी इसी समय बतला देना चाहिए।'

रोज ने तुरंत वरदान दिया, 'दो गाँव जागीर में दीवान साहब, हमेशा के लिए।'

दूल्हाजू ने क्षीण मुसकराहट के साथ स्वीकार किया।

दूल्हाजू ने प्रश्न किया, 'कब?'

रोज ने उत्तर दिया, 'जब हम झाँसी पर अधिकार करके शांति स्थापित कर लेंगे।'

'यह नहीं पूछा,' दूल्हाजू ने कहा, 'वह काम कब करना होगा?'

रोज और स्टुअर्ट ने सलाह की।

रोज बोला, 'जब हमारे मोर्चे के पीछे लाल झंडा देखो। लेकिन जब तक लाल झंडा न देखो, तब तक गोले टेकड़ी के नीचे हिस्से में लगें, हमारे तोपखाने या दस्ते पर गोला न आवे और हमारे तोपखाने का गोला तुम्हारे ऊपर न गिरेगा। या तो दीवाल की जड़ में पड़ेगा या तुम्हारे बगल में जो ऊँचाई पर बुर्ज है, उस पर पड़ेगा। यदि तुमने हमारे साथ बेईमानी की तो सबसे पहले तुमको फाँसी दी जाएगी।'

दूल्हाजू का चेहरा तमतमा गया।

'मैंने बहुत बड़ी कसम खाई है। इन मीरसाहब को मालूम है कि रानी साहब से मेरा दिल बिलकुल फिर गया है।'

पीरअली ने समर्थन किया।

इसके उपरांत वे दोनों चले गए।

रोज ने स्टुअर्ट से कहा, 'राज-खानदान के लोगों को हाथ में रखना जरूरी है। डलहौजी ने इन लोगों को अपमानित करके हिंदुस्थान को बिलकुल ही खो दिया होता।'

स्टुअर्ट–'लेकिन आगे चलकर इन लोगों को सिर पर भी नहीं बैठाना है।'

रोज–'नहीं जी। वे सिर पर नहीं बैठना चाहते। वे तो अपनी मखमली गद्दियों पर बैठे रहना चाहते हैं। वहीं अडिग बने रहेंगे।'

पीरअली और दूल्हाजू मुहरी पर आ गए। दूल्हाजू ने फिर नाक दबाई।

पीरअली ने मुहरी के सिरे पर पहुँचकर कहा, 'दीवान साहब, लाल झंडेवाली बात याद रखना।'

दूल्हाजू धीरे से 'हुँ' करके ओरछा फाटक की ओर चला गया। उसके चले जाने पर पीरअली ने दीवार से सटा हुआ किसी को देखा। काँप गया।

बोला, 'कौन?'

बहराम ने आगे बढ़कर उत्तर दिया, 'मैं हूँ मीरसाहब।'

हृदय की धड़कन को दबाते हुए पीरअली ने कहा, 'म्याँ खाँ साहब, यहाँ क्या कर रहे थे?'

'मुहरी में छप-छप की आवाज सुनकर शक हुआ, इसलिए यहाँ आ गया। आपके

साथ दूसरा आदमी कौन था?'

'होगा। आपको क्या मतलब?' पीरअली ने होश सँभालते हुए कहा, 'जासूसी मुहकमों की बातों में दखल नहीं देना चाहिए।'

बहराम–'आप तो कहते थे कि अकेले ही जाएँगे, दो आदमी होने से खतरा बढ़ जाएगा।'

पीरअली–'आपको साथ ले जाता तो खतरा जरूर बढ़ जाता।'

बहराम–'यह दीवान साहब कौन आदमी था?'

पीरअली–'दीवान साहबों और खाँ साहबों की झाँसी में कोई कमी नहीं?'

बहराम–'हाँ, मीरसाहब अलबत्ता बहुत थोड़े हैं।'

पीरअली–'अपना काम देखिए। मैं तो जाकर सोता हूँ। इतना खयाल रखिए कि किसी के राज में अपना पैर नहीं पटकना चाहिए।'

बहराम–'मान लिया मीरसाहब, मान लिया। लेकिन इतना तो बतला दीजिए कि आज किस तरह पहुँचे और क्या-क्या कर आए?'

पीरअली–'आप पीछे-पीछे क्यों न चले आए?'

बहराम–'गया था, लेकिन लाल झंडे की बात समझ में नहीं आई।'

पीरअली सन्नाटे में आ गया; परंतु उसको मनोनिग्रह का काफी अभ्यास था। बोला, 'लाल झंडेवाली बात रानी साहब को बतलाई जावेगी, आपको नहीं।'

बहराम ने कहा, 'रानी साहब से मैं भी कुछ अर्ज करूँगा।'

पीरअली अपने शयनागार में चला गया। उसको नींद नहीं आई। दो दिन पहले उसने एक निश्चय किया था। सवेरा होते ही वह रानी के पास पहुँचा।

पिछले रोज बहुत तोपची और सैनिक मारे गए थे। रानी ने रात में तोपचियों का प्रबंध कर लिया था। तड़के के पूर्व ही वह नए सैनिकों की भरती के उपायों में व्यस्त थीं। जवाहरसिंह और रघुनाथसिंह भी उसी चिंतन में वहीं थे।

पीरअली ने तुरंत निवेदन किया, 'श्रीमंत सरकार, आज पश्चिम मोर्चे से बहुत जोर का हमला होगा। जब आपका ध्यान उस ओर अटक जाएगा तब दक्षिणी मोर्चे से जो जीवनशाह की टौरिया के बगल में है, धावा बोला जाएगा। रात की जासूसी का यही समाचार है।'

रानी ने उपेक्षा के साथ कहा, 'देखूँगी। प्रबंध हो गया है।'

वह किसी काम के लिए शहर में जाने के लिए उद्यत थीं।

पीरअली हाथ जोड़कर बोला, 'श्रीमंत सरकार, उस बहरामुद्दीन को मेरे ठिए से हटा दिया जाए, वह मेरे काम में बहुत दखल देता है।'

'देखूँगी,' रानी ने कहा, 'कुछ और कहना है?'

'हुजूर,' पीरअली ने जरा थर्राए हुए स्वर में कहा, 'एक लाल झंडे के बारे में निवेदन करना है।'

रानी–'लाल-पीले झंडे के विषय में जो कुछ कहना हो, जल्दी कहो।'

पीरअली–'अँगरेज धोखा देने के लिए खूनी झंडा किसी टेकड़ी पर उठाएँगे और वहाँ से गोलाबारी भी धूमधाम के साथ करेंगे, परंतु हमला करेंगे और किसी दूसरी दिशा से।'

रानी–'समझ लिया। कुछ और?'

पीरअली–'बस हुजूर। केवल यह कि बहरामुद्दीन को मेरी बुर्ज पर से हटा दिया जाए।'

रानी अनसुनी करके जवाहरसिंह के साथ शहर की ओर गईं। पीरअली दूसरी ओर चला गया।

रानी को मार्ग में बहरामुद्दीन मिल गया, उसने रोक लिया।

अनुनय के साथ प्रार्थना की, 'पीरअली से होशियार हो जाएँ। सरकार। वह रात को अँगरेजी छावनी में जाते हैं।'

रानी रात की जागी थीं। सैनिकों का तुरंत प्रबंध करना अत्यंत आवश्यक था। मार्ग की टोका-टाकी सहन नहीं हो रही थी।

बोलीं, 'तुमको कैसे मालूम?'

बहरामुद्दीन ने उत्तर दिया, 'मैं पीछे-पीछे गया था। अँगरेज संत्री ने इनको टोका। इन्होंने इशारे की बोली में जवाब दिया। संत्री ने तुरंत छावनी में जाने दिया। यह पहले दिन की बात है सरकार। गई रात वे किसी एक दीवान साहब को साथ ले गए थे। मैं फिर पीछे-पीछे गया। संत्री ने उसी तरह चिल्लाकर टोका। इन्होंने उसी तरह चिल्लाकर इशारे की बोली में जवाब दिया। दोनों को खट से छावनी में जाने की इजाजत मिल गई। ये लोग देर से लौटकर आए। जब दोनों अलग हुए पीरअली ने दूसरे से कहा–दीवान साहब, लाल झंडेवाली बात याद रखना। मैंने उन दीवान को नहीं पहचान पाया। हुजूर, इस कार्रवाई में दगा है। द्रोह है। खतरा है।'

घोड़ा आगे बढ़ने के लिए लगाम चबा रहा था, पैर पटक रहा था।

रानी ने रुखाई के साथ कहा, 'तुम मूर्ख मालूम होते हो। अपना काम न करके दूसरों के पीछे-पीछे घूमते हो। अपना ठिया देखो।'

रानी आगे बढ़ गईं। साथ में जवाहरसिंह। जवाहरसिंह ने विनय की, 'सरकार, पठान मूर्ख नहीं है। पीरअली की जाँच होनी चाहिए।'

रानी ने उत्तर दिया, 'सामने का काम पहले निबटा लो और फिर जाँच करो। पता लगाना, यह कौन दीवान साहब हैं जो पीरअली के साथ गया था।'

नए सैनिकों का प्रबंध करके रानी किले को लौट आईं।

जवाहरसिंह शहर के इंतजाम में उलझ गया।

रानी ने जरा-सा अवकाश मिलने पर मोतीबाई से बहरामुद्दीनवाली बात कही।

मोतीबाई बोली, 'पीरअली बेईमानी कर सकता है। साथ में दीवान दूल्हाजू गए होंगे। आप उनसे रुष्ट हुई थीं।'

रानी ने कहा, 'जब तक जाँच नहीं हुई है, इन दोनों पर नजर रखनी चाहिए, परंतु सहसा ऐसा कोई काम न करना जिसके लिए पीछे पछताना पड़े। पीरअली ने पहले अच्छे कार्य किए हैं और दीवान दूल्हाजू ने ओरछा फाटक की अच्छी सँभाल की है। इस समय हाथ में कोई बढ़िया गोलंदाज दूल्हाजू की जगह भेजने के लिए नहीं है।'

'मेरे मन में आता है,' मोतीबाई बोली, 'सुंदर को दीवान साहब के साथ दिन के काम के लिए कर दीजिए। रात के काम के लिए किसी और को भेज दिया जाएगा।'

रानी ने स्वीकार किया।

सुंदर रात को जागी थी। सोने के लिए तैयार हुई थी कि उसको यह योजना बताई गई। सुंदर की नींद भाग गई। वह नहा-धोकर और थोड़ा-सा खा-पीकर ओरछा फाटक पर पहुँच गई।

उस दिन भी घनघोर युद्ध हुआ। दोनों तरफ विकट नरसंहार। केवल दो बातें विशेष हुईं—ओरछा फाटक की वह तोप जो दूल्हाजू के हाथ में थी, अच्छी नहीं चली और एक गोला महल के सामने जहाँ बारूद बन रही थी गिरा, फटा और बारूद जलकर धड़ाके के साथ पच्चीस-तीस स्त्री-पुरुषों को अपने हाथ हवा में उठा ले गई। उनके अंगों का भी पता न चला कि कहाँ गए।

बारूद में आग लग जाने के कारण किले में खलबली मच गई। भीषण नरसंहार तथा नगर के मकानों के भयानक विध्वंस के कारण लोगों में निराशा फैलने लगी। किले की दीवारों में जगह-जगह छेद हो गए थे। संध्या के उपरांत रानी शहर में गईं। दीवारों का निरीक्षण किया। मरम्मत कराई, उस समय जबकि अन्य रातों की अपेक्षा इस रात अधिक गोलीबारी हो रही थी और, इतनी शीघ्रता के साथ मानो कोई कल काम कर रही हो। रानी रात को देर से लौटीं। सीधी महादेव के मंदिर में गईं। ध्यान के उपरांत बारादरी में थोड़ी देर के लिए जा लेटीं। एक झपकी आई और उन्होंने स्वप्न में देखा—

'एक गौरवर्ण युवती, सुंदर आकृतिवाली। बड़े-बड़े काले नेत्र, लाल रंग की साड़ी का अंचल बाँधे हुए। आभूषणों से लदी हुई। वह स्त्री किले की बुर्ज पर खड़ी हुई अंग्रेजों के लाल-लाल गोलों को अपने कोमल करों में झेल रही है। कह रही है—लक्ष्मीबाई, देख, इन गोलों को झेलते-झेलते मेरे हाथ काले हो गए हैं, चिंता मत कर। स्वराज की देवी अमर है।' रानी की आँखें खुलीं। भयंकर गोलाबारी हो रही थी और होती रही। पर

उन्हें न कोई चिंता, न थकान। झटपट जीने से उतरीं और स्वप्न का संवाद सेनापति और मुख्य-मुख्य दलपतियों को सुनाया। सवेरा होते-होते यह संवाद सर्वत्र किले और नगर में फैल गया। तमाम स्त्री और पुरुषों की नसों में बिजली कौंध गई। डटकर युद्ध होने लगा। पहले दिन की अपेक्षा से भी अधिक घोर। उस दिन पीरअली और बहरामुद्दीनवाले मामले की जाँच-पड़ताल न हो सकी; परंतु संध्या समय रानी को मालूम हो गया कि दूल्हाजू ने अनमने होकर काम किया।

: ७० :

उस दिन तोपों पर रघुनाथसिंह और मुंदर ने मिलकर काम किया। बारूद और धुएँ ने दोनों के चेहरे और हाथ काले कर दिए। नित्य ही एक-दूसरे को देख-देखकर मुसकरा जाते थे।

दोपहर के समय रघुनाथसिंह ने कहा, 'आज अभी तक खाना नहीं आया। मुंदरबाई, आपको क्या भूख नहीं लगी है?'

'मैं लाती हूँ,' मुंदर ने कहा।

'एक घड़ा जल भी,' रघुनाथसिंह ने प्रस्ताव किया, 'क्योंकि यहाँ के घड़े का जल पीने लायक नहीं रहा।'

मुंदर थकी हुई थी। हवा के झोंकों से उसके काले बालों की एक लट कालोंच-भरे चेहरे पर फहरा गई। थकावट और गहरी लक्षित हुई।

रघुनाथसिंह ने कहा, 'आप पानी मत लाना। किसी से लिवा लाना। कोई न मिले तो खाना खाकर मैं नीचे उतरकर पी आऊँगा, तब तक आप तोप सँभाले रहना। खा-पीकर आना। कोई जल्दी नहीं है।'

थकी हुई मुंदर हँसी। जैसे अँधेरी रात में कोई तारा छिटककर विलीन हो गया हो। बोली, 'मैं क्या पानी का घड़ा न ला सकूँगी?'

रघुनाथसिंह—'थक गई हैं आप?'

मुंदर—'और आप?'

रघुनाथसिंह—'मैं तो यहीं बैठा सुस्ता रहा हूँ।'

मुंदर—'यह मेरे प्रश्न का उत्तर है?'

रघुनाथसिंह—'अच्छा मैं नहीं थका मुंदरबाई।'

मुंदर—'तो मैं भी दीवान साहब, दो घड़े उठा ला सकती हूँ।'

रघुनाथसिंह—'ऐसा मत करना।'

मुंदर—'खाना क्या लाऊँ? लड्डू लाऊँ?'

रघुनाथसिंह को उस रात के लड्डुओं की याद आ गई।

बोला, 'मुंदरबाई, लड्डू खाऊँगा और उन्हीं हाथों से।'

मुंदर–'कालोंच भरे हाथों से।'

रघुनाथसिंह–'नहीं तो। गंगाजल से धुले हुए हाथों से। खा-पीकर आना।'

मुंदर–'नहीं। यहीं खाऊँगी। नहीं तो आपको देर हो जाएगी।'

इतने में बुर्ज की मुड़ेर पर एक गोला टकराया।

मुंदर ने कहा, 'यदि यह गोला मुझे लग जाता तो मैं नहीं बचती। आप मेरे शव को जला देते न?'

रघुनाथसिंह जरा तीव्र स्वर में बोला, 'और मुझको लग जाता तो आप मुझको दो लकड़ी दे देतीं या नहीं?'

मुंदर की आँखों में आँसू आ गए।

काँपते हुए गले से बोली, 'मैं पहले मरूँगी। आप आज गाँठ बाँध लीजिए। यदि फिर यह बात कही तो लड्डू-वड्डू कुछ नहीं खिलाऊँगी।'

उन आँसुओं के दर्पण में रघुनाथसिंह ने अपने प्राणों की झाँकी देखी।

रघुनाथसिंह ने गद्‌गद होकर कहा, 'मैं ऐसा कभी नहीं कहूँगा मुंदरबाई, और न आप कभी ऐसा बोल मुँह से निकालना।'

मुंदर आँसू पोंछकर धीरे-धीरे चली गई।

रघुनाथसिंह को सारा वातावरण नवप्रस्फुटित कलियों से भरा दिखाई पड़ा। तोप एक खिलवाड़, बारूद और गोले प्यार के खिलौने जान पड़े।

उसने प्रण किया, 'मुंदर अखंड रूप से मेरे हृदय का संपूर्ण सम्मान प्राप्त करेगी–कभी समय आएगा।'

मुंदर पानी का घड़ा और लड्डू लेकर शीघ्र लौट आई।

रघुनाथसिंह ने रोषपूर्ण स्वर में कहा, 'मैं इस बुर्ज का प्रधान हूँ मुंदरबाई। जानती हो?'

मुंदर कुछ आश्चर्य, कुछ कुतूहल और कुछ शरारत के साथ देखने लगी।

रघुनाथसिंह के स्वर का रोष तुरंत अवरोध में परिणित हुआ। बोला, 'मैंने कहा था, खा-पीकर आना। वैसे ही क्यों चली आईं? मेरी बात की अवज्ञा क्यों की?'

मुंदर ने मुसकराकर कहा, 'मैंने भी जता दिया था कि यहीं आकर खाऊँगी।'

रघुनाथसिंह के थके हुए चेहरे पर मुसकराहट दौड़ गई। बोला, 'याद आ गया। तो अब हाथ-मुँह धोकर खाओ।'

'पहले आप,' मुंदर ने अनुरोध किया।

रघुनाथसिंह ने हठ किया, 'पहले तुम।'

'तुम' शब्द ने मुंदर को पुलकित कर दिया। बोली, 'मेरे हाथ से खाना तो आप

आरंभ करो।'

'नहीं तो?' रघुनाथसिंह ने प्रश्न किया।

'नहीं तो क्या, लड्डू मेरे हाथ से खाने पड़ेंगे।' मुंदर ने उत्तर दिया।

रघुनाथसिंह ने स्वीकार कर लिया। हाथ-मुँह धोया। मुंदर ने एक ओर बैठकर लड्डू खिलाए।

रघुनाथसिंह ने प्रस्ताव किया, 'अब मैं तुमको खिलाऊँगा।'

मुंदर बहुत हँसी। बोली, 'अरे वाह! ऐसा कहीं होता है। मैं अकेले में बैठकर खाऊँगी।'

रघुनाथसिंह मान गया। उसने सब कुछ पा लिया। उसको मृत्यु का कोई भय नहीं रहा।

और मुंदर को?

लक्ष्मीबाई की सहेली को मृत्यु का क्या डर!

: ७१ :

तात्या टोपे चरखारी को जीतकर कालपी वापस लौटा। उसकी सेना में ग्वालियर का वह यूथ भी था जिसने कानपुर में जनरल विंधम को पराजित करने में हाथ बँटाया था। सिपाही विजयोत्सव मना रहे थे और तात्या कालपी के विशाल शस्त्रागार का निरीक्षण कर रहा था। भाँति-भाँति के गोले ढाले जा रहे थे। बंदूकें बनाई और बाँधी जा रही थीं। दो हजार मन बारूद के होते हुए भी और बारूद तेजी के साथ तैयार की जा रही थी। अन्य प्रकार के शस्त्र और उसके आंगोपांग बनाए और खराद मशीनों पर सँभाले जा रहे थे। बहुत-सी मशीनें नई विलायती थीं।

उसी समय दो सवार पहरेवालों के पास उतरे। दोनों सुंदर युवक जुल्फों पर साफा बाँधे हुए। पहरेवालों से कहा, 'सरदार साहब से इसी समय मिलना है। झाँसी की रानी साहब की चिट्ठी लाए हैं।'

उन लोगों ने झाँसी के युद्ध की गति के विषय में अपनी जिज्ञासा प्रकट की। युवकों ने संक्षेप में बता दिया। शीघ्र ही दोनों तात्या के सामने पहुँचा दिए गए।

तात्या ने अकेले में ले जाकर कहा 'एक को तो पहचान पाया हूँ। दूसरे साहब—?'

जूही ने उत्तर दिया, 'आप काशीबाईजी हैं।'

तात्या ने अभिवादन किया। दोनों ने झाँसी के युद्ध का वृत्तांत, जितना उनके सामने हो चुका था और जो उन्होंने मार्ग के बटोहियों से सुना था; विस्तारपूर्वक सुना दिया। रानी की चिट्ठी भी पढ़ी।

तात्या बोला, 'आज ही झाँसी की ओर कूच करता हूँ। सेना को चरखारी से लौटकर

काफी विश्राम मिल चुका है। आप लोग हमारे साथ चलिए। अकेले लौटना ठीक नहीं है।'

काशीबाई ने कहा, 'फाटक बंद हो चुके हैं, चारों ओर अँगरेजों का कड़ा पहरा है।'

तात्या–'आप लोग हमारे साथ सुरक्षित रहेंगे।'

काशीबाई–'हम लोग भी लड़ना जानते हैं।'

जूही–'जानती।' और वह मुसकराई।

तात्या ने हँसकर कहा, 'उसी भाषा में बोलिए, मैं सैनिकों का भी संदेह जाग्रत नहीं करना चाहता हूँ।'

तात्या ने उसी दिन कूच कर दिया। साथ में बीस सहस्र सेना। बाकी सेना और कालपी का प्रबंध रावसाहब के हाथ में छोड़ दिया।

तात्या को झाँसी तक पहुँचने में कुछ समय लगा। परंतु उसके पहुँचने के पहले ही रोज को पता लग गया कि एक बड़ी सेना और भारी तोपें लिए हुए तात्या झाँसी की सहायता के लिए आ रहा है। रोज चिंतित हुआ। उसने अपने यूथनायकों और दलनायकों की सम्मति से एक योजना बनाई। प्रत्येक मोर्चे के तोपखानों से एक-एक तोप ली। केवल जरूरी सेना झाँसी के इर्द-गिर्द कर बाकी के कई दस्ते बनाए। कुछ को झाँसी-कालपी का मार्ग रुद्ध करने के लिए झाँसी से सात मील दिगारा कि दुतरफी टौरियों पर भेजकर छिपा दिया। कुछ को उत्तर की ओर दस मील पर गढ़मऊ की झील की पहाड़ियों पर। कुछ को कामासिन टौरिया और ओरछा के मार्ग के अगल-बगल जमा दिया।

तात्या ने अपनी सेना का बड़ा भाग अपने पास बेतवा से झाँसी की ओर दो मील पर नदी के किनारे नोहट घाट और तिलैथा घाट के बीच में रखा और बड़ी-बड़ी तोपें। बाकी सेना को तीन भागों में विभक्त करके गढ़मऊ की और दिगारा की टौरियों के बीच में होकर झाँसी की ओर भेजा। इन दस्तों के पास छोटी तोपें थीं। साथ में काशी और जूही थी।

पहली अप्रैल का प्रात:काल हुआ। झाँसी पर बंदूकचियों के हमले तो बिलकुल नहीं हुए, परंत गोलाबारी भयानक हुई। गोलों के ठीक निशाने नहीं पड़ रहे थे। साफ था कि अंग्रेजी तोपखाने अपना बचाव कर रहे हैं और झाँसीवालों को केवल व्यस्त रखना उनका उद्‌देश्य है। परंतु जवाहरसिंह ने इसका यह अर्थ लगाया कि अंग्रेजों के निपुण तोपची मारे गए हैं और अब कच्चे आदमी काम कर रहे हैं। रानी सहमत नहीं हुईं।

उन्होंने कहा, 'अँगरेजों के सामने कोई नई दुविधा आ गई है। सेना और तोपखानों को बाँट दिया गया है, और कोई बात नहीं।'

रानी ने बड़ी दूरबीन उठाई। झाँसी की ओर आनेवाले तात्या के दस्तों को दूरी पर

देखा। मुसकराकर दूरबीन जवाहरसिंह के हाथ में दी। बोलीं, 'अब झाँसी का उद्धार निकट है।'

जवाहरसिंह दूरबीन से देखकर उछल पड़ा। झाँसी-भर में समाचार फैल गया कि झाँसी की सहायता के लिए पेशवा की सेना आ गई।

झाँसी से दिन-भर गोलाबारी बहुत हलकी रही।

लालता ने सम्मति दी, 'हमारे गोले कहीं पेशवा की सेना पर न पड़ें।'

और गोलंदाजों का भी यही मत था। पूर्व और उत्तर के तोपखाने करीब-करीब बंद रहे। केवल पश्चिम और दक्षिण के तोपखाने कुछ काम करते रहे।

झाँसी की दिन-भर की आशा संध्या समय निराशा में परिवर्तित होने को थी।

टौरियों के बीचोंबीच आते ही तात्या के दस्तों पर अंग्रेजी तोपखानों ने गोले बरसाए। ठोस और पोले भी, जो फटकर तात्या के घुड़सवारों का सर्वनाश कर रहे थे। दस्ते तितर-बितर होने लगे। एक ओर काशीबाई पड़ गई और दूसरी ओर जूही को जाना पड़ा।

काशीबाईवाला बचा-खुचा दस्ता अंग्रेज घुड़सवारों के बीच में फँस गया। पहले पिस्तौलें चलीं, फिर तलवार खिचीं।

काशीबाई ने 'हर हर महादेव' कहा और पिल पड़ी। उसका स्वर कोयल का-सा था। अंग्रेज घुड़सवार समझ गए कि पुरुष वेश में स्त्री है। उनको भ्रम हुआ। एक बोला, 'रानी है।'

दूसरे ने कहा, 'झाँसी की रानी। उसको जिंदा पकड़ो।'

परंतु काशीबाई की तलवार ने यह मंसूबा असंभव कर दिया। ऐसी चलाई कि दो सवार तो अश्व समेत कट गए। कई घायल हो गए। परंतु एक सवार की तलवार से उसका घोड़ा मारा गया। काशीबाई पैदल लड़ी। उस स्थिति में भी उसने कई सवारों को घायल किया। अंत में काशीबाई के सिर पर एक तलवार पड़ी। लोहे की टोपी के कारण सिर बच गया, परंतु कंधा कट गया। तो भी काशीबाई शिथिल नहीं हुई। फिर दूसरी तलवार। काशीबाई का अंत हो गया—उस समय उसके मुँह से निकला—'हर हर महादेव'!

गोरे प्रसन्न थे, उठाकर रोज के पास ले गए।

'यह बहुत लड़ी हुजूर। औरत के शरीर में शैतान है।'

रोज ने काशी के शव को पहचनवाया। पहचाननेवाले ने सिर हिलाकर आश्वासन दिया, 'यह रानी नहीं है। रानी की बहिन हो या सहेली हो या तात्या की नातेदार।'

रोज ने काशी का शव सुरक्षित रखा, और तात्या की सेना की ओर ध्यान दिया। पेशवा के दस्तों के पैर उखड़ चुके थे। वे भागे। जूही भी भागकर तात्या के पास पहुँची।

बोली, 'काशी कहीं फँस गई है, मारी गई होगी।'

उसी समय रोज के गोले तात्या की बेतवा-तटवर्ती सेना पर गिरे। तात्या ने जवाब दिया। परंतु रोज के दूसरे अनेक दस्तों ने छोटी हलकी तोपों से उस पर कई पार्श्वों से आक्रमण किया। तात्या को अपनी सेना बेतवा पार ले जानी पड़ी। रोज ने पीछा नहीं छोड़ा। तात्या की बड़ी-बड़ी तोपें अपने बोझ के कारण बेतवा के रेत में धँस गईं। न खिच सकीं। तात्या को छोड़नी पड़ीं। हार खाकर भागना पड़ा। रोज के दस्तों ने लगभग सोलह मील तक उसका पीछा किया। अंग्रेजों के हाथ बहुत सामान और तोपखाने लगे। संध्या तक मैदान साफ हो गया। तात्या के पंद्रह सौ सैनिक मरे। वह मुश्किल से एरच घाट होकर कोंच होता हुआ, कई दिन बाद कालपी पहुँच गया। जूही झाँसी नहीं लौट सकी। उसको तात्या की टूटी-फूटी सेना के साथ कालपी जाना पड़ा।

दूरबीन की सहायता और तोपों की दूर से हट-हटकर सुनाई पड़नेवाली आवाजों से झाँसीवालों को विश्वास हो गया कि तात्या की सेना हार गई। झाँसी में निराशा के काले बादल छा गए।

रोज की सेना के हर्ष का पार न रहा। एक दिन पहले रोज की सेना जब-तब कर उठी थी। इस रात विजयश्री मुट्ठी के भीतर दिखाई पड़ने लगी। थके-माँदे सिपाहियों को विश्राम दिया गया। संध्या के समय काशीबाई का शव फिर पहचनवाया गया। ओरछा की सेना के कुछ लोग रानी को अच्छी तरह जानते थे। जिन्होंने आश्वासन दिया, 'यह रानी नहीं है।'

काशी का शव जला दिया गया।

रात में थोड़ी गोलाबारी जारी रही परंतु अधिक समय मोर्चों पर तोपों को यथावत् जमाने में गया।

जवाहरसिंह ने रानी को शहर की वार्त्ता सुनाई। रानी ने अपने सरदारों को इकट्ठा किया। उनसे मुसकराकर कहा—

'पेशवा की सेना आज लौट गई, तो कल फिर वापस आ सकती है। तात्या असाधारण सेनापति है और पेशवा के अधिकार में असंख्य सेना और तोपें हैं। आप लोगों को घबराना नहीं चाहिए। मान लो कि पेशवा की सेना न आती तो क्या हम लोग हथियार डालकर झाँसी के मुँह पर कालिख पोतते? अपने पुरखों का स्मरण करो। स्वराज्य की स्थापना में कितने खप गए! यह आवश्यक नहीं है कि स्वराज्य की स्थापना हम अपने जीवन-काल में ही देख लें। सीढ़ी के डंडे पर पैर रखते ही हम छत पर नहीं पहुँच जाते। एक ही त्याग, एक ही मरण से स्वराज्य नहीं मिलता है। स्मरण रखो—हमको केवल कर्म करने का अधिकार है, फल पर नहीं। दृढ़ उद्देश्य और निरंतर कर्म हमारा केवल ध्येय है। जीवन कर्तव्यपालन का नाम है, कर्तव्यपालन

करते हुए मरना जीवन का ही दूसरा नाम है। जो लोग अँगरेजों से डरते हों, मौत से डरते हों, वे हथियार रखकर आराम के साथ अपने घर चले जाएँ। जो लोग स्वराज्य के लिए प्राण विसर्जन करना चाहते हों, वे मेरे पास बने रहें।'

रानी फिर मुसकराईं। सब लोगों की ओर देखा। किसी ने हथियार रखकर आराम के साथ घर जाने की बात नहीं कही। सबने लड़ मरने का रानी को आश्वासन दिया।

'श्रीमंत सरकार आज रात से ही, अभी से, अपनी घनगरज का काम देखें।' गुलाम गौस ने कहा।

भाऊ बख्शी बोला, 'सरकार को सपने में जो देवी दिखलाई दी थी, वही मेरी तोप पर काम करेगी। कड़क बिजली ने कामासिन पहाड़ी तक को छार-छार न कर दिया तो बात काहे की।'

'सरकार,' खुदाबख्श के कहा, 'सैंयर फाटक पर से अब जो कुछ होगा, उस पर आपको बहुत हर्ष होगा।'

मोतीबाई बोली, 'सरकार, मुझको और मेरी संगिनियों को अलग मोर्चे दिए जाएँ और फिर देखा जाए कि स्वराज्य की लड़ाई के लिए झाँसी की स्त्रियाँ अकेले क्या-क्या कर सकती हैं।'

बाहर से आए हुए पठानों के सरदार गुलमुहम्मद ने कहा, 'अलहमदुलिल्लाह, हुजूर अम न बहुत समझता है और न बहुत सुनता है। सिर्फ इतना अरज है कि अम लोग झाँसी की मिट्टी में मिलेगा और बहिश्त लेगा। सोराज की आप जानो।'

रानी ने सरदारों को जी खोलकर पुरस्कार बाँटे और उनके सिपाहियों के लिए भी इनाम दिए। मुख्य-मुख्य लोगों को रणकंकण अपने हाथ से बाँधे और पीठ पर हाथ फेरा। पुरस्कृत केवल तीन व्यक्ति नहीं हुए, वे उस समय किले में थे भी नहीं—दूल्हाजू, पीरअली और बहरामुद्दीन।

निराशा के वातावरण का कुहरा छँट गया। उत्साह का तीव्र रवि चढ़ आया। रात-भर विकट, तीक्ष्ण, भीषण गोलाबारी किले और बाहर की बुर्जों पर से हुई। रोज की सेना ने बहुत हलका जवाब दिया। सैनिक रक्षा के स्थानों में पड़े-पड़े विश्राम करते रहे। यदि उस रात झाँसी की सेना फाटक खोलकर टूट पड़ती तो रोज की सारी सेना नष्टभ्रष्ट हो जाती। झाँसी का गोलाबारी का शोरगुल अत्यंत तीव्र हुआ परंतु उससे अंग्रेजी सेना को साक्षेप में हानि बहुत कम पहुँची। रोज को आश्चर्य था—झाँसी में इतनी युद्ध-सामग्री कहाँ से आ रही है?

रानी का वही क्रम जारी था—एक मोर्चे से दूसरे मोर्चे पर पहुँचना, निरीक्षण करना और उत्साह प्रदान करना। एक स्थल पर जवाहरसिंह से भेंट हो गई।

रानी ने पूछा, 'उस मामले की जाँच की?'

जवाहरसिंह ने उत्तर दिया, 'जी हाँ, सरकार, पीरअली बुरी कसम खाता है। कहता है कि दीवान दूल्हाजू को रक्षा के लिए साथ ले गया था। रात में जो जासूसी उसने की और उससे और कुछ पता तो नहीं लगा क्योंकि रोज ने अपनी योजना केवल अपने मातहत जनरलों को बताई थी, परंतु यह अवश्य मालूम हो गया है कि अँगरेजों को अभी तक दो लाख रुपए की बारूद ही खर्च करनी पड़ी है। उनके पास बारूद की कमी हो गई है और गोले भी बहुत नहीं हैं। शायद कलकत्ते से कुमुक मँगवाई है।'

रानी ने कहा, 'मुझे भासता है, अँगरेज लोग कल विकट युद्ध करेंगे। तात्या का जो सामान उन लोगों के हाथ पड़ा होगा उससे उनको बहुत सहायता मिलेगी। न जाने बिचारी काशी और जूही कहाँ होंगी।'

जवाहरसिंह उत्तर ही क्या दे सकता था?

रानी ने एक क्षण सोचकर कहा, 'दीवान दूल्हाजू मिले? उनसे पूछा?'

'नहीं मिले,' जवाहरसिंह ने उत्तर दिया, 'कुमुक बदल गई है। मुंदरबाई ओरछा फाटक पर है। दीवान साहब कहीं चले गए हैं।'

'बहरामुद्दीन?' रानी ने प्रश्न किया।'

जवाहरसिंह ने जवाब दिया, 'सागर खिड़की पर था। मैंने उसको सावधान रहने के लिए झिड़क दिया है।'

इसी समय किलेवाले महल पर जोर का धड़ाका हुआ। रानी किले की तरफी चलीं। जवाहरसिंह भी। रानी ने निवारण किया, 'आप शहर के मोर्चों को एक बार फिर देखकर थोड़ा विश्राम कर लो। मैं देखती हूँ यह क्या है?'

रानी ने किले में जाकर देखा—गोला महल पर पड़ा था। महल के दो खंड नष्ट हो गए। पानी भरनेवाले ब्राह्मण और मंदिरों के पुजारी महल के बीचोंबीच नीचेवाले खंड में छिपे हुए थे। रानी ने उनको दिलासा दी। खुद महल के बाहर टहलने लगीं। दो बज गए थे। गुलाम गौस पश्चिमी तोपखाने पर अन्य तोपचियों के साथ था—लालता मारा जा चुका था। दक्षिणी तोपखाने पर मोतीबाई, पूर्वी पर भाऊ बख्शी और केंद्रीय पर मुंदर। इन लोगों को महल का हाल बताया। उन्होंने निशान साधे। अनुभव से दुश्मन के ठीक स्थलों की सही जानकारी हो गई थी। गोलाबारी से अंग्रेजी तोपखाने बंद हो गए। महल में छिपे हुए ब्राह्मण इत्यादि पसीने में तर बाहर निकल आए और सुखपूर्वक सो गए।

सवेरे एक चिट्ठी बहरामुद्दीन ने रानी के हाथ में दी। वह उसका इस्तीफा था। उसमें लिखा था—

'मेरा विश्वास नहीं किया गया, मुझको उलटा डाँटा-फटकारा गया। मेरा मन काम में नहीं लगता। मैं नौकरी छोड़ता हूँ। हथियार पीरअली को दे दिए हैं। पीरअली और

दूल्हाजू से होशियार रहिएगा।'

रानी को क्रोध आने को हुआ, परंतु उन्होंने संयम कर लिया।

बोलीं, 'ऐन समय पर तुम जैसे लोग ही काम छोड़ते हैं। जाओ, हटो।' और चिट्ठी उन्होंने अँगरखे की जेब में रख ली।

: ७२ :

दूसरे दिन जैसा युद्ध हुआ, उससे रोज की सेना के छक्के छूट गए। बहुत उपाय करने पर भी रोज उस दिन एक अंगुल बराबर भी सफलता प्राप्त न कर सका। नित्य की वही कहानी—दीवारों में छेद हुए, बुर्जों की मुड़ेरें जगह-जगह पर टूटीं, शहर में मकान ध्वस्त हुए, आग लगी, कुछ लोग मरे, दीवारों और बुर्जों की मरम्मत तुरंत कर ली गई, आग बुझा ली गई, लोगों के मरने से जीवितों में और अधिक हिंसा जागी, दृढ़ता बढ़ी। रात को भी वही क्रम। युद्ध की भयंकरता ने स्थिरता पकड़ ली। वह झाँसीवालों के जीवन में एक नित्य की बात हो गई।

रानी ओरछा फाटक पर पहुँचीं। दूल्हाजू अभी ठिए से हटा न था। सुंदर भी मौजूद थी।

रानी ने यकायक पूछा, 'दूल्हाजू, तुम पीरअली के साथ अँगरेजी छावनी में कभी गए थे?'

'अँगरेज छावनी में मैं,' रुँधे गले से दूल्हाजू ने जवाब दिया, 'मैं सरकार, कब?'

रानी—'कभी सही। गए या नहीं?'

दूल्हाजू—'मैं! मैं तो, कभी कहाँ गया!'

रानी—'नहीं गए?'

दूल्हाजू—'नहीं सरकार।'

रानी—'पीरअली कहता है कि तुम उसके साथ गए थे।'

दूल्हाजू—'वह झूठ बोलता है, सरकार।'

रानी—'संभव है। और लाल झंडा क्या है?'

दूल्हाजू—'लाल झंडा! लाल कैसा? झंडा क्या सरकार?'

रानी—'घबराओ मत, मैं लाल झंडे की सब बात जानती हूँ।'

दूल्हाजू—'मैं थक गया हूँ सरकार। दिमाग काम नहीं कर रहा है। कुछ समझ में नहीं आ रहा है। लाल झंडा! पीरअली बड़ा बेईमान और झूठा है।'

सुंदर—'आज इनसे तोप ठीक नहीं चली।'

दूल्हाजू—'ये मुझसे व्यर्थ रुष्ट हैं। इनको बराबर प्रसन्न रखने का प्रयत्न करता हूँ।'

रानी—'कोई बात नहीं। कल ठीक-ठीक काम करना। सुंदर साथ है। वह

सहायता करेगी।'

रानी को बहरामुद्दीन याद आ गया। वह और अधिक इस्तीफे नहीं चाहती थीं।

सुंदर बोली, 'इनको किले में रख लीजिए। मैं आज रात और कल दिन-भर तोपखाना सँभाले रहूँगी।'

रानी ने कहा, 'आज रात आराम के साथ काम कर लो, कल दिन में अवकाश नहीं मिलेगा। कल रात इस मोर्चे का ऐसा प्रबंध करूँगी जिससे तुम दोनों को काफी विश्राम मिल जाए।'

रानी सागर खिड़की पर पहुँचीं। उस समय पीरअली कार्यभार अपने स्थानापन्न को सौंप रहा था।

उनको देखते ही हड़बड़ा गया।

रानी ने कहा, 'दूल्हाजू कहते हैं कि कल तुम्हारे साथ कहीं बाहर नहीं गए। तुमने दीवान जवाहरसिंह से कहा कि तुम्हारे साथ गए थे?'

पीरअली ने हिम्मत बाँधी। बोला, 'वे मेरे साथ जरूर गए थे, सरकार। डर के मारे उन्होंने सच्ची बात नहीं कही। व्यर्थ झूठ बोले। मैं उनके मुँह पर कह सकता हूँ। दिशा-मैदान के बाद हाजिर हो जाऊँगा।'

रानी ने कहा, 'कोई जल्दी नहीं, थोड़ी देर में किले पर आओ।'

'बहुत अच्छा, हुजूर,' पीरअली ने मुक्ति की साँस लेकर कहा।

रानी पूर्व और उत्तरी फाटकों पर होती हुई उन्नाव फाटक पर आईं। यहाँ पूरन कोरी अन्य कोरियों के साथ तोप पर था। रानी ने कोरियों को शाबाशी दी।

पूरन से पूछा, 'झलकारी कहाँ है? अच्छी तरह तो है?'

'सरकार,' पूरन ने कहा, 'घरै है, अबई बुलवाउत, दिन भर इतै काम करत रई, अबई थोड़ी देर भई जब गई।'

'नहीं, बुलाओ मत।' रानी बोलीं, 'वैसे ही पूछा।'

वे आगे बढ़ गईं।

सब फाटकों से घूमती हुई हलवाईपुरे में आईं। बाजार का चौधरी मिला। लखपतियों में से था। वह सवेरे इतने पानी से हाथ-मुँह धोया करता था कि पानी सौ गज तक बह जाता था!

रानी ने मुसकराकर कहा, 'अब भी उतने ही पानी से हाथ धोते हो?'

'सरकार,' चौधरी ने उत्तर दिया, 'आज-कल सब व्योपार बंद हैं। मुँह-हाथ धोते-धोते इतने व्यापारियों से बात करनी पड़ती थी कि पानी बहाने का ध्यान ही न रहता था।'

रानी ने कहा, 'अब व्योपार के साथ पानी बहाना भी बंद है।'

उस महा कठिन परिस्थिति में भी रानी की इस बात पर बाजारवाले हँसे, हँसते रहे और विपत्ति में धैर्य और साहस पाते रहे।

जो मिला उससे कोई-न-कोई मीठी बात कहकर ढाढस बँधाती हुई रानी किले पर लौट आईं। गोलाबारी का वही क्रम जारी था।

रात समाप्त हुई।

रानी ने सवेरा होते ही सिपाहियों और उनके सरदारों में समाचार भेजा—'आज मैं स्वयं अपने लोगों के लिए कलेवा तैयार करूँगी। खूब खाओ और डटकर लड़ो।'

सुनते ही थके-माँदे और अर्धमृत सिपाहियों तक की आत्मा फूल उठीं।

ब्राह्मणों ने आटा राँधा। रानी ने उसमें हाथ लगाया। ब्राह्मणों ने ही पूड़ियाँ सेंकीं। रानी ने उसमें भी सहयोग दिया। किले के भीतरवाले सरदारों को उन्होंने अपने हाथ से उनके ठियों पर जा-जाकर कलेवा वितरित किया।

हर्ष और अभिमान के मारे वे सब-के-सब उन्मत्त हो गए। रानी की छुई हुई पूड़ी तक के एक-एक टुकड़े को पगड़ी के, अँगरखे के छोर में कसके बाँध लिया और कसकर बाँधे प्राणों की गाँठ में प्रण।

रानी को पीरअली का स्मरण आया—भूलती तो वे कभी कुछ थीं ही नहीं। बुलवाया। मालूम हुआ कि दिशा-मैदान के लिए जाने के बाद फिर नहीं दिखाई पड़ा; यह भी पता लगा कि दिशा-निस्तार के लिए मुहरी के रास्ते से गया था।

रानी एक क्षण के लिए असमंजस में पड़ीं।

उनको विश्वास हो गया कि पीरअली झूठ बोलता है और कदाचित् दूल्हाजू सच, परंतु बहरामुद्दीन ने लिखकर दिया था—पीरअली और दूल्हाजू से होशियार रहिएगा। वह किसी निश्चय पर पहुँच चुकी थीं। चारों दिशाओं से अंग्रेजों ने गोलाबारी शुरू कर दी।

: ७३ :

रानी ने झटपट दलपतियों और गोलंदाजों को यथोचित आज्ञाएँ दीं।

अंग्रेजों का निश्चय जान पड़ता था कि कहीं से भी परकोटे की दीवार को फोड़ें और झाँसी में घुस पड़ें। और झाँसीवालों का निश्चय था कि जब तक शरीर में रक्त है, तब तक दुश्मन का पैर झाँसी के भीतर न पड़ने देंगे।

झाँसी की गोलाबारी से आकाश में चलते हुए गोलों की आग की चादर तन गई। इस चादर में से अंग्रेज बंदूकची सेना के सिर पर फटे हुए गोलों से गोलियाँ, कीलें-किर्चें बरसती थीं। भूनकर खाक कर डालनेवाली हवाइयाँ विस्फोट कर रही थीं। दक्षिण मोर्चे पर, जीवनशाह की टौरियों से लेकर ओरछा फाटक के सामनेवाली

टेक* तक अंग्रेजी तोपखाने अत्यंत वेग के साथ जवाब दे रहे थे।

अपने तोपखानों की रक्षा में अंग्रेज बंदूकची जीवनशाह की टौरियों से ओरछा फाटक की टेकड़ी के बीच में सतरें बाँधकर ओरछा फाटक और सैंयर फाटक की ओर बढ़े। परकोटे की बुर्जों और कोट की दीवार के छेदों में से बंदूकों और हलकी तोपों ने यमराज के शापों को उगला। अंग्रेजी पल्टन बिछने लगी। पैर उखड़े। पीछे भागने को हुई। परंतु उस क्रिया में भी उद्धार न पाकर मार्ग के पत्थरों की ओट में छिप गई। लेकिन एक दस्ता ओरछा फाटक की ओर बढ़ आया। अंग्रेजी तोपखाने ने भीषणतर गोलाबारी आरंभ की। सैंयर फाटक की ओर भी एक दस्ता बढ़ा।

रानी और मोतीबाई ने दूरबीन से देखा। ओरछा फाटक के सामनेवाली टेक के पीछे लाल झंडा उठा। ओरछा फाटक पर का तोपखाना कुछ धीमा पड़ा।

'सरकार,' मोतीबाई ने अनुनय किया, 'मुझको उस ओर जाने दीजिए। सुंदर अकेली हैं। दूल्हाजू के हाथ-पाँव ढीले हो गए हैं।'

'जाओ मोती। हीरा बनकर लौटना,' रानी ने कहा।

मोतीबाई चली गई। खुदाबख्श सैंयर फाटक पर था। उसने मोतीबाई को आगे नही बढ़ने दिया।

बोला, 'ओरछा फाटक पर मत जाओ। यहीं मेरे साथ रहो। आज मैं अपने देश अपनी रानी का नमक अदा करूँगा। मरूँगा, मेरी लाश को ठिकाने लगा देना।'

मोतीबाई का चेहरा कुम्हलाया हुआ था परंतु उसके सौंदर्य की किरणें छिटर्क पड़-पड़ रही थीं। आँखों में आँसू आ गए।

तोप पर पलीता डालते खुदाबख्श ने चिल्लाकर कहा, 'यह वक्त आँसुओं का है?

मोतीबाई ने बारूद की कालोंचवाले हाथों से आँसू मसल डाले। बोली, 'नहीं। अब आँसू नहीं आवेंगे।'

खुदाबख्श ने उमंग के साथ कहा, 'आज मैं आपका, हमेशा के लिए कैदी हो गया।'

मोतीबाई आँख मिलाकर बोली, 'और हमेशा के लिए मैं आपकी।'

खुदाबख्श ने देखा कि रास्ते पर गोरे फाटक की ओर बढ़े चले आ रहे हैं। तोपों और बंदूकों की बाढ़ हुई।

खुदाबख्श ने मोतीबाई को आदेश दिया, 'दाहिना हाथ की पूरी सतर तक बंदूकें, पत्थर, कटे हुए पेड़ों के लक्कड़ इन लोगों के सिर पर पटकवाओ। दौड़ो। अँगरेज वहाँ से सीढ़ी लगाकर चढ़ने का उपाय कर रहे हैं।'

मोतीबाई दौड़ी। सीढ़ी लगाने का उपाय करनेवाले सबके सब मारे गए—उनके

---

* अब इस पर मैकडॉनैल हाई स्कूल और बोर्डिंग हाउस बन गए हैं।

ऊपर गोलियाँ, पत्थरों के बड़े-बड़े ढोंके और कटे हुए पेड़ों के लक्कड़, जो वहाँ पहले से जमा थे, बरसाए। शहर और किले से ढोल, ताशे और तुरही का कान फोड़नेवाला नाद हुआ। अंग्रेजों ने अपनी पैदल पल्टन को वापस बुलाने का बिगुल बजाया। पल्टन गिरते-पड़ते लौट पड़ी।

रोज जीवनशाह की टौरिया के पीछे घोड़े पर था और उसके मातहत अफसर बगल में।

रोज ने कहा, 'नाऊ और नैव्हर (या तो अभी या कभी नहीं)।' तार से यह आदेश ओरछा फाटक टेक और जार पहाड़ी के तोपखानों को दिया गया। ओरछा फाटक टेक ने इसका जो अर्थ लगाया वह लाल झंडे को और ऊँचा करना था।

इधर रोज के चार अफसर—चारों लैफ्टिनेंट यौवन प्रमत्त—टेकड़ियों, पत्थरों और अपनी तोपों की बाढ़ों की आड़ें लेते हुए सैंयर फाटक की दाहिनी बगल की टेकड़ी की दीवार के नीचे पहुँच गए। उस जगह दीवार थोड़ी देर पहले ही आधी धुस्स हो गई थी। साथ ही उस जगहवाले झाँसी के सैनिक मारे गए थे। इन अफसरों में से दो ने देह की सीढ़ी बनाई। उन पर से बाकी दोनों चढ़ गए। इन दोनों ने अपनी सेना के एक दस्ते को संकेत किया। दस्ता आगे बढ़ा। इतने में तलवार लिए मोतीबाई टूट पड़ी। लैफ्टिनेंट ने पिस्तौल चलाई। खाली गई। मोतीबाई ने एक बार में ही उसको खतम कर दिया। दूसरे लैफ्टिनेंट ने तलवार के हाथ किए परंतु मोतीबाई ने उसको भी समाप्त किया। नीचेवाले दोनों अफसर एक पत्थर की आड़ में छिप गए। इतने में झाँसी के दूसरे सिपाही वहाँ आ गए। खुदाबख्श के तोपखाने ने आगे बढ़ते हुए दस्ते को नष्ट कर दिया और मोतीबाई के निकटवाले सिपाहियों ने उन दोनों लैफ्टिनेंटों को बंदूक से समाप्त कर दिया। यह अंग्रेजी सेना की दूसरी हार हुई।

उत्तरी फाटकों पर जोर का हमला था परंतु ठाकुरों, काछियों, कोरियों और तेलियों की चतुरता तथा बहादुरी के कारण वहाँ अंग्रेज कुछ नहीं कर पा रहे थे।

इधर दक्षिणी मोर्चों पर अंग्रेजों ने तीसरा आक्रमण शुरू किया।

रानी ने किले पर से देखा कि ओरछा फाटक का तोपखाना बहुत मंद गति से काम कर रहा है। उन्होंने रामचंद्र देखमुख को तुरंत भेजा; परंतु देशमुख को वहाँ तक पहुँचने के लिए समय चाहिए था।

मोतीबाई खुदाबख्श के पास पहुँच गई। ओरछा फाटक की टेक के पीछे लाल झंडा और ऊँचा हुआ। खूब हिला और फिर छिप गया। दूल्हाजू ने केवल बारूद भर-भरकर तोप चलाई—उसमें से गोले निकलते ही कैसे?'

सुंदर उससे पश्चिम की ओर जरा हटकर ऊँची बुर्ज पर से तोप चला रही थी। उसके साथी गोलंदाज मारे जा चुके थे। केवल उसकी तोप कुछ काम कर रही थी। उसने

दूल्हाजू का व्यापार देख लिया।

सामने की टेक के पीछे से गोरी पल्टनें टिड्डी-दल की तरह उबर पड़ीं और 'हुर्रा' घोष करती हुई भरोसे के साथ ओरछा फाटक पर दौड़ीं। दूल्हाजू लोहे का एक छड़ हाथ में लेकर बुर्ज से नीचे तुरंत उतरा। सुंदर को समझने में एक क्षण की भी देर नहीं लगी। उसने भी तोप छोड़ दी। केवल तलवार उसके पास थी। तलवार खींचकर अपनी बुर्ज से नीचे उतरी। वहाँ से ओरछा फाटक जरा दूर पड़ता था।

सुंदर के नीचे उतर पाने के पहले ही दूल्हाजू फाटक के पास पहुँच चुका था। फाटक पर मोटी साँकलों और कुंदों में मोटी झरवाले ताले पड़े हुए थे। कुंजियाँ किले में थीं परंतु दूल्हाजू के हाथ में लोहे की मोटी छड़ तो थी। उसने जरा भी विलंब नहीं किया।

उछलकर ताले में छड़ डाली। तड़ाक् से ताला टूट गया। दूसरे और तीसरे में डाली। सब टूट गए। दो साँकलों को भी तोड़ दिया और तीसरी साँकल खोल दी। फाटक केवल भिड़े रह गए। दूल्हाजू फाटकों को नहीं खोल पाया था कि नंगी तलवार लिए सुंदर आ पहुँची।

'देशद्रोही, नरक के कीड़े,' सुंदर ने कड़ककर कहा, 'तू अँगरेजों से कुछ नहीं पावेगा।' सुंदर दूल्हाजू पर पिल पड़ी।

उसकी तलवार का वार दूल्हाजू ने लोहे की छड़ पर झेला। तलवार झन्नाकर बीच से टूट गई! तलवार का जो टुकड़ा सुंदर की मुट्ठी में बचा था, उसी को तानकर सुंदर दूल्हाजू पर उछली। दूल्हाजू ने छड़ का सीधा हूला दिया। वह ठप से बाएँ वक्ष पर लगा। साथ ही बाहर तुमुल 'हुर्रा' घोष हुआ।

चोट की परवाह न करके सुंदर ने फिर वार दिया। दूल्हाजू पीछे हटा। परंतु उसने सुंदर के पेट में छड़ अड़ा दी। इधर गोरों ने धक्के से फाटक खोल दिया। सुंदर के मुँह से 'हर हर महादेव' निकला था कि एक गोरे की गोली ने सौंदर्यमयी सुंदर को अमर कर दिया। गोली उसके सिर पर पड़ी थी।

दूल्हाजू ने छड़ पृथ्वी पर टेक दी। दूल्हाजू पर भी गोरों की बंदूकें सीधी हुईं; परंतु उनके अफसर ब्रिगेडियर ने तुरंत निवारण किया, 'आवर मैन' (अपना आदमी है)।

गोरों ने बंदूकें नीची कर लीं। टिड्डी दल की तरह भीतर घुस पड़े।

अफसर ने कहा, 'यह रानी है?'

दूल्हाजू ने उत्तर दिया, 'नहीं साहब, महज नौकरानी।'

अफसर ने अपने साथियों से कहा, 'बट ए सोल्जर। शी विल हैव ए सोल्जर्स ऑनर।' (लेकिन सिपाही है। सिपाही की इज्जत उसको मिलेगी)।

स्वर्गवासिनी सुंदर की दृढ़ मुट्ठी अभी ढीली नहीं हुई थी। तलवार का छोटा-सा टुकड़ा अब भी उसकी मुट्ठी में था। दो गोरे उसके शरीर को बाहर ले गए और पत्थरों

से दाब दिया। जहाँ उनके और नत्थेखाँ के भी अनेक सिपाही दबे हुए थे। उसके उपरांत वे लोग सब दिशाओं में, शहर में घुसने लगे।

टेक के पीछे से रोज के पास तार द्वारा नगर-विजय का संवाद पहुँचा।

रोज ने अफसरों से कहा, 'उस आदमी को जागीर में दो गाँव पक्के हुए।' दूल्हाजू के उस कृत्य का समाचार बहुत शीघ्र चारों और फैल गया।

फिर रोज ने तुरंत आदेश दिया कि सैंयर फाटक को तोड़ो, शहर में बढ़ो और सब बागियों का नाश करो।

खुदाबख्श के फाटक पर कहर-के-कहर बरसने लगे। इसी समय रामचंद्र देशमुख घोड़े पर आया। उसी समय एक गोली खुदाबख्श को लगी। सैंयर फाटक का तोपखाना बंद हुआ। एक अंग्रेज दीवार पर चढ़ा। मोतीबाई ने तलवार से उसका सिर कतल कर दिया और खुदाबख्श की लाश को टाँगकर नीच उतर आई। रामचंद्र ने मोतीबाई को अपने पीछे घोड़े पर बिठाया और लाश को सामने लादकर किले पर चढ़ आया। उसके किले में आते ही किले का फाटक बंद कर लिया गया। लाश को महल के पास रखकर ढँक दिया गया। मोतीबाई की आँख से आँसू नहीं निकला।

रानी आ गईं।

'मोतीबाई,' रानी ने कहा, 'तुम लोगों का अक्षय कर्म मैंने अपनी आँखों देखा है।'

'सरकार,' मोतीबाई ने भर्राए हुए स्वर में कहा, 'काम देखिए। अपने पास किला अब भी है और आप हैं। मैं इनका प्रबंध करती हूँ।'

'महल के बिलकुल निकट ही,' रानी कंठ को संयत करके बोलीं, 'कुँवर साहब को दफनाया जावे।'

देशमुख ने पूछा, 'सुंदर?'

'ओरछा फाटक पर मारी गई,' मोतीबाई ने उत्तर दिया, 'दूल्हाजू ने देशद्रोह करके फाटक खोल दिया।'

रानी ने होंठ सटाए।

धीरे से बोलीं, 'जीवन में यही बड़ा भारी धोखा खाया।'

फिर उन्होंने जरा जोर से कहा, 'बहरामुद्दीन ने ठीक कहा था। उसके साथ अन्याय हुआ। कहाँ है, कुछ जानते हो देशमुख?'

'नहीं सरकार,' देशमुख ने संक्षिप्त उत्तर दिया।

रानी ने अँगरखे की जेब में हाथ डाला। बहरामुद्दीन का इस्तीफा जेब में था। उसको उन्होंने वहीं पड़ा रहने दिया।

मोतीबाई ने महल के पास ही कबर के लिए मिट्टी खुदवानी आरंभ कर दी और बहुत शीघ्र एक गड्ढा खुदवा लिया।

रानी दूरबीन लेकर ऊपर के बुर्ज पर चढ़ गईं।

रोज नगर की बुर्ज पर बुर्ज अपने अधिकार में करता चला जा रहा था। गोरे शहर में फैलते जा रहे थे। झाँसी की सेना मरती-कटती जा रही थी। जहाँ-तहाँ आग लगाई जा रही थी। झाँसी में हाहाकार हो रहा था और उसके साथ तुमुल 'हुर्रा' घोष। रानी ने देखा कि गोरे शहरवाले महल, नाटकशाला और महल के सामनेवाले विशाल पुस्तकालय को घेरने का प्रयास कर रहे हैं और इन स्थानों के भीतर झाँसी के सैनिक लड़ रहे हैं। तब वे बुर्ज से नीचे उतर आईं।

एक पेड़ के नीचे पत्थर पर बैठकर सोचने लगीं, 'झाँसी का सर्वनाश होने को है। स्वराज्य की स्थापना अभी दूर है। परंतु कर्म करने मात्र का अधिकार है, फल से हमको क्या?'

उठ खड़ी हुईं।

जवाहरसिंह, रघुनाथसिंह, गुलाम गौस, भांऊ बख्शी, गुलमुहम्मद, भोपटकर इत्यादि सरदारों को बुलवाया। उन लोगों को अपना निश्चय सुनाया—'बाहर निकलकर लड़ो, गोरों को शहर से निकालो और झाँसी की रक्षा करो।'

सलाह सम्मति का न तो समय था और न मौका।

गुलमुहम्मद ने कहा, 'हुजूर को शुक्रिया। फौरन चलें। गोरों को शहर से निकालें।'

रानी ने आदेश दिया, 'गोलंदाज अपने-अपने ठियों पर काम करते रहें।'

भाऊ बख्शी ने आगे बढ़कर रानी ने पैर पकड़ लिए।

प्रार्थना की, 'सरकार, मुझको बाहर जाने की आज्ञा दी जाए। मेरी तोप पर किसी और को कर दिया जाए।'

'अच्छा गोलंदाजों में से केवल तुम,' रानी ने कहा, 'जल्दी करो। विलंब का काम नहीं है।'

बख्शी साथ हो गया।

भोपटकर की इच्छा न थी कि रानी बाहर जाकर लड़ें, परंतु वह स्तब्ध रह गया। रानी फुर्ती के साथ तैयार होकर किले के बाहर हो गईं। साथ में पठान, बुंदेलखंडी इत्यादि पंद्रह सौ सैनिक। पीछे भोपटकर भी आ गया। दक्षिण की ओर से आ-आकर गोरे महल के पश्चिम की ओर बढ़ रहे थे।

रानी झंझावात की तरह पहले दक्षिण की ओर झपटीं, जहाँ से अंग्रेजी सेना घुसी चली आ रही थी। रानी का छापा इतना प्रचंड था कि अंग्रेजी सेना भागी। पूर्व की ओर आड़ के मकानों से बंदूकें चलाने लगी। तलवारों की मार के सामने वह बिलकुल न ठहर सकी।

रानी ने चिल्लाकर कहा, 'आज प्रमाणित कर दो कि हिंदुस्थानी सिपाही की तलवार के सामने संसार का कोई योद्धा नहीं टिक सकता।'

उनके दस्ते ने ऐसी तलवार चलाई की गोरी पल्टन बिखरकर हट गई; परंतु मकानों की आड़ से गोलियाँ चलाने लगी। पाँच सौ पठान दक्षिण और पूर्व दिशाओं में फैलकर फिर भी गोरों को पीछे हटाते रहे और मरते रहे। रानी महल और हाथीखाने के आसपास* टकसाल तक गोरी सेना फैली हुई थी और उसके लिए मकानों की आड़ थी। उसका जवाब देने के लिए रानी की सेना भी उसी प्रकार और उसी दिशा में फैली। गोरी सेना के कुछ सिपाही दबाव पड़ने के कारण पश्चिमी दिशा की ओर खंडेराव फाटक की ओर बढ़े। वहाँ उनको अटकना पड़ा।

रानी उसी ओर बढ़ रही थीं कि उन्होंने देखा, एक सिपाही किसी मकान में से निकल पड़ा और अकेले उन कई गोरों से भिड़ गया। उसने ऐसी तलवार चलाई कि कई हताहत हुए। कुछ और गोरे आ गए। वह सिपाही घिर गया। तो भी वह अकेला उनको पछेलता गया। रानी ने अपने घोड़े को तेज किया। पीछे-पीछे उनके सिपाही दौड़े। रानी के पहुँचते-पहुँचते वह सिपाही और गोरे पचकुइयों से नीचे की तरफ पहुँच गए। उस अकेले सिपाही ने फिर कई गोरों को तलवार के घाट उतारा, परंतु यकायक उस पर कई वार पड़े और वह गिर गया। इतने में रानी सैनिकों सहित आ पहुँचीं। गोरे भाग गए।

रानी ने पास जाकर देखा—बहरामुद्दीन था। उसके मरने में कुछ क्षण बाकी थे। बेचैन था। रानी घोड़े पर से उतरीं। बहराम के सिर पर हाथ फेरा। बहराम ने पहचान लिया। उसने आँखें फाड़ीं। पूरा बल लगाया। लेकिन कठिनाई से बोल पाया, 'हुजूर, माफी।'

मुश्किल से रानी के मुँह से निकला, 'तुम सच्चे सिपाही हो। माफ किया।'

फिर जोर लगाकर बहराम ने कहा, 'सरकार, जान नहीं निकलती। मेरी चि···ट्ठी।'

रानी ने जेब से उसके इस्तीफे का कागज निकाला। 'यह लो', रानी बोलीं।

'नहीं, स···र···का···र,' बड़ी मुश्किल से बहराम ने कहा, 'फाड़ डा···लि···ए··· तब जान नि···क···ले···गी।'

रानी ने तुरंत चिट्ठी की चिंदी-चिंदी कर डाली।

बहरामुद्दीन के मुखमंडल पर घोर पीड़ा में आनंद की छाप लग गई। उसके अंतिम शब्द थे—'ज···ल···बा अल्ला···है।'

भाऊ ने आकाश की ओर दृष्टि करके कहा, 'आहा! कैसा मीठा मरण है यह! भगवान्, मेरी भी ऐसी ही सद्गति हो!'

बहरामुद्दीन का प्राणांत हो गया।

---

* अब यहाँ सदर अस्पताल है। अस्पताल के उत्तर में टकसाल मुहल्ला।

रानी ने हुकुम दिया—'इसी स्थान पर इसकी कबर बनाई जाए।'*

पास के रहनेवालों को कबर का प्रबंध देकर रानी और उनके सैनिक गोरों पर झपटे। वे भागे। अब पश्चिम से पूर्व होती हुई दक्षिण तक रानी के सैनिकों की पाँत-सी बन गई। पीठ पर किला था।

यकायक वृद्ध नाना भोपटकर रानी के सामने आ गया। बोला, 'पहले इस बूढ़े ब्राह्मण का वध करिए तब आप गोली खाइए।'

रानी—'नाना साहब, यह क्या?'

नाना—'आप देखती नहीं हैं, गोरे मकानों की आड़ से गोली चला रहे हैं और आपके सैनिक हताहत हो रहे हैं। आप पर एक गोली पड़ी कि समग्र झाँसी रसातल को गई। अभी अपने हाथ में किला है। लड़ाई जारी रखी जा सकती है। लौटिए या मेरा वध करिए।'

रानी की समझ में आ गया।

गुलमुहम्मद पास आ गया। उसने भी कहा, 'सरकार, बुड्ढा ठीक बोलता है। अंदर चलें।'

उत्तरी फाटक से रानी किले में भाऊ और नाना भोपटकर के साथ चली गईं। गुलमुहम्मद के साथ तीन सौ पठान ही भीतर जा सके। बाकी सब बाहर लड़ाई में मारे गए। बुंदेलखंडी सैनिक लगभग सब कट मरे। किले के फाटक बंद कर लिए गए।

: ७४ :

गोरों ने शहर के सब फाटकों पर अपना प्रबंध कर लिया, उनको अपने उन निशशस्त्र पुरुषों, स्त्रियों और बच्चों के खून का बदला लेना था, जिनको बख्शिशअली इत्यादि बहुत थोड़े-से हिंदुस्थानियों ने मारा था। पाँच वर्ष की आयु से अस्सी वर्ष तक के जितने पुरुष मिले, उनका कत्ल शुरू कर दिया। हलवाईपुरा में आग लगा दी। कुछ स्त्रियाँ अपने सतीत्व के नष्ट होने के भय से कुँओं में गिरकर मर गईं! रोज का आदेश था कि स्त्रियों को न मारा जाए, उनको जान-बूझकर गोरों ने नहीं मारा। लेकिन अपने पति की रक्षा के लिए जो स्त्रियाँ उनकी आड़ बनने के लिए आ गईं, वे गोलियों से मरीं। झाँसी के कवि और गायक भी लड़े थे, वे मारे गए या घायल हुए। गवैयों में केवल मुगलखाँ बचा और नर्तकियों में दुर्गा और एक और।

गोरों ने घर-घर में घुसना और सोना-चाँदी इत्यादि सामान लूटना शुरू किया।

शहरवाले राजमहल के चारों ओर अंग्रेजी सेना का सबसे अधिक उपद्रव हुआ।

---

* बहरामुद्दीन की कबर उसी जगह बाबू जादोनाथ चौधरी के बाग में, और कबरों के पास है।

नाटकशाला के सामने दक्षिण की ओर रानी का अस्तबल था। उस अस्तबल को रानी के बुंदेलखंडी सिपाहियों ने किले की लड़ाई में परिवर्तित कर दिया। थे लगभग कुल पचास ही। परंतु जब तक एक भी जिंदा रहा, अंग्रेजों ने अस्तबल पर कब्जा नहीं कर पाया। एक-एक दीवार, एक-एक कोठरी, एक-एक ईंट पर कब्जा करने में अंग्रेजों को न जाने कितने-कितने सिपाही बलिदान करने पड़े।

इसके बाद महल की एक-एक इंच भूमि के लिए युद्ध हुआ। जब महल के सब सिपाही खत्म हो गए, तब उस पर भी कब्जा हो गया। सब सामान लूटा। एक बक्स में से यूनियन जैक झंडा मिला, जिसे लार्ड विलियम बैंटिक ने रामचंद्रराव को दिया था। महल के सिर पर वह झंडा लगा दिया गया। महल के केवल उस भाग को छोड़कर, जिस पर यूनियन जैक फहरा रहा था, बाकी महल में आग लगा दी गई। नाटकशाला भी न बची। सुंदर परदे, जिनकी सहायता से शकुंतला, रत्नावली और हरिश्चंद्र नाटक खेले जाते थे, खाक कर दिए गए।

और इसके बाद जो कुछ हुआ उससे उन बर्बरों की पाशविकता इतिहास में अमिट अक्षरों में लिखी गई—महल के सामनेवाले विशाल पुस्तकालय में आग लगा दी गई! थोड़ी ही देर में कलाओं का वह भंडार अग्नि की गगनभेदी लौ फेंकने लगा। कभी रोम, सिकंदरिया और राजगृह में भी ऐसा हुआ था; परंतु वह बर्बर युग था! और यह विज्ञान का सभ्य युग!!

रानी ने किले पर से देखा। उनके हाथ में दूरबीन न होती तो भी दिखाई पड़ सकता था। पर दूरबीन ने सब कुछ स्पष्ट दृष्टिगोचर कर दिया।

अस्तबल मिटा—फिर बन सकता था। राजमहल जला—उसके बनानेवाले फिर उत्पन्न हो जाएँगे। लेकिन पुस्तकालय? वेद, शास्त्र, पुराण, काव्य, इतिहास इत्यादि संस्कृत के और अरबी-फारसी के अनेक हस्तलिखित ग्रंथ, जिनकी प्रतिलिपि करने के लिए दूर-दूर के विद्याव्यसनी आते थे, फिर कौन पैदा करेगा? रानी का माथा घूमने लगा। जिसको किसी कष्ट, किसी समस्या, किसी विपत्ति ने कभी नहीं हिला पाया था, वह जलते हुए पुस्तकालय को देखकर मूर्च्छित होने को हुई। मुंदर साथ थी। उसने सँभाल लिया। रानी ने प्रबल प्रयत्न करके मूर्च्छा को दूर किया। पानी मँगवाया, पिया। इतने में हलवाईपुरा और कोरियों के मुहल्ला की आगों की लपटें दिखाई दीं। क्रंदन, पुकार और चीत्कार की समग्र ध्वनियाँ यकायक सुनाई पड़ीं। जन-वध, कत्लेआम, लोक-संहार का प्रत्यक्ष प्रमाण। रानी का हृदय धँसने लगा।

'मुंदर, मुंदर, मेरी प्यारी झाँसी की यह कुगति, यह दुर्गति! और मेरे जीते-जी मेरी आँखों के सामने!' रानी ने भरे गले से कहा। गला फट-सा गया। मुंदर उनको खींचकर नीचे ले आई।

महल की चौखट पर बैठकर वह रोई। लक्ष्मीबाई रोई! वह जिसकी आँखों ने आँसुओं से कभी परिचय भी न किया था! वह जिसका वक्षस्थल वज्र का और हाथ फौलाद के थे! वह जिसके कोश में निराशा का शब्द न था! वह जो भारतीय नारीत्व का गौरव थी! मानो उस दिन हिंदुओं की दुर्गा रोई।

मुश्किल से आँसुओं की अविरल धारा टूटी थी कि रामचंद्र देशमुख ने कर्तव्यवश समाचार दिया, 'सरकार कुँवर गुलाम गौस खाँ दुश्मन की गोली से मारे गए।'

रानी सिंहनी की तरह उछलकर खड़ी हो गईं। अँगरखे के छोर से आँसू पोंछ डाले। गला साफ किया।

आज्ञा दी, 'भाऊ को उनकी जगह भेजो और लाश को महल के पास।'

आज्ञापालन के लिए देशमुख चला गया। रानी मुंदर को साथ लेकर दक्षिणी बुर्ज के नीचे, जहाँ खुदाबख्श के शव के लिए कबर तैयार हो चुकी थी, आईं। मोतीबाई वहाँ थी।

पश्चिमी बुर्ज से भाऊ बख्शी अंग्रेजी शिविर पर धड़ाधड़ गोलाबारी कर रहा था। केंद्रीय बुर्ज से रघुनाथसिंह। दक्षिणी बुर्ज शांत थी।

'मोतीबाई,' रानी ने कहा, 'मैं दफनाने का प्रबंध करती हूँ, तुम तब तक इस बुर्ज के तोपखाने को जगा दो।'

खुदाबख्श के शव के मोह में मोतीबाई जरा ठमठमाई।

रानी बोलीं, 'अभी विलंब है। कुँवर गुलाम गौस खाँ का भी शव यहीं आ रहा है।'

विस्फारित लोचन मोतीबाई ने विस्मय के साथ कहा, 'क्या उस्ताद मारे गए?'

'हाँ, मोती,' रानी ने उत्तर दिया। मोतीबाई तोप पर चली गई। पहली बाढ़ दागी थी कि उस पर नजदीक से गोलियों की बौछार हुई। अंग्रेज किले के सदर फाटक के पास आ गए थे और उनको पास से निशाना लेने का सुअवसर था। बुर्जों की मुड़ेरें उस दिन युद्ध में टूट गई थीं और उनकी मरम्मत न हो पाई थी। अन्य गोलियाँ तो मोतीबाई के आसपास से निकल गईं परंतु एक ने कंधा नीचे से फोड़ दिया। हृदय उसका बच गया, मृत्यु अवश्यंभावी थी।

उधर से गुलाम गौस की लाश आई, इधर से एक सैनिक मोतीबाई को उठा लाया। उसको पानी पिलाया गया। रुधिर बहुतायत से जारी था; परंतु वह अचेत न थी।

मुंदर ने रानी से दक्षिण बुर्ज के तोपखाने को सँभालने की अनुमति चाही।

रानी ने दृढ़तापूर्वक इनकार किया, 'नहीं। यहीं ठहर। तुझको अब सहज ही नहीं खोऊँगी।'

मोतीबाई का सिर रानी ने गोद में रख लिया।

मोतीबाई की आँखों में आँसू भर आए। बोली, 'इस गोदी में सिर रखे हुए मरना

किसी और के भाग्य में नहीं था, बाईसाहब।'

रानी ने सिर पर हाथ फेरते हुए कहा, 'मेरी मोती, तू आज हीरा हुई।'

'सरकार,' मोतीबाई ने व्याकुल स्वर में कहा, 'मैं कुछ भी हूँ, परंतु शुद्ध हूँ।'

'नहीं, तू शुद्ध ही नहीं,' रानी बोलीं, 'तू पवित्र है। देख हीरा, एक दिन सबको मरना है, परंतु सत्कार्य में प्राण देना, भगवान् का ध्यान करते-करते मरना, यह जन्म-भर की अच्छी कमाई से प्राप्त होता है।'

मोतीबाई ने आँख मीची। उसका चेहरा पीला पड़ गया।

रानी ने कहा, 'आत्मा अमर है। शरीर का चाहे जो कुछ हो, वही एक प्रकार शेष रहता है।'

रानी ने दो कबरें और तैयार करने के लिए आज्ञा दी। कबरें तुरंत तैयार हो गईं।

रानी की गोदी मोतीबाई के खून से तर हो गई। मोतीबाई का पीला मुरझाया चेहरा एकदम प्रदीप्त हुआ। आँखें अधमुँदी हुईं। होंठ फड़के। उसके मुँह से निकला— 'रानी···उजाला···ला···' और वह मुरझाया हुआ फूल अनंत विकास पाकर बिखर गया।

मुंदर ने कहा, 'सरकार, इनको और कुँवर खुदाबख्श को एक ही कबर में रखा जावे।'

रानी बोलीं, 'ऐसा नहीं होता, और फिर यह कुमारी थी।'

तीनों को अलग-अलग कब्रों में परंतु पास-पास दफना दिया गया। अंत्येष्टि क्रिया गुलमुहम्मद ने की। रघुनाथसिंह ने उन तीनों वीरों को तोप की सलामी दी।

संध्या होने को आ रही थी। इसलिए जल्दी-जल्दी में चबूतरा इन तीनों का पक्का और एक ही बाँध दिया गया। चबूतरे के ऊपर निशान इन तीनों के अलग-अलग बना दिए गए।*

इसके उपरांत रानी ने नहाया-धोया। कपड़े बदले, वेश वही पुरुष सैनिक का। महल के नीचे के खंड में मुख्य-मुख्य लोगों को इकट्ठा किया। बोलीं, 'आज तक आप लोगों ने अप्रतिम वीरता से झाँसी की रक्षा की। प्राणों की होड़ लगा दी। परंतु अब चिह्न अच्छे नहीं दीख पड़ते हैं। हमारे लगभग सभी सूरमा, दलपति और गोलंदाज काम आ गए। दीवारों और फाटकों के रक्षक वीर मारे गए। किले की चार सहस्र सेना में से उतने सौ भी नहीं बचे हैं। अँगरेजों ने किला घेर लिया है। वे एकाध दिन में ही भीतर आ

---

* चबूतरा महल के दक्षिणी कोने पर अब भी स्थित है। उसकी जियारत होती है और चादरें चढ़ती हैं—लेकिन साल-भर में केवल शिवरात्रि के दिन, जब किले का यह भाग हिंदुस्थानियों को सुलभ हो जाता है।

जावेंगे। आप लोगों में से जो लड़ते-लड़ते बचेंगे उनको कैद और फाँसी होगी। मैं पकड़ी तो नहीं जा सकती परंतु मेरे शव को फिरंगी स्पर्श करेंगे। इतने से ही मेरे पुरखों का, मेरे विख्यात ससुर का अपमान हो जाएगा। अब शिवराम भाऊ की बहू के लिए केवल एक साधन शेष है। बारूद की कोठरी में सैकड़ों मन बारूद है। मैं वहाँ जाती हूँ और पिस्तौल के धड़ाके के साथ अपने पुरखों में मिल जाती हूँ। किले से बाहर जाने के लिए कई गुप्त मार्ग हैं। आप लोग उनसे निकल जाएँ। अभी संध्या होने में कुछ देर है। रात का काफी अँधेरा आप लोगों को मिल जाएगा।'

भाऊ बख्शी थर्राते हुए कंठ से बोला, 'मैं भी उसी बारूद के साथ सरकार की सेवा के लिए यात्रा करूँगा।'

नाना भोपटकर ने तुरंत कहा, 'आप आत्मघात करने जा रही हैं। यही न? कृष्ण की पूरी गीता जिसको कंठाग्र याद है, और जो गीता के अठारहवें अध्याय को अपने जीवन में बरतती चली आई हैं, और जो प्रत्येक परिस्थिति में स्वराज्य की स्थापना के यज्ञ की वेदी पर संकल्प कर चुकी हैं, वह आत्मघात करेंगी! अँगरेजों ने हमारे पुस्तकालय को भस्म करके जो आघात हमारे कृष्ण को नहीं पहुँचाया है वह आपका आत्मघात पहुँचावेगा। करिए कृष्ण का, गीता का अपमान। आप रानी हैं। आपकी आज्ञा का पालन तो सबको करना ही है। परंतु आपके उपरांत देश की जनता आपके लिए क्या कहेगी! जिसकी रक्षा के लिए आपने बीड़ा उठाया था?'

रानी ने सिर नीचा कर लिया।

वृद्ध भोपटकर कहता गया, 'आप राजमाता हैं। आपके नन्हा-सा दामोदरराव पुत्र है। वह आपके पुरखों का प्रतीक, झाँसी की आशा है। कालपी में अभी पेशवा की सेना मौजूद है। दिल्ली, लखनऊ, कानपुर इत्यादि के पतन हो जाने पर भी जनता का पतन नहीं हुआ है। विंध्यखंड, महाराष्ट्र और अवध अक्षय हैं। किले के भीतरवाले और किले से बाहर दूर-दूरवाले पठान देश के लिए कट मरने को कटिबद्ध हैं। आप किले के बाहर हो जाइए और अँगरेजों की सेना को चीरती हुई निकल जाइए और कालपी पहुँचकर फिर प्रयत्न पुनश्च हरिओम् कीजिए।'

रानी सोचने लगीं। भोपटकर ने मुंदर को दामोदरराव को लिवा लाने के लिए इशारा किया। वह उसको लेने के लिए चली गई।

रानी की आँखों के सामने एक दृश्य घूम गया।

कुरुक्षेत्र का मैदान है! कौरव-पांडवों की सेनाएँ एक-दूसरे के सामने डटी हुई हैं। अर्जुन ने कृष्ण से कहा, भगवान् मेरा साहस डिग गया है। मेरा सामर्थ्य हिल गया है। मैं असमर्थ हूँ। लड़ना नहीं चाहता। भगवान् कृष्ण ने उद्बोधन किया। अर्जुन ने फिर गांडीव धनुष हाथ में ले लिया।

आँखों के भीतर ही रानी को एक चमत्कार की अभिव्यक्ति हुई।

इतने में दामोदरराव वहाँ आ गया। वह दौड़कर रानी की गोद में बैठ गया।

गुलमुहम्मद ने कहा, 'सरकार, अमारा सारा कौम मुलक वास्ते कट मरेगा।'

रानी उठीं। उन्होंने नाना भोपटकर के पैर छुए। कहा, 'एक दिन मैंने आपकी राजनीति पर आक्षेप किया था। मुझको क्षमा करना नाना साहब।' फिर एक क्षण बाद बोलीं, 'भाइयो, मेरी इस क्षणिक दुर्बलता को भूल जाना। मैं लड़ूँगी। आज सबके सामने प्रण करती हूँ कि यदि समस्त अँगरेजों का मुझको अकेले सामना करना पड़े, तो भी करूँगी।'

उस अत्यंत हीन परिस्थिति में भी किले के भीतरवाले नर-नारियों में उमंग का उजाला भर गया।

रानी ने कहा, 'थोड़ा सा खा-पी लो। जो लोग शस्त्र ग्रहण नहीं कर सकते वे गुप्त मार्ग से निकल जाएँ। शेष मेरे साथ उत्तरी द्वार से भाँडेरी फाटक होते हुए कालपी की ओर चलें। भाँडेरी फाटक का प्रबंध कौन करेगा?'

भाऊ बख्शी ने जिम्मा लिया। उसका मकान कोरियों के मुहल्ले के निकट था। और वह उन लोगों को अच्छी तरह जानता था।* बख्शी गुप्त मार्ग से किले के बाहर चला गया। रानी ने अपने पुराने सेवक-सेविकाओं को पुरस्कार देकर बिदा किया। वे पैर छू-छूकर, रो-रोकर वहाँ से चले गए। नाना भोपटकर भी चला गया।

जवाहरसिंह को रानी ने आज्ञा दी, 'आप अपने इलाके में जाकर सैन्य संग्रह करिए और कालपी आ जाइए।'

जवाहरसिंह ने प्रार्थना की, 'मैं आपको सुरक्षित स्थान में पहुँचाकर लौटूँगा, अन्यथा नहीं। केवल इस आज्ञा का जीवन में उल्लंघन किया है। इस अपराध के लिए क्षमा चाहता हूँ।'

रानी ने स्वीकार किया।

थोड़े समय उपरांत रानी और मुंदर महादेव के मंदिर में गईं। वंदना की। ध्यान किया।

समाप्ति पर रानी ने मुंदर से कहा, 'वह पलाश अब भी फूल रहा है। सिंदूरोत्सव के दिन की मालाएँ अब भी उससे लिपटी होंगी।'

मुंदर बोली, 'एक बार उसको भेंट लीजिए बाई साहब।'

'अवश्य,' रानी ने कहा, 'वह हर साल फूलेगा और झाँसी हर साल सिंदूरोत्सव

---

* बख्शी की हवेली के नाम से वह मकान अब भी प्रसिद्ध है। श्री सेठ जिनदास कोचर के अधिकार में है। अमेरिकन मिशन की कुछ स्त्रियाँ उसमें किराए पर रहती थीं।

मनाएगी। झाँसी का सिंदूर अमर हो।'

उन दोनों ने उस पलाश से भेंट की।

मुंदर बोली, 'फूल की मालाएँ सूख गई हैं।'

रानी ने कहा, 'उनकी आत्मा तो हरी-भरी है। ये उनके चढ़ाए फूल हैं, जो इस युद्ध में बलिदान हो गई हैं।'

इसके बाद वे दोनों महल पर आ गईं।

मोरोपंत तांबे ने बहुत-सा द्रव्य और जवाहर इकट्ठे किए। किले के उत्तरी भाग में नीचे की ओर द्वार की बगल में एक हवेली, हाथीखाना और घुड़साल थी। लड़ाई के दिनों में जवाहरसिंह और रघुनाथसिंह इसी हवेली में रहते थे। मोरोपंत ने एक हाथी पर जवाहर और अशर्फियाँ लादीं। और लोगों ने कमर में अशर्फियाँ बाँधीं। रानी और मुंदर पुरुष वेश में घोड़ों पर सवार हुईं।

उस समय रात बहुत नहीं गई थी। पूर्व दिशा में बड़ा तारा ऊपर चढ़ आया था। घना अँधेरा केवल शहर की आगों से फट-फट जा रहा था। अँधेरे के ऊपर बड़े-बड़े तारे दमदमा रहे थे। नीचे शहर के अँधेरे पर उन आगों के बड़े-बड़े लाल-पीले छपके से पड़-पड़ जाते थे।

रानी ने एक चादर से दामोदरराव को पीठ पर कसा, और अपने तेजस्वी सफेद घोड़े को किले के उत्तरी भाग से निकालकर आगे किया। पीछे-पीछे पठान, मुंदर, जवाहरसिंह, रघुनाथसिंह इत्यादि। द्वार से निकलते ही उन्होंने किले को नमस्कार किया। कंठ में कुछ अवरोध-सा अवगत किया। इस भय से कि कहीं आँख में आँसू न आ जाए, उन्होंने उत्तर की दिशा की ओर मुँह मोड़ा और किले के नीचे आ गईं। किला बिलकुल सूना छोड़ा।

मोरोपंत का हाथी बीच में था। सवार अधिक न थे। उनकी रक्षा के हेतु बाकी सैनिक पैदल थे। नंगी तलवारें लिए हुए।

यह टोली टकसाल के पश्चिमवाले मार्ग से भाँडेरी फाटक की ओर अग्रसर हुई। जैसे ही कोतवाली की बराबरी पर आई, अंग्रेजी सेना से भिड़ा-भिड़ी हो गई। रानी 'हर हर महादेव' उच्चार करती हुई उनको चीरती-फाड़ती मुंदर सहित निकल गईं--पठान शत्रुओं से बेतरह लड़े। बहुत से मारे गए, बाकी आगे बढ़े।

जगह-जगह जलते हुए मकानों से उजाला हो रहा था। रानी और उनके संगी द्रुतगति से भाँडेरी फाटक के निकट पहुँच गए। वहाँ बख्शी कोरियों को लिए हुए अंग्रेजी फौज की एक टुकड़ी को तलवार के युद्ध में उलझाए हुए था। इधर से रानी की टुकड़ी पहुँची। जलते हुए मकानों के प्रकाश में थोड़ी देर के लिए विकट युद्ध हुआ। बख्शी ने फाटक खोल दिया और फिर अपने कोरी सैनिकों को लेकर अंग्रेज टुकड़ी पर टूट पड़ा।

जान पड़ता था कि उसको जीवन का मोह नहीं। वैसे ही निर्मोही पठान थे। बख्शी फाटक की बगल में मारा गया। उसने मरने के पहले रानी को देख लिया था। मरने के पहले उसने 'हर हर महादेव' और 'झाँसी की रानी की जय' का घोष किया था। उसके शरीरपात को रानी ने देखा, परंतु इतना समय भी न था कि मुँह से 'धन्य' भी कह पातीं।

थोड़े से लोगों के साथ रानी बाहर हो गईं। मरने से बचे हुए अंग्रेज सैनिक भाग गए। कोरियों ने भाँडेरी फाटक* फिर बंद कर लिया और भाऊ बख्शी को एक जलते हुए मकान के अंगारों में डालकर उसकी अंत्येष्टि कर दी।

रानी और उसके साथियों को कोट के बाहर की भूमि का राई-रत्ती पता था। अँधेरे में वह सहज ही बढ़ती चली गईं। बातचीत बिलकुल धीरे-धीरे होती थी। अंजनी की टौरिया के पास ओरछे की सेना का पहरा था और एक अंग्रेज छावनी का। यहाँ रोक-टोक हुई। लड़ाई भी। यहाँ से रानी के साथ केवल दस-बारह सवार गए और मुंदर।

आगे निर्गम मार्ग। अगाध अँधेरा। झींगुर झंकार रहे थे। उनके ऊपर घोड़ों की टापों की आवाज हो रही थी। सब ओर सन्नाटा छाया हुआ था। पीछे झाँसी में आग जल रही थी और आवाजें आ रही थीं। आगे अंधकार में जंगल और गढ़मऊ का पहाड़ लिपटे हुए, दबे हुए से दिखाई पड़ रहे थे। चिड़ियाँ पेड़ों पर से भड़भड़ाकर उठतीं और घोड़ों को चौंका देतीं। घोड़े जल्दी चलाए जाने के कारण ठोकर ले-ले पड़ते थे। आगे का मार्ग अंधकारपूर्ण और भविष्य तिमिराच्छन्न। ज्यों-त्यों करके आरी नामक ग्राम के पास से यह टोली आगे बढ़ गई। पहूज नदी मिली। लोगों ने चुल्लुओं से पानी पिया और फिर आगे बढ़े। कभी धीमी गति से, कभी तेजी के साथ। जब दस-बारह मील निकल आए तब ये लोग कुछ क्षण के लिए ठहरे।

रानी ने जवाहरसिंह और रघुनाथसिंह से कहा, 'अब आप लोग लौट जाओ और सेना एकत्र करके मुझे कालपी में आकर मिलो।'

रघुनाथसिंह ने तुरंत कहा, 'यह कार्य दीवान जवाहरसिंह अच्छा कर सकते हैं। मैं तो साथ चलूँगा।'

रानी मान गईं। जवाहरसिंह ने उनके पैर छुए और कटीली की ओर चला गया।

रानी की टोली आगे बढ़ी। इसमें गुलमुहम्मद और उसके कुछ पठान भी थे।

जनरल रोज को रानी के निकल जाने का पता बहुत शीघ्र लग गया। उसने लैफ्टिनेंट बोकर नामक अफसर को कुछ गोरों और निजाम हैदराबाद के एक दस्ते के साथ रानी का पीछा करने के लिए भेजा।

---

* यह फाटक ७५ वर्ष तक ज्यों-का-त्यों बंद रहा। १९३३ के जाड़ों में खोला गया।

मोरोपंत भाँडेरी फाटक से निकलकर अंजनी टौरिया तक आया, परंतु जैसे ही यहाँ लड़ाई छिड़ी, उसने समझ लिया कि हाथी महान् संकट का कारण होगा। उसने दतिया की दिशा में हाथी को मोड़ दिया और जितनी तेजी संभव थी, उतनी तेजी के साथ भागा। कुछ अंग्रेज सवारों ने पीछा किया। उसकी जाँघ में किसी घुड़सवार की तलवार का घाव भी लगा, परंतु वह निकल गया और सवेरे दतिया में पहुँच गया। एक तंबोली के यहाँ ठहरा। परंतु छिपाए छिप नहीं सकता था। राज्याधिकारियों को मालूम हो गया। राज्य ने हीरे-जवाहर सब जब्त कर लिए और मोरोपंत को पकड़कर तुरंत झाँसी भेज दिया।

रोज ने दिन के दो बजे जलते हुए महल और भस्मीभूत पुस्तकालय के बीचोंबीच मोरोपंत को फाँसी दे दी।

: ७५ :

जैसे ही झलकारी को मालूम हुआ कि रानी भाँडेरी फाटक से बाहर निकल गईं, उसने चैन की साँस ली। घर के एक कोने में थोड़ी देर पड़ी रही। परन बाहर से आया।

बोला, 'अब इतै सें भगने पर है।'

झलकारी—'तुम चले जाओ। मैं घरै हों। गोरा लुगाइयन सें नई बोल हैं।'

पूरन—'मैं कहत इतै से चल। जिद्द जिन कर। तैं मारी जैय और मैं मारो जैंओं।'

झलकारी—'देखो मोसें हट न करौ, कऊँ जा दुको। मैं घर न छोड़ हों, न छोड़ हों, बालाजी की सौगंध।'

पूरन उसके हठीले स्वभाव को जानता था। वह एक लोटा पानी लेकर एक खंडहर में जा छिपा।

थोड़ी देर में झलकारी को अपने दरवाजे के सामने घोड़े की टाप का शब्द सुनाई पड़ा। झाँककर देखा। बिना सवार का बढ़िया घोड़ा जीन लगाम समेत। जीन से जान पड़ता था कि झाँसी की सेना का है। झलकारी समझ गई कि सवार मारा गया और घोड़ा भाग खड़ा हुआ।

झलकारी ने किवाड़ खोले। घोड़े को पकड़ा और घर के पासवाले पेड़ से बाँध दिया। फिर भीतर चली गई।

उसने एक योजना सोची और उसको कार्यान्वित करने का निश्चय किया। जब उसने निश्चय किया तब वह सीधी तनकर खड़ी हो गई थी।

झलकारी ने अपना शृंगार किया। बढ़िया-से-बढ़िया कपड़े पहने, ठीक उसी तरह जैसे लक्ष्मीबाई करती थीं। गले के लिए हार न था, परंतु काँच की गुरियों का कंठा था। उसको गले में डाल लिया। प्रात:काल की प्रतीक्षा करने लगी।

प्रातःकाल के पहले ही हाथ-मुँह धोकर तैयार हो गई।

पौ फटते ही घोड़े पर बैठी और बड़ी ऐंठ के साथ अंग्रेजी छावनी की ओर चल दी। साथ में कोई हथियार न लिया। चोली में केवल एक छुरी रख ली।

थोड़ी ही दूर पर गोरों का पहरा मिला। टोकी गई।

झलकारी को अपने भीतर भाषा और शब्दों की कमी पहले-पहल जान पड़ी। परंतु वह जानती थी कि गोरों के साथ चाहे जैसा भी बोलने में कोई हानि न होगी।

झलकारी ने टोकने के उत्तर में कहा, 'हम तुम्हारे जंडेल के पास जाउत हैं।'

यदि कोई हिंदुस्थानी इस भाषा को सुनता तो उसको हँसी बिना आए न रहती।

एक गोरा हिंदी के कुछ शब्द जानता था। बोला, 'कौन?'

'रानी—झाँसी की रानी, लक्ष्मीबाई,' झलकारी ने बड़ी हेकड़ी के साथ जवाब दिया।

गोरों ने उसको घेर लिया।

उन लोगों ने आपस में तुरंत सलाह की।

'जनरल रोज के पास अविलंब से चलना चाहिए।'

उसको घेरकर गोरे अपनी छावनी की ओर बढ़े।

शहर-भर के गोरों में हल्ला फैला कि झाँसी की रानी पकड़ ली गई। गोरे सिपाही खुशी में पागल हो गए। उनसे बढ़कर पागल झलकारी थी।

उसको विश्वास था कि मेरी जाँच-पड़ताल और हत्या में जब तक अंग्रेज उलझेंगे तब तक रानी को इतना समय मिल जाएगा कि काफी दूर निकल जाएँगी।

झलकारी रोज के सामने पहुँचाई गई। वह घोड़े से नहीं उतरी। रानियों की-सी शान, वैसा ही अभिमान, वही हेकड़ी—रोज भी कुछ देर के लिए धोखे में आ गया।

शकल-सूरत वैसी ही सुंदर। केवल रंग वह नहीं था।

रोज ने स्टुअर्ट से कहा, 'हाउ हैंडसम, दो डार्क्र एंड टैरिबिल' (कितनी सुंदर है, यद्यपि श्यामल और भयानक)।

स्टुअर्ट बोला, 'लैफ्टिनेंट बोकर को सदल व्यर्थ ही भेजा।'

परंतु छावनी में राव दूल्हाजू था। वह खबर पाकर तुरंत एक आड़ में आया। उसने बारीकी के साथ देखा।

रोज के पास आकर दूल्हाजू बोला, 'यह रानी नहीं है जनरल साहब, झलकारी कोरिन है। रानी इस प्रकार सामने नहीं आ सकतीं।'

झलकारी ने दूल्हाजू को पहचान लिया। उसको क्रोध आ गया और वह अपना अभिनय नितांत भूल गई।

क्रुद्ध स्वर में बोली, 'अरे पापी, ठाकुर होकै तैनें का करो।'

दूल्हाजू जमीन में गड़-सा गया।

रोज को झलकारी की वास्तविकता समझाई गई।

रोज के मुँह से निकला, 'यह औरत पागल हो गई है।'

रोज ने झलकारी को घोड़े पर से उतरवाया।

रोज–'तुम रानी नहीं हो, झलकारी कोरिन हो। तुमको गोली मारी जाएगी।'

झलकारी ने निर्भय होकर कहा, 'मार दै, मैं का मरवे खों डरात हों? जैसे इत्ते सिपाही मरे तैसें एक मैं सई।'

रोज ने झलकारी के पागलपने का कारण तलाश किया।

मालूम होने पर दंग रह गया।

स्टुअर्ट बोला, 'शी इज मैड (वह पागल है)।'

रोज ने सिर हिलाकर कहा, 'नो स्टुअर्ट, इफ वन परसेंट आफ इंडियन वीमन बिकम सो मैड एस दिस गर्ल इज, वी विल हैव टू लीव आल दैट वी हैव इन दिस कंट्री।' (न स्टुअर्ट, यदि भारतीय स्त्रियों में एक प्रतिशत भी ऐसी पागल हो जाएँ जैसी यह स्त्री है, तो हमको हिंदुस्थान में अपना सब कुछ छोड़कर चला जाना पड़ेगा।)

स्टुअर्ट की समझ में न आया।

रोज ने समझाया, 'यह स्त्री हम लोगों को अपने धोखे में उलझाकर रानी के भाग निकलने का समय पाने के लिए यह प्रपंच रचकर आई है, परंतु बोकर पीछे गया है। आशा है कि वह इस धोखे से बच गया होगा।'

जनरल रोज ने झलकारी को तंग नहीं किया। केवल कैद में डाल दिया। एक सप्ताह उपरांत छोड़ दिया।

: ७६ :

सवेरा होते-होते रानी भाँडेर के नीचे बहनेवाली पहूज नदी के किनारे पहुँच गईं। तुरंत नहा-धोकर दामोदरराव को कलेवा करवाया। उनके साथियों ने भी थोड़ा-सा जलपान किया। रानी ने केवल कुछ अंजलि पानी पिया। झाँसी की दुर्दशा और अपने स्नेहपात्रों के मारे जाने के कारण उनका कलेजा इतना भरा हुआ था कि कलेवा के नाम से ही उनको अरुचि हुई।

अंतिम अंजलि का पानी मुँह में डाला था कि झाँसी की ओर से धूल उड़ती हुई दिखाई पड़ी। रानी ने समझ लिया कि पीछा करनेवाले लोग आ रहे हैं।

गुलमुहम्मद ने दूरबीन से देखा। बोला, 'ये अंग्रेज लोग अमारा इधर बी पिच्छा करता है। हुजूर आगे बढ़ें। अम लोग देखता है।'

'नहीं,' रानी ने कहा, और झटपट दामोदरराव को पीठ पर कसा। घोड़े पर सवार होकर बोलीं, 'इस तरह हम लोग सब बीन-बीनकर मारे जाएँगे। यहाँ आसपास

छोटी-छोटी टौरियाँ हैं। इनके पीछे खड़े हो जाओ। जैसे ही बैरी का दस्ता निकट आवे, पिस्तौल दागो। दस्ता बंदूक या पिस्तौल से जवाब देगा, जवाब चूकने पर तुरंत तलवार से आक्रमण करो।'

गुलमुहम्मद ने समझ लिया—थोड़े से आदमियों को लेकर रानी कितने बड़े दस्ते का मुकाबला कर सकती हैं!

लैफ्टिनेंट बोकर का दस्ता घुड़सवारों का था। ठोस पाँत में वे लोग घोड़े दौड़ाते हुए चले आ रहे थे। जैसे ही पिस्तौल की मार में आए, रानी की टोली ने आड़ से पिस्तौलों की बाढ़ दागी। बाढ़ का भयंकर प्रभाव हुआ। बोकर के दल के पास पिस्तौलें और बंदूकें भी थीं परंतु बंदूकें आथरों में पड़ी हुई थीं। उन्होंने घबराकर पिस्तौलें खाली कर दीं। रानी ने तुरंत तलवार से हमला किया। अंग्रेजों के दो-दो, तीन-तीन सवार रानी के साथियों के पल्ले पड़े। एक सवार को तो रानी ने कमाल की सवारी करके घोड़े समेत चीर दिया। बोकर रानी के ऊपर घोड़े को जोर की एड़ लगाकर लपका। रानी ने विलक्षण चतुरता के साथ अपने घोड़े को पीछे हटाकर बोकर के सपाटे को व्यर्थ कर दिया। फिर वह उस पर झपटीं और तलवार का वार किया।

बोकर घायल होकर गिरा। शेष दस्ता अपने प्राण लेकर भागा। रानी पर भागते हुए सवारों में से एक ने गोली चलाई। रानी बच गईं। गोली घोड़े का पिछला हिस्सा छीलती हुई चली गई।

रानी की गाँठ में अब केवल मुंदर, गुलमुहम्मद, देशमुख और रघुनाथसिंह बचे—बाकी सब मारे गए। परंतु इन बहादुरों ने बोकर के दस्ते को कुंठित कर दिया, लौटा दिया। बोकर को उसके संगी झाँसी उठा ले गए। उसके लौटने पर रोज को झलकारी के कृत्य का पूरा मर्म और अच्छी तरह समझ में आ गया!

रानी पहूज पार करके कालपी की ओर तेजी के साथ चल पड़ीं।

मार्ग में उनका प्यारा घोड़ा यकायक रुका। उसके घाव से बहुत खून निकल चुका था और उसको दिलतोड़ परिश्रम करना पड़ा था। मर गया। एक गाँववाले ने उनको अपना अच्छा घोड़ा दे दिया। रानी केवल पानी पीती हुई आधी रात के लगभग कालपी पहुँचीं। एक सौ दो मील का मार्ग तय करके! दिन-भर कुछ भी न खाकर उस तेज धूप में, इस पर भी पहुँचते ही उन्होंने काशीबाई और जूही के संबंध में तात्या से प्रश्न किया।

तात्या ने उत्तर दिया, 'काशीबाई झाँसी के संग्राम में मारी गई। जूही बच गई। इस समय वह शिविर में रावसाहब के रनवास के साथ है। आज्ञा हो तो बुलवाऊँ?'

'नहीं,' रानी ने निषेध किया, 'कल संध्या समय मिलूँगी।'

इसके उपरांत तात्या ने सविस्तार अपनी झाँसीवाली लड़ाई का वृत्तांत थोड़े ही समय

में सुना दिया। उन्होंने धैर्य के साथ सुना।

फिर उन्होंने स्नान किया। कपड़े बदले और केवल शर्बत पीकर सो गईं।

इधर उस दिन झाँसी में जो कुछ हुआ, वह एक अत्यंत वीभत्स कांड है। इंग्लैंड के माथे का अमिट कलंक। झाँसी उसको कभी न भूली।

किले पर अधिकार करने के बाद असंख्य मकान जलाए गए। बालक, युवा, वृद्ध गोलियों से उड़ाए गए। बेहद लूटमार की गई। लाशों के ढेर लग गए। गाएँ और बछड़े अनाथ होकर भटकने और जलने लगे। सात दिन तक लाशें सड़ती रहीं। लगभग तीन सहस्र निरपराध व्यक्तियों का वध किया गया।

महालक्ष्मी का मंदिर लूटा गया।

अंग्रेजी सेना के नायकों और ऊँचे अफसरों तक ने इस अत्यंत बर्बर कृत्य में भाग लिया। शेक्सपियर, मिल्टन, स्कॉट और वर्क के देश के शिक्षित तथा विज्ञान-विदग्ध अफसरों ने, मंदिर की मूर्तियाँ सिंहासनों पर से उठाईं, झोलों में रखीं और अपने शराबखानों को सजाने के लिए सदा के लिए ले गए। और इस कुकृत्य को अंग्रेज इतिहास लेखक ने इस प्रकार प्रकट किया, 'मूर्तियों का चुराना 'लूट' नहीं थी, यह कुतूहलजनित जिज्ञासा की पूर्ति मात्र थी।'

मुरलीमनोहर के मंदिर की मूर्ति बचा दी तो बुड्ढे पुजारी को मंदिर के भीतर ही मार डाला। उसके जवान लड़के को पकड़कर मंदिर के बाहर लाए। एक गोली चली। फिर उसकी बूढ़ी माँ को कभी पता नहीं चला कि लड़का कहाँ गया।*

पहले दिन अंग्रेजों ने लूटमार की। दूसरे दिन मद्रासी दस्ते को अवसर दिया गया। तीसरे दिन निजाम हैदराबाद की पल्टन की बारी आई। अनाज, बरतन, कपड़े तक न छोड़े गए।

केवल एक स्थान वध से बचा। वह था बिहारीलालजी का मंदिर। कदाचित् इस कारण कि वह एक कोने में था और उस पर कोई शिखर न था।

आरंभ के कत्ल के बाद कुछ लोग माधवराव भिड़े के बाग में आ छिपे। एक अंग्रेज अफसर के हृदय के किसी कोने में कुछ मानवता बाकी थी। उसने इन लोगों का वध नहीं होने दिया। इस बाग की चौड़ी दीवारें पोली थीं। पूना के पास का एक शास्त्री उन दिनों अपने दुर्भाग्य से झाँसी में आ फँसा था। वह दीवार की एक खोल में रात भर ठुसा रहा। पीठ से पीठ सटाकर वहीं एक स्त्री भी प्राणों की खैर मनाती रही। समय पाकर शास्त्री किसी प्रकार अपने निवास-स्थान पर पहुँचा। तमाखू खाने की आदत थी, पर लुटेरे घर में से उसे भी गत दिवस की लूट में उठा ले गए थे। उसी समय कुछ मदरासी दस्तेवाले

---

* वृद्ध पुजारी का नाम रामचंद्र गोलवलकर और लड़के का नाम कृष्णराव था।

फिर घुस आए। उन्होंने बचे-खुचे बरतन खसोटे। शास्त्री ने भी अपनी एक जरूरत पूरी की।

लुटेरों से कहा, 'थोड़ी-सी खाने की तमाखू तो दिए जाओ।'

बरतनों के बदले में थोड़ी-सी तमाखू मिल गई! विदेशी होते तो शायद खाने को संगीन मिलती।

रोज का एक दस्ता घूमता-भटकता, टक्करें लेता-देता मऊरानीपुर होकर निकला। झाँसी पतन का समाचार पाने पर भी काशीनाथ भैया और आनंदराय इस दस्ते से भिड़ गए।

मऊ की गढ़ी छोटी-सी थी। तोपें उनके पास न थीं। इसलिए ये लोग अपना छोटा-सा बंदूकची दल लेकर मऊ के बाहर की टौरियों की आड़ में पहुँचे और मुकाबला किया। खूब डटकर लड़े और सब मारे गए। आनंदराय का लड़का भी साथ था। मरने के पहले आनंदराय ने लड़के से कहा—

'यदि कभी रानी साहब के दर्शन हों तो कहना कि मऊ झाँसी से पीछे नहीं रही।'

लड़का कुछ महीने बाद गिरफ्तार हो गया। परंतु उन्हीं दिनों विक्टोरिया की क्षमा घोषणा हुई और वह फाँसी से बच गया। इस प्रकार की घटनाएँ झाँसी जिले के उन गाँवों में हुईं जहाँ एक छोटी-मोटी भी गढ़ी थी और जनता को हथियार पकड़ने की साँस मिली थी।

आठवें दिन झाँसी में रोज का ऐलान हुआ, 'खलक खुदा का, मुल्क बादशाह का, अमल कंपनी सरकार का।'

परंतु इन सात दिनों हवा में जो स्तब्ध घोषणा घूमी थी वह यह थी—

'खलक शैतान का, मुल्क शैतान का, अमल शैतान का।'

रोज को झाँसी जिले में 'कंपनी सरकार' का अमल कायम करने में करीब एक महीना लग गया।

: ७७ :

कालपी खासा नगर था। यमुना नदी के किनारे। एक ओर मजबूत किला। तीन ओर परकोटा, और चौथी ओर यमुना नदी। किले के पश्चिम की तरफ एक मैदान, उसके बाद नगर। नगर से कुछ दूर चौरासी गुंबज का क्षेत्र। छत्रसाल के पीछे कालपी का भूखंड गोविंद पंत के अधिकार में आया। सन् १८०६ की संधि के द्वारा अंग्रेजों ने गोविंद पंत के वंशजों से कालपी को पाया। सन् १८२५ में इसी वंश के एक नाना पंडित ने कालपी को फिर अपने हाथ में कर लिया परंतु झाँसी के राजा रामचंद्रराव की सहायता से अंग्रेजों ने कालपी को वापस ले लिया। सन् १८५७ के विप्लव में कालपी की छावनी

ने कानपुर से आए हुए विप्लवकारियों का साथ दिया। थोड़े समय उपरांत इसीलिए रावसाहब अपनी सेना लेकर यहाँ आ गया और कालपी नगर विप्लवकारियों का एक प्रधान अड्डा बन गया।

जब रानी कालपी पहुँचीं, रावसाहब–नाना का भाई–और तात्या वहीं थे। दूसरे दिन रानी की इन लोगों से भेंट हुई। रानी का इन लोगों ने जी खोलकर आदर-सत्कार किया।

परंतु रानी आदर की भूखी न थीं। वे काम चाहती थीं। लेकिन वह कालपी में अस्त-व्यस्त था। तात्या सरीखे उत्कृष्ट सेनापति के होते हुए भी सेना का प्रबंध अव्यवस्थित था। कारण तात्या का एक स्वभावगत दोष था–वह था रावसाहब को अपने तन-मन का संपूर्ण स्वामी मानना और अपने सैनिकों के व्यसनों को क्षमा करते रहना। रावसाहब का और सैनिकों का वह अत्यंत स्नेहभाजन था, परंतु इससे सेना की अनुशासनहीनता की पूर्ति नहीं हो सकती थी।

रानी की सूक्ष्म दृष्टि ने इस बात को शीघ्र देख लिया। विश्राम करने के बाद संध्या समय रानी उन लोगों से मिलीं।

रानी ने सेना के अनुशासन, कवायद-परेड और युद्ध-सामग्री इत्यादि प्रसंगों पर प्रश्न किए। सिवाय युद्ध-सामग्री के और सब प्रसंगों पर उनको संतोषजनक उत्तर मिले।

रानी ने अंत में कहा, 'बहुत कसर है, रावसाहब।'

राव जल्दी से बोला, 'सब ठीक हो जाएगा बाईसाहब, शीघ्र सब ठीक हो जाएगा। इन्हीं सिपाहियों और इसी तात्या ने तीन बड़े-बड़े जनरलों को हराया और बहुतों को छकाया।'

'चौथा भी हराया जा सकता था,' रानी ने कहा, 'परंतु हमारी ओर से एक अनिवार्य गलती हुई।'

तात्या उनके मुँह की ओर देखने लगा।

रानी बोलीं, 'उस दिन मेरे गोलंदाजों ने भरपूर गोलाबारी न करने की सम्मति दी और मैंने मान ली। एक भय था भी–कहीं हमारे किले की गोलाबारी से आपकी सेना नष्ट न हो जाए। फिर भी चूक हुई। यह मानना पड़ेगा।'

तात्या ने कहा, 'उस दिन आपकी सेना को कोट के बाहर निकलकर अँगरेजी सेना पर छापा मारना था।'

'टौरियों की ओट पड़ जाने से कालपी की सेना अदृश्य हो गई,' रानी बोलीं, 'मालूम नहीं पड़ता था कि किस ओर से प्रकट होगी। फिर संध्या हो गई और प्रतीत हो गया कि कालपी की सेना लौट गई, और झाँसी अकेली रह गई।'

रावसाहब ने कहा 'अब सब ठीक हो जाएगा, बाईसाहब। आप कुछ चिंता न करें। नाना साहब लखनऊ की ओर प्रयत्नशील हैं। बानपुर और शाहगढ़ के राजा तथा बाँदा के नवाब ससैन्य शीघ्र कालपी आ रहे हैं। हम लोग यहाँ योजना तैयार करके, फिर कानपुर और झाँसी को हस्तगत करेंगे।'

संध्या समय रानी को जूही मिली। वह फूट-फूटकर रोई। रानी ने शांत किया। समझाया–

'जूही, तपस्या में क्षय पहले है और अक्षय पीछे। यह युद्ध स्वराज्य की अंतिम साधना नहीं है और न हम लोग उसके अंतिम साधक।'

फिर रानी ने अपने स्त्री-पुरुष वीरों के बलिदानों की कथा सुनाई।

जूही ने कहा, 'मोतीबाई के साथ मैं भी घायल होती तो इसी गोद में प्राण जाते।'

'सहज ही प्राण त्याग न करो जूही,' रानी बोलीं, 'अभी बहुत काम करने को पड़ा है।'

दूसरे ही दिन पेशवा की सेना को व्यवस्थित करने की योजनाएँ बनानी आरंभ कर दीं, कुछ कार्यान्वित हुईं। अनेक पेशवा की ढील-ढाल में यों ही पड़ी रहीं।

कालपी की सेना का शिथिल संगठन देखकर रानी का जी दुख-दुख जाता था।

: ७८ :

अप्रैल के तीसरे सप्ताह में बानपुर, शाहगढ़ और बाँदा की सेनाएँ कालपी में आ गईं। झाँसी का कड़ा प्रबंध करके रोज ने अप्रैल की पच्चीस तारीख को कालपी पर चढ़ाई की आज्ञा दी। इसी समय उसको खबर मिली कि रानी कोंच होती हुई झाँसी पर फिर आनेवाली हैं। रोज का एक दस्ता पूँछ पहाड़गाँव पर पहुँचा। विद्रोहियों से करीं मुठभेड़ हुई। अंग्रेजी दस्ता सफल हुआ। फिर एक युद्ध सैदनगर कोटरा पर हुआ। अंग्रेजी दस्ता हारा।

कोंच पर अधिकार करने के लिए रोज ने लुहारी के किले को लेने का पहले प्रयत्न किया। कोंच में पेशवा की काफी सेना इकट्ठी हो गई। बानपुर और शाहगढ़ के राजा तथा बाँदा के नवाब भी यहीं आ गए। पुनः बीस सहस्र सैनिक इकट्ठे हो गए। रानी और तात्या सरीखे सेनापति। किस बात की कमी थी? जिस बात की कमी थी उसको रानी जानती थीं। इस सेना में बहुत से लुटेरे और बदमाश भी इकट्ठे हो गए थे। उनको स्वराज्य या युद्ध में उतनी रुचि न थी जितनी विजय या पराजय के उपरांत लूट-खसोट करने में थी। वे इतने पतित थे कि मौका मिलने पर अपनी ही छावनी लूट सकते थे। इस सेना में बहुत से तो कवायद-परेड ही नहीं जानते थे और अनुशासन का नाम न सुना था। वे केवल अपने सरदारों का, या जिन्होंने उनको भरती किया था उनका आदेश मानने को तैयार थे। सो भी उतना, जितना उनके मन के अनुकूल होता। रानी का बस

चलता तो वे कम-से-कम आधी संख्या को अपने-अपने घर लौटा देतीं।

केवल कल्पना में इस सेना का प्रधान संचालक रावसाहब था! वास्तव में अपनी-अपनी ढपली अपना-अपना राग था। पूर्ण सत्ता एक व्यक्ति के हाथ में न थी। और युद्ध को सफलतापूर्वक लड़ने के लिए, सैन्य-संचालन एकाधिपत्य चाहता है, वह इस सेना में न था।

उधर रोज लुहारी के किले को, कोंच का पहला मोर्चा समझकर ले लेने के प्रयत्न में था, इधर कोंच में रात को रावसाहब, बानपुर, शाहगढ़ के राजा तथा बाँदा के नवाब की इच्छा नाच देखने की हुई। इन लोगों ने सुना था कि झाँसी की जूही, जो उस समय कोंच में रानी के शिविर में थी, बहुत अच्छा नाचती है। इसलिए भंग पीने के उपरांत उसके बुलाने का हठ किया गया।

रावसाहब को सरूर आ चुका था, परंतु जबान ढीली नहीं हुई थी। तात्या को बुलाया। वह भंग नहीं पिए था। न पीता था।

रावसाहब ने कहा, 'आज दिन में बहुत गरमी रही। अब ठंडक है। सब लोग मजे में हैं। युद्ध पर युद्ध होते रहते हैं। बीच-बीच में कुछ आनंद भी चाहिए।'

तात्या ने खीझ को दबाकर निवेदन किया, 'आज्ञा हो।'

'अरे यार मेरे,' बाँदा के नवाब ने कहा,'और आज्ञा होगी ही क्या? किसी को नाचने-गाने के लिए बुला लाओ।'

बानपुर का राजा बोला, 'सरदार साहब, माफ करना, आप शंकर की बूटी का सेवन नहीं करते, इसलिए इस मजे को नहीं जानते; परंतु हम लोगों के मन तो बढ़ावे पर, इन्हीं कमानों पर आते हैं।'

शाहगढ़ का राजा जरा और अग्रसर हुआ, 'भाई टोपे साहब, वह जो झाँसी का तुहफा छावनी में है, उसका नृत्य-गान कब देखने को मिलेगा?'

तात्या सन्नाटे में आ गया।

रावसाहब ने कहा, 'उसका नाम जूही है। बड़ा सुंदर नाम है। सिपाहीगिरी भी करती है और नृत्य-गान भी। झाँसी की नाटकशाला में बढ़िया अभिनय करती थी। बेढब हाव-भाव। जब से यहाँ आई है, उदास बनी रही। मातम-सा मनाती रही। अब उसकी स्वामिनी आ गई हैं, प्रसन्न है। नाचने-गाने की नाहीं करने का कोई कारण नहीं। रात भी बहुत नहीं गई है। घंटे-आध घंटे के लिए, यह दरबार रसीला-रँगीला हो जाए। बुला लाओ।'

तात्या ने माथे का पसीना पोंछा।

बोला, 'जो आज्ञा, परंतु रानी साहब–'

नवाब–'म्याँ किंतु परंतु क्या?'

रावसाहब–'रानी साहब पूजा में होंगी। बुला भी लाओ।'

तात्या गया। उस मंडली का सरूर और बढ़ा।

तात्या ने जूही को एकांत में बुलाया।

जूही बहुत प्रसन्न थी।

जूही–'सरदार साहब, आपने क्यों कष्ट किया?'

तात्या–'एक बात कहने आया हूँ।'

जूही–'मैं उस बात को सुनने के लिए बरसों से तरस रही हूँ।'

तात्या–'एक प्रार्थना करने के लिए आया हूँ।'

जूही–'मेरे सरदार मुझसे प्रार्थना करें! जिस शब्द के सुनने के लिए बरसों तपस्या की, अपने तन और मन की रक्षा की, उस एक शब्द के सुनने के लिए, आपकी जूही के भाग्य का आज उदय हुआ, परंतु–'

तात्या–'परंतु क्या जूही?'

जूही–'परंतु सरदार साहब, मेरी रानी का स्वराज्य-संग्राम पहले सफल हो और मैं आपकी जन्म-संगिनी बनकर रहूँ। बहुत दिनों से इस बात को कहने के लिए संकल्प पर संकल्प किए परंतु आज लाज-संकोच त्यागकर कह पा रही हूँ। आपने अवसर देने की कृपा की।'

पेशवा के प्रधान सेनापति का सिर नीचा पड़ गया। कुछ क्षण में हिम्मत बाँधकर बोला, 'मेरी प्रार्थना यह है। मेरी प्रार्थना–'

जूही ने टोककर कहा, 'आपके मुँह से प्रार्थना का शब्द नहीं सुहाता, आज्ञा हो, आपकी जूही का सिर चरणों में पहुँचेगा, परंतु जिस शर्त का निवेदन कर चुकी हूँ, वह अटल है।'

तात्या का दिल धड़का। उसने धड़कन दबाई। मुट्ठी बाँधी और हिम्मत को कड़ा किया।

तात्या–'अभी तो केवल यह प्रार्थना है कि आप रावसाहब के शिविर में चलें। वहाँ बाँदा के नवाब साहब, शाहगढ़ और बानपुर के राजा साहब बैठे हुए हैं। आपके नृत्य-गान का रसास्वादन करना चाहते हैं।'

जूही–'ओह यह बात! यह प्रार्थना! सरदार साहब, मैं आपको मन-ही-मन अपना हृदय भेंट कर चुकी हूँ, परंतु आपको इतना स्मरण रहे कि मैं झाँसी की रानी की सिपाही हूँ। और किसी राजा या नवाब से अपने को कम नहीं समझती हूँ। ये लोग समझते होंगे कि वेश्या-पुत्री हूँ। परंतु वेश्या नहीं हूँ, और न नाचने-गाने का पेशा करती हूँ। मेरा प्रस्ताव उस मंडली में किसने किया, सरदार साहब? और आपके मुँह से यह प्रस्ताव निकला कैसे?'

तात्या–'मैंने नहीं किया जूही। आप विश्वास करो। मैं रावसाहब की आज्ञा को देवता की आज्ञा के समान समझता हूँ। उन्हीं के कहने से आपके पास आने का साहस किया।'

जूही–'आप-आप कहकर मेरा अपमान मत कीजिए। मैं आपके लिए तुम हूँ। उन लोगों से कह दीजिए कि मैं उनके लिए उस रानी की कर्नल हूँ, जो जनरल रोज के परदादों को कब्र में हिला डालने की हिम्मत और तरकीब रखती है।'

तात्या चला गया। जब तक वह पेशवा के सामने पहुँचा तब तक भंग ने अपना रंग चढ़ा दिया था। वे लोग अपनी पहली धुन को इस बीच भूल गए थे और किसी दूसरी धुन को पकड़ लिया था। इसलिए तात्या को बात बताने की जरूरत नहीं पड़ी।

जूही रानी के शिविर में लौट आई। रानी गीता के परायण से उसी समय फारिग हुई थीं।

रानी ने साधारण प्रश्न किया, 'कहाँ हो आई जूही?'

जूही ने भर्राए हुए स्वर में उसाँस लेकर उत्तर दिया, 'सरदार साहब आए थे।'

रानी–'कौन सरदार साहब? यहाँ तो मुझको सब सरदार ही दिखते हैं। संसार की किसी भी सेना की ऐसी अस्त-व्यस्त स्थिति न होगी जो मुझको इस सेना की दिखलाई पड़ रही है। कोई भी एक ऐसा नहीं जिसकी सब कोई मानें।'

जूही–'सरदार तात्या साहब आए थे।'

रानी–'क्या कहते थे?'

जूही–'कहते थे कि श्रीमंत रावसाहब पेशवा नृत्य-गान के लिए बुला रहे हैं। महफिल बाँदा, बानपुर और शाहगढ़ के रईसों की है।'

रानी–'हाँ! यह मौज! तूने क्या उत्तर दिया?'

जूही–'मैंने कह दिया सरकार कि मैं रानी साहब की कर्नल हूँ, नाचने-गानेवाली नहीं।'

रानी–'जूही, तूने अपने योग्य ही उत्तर दिया। दो-एक दिन में ही कोंच में लड़ाई होनेवाली है। और इन लोगों का यह हाल है! जी चाहता है कि इसी समय इनको कुछ खरी-खोटी सुनाऊँ, परंतु अवसर उपयुक्त नहीं है। किसी समय कहना अवश्य पड़ेगा। और कुछ...दंड...'

: ७९ :

दूसरे दिन समाचार मिला कि लुहारी के किले का पतन हो गया और रोज कोंच को ग्रसने के लिए आ रहा है।

पेशवा इत्यादि की सेना को अपने अग्रभाग का सुदृढ़ और सुसंगठित प्रबंध करके

लड़ने का अभ्यास-सा पड़ गया था। रोज जानता था कि इनकी सेना का पृष्ठ भाग उतना व्यवस्थित नहीं रहता। इसलिए उसने विरोधी सेना पर आक्रमण करने के लिए अपनी सेना के तीन भाग किए। दो को कोंच की सेना के पीछे दाएँ-बाएँ भेज दिया और एक को सामने ले चला।

पेशवा की सेना को उसके केवल सामनेवाले दस्ते का पता लगा और उसी से तात्या को भिड़ा दिया। लक्ष्मीबाई को पीछे की ओर रखा। दोनों ओर से विकट युद्ध हुआ।

बँधे इशारे पर रोज के पीछेवाले दस्तों ने धावा किया और उनकी तोपों के प्रहार से कोंच की सेना बुरी मार खाकर भागी। तात्या और लक्ष्मीबाई ने अपने कौशल से उनको रोज के व्यूह से बचाकर निकाला। रोज ने कोंच को ले लिया। आठ तोपें हाथ आईं और बहुत-सी युद्ध-सामग्री। रोज को बहुत आश्चर्य इस बात पर था कि सबके सब सरदार और बाकी सेना तथा सामान किस हिकमत से कौन निकाल ले गया। उसका संदेह बार-बार झाँसी की रानी और तात्या टोपे पर जाता था।

तात्या कोंच से निकलकर कालपी नहीं गया। वह अपने पिता के पास चला गया। उसने उस समय, पेशवा की भी कदाचित् केवल उस समय, अनसुनी कर दी।

पेशवा ने अपनी सेना के साथ कालपी में आकर दम लिया। शायद उस रात भंग नहीं छनी! दूसरे दिन पेशवा ने आगे की योजना बनाने के लिए सरदारों का दरबार किया। रानी भी दरबार में थीं।

रावसाहब ने कोंच की हार का किसी पर भी दोषारोपण नहीं किया और बचकर निकल आने के चातुर्य पर प्रशंसा बरसाई। इसके उपरांत आगे की योजना की बात छिड़ी।

रानी अपने आसन से उठीं। कमर से तलवार निकालकर पेशवा के सामने मूठ की ओर से रख दी और आसन पर बैठकर बोलीं, 'आप के पूर्वजों ने यह तलवार हम लोगों को दी थी। भगवान् की दया से मेरे पूर्वजों ने और मैंने भी इसका उचित उपयोग किया। परंतु अब आपकी कृपा से यह तलवार वंचित हो गई है इसलिए इसे वापस लीजिए।'

दरबार में उपस्थित सब सरदार स्तंभित रह गए।

रावसाहब ने कहा, 'आपके पुरखों ने और आपने स्वराज्य की स्थापना के लिए जो कुछ किया है वह चिरस्मरणीय है। आपने झाँसी में अँगरेजों का जैसा करारा मुकाबला किया, वह अवर्णनीय है। कोंच से हमारी सेना और युद्ध-सामग्री को बचाकर ले आने में आपका बहुत बड़ा हिस्सा है। आप सरीखा निपुण सेनापति शायद ही कोई हो। आप जो योजना बतलावें, हम लोग शिरोधार्य करेंगे। आप इन सब रणसूर रईसों को अपना सहयोग देने की कृपा कीजिए और अपने स्वराज्य के प्रण का स्मरण करिए।'

रानी बोलीं, 'कोंच की लड़ाई में आपका प्रबंध बहुत रद्दी था। सेना में कोई

व्यवस्था नहीं है। अँगरेजी सेना अपनी अच्छी व्यवस्था के कारण ही विजय प्राप्त करती है। हमारे सैनिक शूरवीरी और पराक्रम में अँगरेजों से बढ़े-चढ़े हैं परंतु व्यवस्था और दूरदर्शी योजना की कमी के कारण उनका शौर्य विफल हो जाता है। झाँसी की सहायता के लिए आपकी इतनी बड़ी सेना आई, परंतु अव्यवस्था के कारण हार खाकर लौट गई। जब तक आप अपनी सेना का अच्छा प्रबंध नहीं करेंगे और संयम से काम न लेंगे, युद्ध में यश प्राप्त न होगा। अव्यवस्था का कारण है एक व्यक्ति को मुख्याधिकारी न मानना और अपनी-अपनी मनचाही योजना को काम में लाना तथा समय को व्यर्थ बातों में नष्ट करना।'

रावसाहब तलवार को लेकर उठा। रानी के सामने विनम्र भाव से खड़ा हुआ।

'आप कृपापूर्वक तलवार ग्रहण करें,' रावसाहब ने कहा, 'आपकी सम्मति बिलकुल उचित है और मानी जाएगी।'

रानी ने तलवार ले ली और म्यान में डाल ली।

उपस्थित सरदारों ने रावसाहब को प्रधान सेनापति नियुक्त किया। उसने स्वीकार कर लिया। सरदारों ने रानी को प्रधान सेनापति न बनाकर इतिहास में अपनी पराजय पेशगी लिख दी। परंतु योजना बनाने के लिए रानी से अनुरोध किया। रानी ने योजना बताई। उसके अनुसार मोर्चे बनाए गए। तोपें रखी गईं। गोलंदाज नियुक्त और सरदार विभक्त किए गए। रानी को लालकुर्तीवाले ढाई सौ सवार दिए गए और वाम पार्श्व की रक्षा का भार।

: ८० :

रानी ने निर्देशन किया था, 'जो सरदार जिस मोर्चे को बाँधे हो, वहीं डटकर लड़े। किसी प्रलोभन या उत्तेजना में आकर अपने स्थान को छोड़कर अँगरेजी सेना के ऊपर न झपटे। जब रिसाले या पैदल पल्टन को आदेश हो तभी बतलाई हुई दिशा में हमला करे।'

रावसाहब ने समर्थन करते हुए कहा था, 'ऐसा ही होगा, ऐसा ही हो। सब लोग गाँठ बाँध लेना।'

रावसाहब सहज संतोषी और परम महत्त्वाकांक्षी था। यदि नाना साहब लखनऊ के जय-पराजय के क्रमावर्त में न फँसा होता और कालपी में होता तो वह, लक्ष्मीबाई और तात्या, रोज सरीखे अत्यंत योग्य और रणकुशल सेनापति के लिए भी काफी से अधिक प्रबल बैठते। परंतु रावसाहब की लोकप्रियता उसकी उदारता, शिथिलता और सहजवर्ती स्वभाव के कारण थी, न कि योग्यता के कारण। वह प्रधान सेनापति की आज्ञाओं का विधिवत् पालन करा ही नहीं सकता था। इस कार्य के लिए तो रानी का-सा

तेजस्वी और तपस्वी व्यक्तित्व ही ठीक बैठ सकता था।

रोज को इस मोर्चाबंदी का पता आसानी से लग गया। उसने अवगत कर लिया कि जहाँ मोर्चादारों से उनका ठिया छुटवा पाया कि गड़बड़ फैल जाएगी।

कोंच की मार और रानी की भर्त्सना के कारण पेशवाई सेना अंग्रेजों को मार मिटाने के लिए दाँत पीस रही थी, अपनी वासना को सहायता पहुँचाने के लिए सेना ने भंग भी खूब पी। रानी का निषेध न चला।

रोज का एक छोटा-सा दस्ता हलका तोपखाना लिए आगे आया। कालपी की सेना ने समझा कि रोज की संपूर्ण सेना आ गई। ठिया छोड़-छोड़कर उस पर दौड़ पड़े। गोलाबारी हुई। असमय मार-काट शुरू हो गई। रानी ने मना करवाया परंतु राव नियंत्रण न कर सका। रोज ने मौका ताककर इर्द-गिर्दवाले अपने दस्तों द्वारा गोलाबारी शुरू करा दी और कालपी की सेना का ठिए छोड़ देने के कारण अविलंब सर्वनाश होने लगा। रईस सेनापतियों ने भागने का विचार किया। रानी ने डाँटना-फटकारना व्यर्थ ही समझकर उनको धैर्य धराया, कहा, 'अब जहाँ हो वहीं बने रहो, भगदड़ मत मचाओ, मैं इनके तोपखानों को बंद करती हूँ। जिस समय तोपखाने बंद हो जाएँ, दो पार्श्वों से घुड़सवार और बीच में पैदल बंदूकची भेजना।'

रानी को केवल ढाई सौ सवार दिए गए थे। ये सवार अपने नेता को पहचान गए थे और उन लोगों की उनके प्रति अपार भक्ति थी। रानी ने इन लोगों के पाँच भाग किए और एक-एक को देशमुख, गुलमुहम्मद, रघुनाथसिंह, जूही और अपने अधीन रखा। मुंदर उनके साथ उनकी नायबी में रही। रानी ने यमुना के एक टीले की ओट से दूरबीन लगाकर रणक्षेत्र का निरीक्षण कुछ क्षण किया। वे रोज के कमजोर बाजू को ताड़ गईं।

रानी ने अपने पाँचों दस्तों को रोज के दाहिने पार्श्व की ओर कुछ दूर जाकर घुमाया और फिर टूट पड़ीं; जैसे चिड़ियों के ऊपर बाज! यह आक्रमण अंग्रेजों को तूफान की तरह लगा और वे एकदम पीछे हटे। अंग्रेज अफसर और सिपाही कट-कटकर गिरने लगे। रानी ने ऐसे शौर्य, ऐसे विवेक और कौशल के साथ युद्ध किया कि अंग्रेजों का तोपखाना थोड़ी देर के लिए बिलकुल बंद हो गया। गोलंदाज उस तूफानी हमले से स्तब्ध रह गए। रानी तोप के मुहानों पर बीस फीट के फासले तक मारती-काटती पहुँच गईं!! अब कालपी की सेना आगे बढ़ी। परंतु सैनिक इतनी भंग पिए थे कि आज्ञाओं का ठीक-ठीक पालन नहीं कर सकते थे। केवल रानी का एक अद्‍भुत पराक्रम इन सैनिकों ने नशे को और उनके सरदारों की मूर्खता को कुछ ढँक रहा था—रानी ने अपने घोड़े की लगाम मुँह में दाबी और दोनों हाथों से तलवारों के वज्रपात करने लगीं। पेशवा सेना बहादुरी के साथ लड़ने लगी। जो अंग्रेज गोलंदाज रानी और उनके दस्तों द्वारा कटने से बचे, वे मैदान छोड़कर भागे। ब्रिगेडियर स्टुअर्ट ने देखा कि बाजी खिसकी। तुरंत वह

हलके तोपखाने के लिए पीछे से आगे आया। गोलाबारी की। भागते हुए गोलंदाजों को उत्साहित किया। रोज एक जगह ऊँट-तोपखाना लिए डटा था।

अपनी सेना के भगदड़ का समाचार पाते ही वह इस तोपखाने को लेकर दौड़ आया और छोटे गोलों की बौछार पर बौछार की। कालपी की सेना तितर-बितर होने लगी। अपने दस्तों को लेकर रानी ने रोज के विरोध का प्रयत्न किया; परंतु भँगेड़ी सिपाहियों को भंग ने भागने की सुझाई। उनके पैर उखड़ गए। विवश होकर रानी को अपने दस्ते रणभूमि से हटाने पड़े। अपेक्षाकृत उनके सैनिक कम हताहत हुए। जो बचे उनको लेकर रानी पेशवा की छावनी में लौट आईं।

दो दिन और मारकाट हुई परंतु उसको लड़ाई नहीं कह सकते। पेशवा की सेना के काफी सिपाही अंतिम विजय से निराश होकर अपने-अपने गाँवों को भाग गए।

दो दिन पेशवा ने लष्टम-पष्टम गोलाबारी अंग्रेजों से बदली। इस सेना में अधिकतर लुटेरे और बदमाश रह गए थे। जैसे ही उन्होंने देखा कि पेशवा हारे, कालपी की लूट शुरू कर दी और शकर की दुकानों की पहले घात लगाई।

पेशवा ने कालपी छोड़ी। थोड़ी-सी सेना उनके साथ लग गई। रानी अपने पाँच दलपतियों तथा अपनी बची-बचाई छोटी लालकुर्ती सेना सहित निकल गईं। यह हारा-थका दल गोपालपुरा में, जो ग्वालियर के नेतृत्व में छियालीस मील की दूरी पर था, जा टिका। कोंच की पराजय के उपरांत तात्या अपने पिता के पास जालौन चला आया था। कालपी के पराभव का वृत्तांत सुनकर उसको ग्लानि हुई और पेशवा के पास गोपालपुरा पहुँच गया। बाँदा का नवाब भी इधर-उधर भटकता हुआ गोपालपुरा आ गया। राजा मर्दनसिंह और राजा बखतबली इसके उपरांत लड़ाई के नक्शे में फिर नहीं आते। कुछ समय बाद राजा बखतबली को अंग्रेजों ने कैद करके लाहौर भेज दिया। मर्दनसिंह भी कैद हो गया।

रोज को कालपी में पेशवा की बहुत बहुमूल्य युद्ध-सामग्री मिली। पंद्रह तोपें, सात सौ मन बारूद, असंख्य बंदूकें और तलवारें और नए तर्ज के हथियार ढालने-बनाने की विलायती मशीनें हाथ लगीं। रोज को यह विजय चौबीस मई के दिन मिली। यह दिवस विक्टोरिया के जन्म का था। इसलिए अंग्रेजों ने धूमधाम के साथ कालपी पर अपना झंडा चढ़ाया और कत्ल तथा लूट से पाई हुई शकर के प्रसाद से जशन मनाए। और फिर तीन दिन कालपी को मुस्तैदी के साथ लूटा।

जनरल रोज ने नर्मदा के उत्तर भाग से कालपी तक का क्षेत्र अपने अधीन कर लिया। नर्मदा के उत्तर-पूर्वी भाग को दबाता हुआ करवी, महोबा, बाँदा इत्यादि को लूटता-कुचलता विटलाक रोज से कालपी में आ मिला। राजपूताने की ओर से कर्नल स्मिथ अपनी सेना लिए हुए आगरा-ग्वालियर की दिशा में आ रहा था। 'बलवाइयों' के

पकड़े जाने के लिए गाँव-गाँव में इनामी इश्तहार बाँटे जा रहे थे।

रावसाहब के पास रईस और सरदार काफी थे, परंतु सेना बहुत कम थी। तोपें नहीं थीं, सामान नहीं बचा था। और व्यवस्था तो कभी भी न थी।

दिन-भर लू चली। रात को भी काफी गरम हवा चल रही थी। तारे धूल की पतली चादर से ढँके हुए थे। गोपालपुरा के एक बगीचे में रावसाहब, तात्या, बाँदा के नवाब इत्यादि आगे की योजना के आकार-प्रकार बना-बिगाड़ रहे थे। रात अँधेरी थी, पास में कोई उजाला न था। इसलिए किसके चेहरे पर क्या गुजर रही थी, कोई नहीं देख सकता था।

रानी लक्ष्मीबाई अपने शिविर में थीं। उस दरबार में न थीं।

रावसाहब ने कहा, 'किसी प्रकार नागपुर की ओर पहुँच पावें तो शीघ्र सैन्य-संग्रह हो। इंदौर की छावनी से भी सहायता मिले।'

बाँदा के नवाब ने अपनी घबराहट प्रकट की, 'हैदराबाद के निजाम के मारे नागपुर के पड़ोस में ठहर पाना दूभर हो जाएगा।'

तात्या बोला, 'निजाम का कोई भय नहीं। वहाँ की जनता तुरंत हमारा साथ देगी।'

रावसाहब–'वहाँ से महाराष्ट्र सरक जाने में बड़ा सुभीता रहेगा। पहाड़ियाँ, किले, घाटियाँ और नदियाँ बारगी और भूबंधी–दोनों प्रकार की लड़ाइयों के लिए बहुत उपयोगी हैं।'

नवाब–'परंतु वहाँ तक पहुँचेंगे कैसे?'

तात्या–'पहुँचाने का जिम्मा मैं लेता हूँ।'

नवाब–'जासूसी से जो खबरें मिली हैं, उनसे हर हालत में इस नतीजे पर पहुँचने के लिए विवश हूँ कि हम लोग पिंजड़े में फँस गए हैं।'

'रावसाहब–'अवध की तरफ चलना ज्यादा अच्छा होगा। अवध पास है। मार्ग सीधा है। वहाँ की जनता अदभ्य है। लखनऊ का पतन हो गया तो क्या हुआ। नाना साहब अभी वहाँ हैं। बेगम साहब भी हैं।'

तात्या–'अवध में हम लोग बहुत काम कर सकते हैं। एक बाधा अवश्य है।'

रावसाहब–'वह क्या?'

तात्या–'उस प्रदेश में किले बहुत कम हैं।'

नवाब–'एक बड़ी बाधा और है। अँगरेजों की बेशुमार पल्टनें अवध में फैल गई हैं और ज्यादा कलकत्ते से आ रही हैं।'

एक सरदार–'मेरी समझ में तो यह आता है कि छोटी-छोटी टुकड़ियों में बँटकर इधर-उधर फैल जाओ और अँगरेजी इलाके की लूटमार शुरू कर दो।'

दूसरा सरदार–'और नए-नए लोगों को इन टुकड़ियों में भरती करते जाओ। एक

दिन काफी बड़ी सेना अपने पास हो जावेगी। तब हम लोग अँगरेजों को चित्त कर देंगे।'

तात्या–'इसमें कितने दिन लगेंगे?'

रावसाहब–'समय की चिंता क्या है? अँगरेजी सेना में फिर कोई बलवा होगा। तोपें हाथ आ जाएँगी और काम बन जाएगा।'

नवाब–'लेकिन तोपें अब हिंदुस्थानी फौज के हाथ में कभी नहीं आवेंगी। तोपखाने को अँगरेज अपने हाथ में रखने लगे हैं।'

एक सरदार–'परंतु जनता के पास तो हथियार हैं।'

नवाब–'जब तक आप फौज इकट्ठी करेंगे तब तक अँगरेज लोग सारी जनता के हथियार अपने मालखाने में रखवा लेंगे।'

रावसाहब–'कहीं कालपी फिर वापस मिल जाय तो सब दिक्कतें दूर हो जाएँ।'

नवाब–'हम तो चाहते हैं कि दिल्ली और लखनऊ भी हाथ में आएँ, मगर चाहने से होता क्या है?'

सरदार–'मेरा कहना मानिए। टुकड़ियों में बँटकर लूटमार शुरू कर दीजिए।'

तात्या–'जनता साथ न देगी।'

रावसाहब–'तुम अवध के लड़ाकों को भरती करके यहाँ ले आओ।'

तात्या–'जो आज्ञा।'

नवाब–'लेकिन इसमें वक्त लगेगा, और तब तक हम-आप क्या करेंगे?'

रावसाहब–'तो फिर राजा बखतबली और राजा मर्दनसिंह को बुंदेलखंडी सेना सहित फिर बुलवाओ।'

नवाब–'उनको हमारा साथ देना होता तो गोपालपुरा में आज कभी के आ जाते।'

रावसाहब–'तब फिर क्या किया जाए?'

सरदार–'राजपूताने की तरफ चलिए। वहाँ की छावनियों ने अभी तक कुछ नहीं किया है।'

तात्या–'वहीं की छावनियाँ बहुत करके अपना साथ न देंगी।'

रावसाहब–'मेरा मन दक्षिण भारत के लिए बहुत बोलता है।'

नवाब–'परंतु वहाँ तक पहुँचें कैसे?'

तात्या–'मैं पहले ही निवेदन कर चुका हूँ कि पहुँचा दूँगा।'

नवाब–'मैं जरा पहले अर्ज कर चुका हूँ कि झाँसी, सागर, सीहौर वगैरह में बहुत-सी अँगरेजी फौज है और हम यहाँ पिंजड़े में फँस गए हैं।'

सरदार–'तब फिर अँगरेजों के हाथ अपने को सौंप दिया जाए?'

नवाब–'यह मैंने हरगिज नहीं कहा।'

रावसाहब–'तब फिर किसी अँगरेजी छावनी पर एकदम टूट पड़ें और उसको चीरते

हुए आगे बढ़कर भाग्य की परीक्षा करें।'

नवाब–'परंतु बिना बड़ी तोपों की मदद के छावनी के ऊपर हमला करना मौत के मुँह में जाना है।'

रावसाहब–'यदि तात्या महाराष्ट्र में जाकर जनता को जाग्रत कर दे तो अँगरेज वहाँ उलझ जाएँगे और तब हम सरपट महाराष्ट्र में पहुँच सकते हैं।'

नवाब–'लेकिन फिर वही सवाल उठता है तब तक हम लोग यहाँ क्या करें?'

तात्या–'रानी साहब की राय ली जाए।'

रावसाहब–'मैं रानी साहब की राय की कदर करता हूँ। वे बहुत अच्छी सैनिक हैं और लड़ाई के मैदान में विजय भी प्राप्त करा सकती हैं; परंतु स्त्री हैं और जितना संसार हम लोगों ने नापा है, उतना उन्होंने नहीं।'

नवाब–'इस पर भी उन्होंने दस महीने खूबी के साथ झाँसी का राज्य किया। ऐसा कि प्रजा उन पर कुर्बान हो गई।'

रावसाहब–'यह सब ठीक है, बिलकुल ठीक है। सलाह लेने में कोई हर्ज नहीं। मानना न मानना अपने हाथ में है।'

तात्या–'उनको सवेरे लिवा लाऊँ?'

सरदार–'सवेरे के जरा बाद। सवेरा होने में बहुत देर भी नहीं है। वे अपने भजन-पूजन से निवृत्त हो जाएँगी, तब तक अपुन लोग जरा नशा-पत्ता करेंगे। कई दिन से नहीं छनी है। कहीं से कोई अच्छी सलाह न मिली तो विजया भवानी सिर पर चढ़कर सब कुछ बोल-बता देंगी।'

रावसाहब–'बड़ा अच्छा है। अभी अँगरेज हम लोगों से काफी दूर हैं। हवा पर बैठकर तो आ नहीं जाते। परंतु भाई, गहरी न छने। नहीं तो रानी साहब कुछ ज्यादा डाँट-फटकार करेंगी।'

इस तरह रात-भर यह विवाद जारी रहा, परंतु ये लोग किसी भी निश्चय पर न पहुँच सके।

प्रातःकाल के उपरांत तात्या रानी को लिवा लाया। तात्या ने उनको रात के अधिवेशन का संक्षेप में वृत्तांत सुना दिया था।

लोग भंग पीकर निवृत्त हो गए। हुक्के गुड़गुड़ा रहे थे कि वे आ गईं। लोग उनका अदब करते थे, इसलिए हुक्के हटा दिए गए।

पेशवाई सेना की अधोगति का उनको पता था। तो भी उन्होंने अपने क्षोभ को दबाकर परिस्थिति को भलीभाँति समझने के लिए प्रश्न किए। जो उत्तर मिले उनका निचोड़ वही था जो रात की बैठक में बाँदा के नवाब ने बतलाया था–'हम लोग पिंजड़े में फँस गए हैं।'

रानी ने कहा, 'अब तक हम लोग जहाँ-जहाँ अँगरेजों से जमकर लड़ पाए, वहाँ-वहाँ किलों का आश्रय लेकर। फिर किसी मजबूत किले को हाथ में करना चाहिए। तोपें सहज ही ढल जाएँगी। काम चालू हो जाएगा।'

रावसाहब—'परंतु झाँसी और कालपी के किले तो फिर नहीं मिल सकते। कम-से-कम अभी हाथ नहीं आ सकते।'

रानी—'इनको कुछ दिनों विचार से अलग रखिए।'

तात्या—'नरवर किला बहुत अच्छा है। निकट ही सिंध नदी है। आसपास पहाड़ और जंगल हैं।

नवाब—'करेरा का भी किला अच्छा है।'

रानी—'न।'

रावसाहब—'तब फिर कौन-सा किला?'

रानी—'ग्वालियर का। वही यहाँ से अत्यंत निकट है।'

रावसाहब—'ग्वालियर का किला!'

नवाब—'ग्वालियर का!'

रानी—'हाँ ग्वालियर का। ग्वालियर की वस्तुस्थिति का पुनः अनुसंधान करके तुरंत ग्वालियर पर आक्रमण कर देना चाहिए। राजा और वहाँ के दो-तीन सरदार अँगरेज कंपनी के पक्षपाती हैं। परंतु सेना और जनता नहीं है। सेना यदि हमारा पक्ष प्रबलता के साथ न भी पकड़ेगी तो ढुल-मुल अवश्य रहेगी। ग्वालियर में बनी-बनाई, सजी-सजाई बढ़िया तोपें, गोले-गोली, सैकड़ों मन बारूद और अन्य प्रकार की युद्ध-सामग्री तथा अटूट कोष है।'

नवाब—'लेकिन...'

रानी—'किंतु-परंतु कुछ नहीं। बिना किले के कोई भी प्रयास आत्म-वध के समान होगा और सिवाय ग्वालियर के किले के हमारे लिए सब किले इस समय स्वप्न हैं।'

रावसाहब—'बात तो ठीक कह रही हैं बाईसाहब, आप भी सोचिए नवाब साहब, क्यों तात्या?'

नवाब साहब—'मैं रानी साहब की राय को मानने के लिए तैयार हूँ। लेकिन ग्वालियर की सेना या कुछ सरदारों को चढ़ाई के पहले मिला लेना चाहिए।'

तात्या—'वहाँ का हाल मुझको मालूम है। माहुकर, बलवंतराव और दिनकरराव दीवान के सिवाय और सब सरदार स्वराज्य-स्थापना के पक्ष में हैं। सेना का काफी अंश हमारा साथ देगा।'

रानी—'एक बार फिर जाओ। शीघ्र जाओ और पूरा पता लगाकर शीघ्र आओ।'

रावसाहब—'शीघ्रता के लिए तो तात्या शेरों का शेर है।'

आज्ञा पाकर तात्या तुरंत ग्वालियर की ओर रवाना हुआ।

: ८१ :

संध्या के होते ही रानी थोड़ी देर के लिए ध्यान-मग्न हुईं। ध्यान के उपरांत रानी शिविर के बाहर निकली थीं कि रामचंद्र देशमुख, रघुनाथसिंह और गुलमुहम्मद आ गए।

रानी के पास उस समय लालकुर्तीवाले दो सौ सवार रह गए थे। हिंदू और मुसलमान। इस रिसाले की प्रधान सेनाध्यक्ष रानी थीं और उनके अधीन यूथपति ये तीन पुरुष और वे दो स्त्रियाँ—जिनमें मुंदर तो रानी के साथ छाया की तरह रहती थी। यह छोटी-सी सेना उनकी परम भक्त थी और संयमनिष्ठ।

रघुनाथसिंह ने कहा, 'सरकार, दीवान जवाहरसिंह अपने इलाके के बाहर नहीं निकल पा रहे हैं। उन्होंने कुछ सेना इकट्ठी की थी। कंपनी के दस्ते उनको पछिया रहे हैं। वे इस ओर शायद ही आ सकें।'

गुलमुहम्मद बोला, 'सरकार, हम अपने मुल्क पहुँच पाए तो इतना पठान लाएँ कि दुश्मनों को कच्चा चबा जाएँ।'

देशमुख ने कहा, 'सिपाही आगे के हुक्म की प्रतीक्षा कर रहे हैं।'

रानी बोलीं, 'प्रधान सेनापति रावसाहब पेशवा हैं। मैं इस समय कुछ नहीं बतला सकती। परंतु शीघ्र कुछ होगा, यह कह सकती हूँ।'

देशमुख—'अपना रिसाला लड़ने के लिए उकता रहा है।'

रानी—'यह सैनिक का एक दोष है, गुण नहीं। उकताना नहीं चाहिए। उसको समय पर भोजन, आराम, वेतन मिलता जा रहा है!'

उन तीनों ने हाँ उत्तर दिया।

रानी ने कहा, 'किसी समय भी, तनिक-सी भी कमी जान पड़े, मुझसे तुरंत कहना। मेरे पास अभी बहुत से हीरे-जवाहर हैं। तुम लोगों को और तुम्हारे रिसाले को किसी प्रकार का कष्ट न हो, मैं यही चाहती हूँ।'

'कभी नहीं हो सकता,' कहकर वे लोग चले गए। भोजन करने के उपरांत रानी ने शयन किया। मुंदर पैर दबाने लगी।

रानी ने पैर खींचकर कहा, 'तेरी यह आदत न जाने क्यों नहीं जाती। मेरा शरीर नहीं दूख रहा है। उस दिन नहीं दुखा जब झाँसी से कालपी आई थी। आज तो कोई परिश्रम ही नहीं किया।'

'हाँ, नहीं जाती,' मुंदर ने हठपूर्वक और इठलाकर कहा, 'चाहे जैसी पीड़ा सिर पर आ जाए, आप कभी कहती थोड़े ही हैं।'

मुंदर पैर दबाने लगी।

'तो तू क्या जन्म-भर पैर दाबा करेगी?'

'जी हाँ, जन्म-भर।'

'रिसाले की कर्नल होकर?'

'जी हाँ, जब एक दिन जनरल हो जाऊँगी, तब भी इन पैरों का दबाना नहीं छोड़ूँगी।'

'पैरों के दबानेवाले जनरल का नाम सुनकर लोग क्या कहेंगे?'

'जिन लोगों को यह न मालूम होगा कि इन चरणों की धूल में जनरल बनाने का गुण है, वे भले ही कुछ कहें।'

'कदाचित् ऐसा हो, परंतु मेरी वाणी में वह गुण नहीं है। इन लोगों को सम्मति देती हूँ। हाँ-हाँ कर देते हैं, परंतु करते मनमानी हैं। कालपी का युद्ध क्या हारने योग्य था।'

'इनमें कोई रण पंडित है ही नहीं।'

'एक है—तात्या टोपे, परंतु उसकी चलती नहीं और वह आवश्यकता से अधिक आज्ञानुवर्ती है। प्रतिवाद करना जानता ही नहीं।'

'वे कालपी के युद्ध में नहीं थे। घर चले गए थे।'

'उस समय उसको क्षोभ हो गया था। कारण को उघारना व्यर्थ है! तू जानती है, यदि इन असंख्य सेनापतियों में गाँठ की कोई बुद्धि होती तो इनके व्यसन न खटकते, परंतु व्यसनी हैं और मूर्ख हैं।

'गुलमुहम्मद बात करने में जैसा लट्ठ जान पड़ता है वैसा वास्तव में नहीं है। वह चतुर और वीर दलनायक है। वैसे ही देशमुख और रघुनाथसिंह हैं।'

'हाँ सरकार।'

'एक बात बतला मुंदर।'

'आज्ञा सरकार।'

'तू संसार में सबसे अधिक किसको चाहती है? सच-सच कहना।'

'सच कहती हूँ। भगवान् जानते हैं—मैं आपको सबसे अधिक चाहती हूँ।'

'मेरे उपरांत किसको?'

मुंदर ने उनके पैर पकड़ लिए। सिर नीचा कर लिया।

'और कौन है सरकार?'

'नाम बतलाऊँ?'

'नहीं।'

'मुंदर, तू विवाह करना।'

'जब सरकार स्वराज्य स्थापित कर चुकेंगी तब।'

'स्वराज्य तो देर-सवेर स्थापित होगा ही। तू विवाह के लिए क्यों रुके?'

'वह जीवन का मुख्य कार्य नहीं है।'

'यह तेरी इच्छा पर निर्भर है, परंतु मेरी अनुमति है।'

'असंभव सरकार। मेरा प्रण है।'

'जूही ने प्रण किया है। उस पर मुझको दया आती है।'

'उसने मरणपर्यंत कौमार्य व्रत का प्रण किया है।'

'असंभव नहीं है।'

'मैं सरकार से एक बात पूछना चाहती हूँ।'

'पूछ।'

'जितनी निर्भय आप हैं क्या कोई और भी हो सकती है?'

'अवश्य। कुछ कठिन नहीं।'

'सो कैसे?'

'सहज ही। काफी शारीरिक श्रम कर, शीघ्र ही ध्यान और विश्वास से सहज हो जाएगा।'

मुंदर गद्गद हो गई। कुछ क्षण चुप रहने के बाद यकायक बोली, 'बाईसाहब, मैं आपके समक्ष मर जाऊँ तो मुझे बड़ा सुख होगा। मोतीबाई की-सी मृत्यु की आराधना करती हूँ।'

'जो बात मैंने बतलाई, वह इससे कहीं बढ़कर है।'

: ८२ :

सन् १८४४ में अंग्रेजों ने सिंधिया की सेना को, जो होलकर-सिंधिया के परस्पर युद्धों के कारण पहले ही क्षीण हो चुकी थी, पराजित किया था। तब से ग्वालियर को केवल दस सहस्र सिपाही रखने का अधिकार रह गया था और तब से लगातार अंग्रेज रेजीडेंट ग्वालियर का शासन-सूत्र अपने हाथ में रखे रहा था। सन् १८५३ में जयाजीराव को शासनाधिकार मिल गए, परंतु सूत्र रेजीडेंट के ही हाथ में रहा। बची-खुची सलाह-सम्मति के लिए आगरा में लैफ्टिनेंट गवर्नर था ही!

ग्वालियर में सिंधिया की दस सहस्र सेना के अतिरिक्त, पोषित एक अंग्रेजी सेना भी थी। इस पोष्य (सबसीडियरी) सेना ने भी सन् १८५७ के विद्रोह में भाग लिया। तात्या यहाँ आया-जाया करता ही था। यह सेना तात्या के साथ कानपुर पहुँच गई। परंतु इस सेना ने जयाजीराव और दीवान दिनकरराव के कौशल के कारण ग्वालियर स्थित अंग्रेजों का भी कुछ न बिगाड़ पाया और वे सुरक्षित आगरा पहुँचा दिए गए। जयाजीराव ने किसी प्रकार अपनी सेना को शांत रखा। यदि ग्वालियर राज्य अंग्रेजों के विरुद्ध हो जाता तो निजाम और सिख राजाओं के कंपनी-भक्त रहते हुए भी, अंग्रेजी

राज्य हिंदुस्थान में किसी प्रकार भी नहीं टिक सकता था। ग्वालियर कोई बड़ा प्रबल राज्य नहीं था, परंतु ग्वालियर के विरुद्ध होते ही, अंग्रेजी राज्य के खिलाफ स्वराज्य का संक्रामक गुण इतनी प्रचंडता और वेग के साथ आस-पास के राज्यों, विंध्यखंड और दक्षिण भारत में फैलता कि अंग्रेजी राज्य उससे बच ही नहीं सकता था।

जब तात्या ग्वालियर पहुँचा तब उसने वहाँ की सेना के एक बड़े अंग और अधिकतर सरदारों को रानी तथा पेशवा के बहुत कुछ अनुकूल पाया। सिंधिया सरकार को पेशवाई सेना के गोपालपुर में आ जमने की सूचना मिल गई थी। गवर्नर जनरल को तुरंत समाचार दिया गया और अपनी दृढ़ तथा प्रबल राजभक्ति का पक्का आश्वासन।

गवर्नर जनरल लार्ड कैनिंग ने इंग्लैंड को तार दिया, 'यदि सिंधिया बलवाइयों में शामिल हो जाए तो मुझको कल ही बँधना-बोरिया बाँधकर यहाँ से चल देना पड़ेगा।'*

तात्या ने रावसाहब इत्यादि को ग्वालियर का हाल दूसरे दिन लौटकर सुनाया। रानी ने तुरंत आक्रमण कर देने की सलाह दी।

रावसाहब ने सिंधिया सरकार को एक पत्र लिखा जिसका तात्पर्य यह था कि हम दक्षिण की ओर स्वराज्य-स्थापना के प्रयत्न में जा रहे हैं। आप हमारे पुराने नाते का स्मरण करिए और हमें सहायता दीजिए।

दिनकरराव ने जो उत्तर दिया, वह गोल-मटोल था। न उसमें हामी थी और न इनकार। दिनकरराव ने रेजीडेंट को सूचना भेज दी।

पेशवा की सेना कालपी के युद्ध के चार दिन बाद ग्वालियर राज्य में धँस गई। सिंधिया सरकार का एक अफसर चार सौ पैदल और डेढ़ सौ घुड़सवार लेकर रोकने के लिए पहुँच गया। वह जरा-सी डाँट-फटकार में ही पीछे हट आया। दो दिन बाद रावसाहब की सेना ग्वालियर से नौ मील की दूरी पर एक गाँव के पास में ठहर गई, रावसाहब ने सिंधिया को एक पत्र फिर सहायता के लिए लिखा। इस पर ग्वालियर की राजसभा में विवाद हुआ। राजा का इरादा था 'बलवाइयों' पर तुरंत हल्ला बोल देने का। दीवान की नीति थी ह्यूरोज के आने तक 'बलवाइयों' को किसी बहाने अटकाए रहना और अपनी सेना को किसी प्रकार काबू में रखना। राजा ने नहीं माना और पहली जून को मुरार के पूर्व बहादुरपुर गाँव के निकट पेशवा का मुकाबला करने के लिए छः हजार पैदल, बारह सौ भड़कीले सवार और आठ आधुनिक बड़ी तोपें लेकर मोर्चा जा पकड़ा। प्रातःकाल होते ही सिंधिया ने पेशवा की ओर गोले फेंकने शुरू कर दिए। जब तक सिर पर गोले नहीं पड़े, रावसाहब और तात्या ने भी समझा कि ग्वालियर की तोपें पेशवा की अगवानी के लिए सलामी दाग रही हैं। उस क्षण पेशवा की सेना में लड़ाई की

* If the Scindhia joins the mutiny, I shall have to pack off tomorrow.

कोई तैयारी न थी। रानी की आज्ञा पर रघुनाथसिंह ने तुरंत तैयार हो जाने का बिगुल भी बजाया, परंतु उस नक्कारखाने में इस तूती की आवाज को कौन सुनता था? जब सिंधिया के गोलंदाजों ने पेशवा की छावनी पर ताक-ताककर गोलाबारी की, तब भगदड़ मच गई।

परंतु रानी, उनके दलपति और सवार पहले से कमर कसे तैयार थे। तात्या टोपे को छावनी का बचाव करने के लिए कहकर रानी लक्ष्मीबाई सिंधिया सरकार की सेना पर केवल दो सौ सवार लेकर टूट पड़ीं। कुछ गोलंदाज मारे गए, कुछ तोपें छोड़कर भागे। तात्या ने तुरंत अपनी छावनी के दो भाग करके उसको गतिवान किया और उसे एक ओर हटा ले गया—वह इस विद्या में अत्यंत निपुण था। लक्ष्मीबाई के पराक्रम को, और तात्या की दोनों टुकड़ियों को दूसरी दिशा से आता हुआ देखकर सिंधिया के वे छः हजार पैदल मैदान खाली कर गए; परंतु बारह सौ भड़कीले सवार अब भी साथ में थे। इन पर लक्ष्मीबाई के उन कसदार दो सौ सवारों का सपाटा पड़ा। थोड़ी देर तक तलवार चली और खूब चली, परंतु वे रानी के सवारों की टक्कर को न झेल सके, कटने और भागने लगे। जयाजीराव को तुरंत मैदान छोड़कर भागना पड़ा। पहले राजमहल का रास्ता पकड़ा, फिर वह और दिनकरराव दो-एक विश्वसनीय सरदारों को लेकर धौलपुर होते हुए आगरा पहुँचे। वहाँ किले में उन लोगों को शरण मिली।

: ८३ :

राजा के आगरा चले जाने पर रानियाँ नरवर के किले में चली गईं। पेशवाई सेना ने हर्ष और गर्व के साथ नगर में प्रवेश किया। ग्वालियर की बिखरी हुई फौज एकत्र हो गई, उसने पेशवा को तोपों की सलामी दी और उसकी अधीनता में आ गई। पेशवा बड़े ठाठ के साथ मांगलिक वाद्य बजवाता हुआ सिंधिया के राजमहल में पहुँचा और वहीं डेरा डाला। रानी लक्ष्मीबाई ने अपना शिविर नौ लखा बाग में रखा। पेशवा के साथी सरदार शहर के भिन्न-भिन्न महलों में जा उतरे। तात्या के दस्ते के लिए किलेवालों ने फाटक खोल दिए। बहुत-सी सामग्री हाथ आ गई। किले पर पेशवा का झंडा फहराने लगा। सिंधिया का खजाना कब्जे में आ गया। अब पेशवा के बराबर था ही कौन?

पेशवाई सेना के कंपनी-विद्रोही भाग ने रेजीडेंसी में आग लगाई और उसका माल-असबाब लूट लिया। दीवान दिनकरराव, सरदार बलवंतराव और सरदार माहुरकर की हवेलियों को भी, जो अंग्रेजों के पक्षपाती थे, खाक कर दिया। एक बार मन का बंधेज उठा कि फिर उसमें सीमाओं की पहचान न रही—शहर को लूटना भी आरंभ कर दिया। परंतु पेशवा को ठीक समय पर मालूम हो गया। उसने तात्या को भेजकर यह लूटमार बंद करवा दी।

ग्वालियर के दरबारी पेशवा के अनुकूल थे और जनता का मन उसके साथ था। विजय के हर्ष और गर्व ने उनकी छाती और दिमाग को फुला दिया था, इसलिए कायदे के साथ सिंहासनारूढ़ होने का निश्चय किया। ज्योतिषियों ने मुहूर्त शोध दिया। पेशवा की स्वराज्यकामना अपने निज के उत्थान के रूप में पलट गई।

तीसरी जून को फूलबाग में एक विशाल दरबार किया गया।

पेशवा ने राजसी कपड़े पहने। कानों में मोतियों के चौकड़े, गले में मोती-जवाहरों के कंठे। शान के साथ चोबदारों के प्रणाम लेता हुआ मंगल-ध्वनि के साथ सिंहासनारूढ़ हो गया। सरदारों ने ताजीम दी। पेशवा ने उनका अभिनंदन किया और खिलअतें बख्शीं। अष्ट प्रधान और एक प्रधान मंत्री मुकर्रर किए। तात्या टोपे को प्रधान सेनापति घोषित किया। अपने फौजियों को बीस लाख रुपया इनाम बाँटा। असंख्य ब्राह्मणों के भोजन का प्रबंध करवाया। सहस्रों व्यक्तियों को तो रसोई बनाने के लिए ही नियुक्त करना पड़ा। भंग-बूटी और शकर-बादाम की पूरी योजना कार्यान्वित हुई।

आनंद के इस तूफान में यदि कोई नहीं पड़ा तो लक्ष्मीबाई और उनके पाँच नायक—उनकी लालकुर्ती सेना अवश्य इनाम की भागी बनी।

ग्वालियर का गायन-वादन शताब्दियों से प्रसिद्ध रहा है। इसलिए उसका अखंड उपयोग किया जाने लगा। नृत्य और गायन से दिन और रात ओत-प्रोत हो गए। ग्वालियर की ऐसी कोई भी नर्तकी और गायिका न थी, जिसको अपना कला-कौशल दिखाने का काफी अवसर और समय न मिला हो। कवि सम्मेलन और मुशायरे भी हुए जिनमें कवि-कल्पना ने शब्दों के पुल बाँध-बाँधकर, जमीन-आसमान एक कर दिए। कोई पेशवा की तुलना रामचंद्रजी के साथ कर रहा था और कोई इंद्र के साथ। दूसरी ओर भाँड़ों की नकलें जारी थीं, जिनसे परिहास और अट्टहास के फुव्वारे छूट रहे थे।

रानी किसी उत्सव में शामिल नहीं होती थीं। इस वैराग्य-वृत्ति के कारण उनको उत्सवों में बुलाया ही नहीं जाता था।

तात्या के मन के कोने में से एक दबी हुई वासना उमड़ पड़ी और वह भी अपने स्वामी पेशवा के साथ नृत्य-गान के रस में डूब गया।

नृत्य-गान के एक बड़े उत्सव में रानी के सरदारों को हठपूर्वक बुलाया गया। रानी ने अनुमति दे दी। मुंदर नहीं गई। बाकी गए।

उत्सव में ग्वालियर की चुनी हुई प्रसिद्ध नर्तकियाँ और गायिकाएँ बुलाई गईं। गायन के साथ नृत्य भी हुआ।

पेशवा ने आज्ञा दी, 'गायन और नृत्य के साथ पूरा हाव-भाव तो दिखलाओ।'

उन्होंने ब्योरे के साथ विविध प्रकार का हावभाव प्रदर्शन आरंभ किया।

जूही मन लगाकर देख रही थी। गायन के तोड़ों को वह सूक्ष्मता के साथ जाँच रही

थी। ताल परनों के साथ उसके पैर की उँगलियाँ घूम जाती थीं और सम पर सिर हिल जाता था। एक जगह नर्तकी पखावजी के विलक्षण कौशल के कारण क्षण के एक अंश के पहले ही सम पर घुँघरू ठुमका गई। जूही ने त्योरी बदलकर मुँह बिचकाया। तात्या ध्यान के साथ नर्तकी के सुंदर रूप, कलापूर्ण नृत्य, मनमोही हावभाव प्रदर्शन पर आँख गड़ाए था। जूही ने तात्या के इस ध्यान को परखा। एक बड़ी ग्लानि उसके मन में उठी।

देशमुख, रघुनाथसिंह और गुलमुहम्मद पास-पास बैठे थे।

गुलमुहम्मद ने धीरे से कहा, 'बाई, यह सब बड़ा अजीब है। हमारे यहाँ तो ऐसा को नईं नाचता।'

देशमुख–'ग्वालियर इन बातों के लिए मशहूर है।'

गुलमुहम्मद–'लेकिन अगर अँगरेज इस वक्त आ जाए तो।'

देशमुख–'तो सबको भागना पड़ेगा।'

रघुनाथसिंह–'और बचेगा कोई नहीं!'

गुलमुहम्मद–'बहुत देख लिया। अमारा तो पेट भर गया। अमारा रानी सो गया होगा। छावनी अकेला है। चल्लबी बाई।'

जूही ने सुन लिया। चलने के प्रस्ताव का समर्थन किया।

पेशवा से माफी माँगी। इजाजत ली। तात्या ने जूही की ओर देखा। उसने एक करारी त्यौरी ली और अभिमान के साथ सिर फेर लिया। ये सब वहाँ से अपनी छावनी में चले आए।

थोड़े क्षणों के लिए उत्सव बंद हो गया। बीच के इस विक्षेप के कारण रसियों को बहुत बुरा लगा।

किसी ने पूछा, 'ये लालकुर्तीवाले कौन थे?'

पेशवा ने धीरे से कहा, 'कुछ बात नहीं। अपने ही लोग हैं। बुंदेलखंड के केंद्र झाँसी के हैं। जरा गँवार हैं।'

तात्या को रानी की याद आ गई और वह काँप गया, परंतु उसने कहा कुछ नहीं–कह भी क्या सकता था? उत्सव रात-भर होता रहा। सवेरे खूब भंग छनी। डटकर लड्डुओं का और श्रीखंड का भोजन हुआ और दिन-भर सोना और रात को नाच-रंग। जब जरा फुरसत मिली तो पूछताछ हो गई कि ब्राह्मण-भोजन यथाविधि चल रहा है और सेना भी खूब आनंद मना रही है या नहीं।

बस यही अबाध क्रम।

लड्डू और श्रीखंड खाते-खाते बहुत ब्राह्मण बीमार पड़ गए। उन में से एक नारायण शास्त्री था।

छोटी ने उसकी इतनी सेवा-शुश्रूषा की कि शीघ्र अच्छा हो गया।

गाँठ में थोड़ा-सा पैसा कर लेने की इच्छा से छोटी ने भी पेशवा के दरबार में नृत्य करने का निश्चय किया।

नारायण ने मना किया, 'मैं अच्छी तरह चलने-फिरने योग्य होते ही बहुत धन कमा लूँगा। तुम इन सरदारों के उत्सव में नाचने मत जाओ। ये लोग बड़े कुरुचिपूर्ण हैं।'

छोटी ने प्रश्न किया, 'मुझ पर आपको भरोसा नहीं है?'

नारायण–'भरोसा तो पूरा है छोटी, परंतु यह काम जघन्य है।'

छोटी–'जब पल्टनों में नाचती-गाती थी, तब वह काम श्रेष्ठ था?'

नारायण–'उसका मतलब ऊँचा था।'

छोटी–'पास में रुपया-पैसा कुछ नहीं है। आप चलने-फिरने लायक कुछ देर में हो पावेंगे। मैं आज के ही नाच में काफी पैसा ले आऊँगी। मन ऊँचा बना रहे तो कोई काम नीचा नहीं।'

शास्त्री को छोटी का हठ निभाना पड़ा। छोटी सुंदर वेश में पेशवा के उत्सव में पहुँच गई और उसका नाच-गान हुआ।

गाना उसका बहुत साधारण श्रेणी का था। उसकी विशेषता केवल उसका सुरीला और मधुर कंठ थी। नृत्य भी उसका एक बँधे हुए प्रकार का था। लय जरूर बहुत द्रुत थी। सुंदरी थी, इसलिए उसको टोका नहीं गया।

उसके सीधे-सीधे गाने और नाचने पर रावसाहब मुग्ध हो गया। अच्छा पुरस्कार दिया। बोला, 'तुम क्या यहीं की रहनेवाली हो? तुम्हारा नृत्य शास्त्रीय ढंग का न होने पर भी निराला है। तुम बराबर नाचने आया करो।'

छोटी ने उत्तर दिया, 'सरकार, मैं झाँसी की रहनेवाली हूँ। लश्कर में कुछ समय से हूँ।'

तात्या छोटी को बड़ी देर से देख रहा था। पहचानने की चेष्टा कर रहा था। अब उसको भ्रम न रहा।

तात्या ने रावसाहब से कहा, 'यह जाति की मेहतरानी है श्रीमंत।'

पेशवा–'मेहतरानी!'

तात्या–'सरकार।'

पेशवा–'तो भी क्या हुआ? उसके पास विद्या है। नाचती क्या है जादू डालती है।'

तात्या–'यह नारायण शास्त्री के साथ झाँसी से भागी थी।'

पेशवा–'नारायण शास्त्री के साथ! ब्राह्मण को पतित करके!!'

रावसाहब का कला-प्रेम समाप्त हो गया। क्रुद्ध स्वर में बोला, 'तूने यहाँ आने की कैसे हिम्मत की?'

छोटी–'जैसे पल्टनों में जाने की, देश का कार्य करने की करती थी।'

पेशवा ने तात्या की ओर देखा।

तात्या ने कहा, 'पल्टनों में जागृति फैलाने का काम तो इसने ग्वालियर में बहुत किया है।'

पेशवा–'तो क्या हुआ? अब जो कुछ कर रही है और जो कुछ इसने झाँसी में किया, वह दंडनीय है।'

छोटी ने अदम्य भाव से कहा, 'मुझको दंड और इनाम जो कुछ मिलना था, पा चुकी।'

पेशवा–'तू ग्वालियर में नहीं रह सकती। यहाँ मेरा राज्य है। तुरंत खाली कर।'

छोटी–'कहाँ जाऊँ?

पेशवा–'चाहे जहाँ। अँगरेजों के राज्य में।'

छोटी–'जाती हूँ, परंतु अँगरेजों के राज्य में नहीं जाऊँगी, क्योंकि वे लोग हमको क्षमा नहीं करेंगे।'

छोटी चली आई। नारायण को पुरस्कार के रुपए दिए और सब हाल सुनाया।

पहले तो उसको बहुत क्षोभ आया। बोला, 'इन अपवित्र रुपयों को नहीं लूँगा। चलो छोटी, ऐसी जगह चलें जहाँ पेशवा का अत्याचार पीछा न कर सके।'

छोटी ने कहा, 'रुपए अपवित्र नहीं हैं। पसीना बहाकर लाई हूँ। पेशवा का राज्य सारे संसार में नहीं है।'

नारायण–'परंतु जात-पाँत का राज्य तो है।'

छोटी–'आप कहा करते हैं कि वैष्णव हो जाने पर जात-पाँत का भूत भाग जाता है।'

नारायण–'मैं गलत नहीं कहता हूँ। चलो। यही वेश हमारी रक्षा करेगा।'

वे दोनों चले गए और फिर पेशवा को उनका पता नहीं लगा।

उधर रोज को पहली जून के दिन ही खबर मिल गई कि 'बलवाई' ग्वालियर की ओर बढ़ते जा रहे हैं। कालपी जीत के उपरांत वह छुट्टी लेकर बंबई जा रहा था। इस खबर के पाते ही उसने अपनी छुट्टी काट दी और जगह-जगह के दलपतियों को ग्वालियर की ओर बढ़ने का आग्रह-समाचार भेज दिया। चार जून को उसे समाचार मिला कि ग्वालियर का पतन हो गया और राजा तथा दिनकरराव आगरा भाग गए। सन्नाटे में आ गया। कालपी की इतनी बड़ी और बुरी पराजय के उपरांत भी ग्वालियर हस्तगत करने का विचार और साहस कौन कर सकता था? कौन इतना बड़ा मंसूबा गाँठ सकता था? किसमें इतना बड़ा हौसला था?

रोज ने सोचा, झाँसी की रानी के सिवाय और कोई नहीं हो सकता। जब तक रानी को नहीं पकड़ा या मारा जाता तब तक हिंदुस्थान में हमारे राज्य की खैरियत नहीं।

दृढ़ता के साथ रोज अपने काम में जुट गया।

: ७३ :

इन उत्सवों का प्रतिरोध करने के लिए रानी ने पेशवा से भेंट करने का प्रयत्न किया परंतु वहाँ नाच से छुट्टी मिली तो भंग और निद्रा, और भंग तथा निद्रा से निस्तार पाया तो नाच-रंग। तात्या इस नाच-रंग में डूब तो गया ही, उसको यह घमंड भी हो गया कि कोई भी अंग्रेज जनरल उसका मुकाबला नहीं कर सकता।

निदान एक दिन तीसरे पहर रानी को ऐश्वर्यप्रमत्त पेशवा से थोड़ी देर की भेंट प्राप्त हो गई। रानी उदास थीं और क्षुब्ध। पेशवा सोकर उठा था। रात की खुमारी और सवेरे की भंग की छाया अब भी शेष थी। आँखें लाल थीं और शरीर अँगड़ाइयाँ चाहता था। अभिवादन के बाद उसने रानी से कहा, 'बड़ी गरमी पड़ रही है। न दिन चैन, न रात।'

'कभी-कभी बदली हो जाती है, दस-पाँच दिन में वर्षा हो उठेगी।'

'अभी तो नक्षत्र तप रहे हैं।'

'परंतु इन्हीं दिनों में छत्रपति और पंत प्रधान सबसे अधिक पराक्रम दिखलाया करते थे।'

'आपने भी तो इन्हीं दिनों वह कर दिखलाया जो ग्वालियर के महाराज और अँगरेज कभी न भूलेंगे।'

'और इन्हीं दिनों हमारे आपके ऊपर विपद् के वे बादल उठ रहे हैं, जो थोड़े दिनों में कष्टों की मूसलाधार बरसावेंगे।'

'हमारी सेना डटकर लड़ेगी। तब तक पानी बरस पड़ेगा। नदी-नाले ऐसे चढ़ेंगे कि दुश्मन हमारा कुछ भी न कर सकेंगे।'

'ये ही नदी-नाले हम लोगों को भी निरुपाय और असमर्थ कर डालेंगे। सेना में वैसे ही काफी अव्यवस्था है। फिर तो वह अकर्मण्य होकर निस्तेज हो जाएगी।'

'अपने पास इतना बड़ा किला तो है, बाईसाहब।'

'और यदि किला छिन गया तो?'

'तब निस्संदेह हम लोग सब व्यर्थ हो जाएँगे।'

'अँगरेजों की पल्टनें सब दिशाओं से अपने ऊपर टूटने के लिए आ रही हैं। थोड़ा-सा ही समय रह गया है। अपनी सेना को छावनी-बंद कीजिए। कायदा बरतिए। किले में बंद होकर लड़ने की बात मत सोचिए। अँगरेजी फौज का आगे बढ़कर सामना कीजिए। और सबसे प्रथम सिंधिया की इस सेना को अपने सरदारों में बाँटकर कड़ा अनुशासन जारी कर दीजिए।'

'हो जाएगा बाईसाहब, सब हो जाएगा। इस समय भी कुछ आवश्यक काम ही हो रहा है। धर्म की नींव पर ही सब कुछ टिकता है। धर्म ही विजय का कारण होता है।

इसलिए धर्म कराया जा रहा है। ब्राह्मण-भोजन से विजय का आशीर्वाद मिलेगा। दूर-दूर के ब्राह्मण भोजन और दक्षिणा के लिए उमड़े चले आ रहे हैं। इसका आशीर्वाद क्या विफल जाएगा?'

'मैं नहीं कहती कि ब्राह्मण-भोजन मत करवाइए, परंतु सेना के सुप्रबंध और आगे बढ़कर अँगरेजों से मोर्चा ले लेने के संगठन को उतना ही महत्त्व दीजिए।'

'आप हैं। तात्या है। बाँदा के नवाब साहब हैं। आप लोगों के रहते अँगरेज हमारा क्या बिगाड़ सकते हैं?'

'अँगरेज अत्यंत चालाक और उद्योगशील हैं। जो समय आप नाच-रंग को देते हैं, उस समय को वे लोग अपनी योजनाओं के स्रजन में व्यय करते हैं?'

'अपनी योजनाएँ तो बनी-बनाई रखी हैं। और क्या करना है? एक बात शेष थी, वह हो गई। जनता और फौज राजा के सिवाय और किसी का नायकत्व ग्रहण नहीं करती, सो मैंने पेशवाई स्वीकार कर ली है। जब तक ऐसा न करता तब तक जनसामान्य मुझको एक साधारण जन समझता और हम लोगों के नायकत्व को मानता ही नहीं।'

'आप में ये बड़े परिवर्तन देखकर मुझको अचंभा होता है।'

'कौन से परिवर्तन?'

'भंग, नाच-रंग, दिन में दीर्घ निद्रा।'

'बाईसाहब, पेशवाई स्वीकार करने के बाद उत्सवों का, दरबारों का करना अनिवार्य हो गया। अन्यथा लोग कहते, ये कैसे राजाओं के राजा, जो चुपचाप सिंहासन पर बैठकर, चुपचाप महल में जा बैठे! यहाँ के सरदार नृत्य-गान के लालची हैं। उनका मन भरना आवश्यक था। करना पड़ा। इन सरदारों की सहानुभूति के बिना काम नहीं बन सकता।'

'कितने दिन और चलेगा यह सब?'

'बस थोड़े दिन, बहुत थोड़े दिन। परंतु ब्राह्मण-भोजन, दान-पुण्य निरंतर जारी रहेगा। धर्म के आशीर्वाद से जो स्वराज्य स्थापित होगा वह अक्षय होगा। छत्रपति भी कर्मकांड को बहुत मानते थे, सो आप भी जानती हैं, और धर्म के विषय में आपसे बात करने का मैं अधिकारी ही क्या हूँ।'

'धर्म की गति को तो महात्मा लोग ही जानते हैं। मैं केवल यह कह सकती हूँ कि ब्राह्मण-भोजन, दान-पुण्य इत्यादि के साथ सेना का तुरंत अच्छा प्रबंध करिए। उन्हें कुछ काम दीजिए और उत्सव इत्यादि तुरंत बंद कर दीजिए।'

: ८५ :

रानी के समझाने पर भी रावसाहब न माना। भंग, नाच-रंग का वही क्रम जारी रहा।

लड्डुओं और श्रीखंड के लिए इतनी शकर खर्च होने लगी कि सिपाहियों को भंग के लिए उसका मिलना दुर्लभ हो गया। श्रीखंड के लिए दही की इतनी माँग हो गई कि मट्ठा अप्राप्य हो गया।

ब्राह्मण भोजन और दान-पुण्य की आड़ में बेहिसाब भिखमंगी बढ़ गई। कोई प्रतिबंध न था, इसलिए अनेक सिपाही भी इस मुफ्तखोरी में सन गए।

रानी लक्ष्मीबाई ने देखा कि जब वे अपने किले में घिर गई थीं तब स्वतंत्र थीं, और ग्वालियर में स्वच्छंद होते हुए भी उनकी दशा एक कैदी की-सी है।

रानी का स्वभाव था कि वे जहाँ जाती थीं, उसके चौगिर्द का बारीकी के साथ निरीक्षण करती थीं। इस निरीक्षण से उनको युद्ध के लिए मोर्चे बनाने में बड़ी सुविधा होती थी। उनकी रणनीति में इस क्रिया का विशेष स्थान था।

उन्होंने देखा—ग्वालियर का किला और पश्चिम-दक्षिण की पहाड़ियाँ ग्वालियर की बस्ती और लश्कर के नगर की अच्छी रक्षा कर सकती हैं। पूर्व की ओर पहाड़ियों का सिलसिला लश्कर से लगभग दो मील पड़ता था—यह भी रक्षा का साधन हो सकता था, परंतु उत्तर-पूर्व में मुरार की ओर दिशा खुली पड़ी थी। उसको ढकने के लिए सोनरेखा नाम का केवल एक नाला था, जो लश्कर को तीन ओर से घेरकर कतराता हुआ मुरार की ओर चला गया था। परंतु यह कोई बड़ा साधन न था, उलटे कुछ अड़चन डाल सकता था। इसके सिवाय दक्षिणवर्ती पहाड़ियों का क्रम, जिसके अगले भाग पर दुर्गा का मंदिर था, शत्रुओं के लिए भी लाभदायक हो सकता था, और, पूर्व की ओर की पहाड़ियाँ यदि शत्रु की तोपों के लिए मिल जाएँ तो लश्कर का नगर और ग्वालियर तथा मुरार की बस्तियाँ पूरे संकट में आ जाएँ। उनकी इच्छा थी कि यदि पेशवा की सेना के दस्ते सब ओर से बढ़ती हुई आनेवाली अंग्रेजी सेनाओं का आगे जाकर मुकाबला न करें तो कम-से-कम इन पहाड़ियों पर यथास्थान तोपखाने तो लगा लें। परंतु वहाँ भंग की तरंग और श्रीखंड की अखंडता में उनकी सुनता ही कौन था?

इस निरीक्षण के सिलसिले में उनको एक बाबा गंगादास का पता चला। इनकी कुटी सोनरेखा नाले से उत्तर की ओर कुछ दूरी पर हटकर थी—किले के दक्षिणी छोर से पूर्व की दिशा में। बाबा गंगादास की कुटी फूस और लकड़ी की छान-छप्पर थी। निरीक्षण करते-करते रानी को प्यास लगी। बाबा ने पानी पिलाया। उस समय उनको मालूम हुआ कि झाँसी की रानी लक्ष्मीबाई हैं। उन्होंने बाबा की आँखों में शांति का एक अद्भुत आकर्षण देखा।

पेशवा के अनसुनी कर देने के दिन से उनका मन खिन्न-सा लगने लगा था। निरीक्षण करती थीं, लड़ाई के नक्शे बनाती थीं, अपने सिपाहियों को कवायद-परेड कराती थीं और समय पर पूजन-ध्यान करती थीं, परंतु मन का अनमनापन नहीं जाता था।

संध्या होने में विलंब था। लू तेज चल रही थी। रानी मुंदर के साथ स्त्री-वेश में बाबा गंगादास की कुटी पर पहुँचीं। घोड़े एक पेड़ से बाँध दिए गए। बाबा के सामने पहुँचकर नमस्कार क़िया। बाबा ने आसन दिया। ठंडा पानी पिलाया।

रानी ने कहा, 'मैं आप से कुछ पूछने आई हूँ। मेरा मन अशांत है। आपके उत्तर से शांति मिलने की आशा है।'

बाबा बोले, 'मैं रामभजन के सिवाय और कुछ जानता ही नहीं हूँ।'

रानी–'आप ब्राह्मण-भोजन में गए?'

बाबा–'नहीं गया। यहीं बहुत खाने को मिल जाता है।'

रानी–'इसीलिए आपके पास आई। आप टाल नहीं सकेंगे। बतलाना होगा। आपने अकेले अपने मन को शांत कर लिया तो क्या हुआ? हम लोगों को भी शांति दीजिए।'

बाबा–'पूछो बेटी, यदि समझ में आ जाएगा तो बतला दूँगा।'

रानी–'यहाँ थोड़े दिनों में युद्ध होनेवाला है। आपकी कुटी का स्थान रक्षित नहीं है। किसी सुरक्षित स्थान में चले जाइए।'

बाबा–'सुरक्षित है। बात पूछो।'

रानी–'इस देश को स्वराज्य कैसे प्राप्त होगा?'

बाबा–'इस प्रश्न का उत्तर तो राजा लोग दे सकते हैं।'

रानी–'नहीं दे सकते, तभी आपसे पूछने आई हूँ।'

बाबा–'जैसे प्राप्त होता आया है, वैसे ही होगा।'

रानी–'कैसे बाबाजी?'

बाबा–'सेवा, बलिदान, तपस्या से।'

रानी–'हम लोग कैसे स्वराज्य स्थापित कर पावेंगे?'

बाबा–'गड्ढे कैसे भरे जाते हैं? नींव कैसे पूरी जाती है? एक पत्थर गिरता है, फिर दूसरा, फिर तीसरा और चौथा, इस प्रकार और। तब उसके ऊपर भवन खड़ा होता है। नींव के पत्थर भवन को नहीं देख पाते। परंतु भवन खड़ा होता है उन्हीं के भरोसे जो नींव में गड़े हुए हैं। वह गड्ढा या नींव एक पत्थर से नहीं भरी जाती। और, न एक दिन में। अनवरत प्रयत्न, निरंतर बलिदान आवश्यक है।'

रानी–'हम लोगों के जीवनकाल में स्वराज्य स्थापित हो जाएगा?'

बाबा–'यह मोह क्यों? तुमने आरंभ किए हुए कार्य को आगे बढ़ा दिया है। अन्य लोग आएँगे। वे इसको बढ़ाते जाएँगे। अभी कसर है। स्वराज्य स्थापना के आदर्शवादी अपने-अपने छोटे-छोटे राज्य बनाकर बैठ जाते हैं। जनता और उनके बीच का अंतर नहीं मिटता–घटता ही बहुत कम है। जनता त्रस्त बनी रहती है। जब जनता का पूरा सहयोग राज्य को प्राप्त हो जाए और राज टीम-टाम और विलासिता का दासत्व

छोड़कर प्रजा का सेवक बन जाए तब जानो स्वराज्य की नींव भर गई और भवन बनना आरंभ हो गया। शाश्वत धर्म का रूप बिगड़ गया है। इसके सुधार के बिना यह भवन खड़ा न हो पाएगा।'

रानी–'हम लोग यत्न करते रहें?'

बाबा–'अवश्य। तुम तो भगवान् कृष्ण और गीता की भक्त हो।'

रानी–'आपने कैसे जाना!'

बाबा मुसकराए।

बोले, 'सब कहते हैं।'

रानी–'मैं पाठ करती हूँ परंतु समझते तो आप महात्मा लोग ही हैं।'

बाबा–'गृहस्थ से बढ़कर और कोई साधु नहीं। मुझसे कुछ और नहीं हो सका, इसलिए कुटी बना ली।'

सूर्यास्त होने को आया। रानी को संध्या-ध्यान का स्मरण हुआ। कहा, 'बाबाजी, फिर कभी दर्शन करूँगी। आपकी इतनी बात से चित्त को बहुत शांति मिली।' और नमस्कार करके चली गईं।

मार्ग में मुंदर ने कहा, 'सरकार भी इन्हीं बातों को बतलाया करती हैं।'

'परंतु,' रानी बोलीं, 'बाबा के समान होने में बहुत देर है।'

: ८६ :

रावसाहब पेशवा का ऐश-आराम और ब्रह्म-भोज जारी रहा। जनरल रोज के उद्योग ने पहले की अपेक्षा और अधिक सबलता पकड़ी।

रोज ने अपनी सेना के कई भाग करके अनुभवी अफसरों के सुपुर्द किया। ब्रिगेडियर स्मिथ को ग्वालियर के पूर्व की ओर पाँच मील पर कोटे की सराय भेजा। एक अफसर को ग्वालियर और आगरे के मार्ग पर, स्वयं एक प्रबल दल लेकर कालपी से ग्वालियर की ओर ६ जून को बढ़ा। मार्ग में उसको ब्रिगेडियर स्टुअर्ट ससैन्य मिल गया। १६ जून को जनरल रोज बहादुर ग्राम पर आ गया, जहाँ जयाजीराव की हार हुई थी। जनरल रोज के साथ मध्यभारत और ग्वालियर के पोलिटिकल एजेंट भी थे। इन्होंने इस बीच में एक चाल खेली–जयाजीराव और दिनकरराव को आगरे से बुलवा लिया।

मुरार में पेशवा की सेना काफी थी, बाकी इधर-उधर बिखरी हुई पड़ी थी। इनमें से अधिकांश सैनिक सिंधिया की सेना के ही नौकर थे। यदि यह बारह-तेरह दिन नष्ट न किए गए होते और यदि इन सैनिकों को विभक्त करके अपने विश्वसनीय दलपतियों की अधीनता में शुरू से ही उनका अनुशासनमय संसर्ग स्थापित कर दिया गया होता तो बात न बिगड़ती।

जनरल रोज ने दो घंटे की कड़ी लड़ाई में पेशवा की मुरारवाली सेना को हरा दिया और मुरार को कब्जे में कर लिया। पेशवा की यह पराजित सेना भागकर ग्वालियर आई। अब रावसाहब पेशवा का नशा फरार हुआ!

रोज ने जयाजीराव द्वारा पेशवा के उन सैनिकों को जो उनकी ग्वालियर फौज के थे, माफी का आश्वासन दिलवाया और यह लिखित घोषणा प्रकाशित करवाई कि अंग्रेज ग्वालियर के राजा को पुनः गद्दी दिलवाने के लिए ही लड़ने आए हैं। सरदारों और सैनिकों में फूट पड़ गई। उनके मन फिर गए। उत्सवों की रिश्वत बेकार गई!

पेशवा और बाँदा के नवाब किंकर्तव्यविमूढ़ हो गए। कुछ भी समझ में नहीं आ रहा था कि क्या करें।

तब झाँसी की रानी याद आईं; परंतु उनके पास जाने की हिम्मत नहीं पड़ रही थी—कैसे मुँह दिखाएँ?

तात्या को भेजा।

वह कलेजा साधकर उनके सामने गया। उस समय उनके पास जूही और मुंदर थीं। तात्या नमस्कार करने के उपरांत हाथ जोड़कर खड़ा हो गया।

'क्या बात है सरदार साहब?' रानी ने व्यंग्य किया, 'ये तोपें कहाँ चल रही थीं?'

तात्या ने विनीत भाव से कहा, 'अब क्षमा-प्रार्थना तक का समय नहीं है बाईसाहब।'

रानी बोलीं, 'क्या भंग छानने का भी समय नहीं? एक तान भी सुनने के लिए समय नहीं?'

तात्या उनके पैरों पर गिरने को हुआ, 'रक्षा करो देवी।'

रानी ने उसको बीच में ही पकड़ लिया।

जूही बोली, 'सरकार, क्षमा कर दीजिए।'

रानी मुसकराईं।

'तात्या,' उन्होंने कहा, 'तुमसे मुझको बड़ी-बड़ी आशाएँ थीं। अब भी बहुत कुछ कर सकोगे, परंतु दृढ़ हो जाओ तो।'

तात्या बोला, 'जो-जो आज्ञा होगी, उसका तन-मन से पालन करूँगा। आपको कभी उलहने का अवसर न दूँगा।'

रानी ने उठती हुई साँस को दबाकर कहा, 'मेरा कदाचित् यह अंतिम युद्ध होगा। क्यों मुंदर, स्मरण है बाबा गंगा ने क्या कहा था?'

जूही बोली, 'कदापि नहीं सरकार।'

रानी ने गंभीर स्वर में कहा, 'स्वराज्य के भवन की नींव एक-दो पत्थरों से नहीं भरेगी।'

तात्या अधीर होकर कातरता के साथ मुँह ताकने लगा।

रानी फिर मुसकराईं। तात्या को आश्वासन दिया, 'घबराओ नहीं, पेशवा से कहो, धैर्य के साथ काम लें। जो योजना बतलाती हूँ, उसके अनुसार काम करें। कदाचित् विजय प्राप्त हो जाए। न भी हो तो युद्ध-सामग्री और सेना को दक्षिण की ओर चलने का प्रबंध रखना। तुम इस क्रिया के आचार्य हो।'

रानी ने तात्या को थोड़े समय में ही अपनी योजना विस्तारपूर्वक समझा दी और फिर अपने पाँचों सरदारों की बुद्धि में बैठा दी।

ग्वालियर के पूर्व की ओर का रक्षा का भार रानी ने स्वयं लिया। पूर्वी पहाड़ियों पर जहाँ तक अंग्रेजों का अधिकार नहीं हो पाया था, तोपखाने, पीछे पैदल और रिसाले का यत्र-तत्र क्रमिक मोर्चा रखा गया, सबसे आगे और बीच-बीच में अपनी लालकुर्ती के सवार। अगल-बगल की पहाड़ियों पर तोपें—दक्षिण दिशा तक। उत्तर का भार तात्या के जिम्मे किया गया। उसने रुहेली और अवधी सेना के भग्नावशेष पर अपना दस्ता बनाया था। इस दस्ते को तोपों सहित तात्या ने जमाया। पश्चिम का भार रावसाहब के ऊपर रखा गया। इसके साथ अधिकांश सिंधियावाली फौज थी। शहर के भीतर-बाहर की रक्षा का प्रबंध बाँदा के नवाब के हाथ दिया गया। किले की खास रक्षा के लिए ज्यादा चिंता में नहीं पड़ना था। तोपें, गोलंदाज और कुछ सिपाही काफी समझे गए, क्योंकि बिना किसी बड़े और विशेष कारण के किले में बंद होकर लड़ना मराठी युद्ध-प्रणाली के विरुद्ध था।

रानी ने अपने सवारों की कवायद ली और उनको काम की सब बातें समझा दीं!

१७ जून को सवेरे बिग्रेडियर स्मिथ ने लड़ाई का बिगुल बजाया। लड़ाई आरंभ हो गई। ब्रिगेडियर स्मिथ का आक्रमण कोटा की सराय से शहर पर होना था, पूर्व दिशा से, जहाँ लक्ष्मीबाई का मोर्चा था। जैसे ही अंग्रेजी सेना रानी की तोपों की मार के भीतर आई, रानी ने गोलंदाजों को संकेत दिया। गोलाबारी होते ही अंग्रेजी सेना की दुर्गति हुई और वह पीछे हटी। रानी के लालकुर्ती सवारों ने तुरंत छापा मारा। स्मिथ ने एक चतुर चाल खेली—उसने अपनी उस टुकड़ी को और अधिक पीछे खींचा और रानी के सवारों को आगे बढ़ने दिया, इन सवारों को ज्यादा आगे निकल जाने से उनका ध्यान खाली हो गया। स्मिथ ने कई दिशाओं से रानी के मोर्चों पर आक्रमण किया। घमासान युद्ध हुआ। तलवार चली। लोहे ने लोहे से चिनगारियाँ छिटकाईं। स्मिथ ने रानी के पार्श्व पर अपनी दो पल्टनें और फेंकीं जो अभी तक चुपचाप खड़ी थीं। रानी के सवारों को पीछे हटना पड़ा। ब्रिगेडियर स्मिथ ने अपने सामने की पाँतों को फोड़कर रिसाले समेत बढ़ने का संकल्प किया। उद्देश्य था फूलबाग पर अधिकार करने का।

अपने सवारों को पीछे हटता देखकर रानी घोड़े को तेज करके तुरंत उनके समीप पहुँचीं। गुलमुहम्मद दिखाई दिया। उनके पास घोड़ा दौड़ाकर बढ़ते हुए अंग्रेजों की

ओर तलवार की नोंक करके बोलीं, 'खान, आज हाथ ढीला क्यों पड़ रहा है!'

गुलमुहम्मद चिल्लाकर बोला, 'हुजूर हमारा हाथ अब मुलाहिजा करें।'

पठान सरदार चिल्लाता हुआ, रेल-पेल करता हुआ, लालकुर्तियों को बढ़ावा देता हुआ, आगे बढ़ा। रानी साथ में।

गुलमुहम्मद ने प्रखर स्वर में रानी से प्रार्थना की, 'हुजूर, जूही सरदार का तोपखाना ठीक करें।'

रानी लौट पड़ीं। जूही टौरिया के पीछे तोपखाने की मार को जारी किए थी, परंतु लालकुर्ती को पीछे हटा देखकर हड़बड़ा गई थी। गोरा रिसाला उसकी ओर बढ़ रहा था।

'जूही,' रानी ने आदेश दिया, 'तोप का मुहरा एक अंगुल नीचा कर।'

'जो आज्ञा,' उसने उत्साहित होकर कहा और अपने साथियों की सहायता से तुरंत वैसा ही किया।

'मार,' रानी ने दूसरा आदेश दिया। तोप ने धाँय किया। गोरे सवार बिछ गए। लौट पड़े।

रानी दूसरे स्थान पर पहुँचीं। वे जहाँ पहुँचतीं, वहीं अपने सिपाहियों पर तेज छिटक देतीं।

यद्यपि उनके योद्धाओं की संख्या कम थी, परंतु वे उनके प्रति अटल विश्वास रखते थे। फिर बढ़े। उनकी रानी उनके साथ—दोनों हाथों एक समान कौशल और शक्ति के साथ तलवार चलानेवाली।

अंग्रेज वीरता के साथ लड़े और बहुत मरे। रानी के उन थोड़े से लालकुर्ती सवारों ने तो कमाल ही कर दिया। यथावत् आज्ञा का पालन करते हुए उन लोगों ने अंग्रेजों के छक्के छुड़ा दिए। ब्रिगेडियर स्मिथ को रानी ने उस दिन की चालों में और शूरवीरी में मात दी। स्मिथ उनके व्यूह को न भेद सका। उसको लक्ष्मीबाई के मुकाबले में हारकर लौटना पड़ा। अंग्रेजों ने उस दिन का युद्ध बंद करके दम लिया।

रानी ने उस दिन निरंतर परिश्रम किया था और उनके सरदारों ने भी। इस पर भी उन्होंने रात को काफी समय तक अधिक परिश्रम किया—योजनाएँ सुधारीं, परिवर्तित कीं, सलाह सम्मति दी, उनके जिन योद्धाओं ने उस दिन के युद्ध में कोई विशेष कार्य किया था, उनको शाबाशी दी और पुरस्कार दिए। और गुलमुहम्मद को कुँवर की उपाधि प्रदान की।

ग्वालियर की सेना पर जीवाजीराव की उस घोषणा के कारण प्रभाव पड़ चुका था, परंतु उस दिन उस सेना ने कोई ऐसा स्पष्ट काम नहीं किया जिससे उस पर तात्या या पेशवा को अविश्वास होता, परंतु रानी को संदेह था। तात्या और रावसाहब ने निवारण

किया। अविश्वास करने से अब होता भी क्या था? लाचार होकर दूसरे दिन के युद्ध में वे ही साधन काम में लाने पड़े जो उनको उपलब्ध थे।

: ८७ :

अठारह जून आई। ज्येष्ठ शुक्ला सप्तमी। शुक्रवार। सफेद और पीली पौ फटी। उषा ने अपनी मुसकान बिखेरी। रानी स्नान-ध्यान और गीता के अट्ठारहवें अध्याय के पाठ से निबट चुकीं। झींगुरों की झंकार पर एकाध चिड़िया ने चहक लगाई। रानी ने नित्यवत् अपने रिसाले की लालकुर्ती की मर्दाना पोशाक पहनी। दोनों ओर एक-एक तलवार बाँधी और पिस्तौलें लटकाईं। गले में मोतियों और हीरों की माला—जिससे संग्राम के घमासान में उनके सिपाहियों को उन्हें पहचानने में सुविधा रहे। लोहे के कुले पर चंदेरी का जरतारी लाल साफा बाँधा। लोहे के दस्ताने और भुजबंद पहने। इतने में उनके पाँचों सरदार आ गए।

मुंदर ने कहा, 'सरकार, घोड़ा लँगड़ाता है। कल की लड़ाई में या तो घायल हो गया है या ठोकर खा गया है।'

रानी ने आज्ञा दी, 'तुरंत दूसरा अच्छा और मजबूत घोड़ा ले आ।'

मुंदर घोड़ा लेने गई और उसने अस्तबल में से एक बहुत तगड़ा और देखने में पानीदार घोड़ा चुना।

अस्तबल के प्रहरी ने कहा, 'हमारे सिंधिया सरकार का यह खास घोड़ा है।'

मुंदर बोली, 'खास ही चाहिए। हमारी सरकार की सवारी में आवेगा।'

प्रहरी—'झाँसी की रानी साहब की सवारी में?'

मुंदर—'हाँ।'

प्रहरी—'खैर ठीक है। हमारे सरकार जब इस पर बैठते थे बहुत ऊबते थे। इसके जाने से कुछ रंज होता है।'

मुंदर—'क्यों?'

प्रहरी—'जब सरकार इसको न पावेंगे, दुखी होंगे।'

मुंदर जल्दी में थी। घोड़ा लेकर चली आई।

रानी ने अपने सरदारों को हिदायतें दीं।

रानी ने कहा, 'कुँवर गुलमुहम्मद, आज तुमको अपने जौहर का जौहर दिखलाना है। कल की लड़ाई का हाल देखकर आज जीत की आशा होती है। परंतु यदि पश्चिम या उत्तर का मोर्चा उखड़ जाए तो उसको सँभालना और दक्षिण चल पड़ने की तैयारी में रहना।'

'सरकार,' गुलमुहम्मद बोला, 'अम सब पठान आज कट जाने का कसम खाया है।

जो बचेगा बो दखन जायगा। आप दखन जाना सरकार। अमारा राहतगढ़ लेना। अमारा भौत पठान वहाँ मारा गया। उनका यादगार बनवाना।'

'नहीं कुँवर साहब, हम जीतेंगे,' रानी ने कहा, 'दक्षिण जाने की बात तो तब उठेगी जब यहाँ कुछ हाथ न रहे। फौजदार के विचार में जीतने की बात पहले उठनी ही चाहिए; परंतु दूसरी बात जो तय की जावे वह बच निकलने और फिर कहीं जमकर युद्ध करने की है।'

मुंदर बोली, 'सरकार, कुछ जलपान कर लें। इसी समय से हवा में कुछ गरमी है। दिखता है लू बहुत चलेगी।'

रानी ने कहा, 'तुम लोग कुछ खालो। दामोदरराव को खूब खिला-पिला लो। पीठ पर पानी का प्रबंध रखना। मैं केवल शरबत पिऊँगी।'

जूही–'मैं शरबत पिऊँगी।'

रानी–'देशमुख, तुम?'

देशमुख–'मैं तो कुछ खा-पी आया।'

रानी–'रघुनाथसिंह?'

रघुनाथसिंह–'मैं कुछ खाऊँगा।'

रानी–'तुम और मुंदर कुछ खा-पीकर झटपट शरबत बना लाओ।'

मुंदर और रघुनाथसिंह गए। दामोदरराव आ गया। रानी ने उसको खिलाया-पिलाया।

रानी ने जूही से कहा, 'आज तेरी सुगंधि ऐसी बरसे कि वैरी बिछ जाएँ।'

जूही प्रसन्न होकर बोली, 'आज मैं जो कुछ कर सकूँ, कह नहीं सकती, परंतु आँख खुलते ही जो कुछ प्रण किया है, उसके अनुसार अवश्य काम करूँगी।'

रानी–'परंतु जो कुछ करे, ठंडक के साथ करना। केवल उत्तेजना में बहुत सहायता नहीं मिलेगी।'

जूही–'तभी तो सरकार मैं हँस रही हूँ। एक हसरत मन में रही जाती है–आपको गाना न सुना पाई।'

रानी–'किसी दिन सुनूँगी।'

जूही–'हाँ सरकार, अवश्य।' जूही जरा ज्यादा हँस पड़ी।

रानी–'तेरी हँसी आज कुछ भीषण है।'

जूही–'काम इससे अधिक भीषण होगा, सरकार।'

: ८८ :

मुंदर और रघुनाथसिंह ने कुछ भी न खाकर जेबों में कलेवा डाला और पीठ पर पानी

का बरतन कस लिया। झटपट शरबत बनाया।

'मुंदरबाई,' रघुनाथसिंह ने कहा, 'रानी साहब का साथ एक क्षण के लिए भी न छूटने पावे। आज अंतिम युद्ध लड़ने जा रही हैं।'

मुंदर–'आप कहाँ रहेंगे?'

रघुनाथसिंह–'जहाँ उनकी आज्ञा होगी। वैसे आप लोगों के समीप ही रहने का प्रयत्न करूँगा।'

मुंदर–'मैं चाहती हूँ आप बिलकुल निकट ही रहें। मुझे लगता है, मैं आज मारी जाऊँगी। आपके निकट होने से शांति मिलेगी।'

रघुनाथसिंह–'मैं भी नहीं बचूँगा। रानी साहब को किसी प्रकार सुरक्षित रखना है। मैं तुम्हें तुरंत ही स्वर्ग में मिलूँगा। केवल आगे-पीछे की बात है।' वह सूखी हँसी हँसा।

मुंदर ने रघुनाथसिंह की ओर आँसू-भरी आँखों से देखा। कुछ कहने के लिए होंठ हिले। रघुनाथसिंह की आँखें भी धुँधली हुईं।

दूर से दुश्मन के बिगुल के शब्द की झाईं कान में पड़ी। मुंदर ने रघुनाथसिंह को मस्तक नवाकर प्रणाम किया और उसने ओट में जल्दी-जल्दी आँसू पोंछ डाले। रघुनाथसिंह ने मुंदर को नमस्कार किया और दोनों शरबत लिए हुए रानी के पास पहुँचे।

मुंदर ने जूही को पिलाया, रघुनाथसिंह ने रानी को। अंग्रेजों की बिगुल का साफ शब्द सुनाई दिया। तोप का धड़का हुआ, गोला सन्नाकर ऊपर से निकल गया। रानी दूसरा कटोरा नहीं पी सकीं।

रानी ने रामचंद्र देशमुख को आदेश दिया, 'दामोदर को आज तुम पीठ पर बाँधो। यदि मैं मारी जाऊँ तो इसको किसी तरह दक्षिण सुरक्षित पहुँचा देना। तुमको आज मेरे प्राणों से बढ़कर अपनी रक्षा की चिंता करनी होगी। दूसरी बात यह है कि मारी जाने पर ये विधर्मी मेरी देह को छूने न पाएँ। बस। घोड़ा लाओ।'

मुंदर घोड़े ले आई। उसकी आँखें छलछला रही थीं। पूर्व दिशा में अरुणिमा फैल गई। अब की बार कई तोपों का धड़ाका हुआ।

रानी मुसकराईं। बोलीं, 'यह तात्या की तोपों का जवाब है।'

मुंदर की छलछलाती हुई आँखों को देखकर कहा, 'यह समय आँसुओं का नहीं है, मुंदर। जा, तुरंत अपने घोड़े पर सवार हो।' अपने लिए आए हुए घोड़े को देखकर बोलीं, 'यह अस्तबल को प्यार करनेवाला जानवर है। परंतु अब दूसरे को चुनने का समय ही नहीं है। इसी से काम निकालूँगी।'

जूही के सिर पर हाथ फेरकर कहा, 'जा जूही अपने तोपखाने पर। छका तो दे इन बैरियों को आज।'

जूही ने प्रणाम किया। जाते हुए कह गई, 'इस जीवन का यथोचित अभिनय आपको न दिखला पाई। खैर!'

अंग्रेजों के गोलों की वर्षा हो उठी। रानी के सब सरदार और सवार घोड़ों पर जम गए, जूही का तोपखाना आग उगलने लगा।

इतने में सूर्य का उदय हुआ।

सूर्य की किरणों ने रानी के सुंदर मुख को प्रदीप्त किया। उनके नेत्रों की ज्योति दुहरे चमत्कार से भासमान हुई। लाल वर्दी के ऊपर मोती-हीरों का कंठा दमक उठा और चमक पड़ी म्यान से निकली हुई तलवार।

रानी ने घोड़े को एड़ लगाई। पहले जरा हिचका, फिर तेज हो गया। रानी ने सोचा, कई दिन का बँधा होगा, थोड़ी देर में गरम हो जाएगा।

उत्तर और पश्चिम की दिशाओं में तात्या और रावसाहब के मोर्चे थे। दक्षिण में बाँदा के नवाब का, रानी ने पूर्व की ओर झपट लगाई।

गत दिवस की हार के कारण अंग्रेज जनरल सावधान और चिंतित हो गए थे। इन लोगों ने अपनी पैदल पल्टनें पूर्व और दक्षिण की बीहड़ में छिपा लीं और हुजर (Hussars) सवारों को कई दिशाओं में आक्रमण की योजना की। तोपें पीठ पर रक्षा के लिए थीं ही। हुजर सवारों ने पहला हमला कड़ाबीन बंदूकों से किया। बंदूकों का जवाब बंदूकों से दिया गया। रानी ने आक्रमण पर आक्रमण करके हुजर सवारों को पीछे हटाया। दोनों ओर के सवारों की बेहिसाब दौड़ से धूल के बादल छा गए। रानी के रणकौशल के मारे अंग्रेज जनरल थर्रा गए। काफी समय हो गया परंतु अंग्रेजों को पेशवाई मोर्चा से निकल जाने की गुंजाइश न मिली!

जूही की तोपें गजब ढा रही थीं। अंग्रेज नायक ने इन तोपों का मुँह बंद करना तय किया। हुजर सवार बढ़ते जाते थे, मरते जाते थे, परंतु उन्होंने इस तरफ की तोपों को चुप करने का निश्चय कर लिया था। रानी ने जूही की सहायता के लिए कुमुक भेजी। उसी समय उनको खबर मिली की पेशवा की अधिकांश ग्वालियरी सेना और सरदार 'अपने महाराज' की शरण में चले गए।

मुंदर ने रानी से कहा, 'सवेरे अस्तबल का प्रहरी रिस-रिसकर 'अपने सरकार' का स्मरण कर रहा था। मुझे संदेह हो गया था कि ग्वालियरी कुछ गड़बड़ी करेंगे।'

'गाँठ में समय न होने के कारण कुछ नहीं किया जा सकता था,' रानी बोलीं, 'अब जो कुछ संभव है, वह करो।'

इनकी लालकुर्ती अब तलवार खींचकर आगे बढ़ी। उस धूल धूसरित प्रकाश में भी तलवारों की चमचमाहट ने चकाचौंध पैदा पर दी। कुछ ही समय उपरांत समाचार मिला कि ग्वालियरी सेना के परपक्ष में मिल जाने के कारण रावसाहब के दो मोर्चे छिन

गए हैं और अंग्रेज उनमें से घुसने लगे हैं। रानी के पीछे पैदल पल्टन थी। उसको स्थिति सँभालने की आज्ञा देकर वह एक ओर बढ़ीं। उधर हुजर सवार जूही के तोपखाने पर जा टूटे। जूही तलवार से भिड़ गई। घिर गई और मारी गई। मरते समय उसने आह तक नहीं की। घिर गई थी। परंतु शत्रु की तलवार चीरने में, जिस बात में असमर्थ रही, वह थी जूही की क्षीण मुसकराहट जो उसके होंठों पर अनंत दिव्यता की गोद में खेल गई।

वर्दी के कट जाने पर हुजरों ने देखा कि तोपखाने का अफसर गोरे रंग की एक सुंदर युवती थी! और उसके होंठों पर मुसकराहट थी!!

समाचार मिलते ही रानी ने इस तोपखाने का प्रबंध किया।

इतने में ब्रिग्रेडियर स्मिथ ने अपने छिपे हुए पैदलों को छिपे हुए स्थानों से निकाला। वे संगीनें सीधी किए रानी के पीछेवाली पैदल पल्टन पर दो पार्श्वों से झपटे। पेशवा की पैदल पल्टन घबरा गई। उसके पैर उखड़े। भाग उठी। रानी ने प्रोत्साहन, उत्तेजन दिया। परंतु उनके और उस भागती हुई पल्टन के बीच में गोरों की संगीनें और हुजरों के घोड़े आ चुके थे।

अंग्रेजों की कड़ाबीनें, संगीनें और तोपें पेशवाई सेना का संहार कर उठीं। पेशवा की दो तोपें भी उन लोगों ने छीन लीं। अंग्रेजी सेना बाढ़ पर आई हुई नदी की तरह बढ़ने और फैलने लगी।

रानी की रक्षा के लिए लालकुर्ती सवार अटूट शौर्य और अपार विक्रम दिखाने लगे। न कड़ाबीन की परवाह, न संगीन का भय और तलवार तो मानो उनको ईश्वरीय देन थी। उस तेजस्वी दल ने घंटों अंग्रेजों का प्रचंड सामना किया। रानी धीरे-धीरे पश्चिम-दक्षिण की ओर अपने मोर्चे की शेष सेना से मिलने के लिए मुड़ीं। यह मिलान लगभग असंभव था, क्योंकि उस भागती हुई पैदल पल्टन और रानी के बीच में बहुसंख्यक हुजर सवार और संगीनबरदार पैदल थे। परंतु उन बचे-खुचे लालकुर्ती वीरों ने अपनी तलवारों की आड़ बनाई।

रानी ने घोड़े की लगाम अपने दाँतों में थामी और दोनों हाथों से तलवार चलाकर अपना मार्ग बनाना आरंभ कर दिया। दक्षिण-पश्चिम की ओर सोनरेखा नाला था। आगे चलकर बाबा गंगादास की कुटी थी। कुटी के पीछे दक्षिण और पश्चिम की ओर हटती हुई पेशवाई पैदल पल्टन।

मुंदर रानी के साथ थी। अगल-बगल रघुनाथसिंह और रामचंद्र देशमुख। पीछे कुँवर गुलमुहम्मद और केवल बीस-पच्चीस अवशिष्ट लाल सवार। अंग्रेजों ने थोड़ी देर में इन सबके चारों तरफ घेरा डाल दिया। सिमिट-सिमिटकर उस घेरे को कम करते जा रहे थे।

परंतु रानी की दुहत्थू तलवारें आगे का मार्ग साफ करती चली जा रही थीं। पीछे के वीर सवारों की संख्या घटते-घटते नगण्य हो गई। उसी समय तात्या ने रुहेली और अवधी सैनिकों की सहायता से अंग्रेजों के व्यूह पर प्रहार किया। तात्या कठिन-से-कठिन व्यूह में होकर बच निकलने की रणविद्या का पारंगत पंडित था। अंग्रेज थोड़े से सवारों को लालकुर्ती का पीछा करने के लिए छोड़कर तात्या की ओर मुड़ गए। सूर्यास्त होने में कुछ विलंब था।

लालकुर्ती का अंतिम सवार मारा गया। रानी के साथ केवल चार सरदार और उनकी तलवारें रह गईं। पीछे से कड़ाबीन और तलवारवाले दस-पंद्रह गोरे सवार। आगे कुछ संगीनवाले गोरे पैदल।

रानी ने पीछे की तरफ देखा—रघुनाथसिंह और गुलमुहम्मद तलवार से अंग्रेज सैनिकों की संख्या कम कर रहे थे। एक ओर रामचंद्र देशमुख दामोदरराव की रक्षा की चिंता में बरकाव कर-करके लड़ रहा था। रानी ने देशमुख की सहायता के लिए मुंदर को इशारा किया और वह स्वयं संगीनबरदारों को दोनों हाथों की तलवारों से खटाखट साफ करके आगे बढ़ने लगीं। एक संगीनबरदार की हूल रानी के सीने के नीचे पड़ी। उन्होंने उसी समय तलवार से उस संगीनबरदार को खतम किया। हूल करारी थी, परंतु आँतें बच गईं।

रानी ने सोचा, स्वराज्य की नींव बनने जा रही हूँ। रानी के खून बह निकला।

उस संगीनबरदार के खतम होते ही बाकी भागे। रानी आगे निकल गईं। उनके साथी भी दाएँ-बाएँ और पीछे। आठ-दस गोरे घुड़सवार उनको पछियाते हुए।

रघुनाथसिंह पास था। रानी ने कहा, 'मेरी देह को अँगरेज न छूने पावें।'

गुलमुहम्मद ने भी सुना—और समझ लिया। वह और भी जोर से लड़ा।

एक अंग्रेज सवार ने मुंदर पर पिस्तौल दागी। उसके मुँह से केवल ये शब्द निकले। 'बाईसाहब, मैं मरी। मेरी देह···भगवान्।'

अंतिम शब्द के साथ उसने एक दृष्टि रघुनाथसिंह पर डाली और वह लटक गई। रानी ने मुड़कर देखा। रघुनाथसिंह से कहा, 'सँभालो उसे। उसके शरीर को वे न छूने पावें।' और वे घोड़े को मोड़कर अंग्रेज सवारों पर तलवारों की बौछार करने लगीं। कई कटे। मुंदर को मारनेवाला मारा गया।

रघुनाथसिंह फुर्ती के साथ घोड़े से उतरा। अपना साफा फाड़ा। मुंदर के शव को पीठ पर कसा और घोड़े पर सवार होकर आगे बड़ा।

गुलमुहम्मद बाकी सवारों से उलझा। रानी ने फिर सोनरेखा नाले की ओर घोड़े को बढ़ाया। देशमुख साथ हो गया।

अंग्रेज सवार चार-पाँच रह गए थे। गुलमुहम्मद उनको बहकावा देकर रानी के

साथ हो लिया। रानी तेजी के साथ नाले की ढी पर आ गईं।

घोड़े ने आगे बढ़ने से इनकार कर दिया—बिलकुल अड़ गया। रानी ने पुचकारा। कई प्रयत्न किए परंतु सब व्यर्थ।

वे अंग्रेज सवार आ पहुँचे।

एक गोरे ने पिस्तौल निकाली और रानी पर दागी। गोली उनकी बाईं जंघा में पड़ी। वे गले में मोती-हीरों का दमदमाता हुआ कंठा पहने हुए थीं। उस अंग्रेज सवार ने रानी को कोई बड़ा सरदार समझकर विश्वास कर लिया कि अब कंठा मेरा हुआ। रानी ने बाएँ हाथ की तलवार फेंक कर घोड़े की लगाम पकड़ी और दूसरी जाँघ तथा हाथ की सहायता से अपना आसन सँभाला। इतने में वह सवार और भी निकट आया। रानी ने दाएँ हाथ के वार से उसको समाप्त कर दिया। उस सवार के पीछे से एक और सवार निकल पड़ा।

रानी ने आगे बढ़ने के लिए एक पैर की एड़ लगाई।

घोड़ा बहुत प्रयत्न करने पर भी अड़ा रहा। वह दो पैरों से खड़ा हो गया। रानी को पीछे खिसकना पड़ा। एक जाँघ काम नहीं कर रही थी। बहुत पीड़ा थी। खून के फव्वारे पेट और जाँघ के घाव से छूट रहे थे।

गुलमुहम्मद आगे बढ़े हुए अंग्रेज सवार की ओर लपका।

परंतु अंग्रेज सवार ने गुलमुहम्मद के आ पहुँचने के पहले ही तलवार का वार रानी के सिर पर किया। वह उनकी दाईं ओर पड़ा। सिर का वह हिस्सा कट गया और दाईं आँख बाहर निकल पड़ी। इस पर भी उन्होंने अपने घातक पर तलवार चलाई और उसका कंधा काट दिया!

गुलमुहम्मद ने उस सवार के ऊपर कसकर भरपूर हाथ छोड़ा। उसके दो टुकड़े हो गए।

बाकी दो-तीन अंग्रेज सवार बचे थे। उन पर गुलमुहम्मद बिजली की तरह टूटा। उसने एक को घायल कर दिया। दूसरे के घोड़े को लगभग अधमरा। वे तीनों मैदान छोड़कर भाग गए। अब वहाँ कोई शत्रु न था। जब गुलमुहम्मद मुड़ा तो उसने देखा, रामचंद्र देशमुख घोड़े से गिरती हुई रानी को साधे हुए हैं।

दिन-भर के थके-माँदे, भूखे-प्यासे, धूल और खून में सने हुए गुलमुहम्मद ने पश्चिम की ओर मुँह फेरकर कहा, 'खुदा, पाक परवरदिगार, रहम, रहम!'

उस कट्टर सिपाही की आँखें आँसुओं को मानो बरसाने लगीं और वह बच्चों की तरह हिलक-हिलककर रोने लगा।

रघुनाथसिंह और देशमुख ने रानी को घोड़े पर से सँभालकर उतारा। आवेश में आकर उस अड़ियल घोड़े को एक लात मारी। वह अपने अस्तबल की दिशा में भाग गया।

रघुनाथसिंह ने देशमुख से कहा, 'एक क्षण का भी विलंब नहीं होना चाहिए। अपने घोड़े पर इनको होशियारी के साथ रखो और बाबा गंगादास की कुटी पर चलो। सूर्यास्त होना ही चाहता है।'

देशमुख का गला रुँधा हुआ था। बालक दामोदरराव अपनी माता के लिए चुपचाप रो रहा था।

रामचंद्र ने पुचकारकर कहा, 'इनकी दवा करेंगे, अच्छी हो जाएँगी, रोओ मत।'

रामचंद्र ने रघुनाथसिंह की सहायता से रानी को सँभालकर अपने घोड़े पर रखा।

रघुनाथसिंह ने गुलमुहम्मद से कहा, 'कुँवर साहब, इस कमजोरी से काम और बिगड़ेगा। याद करिए, अपने मालिक ने क्या कहा था। अंग्रेज अब भी मारते-काटते दौड़-धूप कर रहे हैं। यदि आ गए तो रानी साहब की देह का क्या होगा।'

गुलमुहम्मद चौंक पड़ा। साफे के छोर से आँसू पोंछे। गला बिलकुल सूख गया था। आगे बढ़ने का इशारा किया। वे सब द्रुतगति से बाबा गंगादास की कुटी पर पहुँचे।

: ८९ :

बिसूरते हुए दामोदरराव को एक ओर बिठाकर रामचंद्र ने अपनी वरदी पर रानी को लिटाया और बचे हुए साफे के टुकड़े से उनके सिर के घाव को बाँधा। रघुनाथसिंह ने अपनी वरदी पर मुंदर के शव को रख दिया। गुलमुहम्मद ने घोड़े को जरा दूर पेड़ों से अटकाया।

बाबा गंगादास ने पहचान लिया। बोले, 'सीता और सावित्री के देश की लड़कियाँ हैं ये।'

रानी ने पानी के लिए मुँह खोला। बाबा गंगादास तुरंत गंगाजल ले आए। रानी को पिलाया। उनको कुछ चेत आया।

मुँह से पीड़ित स्वर में धीरे से निकला, 'हर हर महादेव!' उनका चेहरा कष्ट के मारे बिलकुल पीला पड़ गया। अचेत हो गईं।

बाबा गंगादास ने पश्चिम की ओर देखकर कहा, 'अभी कुछ प्रकाश है। परंतु अधिक विलंब नहीं। थोड़ी दूर घास की गंजी लगी हुई है। उसी पर चिता बनाओ।'

मुंदर की ओर देखकर बोले, 'यह इस कुटी में रानी लक्ष्मीबाई के साथ कई बार आई थी। इसका तो प्राणांत हो गया।'

रघुनाथसिंह के रुद्ध कंठ से केवल 'जी' निकला।

उसके मुँह में भी बाबा ने गंगाजल की कुछ बूँदें डालीं।

रानी फिर थोड़े से चेत में आईं। कम-से-कम रघुनाथसिंह इत्यादि को यही जान पड़ा। दामोदरराव पास आ गया। उसको अवगत हुआ कि माँ बच गईं और फिर खड़ी

हो जाएँगी। उत्सुकता के साथ उनकी ओर टकटकी लगाई।

रानी के मुँह से बहुत टूटे स्वर में निकला, 'ओ३म् वासुदेवाय नमः।'

इसके उपरांत उनके मुँह से जो कुछ निकला, वह अस्पष्ट था। होंठ हिल रहे थे। वे लोग कान लगाकर सुनने लगे। उनकी समझ में केवल तीन टूटे शब्द आए—

'···द ह··ति·नै यं···पावकः' मुखमंडल प्रदीप्त हो गया। सूर्यास्त हुआ। प्रकाश का अरुण पुंज दिशा की भाल पर था। उसकी अगणित रेखाएँ गगन में फैली हुई थीं।

देशमुख ने बिलखकर कहा, 'झाँसी का सूर्य अस्त हो गया।'

रघुनाथसिंह बिलख-बिलखकर रोने लगा।

दामोदरराव ने चीत्कार किया।

बाबा गंगादास ने कहा, 'प्रकाश अनंत है। वह कण-कण को भासमान कर रहा है। फिर उदय होगा। फिर प्रत्येक कण मुखरित हो उठेगा।'

: ९० :

बाबा गंगादास ने सचेत किया, 'झाँसी की रानी के सिधार जाने को अस्त होना कहते हो! यह तुम्हारा मोह है। वह अस्त नहीं हुईं। वह अमर हो गईं। कायरता का त्याग करो। उस घास की गंजी पर इन दोनों देवियों के शवों का दाह-संस्कार करो। अंग्रेज इन लोगों की खोज में आते होंगे। शीघ्रता करो।'

वे दोनों सँभले।

देशमुख ने कहा, 'घास की गंजी बड़ी है?'

बाबा गंगादास ने उत्तर दिया, 'गंजी तो छोटी-सी है।'

देशमुख कष्टपूर्ण स्वर में बोला, 'झाँसी की रानी के दाह के लिए आज लकड़ी भी सुलभ नहीं! घास की अग्नि तो इन शवों को केवल झोंस देगी। सवेरे शत्रु इनके अर्ध दग्ध शरीर देखेंगे, हँसेंगे और शायद कहीं फेंक देंगे।'

बाबा ने सिर उठाकर अपनी कुटिया को देखा।

बोले, 'इस कुटिया में काफी लकड़ी है। उधेड़ डालो। अंत्येष्टि का आरंभ करो।'

रघुनाथसिंह ने प्रार्थना की, 'आपकी कुटी की लकड़ी! आप एक कृपा करें तो।'

बाबा ने पूछा, 'क्या?'

रघुनाथसिंह ने उत्तर दिया, 'फिर से कुटी बनाने में आपको असुविधा होगी, इसलिए कुछ भेंट ग्रहण कर ली जावे।'

बाबा मुसकराए।

बोले, 'यह लकड़ी मेरी नहीं है। जिन्होंने पहले दी थी वे फिर दे देंगे। देर मत करो, कुटिया को उधेड़ो।'

देशमुख ने कहा, 'उसमें का सामान बाहर निकाल लिया जाए।'

बाबा भीतर से एक कंबल, तूंबी, चटाई और लँगोटी उठा लाए। बोले, 'बस और कुछ नहीं है। जल्दी करो।'

दोनों शवों को बाहर रखकर, दामोदरराव को एक ओर बिठाया और वे तीनों सिपाही कुटी को उधेड़ने में लग गए। बात की बात में कुटी को तोड़कर लकड़ी इकट्ठी कर ली।

गंजी की कुछ घास घोड़ों को डाल दी और कुछ से चिता का काम लिया।

रानी का कंठा उतारकर दामोदरराव के पास रख दिया। मोतियों की एक छोटी कंठी उनके गले में रहने दी। उनका कवच और तबे भी।

चिता चुनने के पश्चात् रानी लक्ष्मीबाई और मुंदरबाई के शवों को चिता पर देशमुख ने रख दिया और अग्नि-संस्कार कर दिया। अपनी और रघुनाथसिंह की वरदियाँ भी चिता पर रख दीं।

आधी घड़ी में चिता प्रज्वलित हो गई।

उस कुटी की भूमि पर रक्त बह गया था। उसको देशमुख ने धो डाला।

परंतु रक्त की उन बूँदों ने पृथ्वी पर जो इतिहास लिख दिया था, वह अमिट रहा।

: ९१ :

कुछ दूरी पर रिसाले की टापों का शब्द सुनाई पड़ा। वह रिसाला अंग्रेजों का था।

देशमुख–'रानी साहब की तलाश में वैरी घूम रहे हैं।'

रघुनाथसिंह–'आप दामोदरराव को लेकर तुरंत निकल जाइए।'

देशमुख–'आप दीवान साहब, क्या झाँसी की ओर जाएँगे?'

रघुनाथसिंह–'झाँसी में मेरा अब क्या रखा है। मैं इन सवारों को मारकर मरूँगा। ये लोग चिता की ओर आएँगे। इसे उठा लेंगे। जाइए, तुरंत जाइए। रात को कहीं छिप जाना। विश्राम करना।'

देशमुख–'कंठे का क्या होगा?'

रघुनाथसिंह–'मृत सिपाहियों के बाल-बच्चों में बाँट देना या कुछ भी करना।'

देशमुख ने दामोदरराव को पीठ पर बाँधा और घोड़े पर सवार होकर चल दिया।

रघुनाथसिंह ने गुलमुहम्मद से कहा, 'कुँवर साहब, आप भी जाइए। मेरे घोड़े को छोड़ दीजिए, उस बेचारे को कोई-न-कोई रख लेगा। आबरे में से मेरी बंदूक और गोली-बारूद का झोला लाने की कृपा करिए।'

गुलमुहम्मद घोड़े के पास गया। दोनों के आबरों में से गोली-बारूद और बंदूकें निकाल लीं और दोनों को जीन सहित छोड़ दिया।

गुलमुहम्मद ने रघुनाथसिंह को बंदूक और गोली-बारूद देते हुए कहा, 'दीवान

साहब, अम कहाँ जाएगा? अम राहतगढ़ से जब चला तब पाँच सौ पठान था। अब एक रह गया। अकेला कहाँ जाएगा? अम भी मरेगा और मारेगा। बाई, हमको मत हटाओ।'

रघुनाथसिंह ने कहा, 'मैं चाहता हूँ आप जिंदा रहें और इनकी पवित्र हड्डियों और भस्म को किसी गैर को न छूने दें। रहा मैं, सो जाने की बहुत जल्दी पड़ रही है। वे अभी रास्ते में होंगी। उनसे जल्दी मिलना है।' और बंदूकें भरने लगा।

रघुनाथसिंह पागलों की तरह हँसा।

गुलमुहम्मद ने एक क्षण सोचा। बोला, 'यह फकीर साहब हड्डियों की हिफाजत करेगा।'

रघुनाथसिंह ने कहा, 'फकीर नहीं करेगा। आप चाहें तो कर सकते हैं।'

'अच्छा,' गुलमुहम्मद बोला, 'अम जिंदा रहेगा। खाक और हड्डियों पर चबूतरा बना देगा।'

'अपनी बंदूक भी मुझको दे दो कुँवर साहब,' रघुनाथसिंह ने प्रस्ताव किया।

गुलमुहम्मद ने प्रतिवाद किया, 'अब कुँवर साहब नहीं। अम फकीर बनकर रहेगा। गुलसाईं नाम होगा।'

उसने अपनी बंदूक दे दी।

'इसको भर दीजिए,' रघुनाथसिंह ने अनुरोध किया।

'बस बाई, अब बंदूक या कोई हथियार नहीं छुएगा। अम खुदापाक की याद में बाकी जिंदगी खतम करेगा।'

एक तरफ जाकर गुलमुहम्मद ने अपनी वरदी जलती हुई चिता पर फेंककर खाक कर दी—केवल साफा रखा। उसने एक टुकड़े की लँगोटी लगाई। बाकी ओढ़ने-बिछाने को रख लिया।

खूब हँसकर बोला, 'अब अम बिलकुल आजाद हो गया बाई।'

रघुनाथसिंह ने दोनों बंदूकें भर लीं। गोली-बारूद के झोले लटकाए। गुलमुहम्मद के पास गया। उसको देखकर विस्मित हुआ।

बोला, 'आप तो सचमुच फकीर हो गए! अच्छा सलाम कुँवर; साईं साहब। भूल-चूक गलती माफ कीजिए।'

'सलाम,' गुलमुहम्मद ने कहा।

जिस ओर से टापों का शब्द आ रहा था, रघुनाथसिंह उसी दिशा में गया। पास जाकर एक आड़ ली। लेट गया। प्रतीति कर ली कि अंग्रेजों का रिसाला है और कुटी की ओर आ रहा है।

'धाँय-धाँय' बंदूक चलाई।

'धाँय-धाँय' अंग्रेजी रिसाले का जवाब आया।

रघुनाथसिंह काफी समय तक रिसाले के सैनिकों को हताहत करता रहा। फिर एक गोली से मारा गया।

चिता साँय-साँय जलती रही।

गुलमुहम्मद चिता से कुछ दूर जाकर लेट गया। साफे के टुकड़े से अपने को ढका। बेहद थका हुआ था, सो गया। सवेरे जब आँख खुली तो देखा कि चिता के स्थान पर कुछ जली हड्डियाँ बाकी रह गई हैं।

उसके मुँह से निकल पड़ा, 'ओफ! रानी साहब का सिर्फ यह हड्डी रह गया है। और उस हसीन लड़की का!'

फिर तुरंत उसने मन में कहा, 'ओह! कबी नहीं। वो मरा नहीं। वो कभी नहीं मरेगा। वो मुर्दों को जान बख्शता रहेगा।'

चिता के ठंडे हो जाने पर गुलमुहम्मद ने उस स्थान पर एक चबूतरा बाँधा और कहीं से फूल लाकर उस पर चढ़ाए।

अंग्रेजी सेना का एक दल रानी की ढूँढ़-खोज में वहाँ पर आया।

चबूतरा अभी सूखा न था। उस दल के अगुआ का कुतूहल जागा। गुलमुहम्मद से उसने पूछा, 'यह किसका मजार है साईं साहब?'

गुलमुहम्मद ने उत्तर दिया, 'अमारे पीर का, बो बौत बड़ा बली था।'

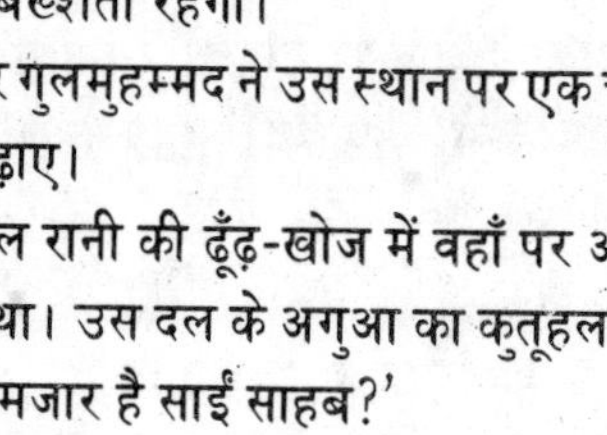

परिशिष्ट

: १ :

कई दिन तक अंग्रेजों को रानी के शरीरांत का पता न लगा। जब लगा तब जनरल रोज ने कहा था, 'यह थी उनमें सर्वश्रेष्ठ और सर्वोत्कृष्ट वीर।'*

अठारह जून के सूर्यास्त के पहले ही रावसाहब के मोर्चे छीन लिए गए थे। थोड़ी देर तक तात्या ने बिगड़े को बनाने का अथक परिश्रम किया, परंतु अंत में दोनों को रणक्षेत्र छोड़ना पड़ा। रावसाहब छिपते-भटकते चार वर्ष बाद साधु वेश में पकड़ा गया और उसको बिठूर में फाँसी दी गई। उसके संपूर्ण जीवन में उसका परिणाम ही महान् था और अंग्रेजों के प्रति हिंसा की विराटता थी—उसको बिठूर में ले जाकर फाँसी पर चढ़ाना। तात्या ने निस्संदेह कभी हार नहीं मानी। वह लक्ष्मीबाई के ऊँचे राजनीतिक आदर्श तथा रण-पांडित्य का सच्चा अनुयोगी और उत्तराधिकारी था। जब अंग्रेजों ने १८५८ के अंत तक सारे हिंदुस्थान को अपने फौजी शिकंजे में जकड़ लिया, तब भी तात्या आँधी और बिजली की तरह तड़पता और तड़कता रहा और अंग्रेजों को भूल-भुलैयां खिलाता रहा। तात्या को आशा थी कि इतना सब खो जाने पर भी मैं देश को जगा दूँगा और खड़ा कर दूँगा; परंतु जैसे कि इस अभागे देश में होता चला आया था, राजपूताने के उसके एक मित्र राजा ने विश्वासघात करके पकड़वा दिया। तात्या को शिवपुरी में अप्रैल सन् १८५९ में फाँसी दी गई।

---

* She was the best and the bravest of them all.

तात्या का मरण उसके जीवन से भी बढ़कर ज्वलंत था। फाँसी पर चढ़ने के समय वह योगियों की तरह शांत था। उसने कहा था, 'मैंने जो कुछ किया, अपने स्वामी पेशवा की आज्ञा से किया और कुछ बुरा नहीं किया।' नाना साहब का कोई पता नहीं चला। पहली नवंबर सन् १८५८ को विक्टोरिया का विख्यात घोषणा-पत्र जारी किया गया। बाँदा के नवाब ने आत्मसमर्पण किया और उनको कुछ पेंशन मिल गई। कंपनी का, थोड़े-से अंग्रेज पूँजीपतियों और व्यापारियों का राज्य समाप्त हुआ, और यह पुराना देश नए इंग्लैंड के समग्र पूँजीपतियों और व्यापारियों के केंद्रस्थ शासन के समक्ष हो गया।

झाँसी के हृदय में झाँसी की रानी का राज्य सदा बना रहा—लावनियों में, फागों में, गाँवों और शहरों में किसान और मजदूर उनके संबंध में अपने निजत्व को प्रकट करते रहे हैं। उनकी एक-एक स्मृति झाँसी नगर में आज भी जनता को पकड़े हुए है—होली जलने के बाद की प्रथमा के दिन झाँसीवाला होली नहीं मानता, वह दिन उसके लिए सूतक का है।

यदि हैदराबाद के निजाम और ग्वालियर के सिंधिया अंग्रेजों का पक्ष न लेते, तो अंग्रेज १८५८ के बाद इस देश में बिलकुल नहीं ठहर सकते थे।

उनके उस समय चले जाने के पश्चात् यहाँ क्या होता, यह देश के विवेक और अविवेक के लिए एक बहुत बड़ी समस्या होती।

उसी समय से अंग्रेजों ने समझ लिया कि हिंदुस्थानी सेना में चुने हुए लोग भरती किए जाने चाहिए, मारके के ऊँचे पदों से उनको दूर रखना, सारे देश को निशशस्त्र कर देना और मृग-मरीचिकाएँ दिखलाते रहना चाहिए।

परंतु राजाओं और नवाबों को हाथ में रखना सदा आवश्यक समझा गया।

गोद का कानून स्वीकार किया गया। धार्मिक स्वतंत्रता मान ली गई। मानो हिंदुस्थान को बड़ी गनीमत मिली।

झाँसी की रानी, तात्या, बहादुरशाह इत्यादि के पीछे जो लोग हुए, भारतीय आत्मा की अमरता के साथ उनका अटूट क्रम रहा है। केवल थोड़े ही नाम बतलाए जा सकते हैं।

परमहंस रामकृष्ण, स्वामी दयानंद, विवेकानंद, महात्मा और, और···

: २ :

झाँसी में जनेऊ का आंदोलन घोर रूप पकड़ता, परंतु बिठूर के मिहमानों का लिहाज करके राजा गंगाधरराव थोड़े नरम पड़ गए थे। तमेरों ने जनेऊ पहने थे और वे अपने जनेऊ की आन पर मर मिटने को तैयार थे। उपन्यास में जाति का नाम नहीं दिया गया।

: ३ :

पजनेस ने जिस स्त्री को प्रेम के वशीभूत होकर रख लिया था, उसकी जाति उन्होंने अपनी कविता में लिख दी थी। उनका छंद कवि की स्वच्छंदता और उस समय की व्यवस्था का द्योतक है। पूरा छंद इस प्रकार है—

सिवि चूके सची से अप्सरा से इंद्र चूके
कृष्ण चूके कुबजा सें सुरत न सँभारी है।
बड़े-बड़े देव-दानव से चूक जात
तुमहू न चूको तो सकल का तुम्हारी है?
मन पजनेस एक खत्रानी से हमहूँ चूके
चूक जात जग में बिना सक नर नारी है।
कोमल तन ललित नैन बसत निसि बासर मन
प्यारी हमारी की लाज गंगधारी है।

: ४ :

हृदयेश ने अपनी कविता जितनी लिख पाई थी, वह पूरी-की-पूरी नीचे दी जाती है। मेरे पास हृदयेश की कविता उन्हीं के हाथ कीं लिखी है, जो मुझको भाई श्री भगवानदास सेठ की कृपा से प्राप्त हुई।

बड़े बड़े असराफ गरद कर ऐसी कलजुग झाला।
विभचारिन बिस्वन के उर में वर मुक्तन की माला।।
मन हृदेश पंडित गुनमंडित ते वारे मृगछाला।
गान तान बारे धन बारे ओढ़ें फिरें दुशाला।। १ ।।
महावीर वीरन के बेटा बैठे गहें किनाला।
खसिया भँड़ुआ राग मिलावें बाँधे फिरें तिपाला।।
कीमखाब के पैरन वारे भोगें अन्न कसाला।
घोड़िन की खिजमित कर तिनके परे कान में वाला।। २ ।।
पतिव्रता लरकन को तरसें विभचारिन घर लाला।
झूठे के मुख लाली देखी साँचे के मुख काला।।
सत्य बचन परमान चलन को परे दुष्ट के जाला।
चुगलखोर धनचोर मसखरा परे सेज सुखलाला।। ३ ।।

देव मंदिरिन दिया न बाती गोरन पै उजियाला।
भूमदेव विप्रन के देखो कोंड़ी देत कसाला।।
रंडिन कों भोजन कों सिन्नी ऊपर पान मसाला।
साधुन कों नहिं चून चनन को सेवें देव दिवाला।। ४ ।।
चतुर नरन को बदसूरत की कूरन के घर बाला।
मूरख बैठे मौज उड़ावें परबीनन पग छाला।।
भूपत कृपा करत नीचन पै कर अनीत प्रतिपाला।
जबर जोर कलिकाल को गुन को चलै न चाला।। ५ ।।
मुसलमान सीतापति सुमिरें हिंदू मुख हकताला।
मुसलमान मौसी कर टेरें हिंदू टेरें खाला।।
साँची कहें सुनै को बिनती भयौ नीच बल वाला।
अधरम प्रगट भयो भूतल पै धसगौ धरम पताला।। ६ ।।
जगतगुरु विप्रन कों निंदत बनिक पुत्र घर वाला।
मुछमुंडन की दच्छा लै लै फेरें तुलसीमाला।। ७ ।।
मालपुआ हलुआ भोजन दै गुप्त खिलावत लाला।
अधरम नाम जपत सीतापत डार गोमुखी माला।।
दीसें भक्त बड़े ठाकुर के तिलक सरसरे भाला।
जाचत देख विप्र साधन कों होत क्रोध को जाला।। ८ ।।
कासीपुरी अजुध्या मथुरा इनको जात कसाला।
दोम दोम कर जात मदारन दाब काँख में लाला।।
पूजत प्रेत गुरैया बाबा छोड़ देव बिसाला।
निजपति मुच्छतुच्छकर जारत उपपति हित प्रतिपाला।। ९।।
बिछिया दृगन कोर भर काजर अंग आभरन जाला।
मुलकट कंचुक कसत कुचन पै उर धारें बनमाला।।
अधरम

यहाँ तक कवि ने लिख पाया।

: ५ :

नारायण शास्त्री की प्रेमिका छोटी का असली नाम लोग मछरिया बतलाते हैं। उपन्यास में जितने नाम आए हैं सब वास्तविक हैं। मैंने केवल मछरिया का नाम बदलकर छोटी कर दिया है। झाँसी में नारायण शास्त्री के तंत्रबल को जो रूप जनपरंपरा में मिला है वह बड़ा संकेतपूर्ण है। कहते हैं कि एक रात नारायण शास्त्री

काली का पूजन करके मांस और मदिरा का सेवन करना ही चाहते थे कि राजा गंगाधरराव टोह लगाकर आ पहुँचे। राजा ने पूछा, 'बोतल में क्या है?'

शास्त्री ने उत्तर दिया, 'दूध।'

'और कटोरे में क्या है शास्त्रीजी?'

'गुलाब के फूल।'

राजा ने बोतल और कटोरे का निरीक्षण किया तो बोतल में दूध और कटोरे में गुलाब के फूल पाए। जब नब्बे वर्ष के भीतर ही जनपरंपरा ने एक वास्तविकता को यह रूप दे दिया तो अपने बड़ों के स्वाभाविक किंतु लोकाचार विरुद्ध कृत्यों को, उसने गाथाओं में जो रूप दे दिए हैं उनको समझने में बहुत बाधा नहीं रहनी चाहिए।

: ६ :

गंगाधरराव अत्यंत क्रोधी थे। उनके अत्याचारों की बहुत-सी कहानियाँ प्रसिद्ध हैं। उनके प्रति जनता की घृणा रानी लक्ष्मीबाई के कारण नरम पड़ गई थी और अब भी नरम है।

: ७ :

झाँसी में हरदी कूँ-कूँ उत्सव महाराष्ट्रियनों में बहुत उत्साह के साथ मनाया जाता था। झाँसी की साधारण जनता भी उसको मनाया करती थी। अब भी यह सुंदर उत्सव मनाया जाता है, परंतु उसमें अब वह ओज नहीं रहा। जीवन के संघर्षों और वर्तमान उदासीनता में वह घिस गया है। रानी लक्ष्मीबाई इस उत्सव को कितनी उमंग के साथ मनाती थीं, उसका ब्योरेवार वर्णन विष्णुराव गोडशे के 'माझा प्रवास' में है।

: ८ :

पेशवा के साथ अंग्रेजों ने सन् १८०२ में जो संधि की थी, उसको पारसनीस ने अपनी पुस्तक में उद्धृत किया है।

: ९ :

भग्गी दाऊजू जाति के सुनार थे। वे झाँसी के गंदीगर मुहल्ले में रहते थे। नत्थेखाँ की लड़ाई पर उन्होंने तीन-चार पृष्ठों में एक रायसा लिखा था। वह श्रीनारायण दास श्रृंगीऋषि के पास है। उन्हीं की कृपा से रायसा मुझको प्राप्त हुआ। मंजु छंद में है। प्रत्येक छंद का चौथा चरण है—

'झाँसी की जो लटी तकै तिर्हि खायें कालका माई।'

भग्गी ने 'रानी की जो लटी तकै' नहीं लिखा है, उन्होंने 'झाँसी' शब्द प्रयुक्त किया है और उसकी सार्थकता बहुत द्योतक है। झाँसी १८५७ के विप्लव के जमाने में जोश से उमड़ पड़ी थी। किसी जाति के लिए भी नहीं कहा जा सकता कि उसमें लड़ाई के लिए कम जोश था। यह ऐतिहासिक सत्य है कि उन्नाव दरवाजे पर कोरियों की तोप थी और तोपखाने का संचालक पूरन कोरी था। उसके पौत्र ने मुझको सारी घटनाएँ बतलाईं और झलकारी के विकट और निर्भीक पराक्रम का हाल सुनाया। जनरल रोज ने अपनी डायरी में झलकारी की घटना का वर्णन नहीं किया है, परंतु कोरियों में वह घटना विख्यात है। ४ अप्रैल, १८५९ की रात को रानी के निकल जाने पर, पाँच के बड़े सवेरे झलकारी घोड़े पर बैठकर रोज के सामने पहुँची और उससे कहा, 'रानी को कहाँ ढूँढ़ते फिरते हो। मैं हूँ रानी, पकड़ लो मुझको।' झलकारी बहुत उमर पाकर मरी। मुझको उसके दर्शन करने का सौभाग्य प्राप्त नहीं हो पाया। उसके मरने का पता तब लगा जब रानी की बातों का पता लगाते-लगाते मैं कोरियों के संपर्क में आया। झाँसी में ऊँची जाति के कहलानेवाले लोग कोरियों के हाथ का पानी पीते हैं, घर तो उनके इतने स्वच्छ हैं कि जान पड़ता है कि अभी-अभी किसी यज्ञ को समाप्त करके निबटे हों। कोई आश्चर्य नहीं यदि रानी ने हरदी-कूँ-कूँ के उत्सव में झलकारी को अपनी अंक में भर लिया हो।

: १० :

अंग्रेज इतिहासकारों ने रानी के वाक्य को, जिसका उच्चार उन्होंने अंग्रेजों द्वारा झाँसी के अपहरण के समय किया था, यह रूप दिया है–

'मेरा झाँसी देंगा नहीं।'

इसकी नकल बहुत से भारतीय लेखकों ने की है। रानी हिंदी और मराठी दोनों जानती थीं। इतनी कुशाग्र बुद्धि थीं कि झाँसी आकर उन्होंने बुंदेलखंडी भी सीख ली थी। उनके वाक्य का तोड़-मरोड़ एलिस ने अपने लेख में किया और भारतीय लेखकों ने बिना जाने-बूझे उसकी नकल कर दी। १८५७ के लगभग अंग्रेज खासी हिंदी भाषा को बोल लेते थे, परंतु हिंदी भाषा को कुरूप करना उनकी राष्ट्रीय और स्वभाव निहित उपेक्षा का एक उदाहरण है। वे आज भी फ्रैंच, जर्मन और रूसी शब्दों का तोड़-मरोड़ करते हैं। यहाँ तक कि अमेरिका में बोली और लिखी जानेवाली अंग्रेजी तक पर नाक-भौंह सिकोड़ लेते हैं। रानी के मुँह से निकले हुए हिंदी के प्रतिवाद वाक्य को सुरक्षित रखने में एलिस या किसी भी अंग्रेज को रुचि हो ही क्यों सकती थी?

: ११ :

रानी ने शूरमाओं की एक कुँवर मंडली स्थापित की थी। वे स्त्री-पुरुषों की सूक्ष्म जाँच करने की बड़ी क्षमता रखती थीं। झाँसी की रक्षा के लिए उनको ऐसे लोगों की जरूरत थी जो अपने को होम देने के लिए सदा तैयार रहते हों। जिसको उन्होंने सुपात्र समझा उसको 'कुँवर' का संबोधन मिल जाता था। रानी ने जितनों को यह उपाधि दी, उनमें से किसी ने भी अपने बलिदान में कसर नहीं लगाई।

: १२ :

रानी ने जो स्त्री सेना बनाई थी, वह भारत का एक अचंभा है। जनरल रोज, जनरल स्टुअर्ट, डॉक्टर लो इत्यादि ने, जो रानी के मुकाबले में लड़नेवाली अंग्रेजी सेना में झाँसी आए थे, दूरबीनों द्वारा इस सेना का नियम, संयम, शौर्य, पराक्रम और दुश्मन का होश ठिकाने लगानेवाली दृढ़ता को देखा था। इस सेना में महाराष्ट्रियन स्त्रियाँ बहुत कम थीं। बुंदेलखंडी स्त्रियाँ बहुत ज्यादा और विविध जातियों की। यदि लक्ष्मीबाई स्वराज्य स्थापना के प्रयत्न में सफल हो जातीं तो भारत की नारी उस गिरी हालत में कदापि न होती जिसमें उसका एक अंश आज है। 'माझा प्रवास' का लेखक विष्णुराव गोडसे जब झाँसी आया तब झाँसी की स्त्रियों की स्वाधीनता को देखकर विस्मित हो गया—उसको तो गुस्सा भी आया। स्त्रियाँ शान और हेकड़ी के साथ संध्या समय मंदिरों में जाती थीं, यह बात विष्णुराव को बहुत खटकी, क्योंकि उसने अन्यत्र न देखी थी। पर क्या अन्यत्र स्त्रियों की कोई बटालियन थी? कोई रेजीमेंट था? उनमें से कोई कर्नल या कप्तान थीं? सवेरे परेड में मर्दों को सबक सिखानेवाली और घुड़सवारी में मर्दों के कान पकड़नेवाली स्त्रियाँ क्या शाम को मंदिर जाने के समय झेंपतीं, शरमातीं और घूँघट डालकर नायिका-भेद को प्रोत्साहन देतीं! परंतु 'माझा प्रवास' का लेखक असली बात समझा न था।

मेरी दादी-परदादी कहा करती थीं कि रानी जिस मिट्टी के ढेले को छू देती थीं, वह सोना हो जाता था; जिस काठ के टुकड़े को स्पर्श कर देती थीं, वह फौलाद बन जाता था! मुझको आश्चर्य होता था। पर बात लगती बहुत अच्छी थी। सोचता था, यदि मैं उस जमाने में होता तो डलियों ढेले उनके पास ले जाता और उनसे स्पर्श करवाकर सोना बनवा लेता, फिर दादी-परदादी से पैसा माँगने की जरूरत ही न रहती। और वे काठ के टुकड़ों का फौलाद बना देती थीं—यह उतना अच्छा नहीं लगता था। और आज? आह! उस रानी का स्पर्श तो प्राप्त नहीं है, पर नाम ने मिट्टी के ढेलों का स्वर्ण बना दिया और काठ के टुकड़ों को वज्र—और जब तक भारत भारत है, वह नाम यह काम करता ही रहेगा।

यही कारण है कि अंग्रेज पल्टन के बलवाइयों के सामने लक्ष्मीबाई महल के झरोखे पर चुनौती देती हुई अकेली खड़ी हो गईं! यही कारण है कि सदाशिवराव नेवालकर के झाँसी-नरेश बन जाने की घोषणा पर कोई भी सीखी-सिखाई पल्टन हाथ में न होते हुए भी लक्ष्मीबाई कुछ मिट्टी के ढेलों और काठ के टुकड़ों को लेकर करेरा में भिड़ गईं और सदाशिवराव को परास्त कर दिया! यही कारण है कि लक्ष्मीबाई नत्थेखाँ के बीस हजार सिपाहियों का मुकाबला करने झाँसी के अधकचरे स्त्री-पुरुष सिपाहियों को लेकर गईं! और उनको मार भगाया!!

सागरसिंह डाकू से जनरल बना और खंडेराव फाटक की रक्षा में मरकर अनंत गौरव पा गया।

: १३ :

जान रसल ने जो आवेदन-पत्र दिल्ली १७१२ में भेजा था, उसका अनुवाद पारसनीस की पुस्तक में है। उसका सारांश मैंने इस उपन्यास में दे दिया है।

: १४ :

सर जान मालकम सन् १८२५ के लगभग मध्य प्रदेश का प्रधान सेनापति और गवर्नर था। उसने एक पुस्तक 'Memories of Central India' लिखी है। अब यह पुस्तक अप्राप्य है! मुझको कलकत्ता की Imperial Library से उधार मिल गई थी। मालकम ने लिखा है कि वह जमाना चाहे दूर हो, पर आवेगा अवश्य जब हमको हिंदुस्थानियों का देश उन्हें वापस करना पड़ेगा।

: १५ :

ग्वालियर से नाटक मंडली लगभग जनवरी सन् १८५८ में आई थी। रानी यदि फौज को विकट तैयारी और पराक्रम दे सकती थीं तो कलाओं को प्राण देने की भी साध रखती थीं।

ग्वालियर से आई हुई नाटक मंडली को हरिश्चंद्र नाटक का अभिनय करने के उपलक्ष्य में उन्होंने चार हजार रुपया पुरस्कार में दिया था। गवैये, बीनकार, पखावजी इत्यादि सब उनका आश्रय पाए हुए थे। सुखलाल चित्रकार जाति का काछी था। उसकी चित्रकला को वे पुरस्कृत करती रहती थीं। मुख्यपृष्ठ पर दिया गया रानी का और गंगाधरराव का चित्र उसका ही बनाया हुआ है। [इस संस्करण में स्थान-स्थान पर महारानी लक्ष्मीबाई के उसी चित्र की अनुकृति का प्रयोग किया गया है।—संपादक]

: १६ :

विष्णुराव गोडशे पूना की दिशा में, ग्वालियर होता हुआ आया था। वह भट्ट भिक्षुक था। रानी ने जब झाँसी में यज्ञ किया तब वह मौजूद था और युद्ध के दिनों में किले में ही था। उसने उन दिनों का आँखों-देखा हाल अपने 'माझा प्रवास' में लिखा है, उपन्यास की कुछ घटनाएँ 'माझा प्रवास' के आधार पर हैं। उनके सत्य का निर्धार किंवदंतियों और जनरल रोज के खरीतों से होता है। पारसनीस ने अपनी पुस्तक में बहुत सामग्री विष्णुराव की पुस्तक से ली है। परंतु पारसनीस ने विष्णुराव की पुस्तक का कोई हवाला नहीं दिया है। कम-से-कम हिंदी के अनुवाद में मुझको नहीं मिला।

यज्ञ के समय यज्ञ-विधान की एक समस्या खड़ी हो गई। समस्या का जिक्र उपन्यास में है। उसको विष्णुराव ने अपने शास्त्र-ज्ञान से सुलझाया था। उसने जरा दंभ से—और शायद वह दंभ गलत भी न था—अपने पांडित्य का वर्णन 'माझा प्रवास' में किया है।

: १७ :

रानी लक्ष्मीबाई का महल १८५८ में पुस्तकालय के साथ जलाया गया था। पुस्तकालय तो बिलकुल खाक हो गया था। परंतु महल बच गया था। इसमें सन् १८९६ के लगभग फिर आग लगी। मैं उस समय छः वर्ष का था। मेरे सामने जल रहा था और न जाने मैं क्यों वहाँ खड़ा-खड़ा रो रहा था। शायद मेरे आँसुओं की जिम्मेदारी परदादी की बतलाई हुई कहानियों पर थी—ऐसी रानी की कहानियाँ जिनके छूने से मिट्टी के ढेले सोना हो जाते थे और काठ के टुकड़े फौलाद!

बख्शी की हवेली का पता मुझको १९१६ में लगा था, परंतु उसका इतिहास १९३२ के उपरांत मालूम हुआ। बख्शी का नाम उसकी जाति में अब तक इतना प्रिय है कि बच्चों के नाम भाऊ रख दिए जाते हैं! बख्शी की हवेली अच्छी हालत में है और श्री जिनदास कोचर के अधिकार में है।

: १८ :

अभी हाल में श्री सी०ए० किंकेड, पेंशन प्राप्त आई०सी०एस० ने एक पुस्तक अंग्रेजी में लिखी है—'Lakshmi Bai, Rani of Jhansi'। पुस्तक में कुल १०२ सफे हैं, परंतु लक्ष्मीबाई को कुल १४ सफे दिए हैं, और, नाम है 'झाँसी की रानी लक्ष्मीबाई!' इन १४ पृष्ठों में भी अनेक गलतियाँ हैं। उन्होंने जहाँ जनरल रोज के लिए कहा है कि वह बेहद शक्तिवाला और अत्यंत चतुर सेनापति था वहाँ रानी की प्रशंसा में कुछ शब्द कहे हैं—"He (General Rose) was a man of boundless energy and of the highest military talents." रानी के लिए श्री किंकेड ने कहा है—वह शिक्षित और संस्कृतिमयी थी। (She was an educated and polished lady.) श्री किंकेड की कल्पना है कि न तो लक्ष्मीबाई हत्यारी थी और न उन्होंने गदर किया। उनका कहना है कि वह एक Lost Cause—हारी पाली—के लिए लड़ीं। अंग्रेज को भले ही कबूल हो, पर मुझको मान्य नहीं।

रानी स्वराज्य के लिए लड़ीं, स्वराज्य के लिए मरीं और स्वराज्य की नींव का पत्थर बनीं।

उनके देशवाले यही मानते आए हैं और जब तक भारत में नारीत्व और नरत्व रहेगा, यही माना जाएगा। परिशिष्ट का यह खंड प्रतिकूल इतिहासकारों और किंकेड सरीखे अनुकूल लेखकों की आलोचना के लिए नहीं लिख रहा हूँ। जिनको वास्तव में भ्रम निवारण करना हो, वे इस उपन्यास को पढ़ें।

: १९ :

दहेज में दासियों का दिया जाना राजपूताने की विशेषता है। यह जहर मध्यभारत का नहीं है। बुंदेलखंड में तो इसका नाम भी नहीं। 'माझा प्रवास' के लेखक ने उज्जैन के यज्ञ का जिक्र करते हुए लिखा है कि एक ब्राह्मण को १३ दासियाँ दी गई थीं और वे उस ब्राह्मण के साथ अपना अंचल बाँधकर चल दी थीं! झाँसी की रानी को भी कई दासियाँ मिली थीं, परंतु उन्होंने इनके साथ सदा सखी-भाव बरता।

: २० :

सुंदर जिस बुर्ज पर काम कर रही थी वह अब भी टूटी-फूटी हालत में है। उसके पराक्रम का प्रमाण ओरछे दरवाजे बाहर उन अंग्रेजों की कब्रें हैं जिनको कर्नल सुंदरबाई की तोपों का मुकाबला करना पड़ा था।

: २१ :

जूही की कोई कब्र नहीं बनी और न काशीबाई का कोई चैत्य। झाँसीवालों के हृदय में जो आसीन हों उनको कब्र या चैत्य की क्या जरूरत? सौंदर्य और शौर्य का सम्मेलन संसार में बहुत नहीं दिखाई पड़ता, परंतु उनमें बहुत था।

: २२ :

रानी घोड़े की अद्‌भुत पहचान रखती थीं। एक बार एक सौदागर दो घोड़े लाया। दोनों का दाम एक-एक हजार बताया। रानी ने जल्दी जाँच कर ली। जाँच-पड़ताल

करने के बाद एक का दाम उन्होंने एक हजार रुपए कूता और दूसरे का पचास रुपया! दोनों घोड़े एक से थे। देखनेवाले दंग रह गए। सौदागर तो अपने घोड़े को जानता ही था; परंतु उसने कुतूहल शांति के लिए रानी से प्रश्न किया।

'इस घोड़े का दाम एक हजार और दूसरे का पचास क्यों श्रीमंत?'

उत्तर मिला, 'जिसके दाम पचास रुपए बतलाए हैं उसकी छाती के भीतर एक पुरानी चोट है।'

सौदागर ने स्वीकार किया।

: २३ :

दामोदरराव को रामचंद्र देशमुख ग्वालियर से ले जाकर कुछ दिनों जंगलों में छिपाए रहा। जब रानी विक्टोरिया की क्षमा-घोषणा हो गई तब देशमुख उसको लेकर इंदौर में प्रकट हो गया। दामोदरराव का देहांत कुछ वर्ष हुए तब हुआ था और रामचंद्र देशमुख का लगभग १८८५ में। मैं दामोदरराव से मिला हूँ और बातचीत भी की है।

: २४ :

रानी लक्ष्मीबाई के भाई की प्रपौत्री श्रीमती शेवडे नागपुर में हैं। वे कर्वे यूनिवर्सिटी की ग्रेजुएट हैं। उन्होंने इस उपन्यास का अनुवाद मराठी में किया है।

□□□